KB187530

명리대요
(上)

雲情 秋一鎬 著

도서출판 청 연

발간에 부쳐,!!

사람이 태어나 성장하고 때가 되어 뜻을 세우고 그것을 실현코자 노력하나 그 결과는 언제나 내 의도와 일치하지는 않는다.
어떤 때는 나의 생각과 달리 참혹한 실패로 끝나기도 하고 어떤 때는 전혀 예상치 못한 성공을 경험하기도 한다.
현재의 내 모습을 돌이켜 보면 과거에 그렸던 자신의 모습과 많은 부분이 달라져 있음을 발견하기도 한다.
왜 그럴까? 나의 의도나 노력과는 무관하게 나의 운명에 작용하는 알수 없는 힘이 존재하는 것은 아닐까? 그렇다면 그 힘의 실체는 무엇이며 어떻게 작용하고 있을까?

끊임없이 이어지는 의문을 알아보고져 역학서를 손에 든 지 벌써 20년이 훌쩍 지나가 버렸다.
그동안 명망있는 선생님을 많이 만나 뵈었지만 그중에 운정선생님과의 만남은 대단한 행운이었다. 돌아가신지 일년 남짓 지났지만 아직도 제자들 앞에 열강하시던 모습과 2평 남짓한 진주의 서가에서 소년과 같은 맑은 모습으로 合沖에 대한 實相과 通變에 대한 難解함등에 관해 밤늦도록 담론하던 기억이 아련한 추억으로 남아 있다.

이제 출간하는 명리대요는 선생님의 명리인생을 총결산하는 필생의 역저이다.

선생의 저서중 어느하나 소홀이 취급될 수 있는 것은 없지만 그중에 유달리 본 명리대요는 그 의미 자체가 다르다.

人生事의 모든 부분을 분야별로 구분하여 기술하고, 高來로부터 내려오는 사주명리학 이론을 30년 가까이 수많은 실존인물의 인생역정을 통하여 그 실체를 검증하였으며, 때로는 古書의 오류를 실증을 통하여 과감히 수정하고, 사주 명리 해석상에 새로운 논리적인 방법을 보여줌으로서 사주명리학을 명실상부한 과학의 한 부분으로 자리매김 시키고져 노력한 일생 일대의 역적이다.

命理大要!! 이는 한국 역학계에 던져지는 신선한 충격이 될 것이요, 人間事에 陰陽五行이 어떻게 적용되고 해석되어지는지를 보여주는 명리학의 지침서가 될 것이다.

명리대요의 뜻깊은 출간에 즈음하여 다시한번 머리숙여 선생의 명복을 빈다.

LG선물 부산지점장

인제대학교 경영통상학부 겸임교수 雲星 趙 承 權

❙서 문❙

命理大要 上, 中, 下권을 모두 마치면서,!!

천리길도 한 걸음이라고 하였던가....

길고 긴 세월 속에 집필한지도 어언 7년,!!

실제인물을 찾아 삼천리 방방곡곡을 헤메면서 문전걸식을 하다 보니 이제는 부끄러움도 없으며 오히려 자랑스럽다.

추운 겨울에 불도 들어오지 않는 냉방에서 집필을 하다보니 꽁꽁 얼어붙은 볼펜을 잡은 손길이 떨리고, 굳어지던 어느 시절에는 정말 힘들었고 괴로웠으나 어느새 집필을 마치는 글을 쓰고 있다.

처음 사주추명학을 독학으로 입문하던 시절은 내 나이가 18세로 기억하고 있는데 이제 반편생을 속절없이 나이만 먹고 지금 이 순간까지 끝없이 매달려 왔던 시간이 공허하게 느껴진다.

세월의 굴레는 허망하고 덧없는 것! 한 인생을 번민과 고통속에서 오직 명리의 독파라는 일념 때문에 그 한가지에 뜻을 두고 달려왔던 것이 이제는 정리가 되고 있지 않는가?

정말 참으로 힘들었던 시절이니 호랑이는 죽어 가죽을 남기고 사람은 죽어 오로지 석자의 이름을 남긴다는 고대 성현의 말씀을 기억하고 되새기면서 본 서 命理大要는 아마도 사주추명학상 하나의 체계를 이룩할 수 있는 조그만한 깃털이 될수 있으리라는 자부심으로 본인은 그 어려웠던 지난 시절을 마음으로 조금이라도 위로를 하여본다.

세상의 역학자들이여,!!

그래도 雲情 秋 一鎬는 지금 혼탁한 명리의 세계에 참신하고 개척스런 선구자의 역할을 하였던 저자(著者)라는 말 한마디만 있다면 본인은 지금까지 모든 고생의 위로를 받을 수가 있겠다.

먼훗날에 지금의 사주추명학이 선구적인 역할을 하여 세상사람들의 앞길을 인도하여 주는 희망의 등불로 거듭나고 있을 때 그때는 진정 지금의 천대받는 역학자들이 상류사회의 계급으로 우뚝 서는 시절이 반드시 오고 있을 것이다.

끊임없는 정열과 노력으로 지금의 본 저자 이상으로 새 시대에 걸맞는 명리의 비법(秘法)을 창출해내도록 증진과 열의를 다하도록 부탁하고 싶다.

낡은 수레는 구르지 못하고 인생이 늙어지고 병들면 한줌의 흙으로 돌아간다....

명리학의 초석이 되고 먼 훗날 자랑스런 우리 역학의 후학들이 마지막 본 저자가 작고(作故)한 뒤에도 그나마 본 저자를 잊지 않고 생각해주고 불러주는 학자들이 있다면 그 때는 진정 죽은 혼백이나마 영광스러운 축복이라 생각하겠다.

아쉬운 세월의 뒤안길에서 한 줄기 긴 한숨을 몰아치며 그 때는 진정 우리 후학자들에게 내 언젠가 다시 말할 날이 있지 않겠는가.....?

雲　情

일러두기

본서 명리대요는 운정선생의 집념과 끊임없는 탐구의 정신이 담긴 책이다.

철학관을 찾아오는 고객들의 사주명식을 매일같이 연구하고 명리학의 고서나 다른 저자분들의 이론, 그리고 선생본인의 이론에 맞추어 변화가 예상되면 언제나 전화를 걸어 확인하고 묻고 하기를 근 10여년...

선생을 찾았던 고객들의 사주명식이 닿고 헤어져 누더기가 되어감에 따라, 하나씩 둘씩 정립된 이론들이다. 더러는 의문덩어리를 짊어지고, 이론을 확인할 사주 당사자를 찾아나서기도 더러는 대가분들을 찾아 엎더려 묻기도....

오로지 운명(運命)이라는 두글자의 화두를 풀기위해 그는 노력했다.

이러한 과정 끝에 만들어진 이 책은 선생의 저서 명리입문, 명리비전(上)(下) 그리고 명리대요로 이어지는 연속선상의 책이다. 초급, 중급, 고급의 순으로 쓰여진 책이고 명리입문이 초급자를 위한, 명리비전이 중급자를 위해 이론적 체계를 나열한 책이라면 명리대요는 소위 한 역학자의 개인적인 비법서이다.

중급수준을 끝낸분들이 한결같이 마주치는 역(易)이라는 거대한 벽은 사실 혼자서 해결하기엔 오랜 시간과 경험 그리고 이루 말할 수 없은 시행착오와 고뇌의 과정을 거쳐야할 문제이다. 공유하지 않는 지식은 지식으로서는 가치가 없는 것이다. 그럼에도 불구하고 역학만큼은 그 독특한 성격으로 인해 이론적 체계를 나열하고 설명하는 것은 별론으로 하더라도 이책 명리대요처럼 대가의 종합적이고 정치한 시각이 담긴 서책은 드물다.

본서 명리대요는 인생의 각 주제별로 선생의 이론적 체계를 나열하고 실제 인물의 사주를 통해 구체적이고 상세하게 선생의 이론을 증명해 나가고 있다. 본서 명리대요를 통해 독자들은 선생께서 무엇을 어떤 시각에서 바라보고 그가 나열한 소위 비법이라는 이론을 통해 자신의 역학실력을 상당부분 업그레이드(Up grade) 시킬 수 있으리라 확신한다.

더러 미흡하고 부족한 부분은 공부하는 사람들의 몫이라 생각하고,

더욱 정밀하고 깊이있는 연구가 행해져 이러한 시도가 역학발전의 한 계기가 되기를 바란다.

命理大要(上)

제1장

신규사업(新規事業)

제1장

신규사업(新規事業)

1. 신규사업(新規事業)

인간이 살아가는데 있어 돈이라는 금전은 필수적으로 필요한 것이며 이러한 금전을 모을려는 수단으로 직업을 선택하고 있는데 그와 같은 직업의 종류는 대단히 광범위하고 다양하게 분포되어 있다 해도 과언이 아니다.

따라서 이와 같은 직업을 시작하는 의미는 아마도 사람이라면 모두다 흥분되고 희망찬 내일을 도약하기 위하여 자기의 모든 노력과 정열을 쏟아가며 진력을 다하는 것이 어쩌면 숙명적인 생존 경쟁의 본능이기 때문이리라.

후편인 命理大要 3편에 들어가면 인간에 대한 직업적인 분류를 하여 관록(官祿), 사업(事業), 예술(藝術), 문학(文學), 교육(敎育)등을 팔자별로 나열한 후 사주 주인공이 태어나서부터 죽음을 맞이하는 순간까지 인생 총운을 적나라하게 파헤치고 있는데 지금 본 장에서 언급하는 신규사업(新規事業)은 아마도 그 부분에 대한 부속적인 측면의 성질이라 하겠다.

이상의 맥락에 비추어 볼 때 본 장에 기술하는 신규사업(新規事業)은 무릇 사업이나 장사를 하는데 그치지 않고 좀 더 광범위하게 부합시켜 본다면 관록이나 회사원등이 직장의 첫 출발을 하는 경우에도 접목시킬 수가 있으니 사주추명학의 원리는 오로지 하나의 원칙에만 고수되는 것이 아니고 두루 응용될 수가 있는 것이다.

결국 본 장에 기술하는 신규사업(新規事業)은 인간이 직업적인 부분에 처음 도약하는 시기를 말할 수가 있겠으며 이것은 곧 간명법상 대단히 중요한 성질이 되므로 절대로 소홀히 취급할 수가 없음을 강조하고 싶다.

(1). 신규사업(新規事業) 및 취직이 발생되는 운

●사주일간이 신강, 신약을 불문하고 비겁년에 신규사업이나 직장등에 취직하는데 단, 이 때 비겁이 사주에 대한 기신(忌神)이면 불리하고 용신 희신이면 대길하다.

●일간에 대한 용신이 세운과 육합, 삼합, 준삼합하면 신규

사업이 발생하나 단, 이 때 합을 하여 나오는 기운이 용신을 상극하는 기신(忌神)이면 불리하고 재차 용신 및 희신의 성질이면 대길하다.

●일간에 대한 비견이나 겁재년에 신규사업이 발생하나 만약 용신을 희신, 기신(忌神)을 막론하고 형, 충하면 불리하다.

●신약하여 일간에 대한 운로가 비견이나 겁재가 용신이면 신규사업을 하면 길하게 되나 이 때 사주일주를 형, 충하면 불리하다.

●일간에 대한 비겁이 용신이나 희신이 되어 길하게 되나 만약 사주내 편관이 태왕(太旺)하여 있는 중에 비겁이 편관을 형, 충하면 왕신(旺神)이 발동하니 신규사업하면 불리하다.

●비겁이 용신이나 희신이 되더라도 사주내 괴강살(魁罡殺)이 있는 중에 운로에서 비겁이 형, 충하면 괴강이 노하여 신규사업하면 불리하다. (괴강살 : 壬辰, 庚辰, 戊戌, 庚戌)

●일간이 신약하여 인수가 용신이 되는 세운에 신규사업하면 길하나 만약 신강하여 인수가 기신(忌神)이 되면 신규사업을 하면 불리하다.

●일간이 신왕하여 재성이 용신이 되고 있는데 세운에서 재

성운이나 재성을 생조하는 식상운을 만나게 될 때 신규사업하면 대길하다.

※ 참고로 이상의 성질은 모두 신규사업이나 직장에서의 취직 승진 등에 모두 적용시켜 판단할 수 있는 격국과 운로에 대한 간명법으로서 그 법칙을 대단히 중요하게 취급하여야 됨은 두말할 것도 없다.

하지만 비록 이와 같은 성질에 대해 막연히 운로인 세운을 중심으로 취용하는 것을 기술하고 있으나 사실상 10년을 지배하는 대운과 일년군주인 세운을 동시에 접목시켜 양자의 기운을 종합판단하여 간명상 결론을 내리는 것이 타당하다.

이해를 돕기 위해 좀 더 자세하게 기술하자면 만약 세운이 길하고 대운도 용신이나 희신의 기운이 되고 있을 경우 더 이상 두말할 것도 없이 신규사업이나 취직 및 승진에 대길할 것은 틀림이 없는 사실일 것이다.

하지만 전편인 命理秘典 下권에 간명비법상 언급하였던 세운과 대운이 오행상 충돌이 발생하는 전극(戰剋)의 법칙에 적용 되어 세운에 대한 길함을 대운이 상극하여 무용지물을 만들고 있던지 그렇지 않으면 대운이 용신을 파극한 중에 사주일주를 형, 충하고 있다면 그에 대한 길함은 고사하고 오히려 흉함이 돌출 될 수가 있다.

그렇다면 비록 세운이 아무리 좋다고 판단하여도 대운이 상극되는 기운이 된다면 세운이 일년군주가 되므로 일시 길함을 나타내겠으나 세운이 지배하는 기운은 일년정도로 한정되어 있기 때문에 나중에 가서는 그에 대한 신규사업은 불리하게 되는 것으로 판단하는 것이 타당하다.

또한 이와 같은 현상은 단시적인 짧은 사업에 대한 승부를 하는 성질이라면 대운이 비록 기신(忌神)이 되더라도 세운이 약 3년 정도의 지지의 방향으로 흘러감에 따라 3년정도는 다소 길하다고 판단하여 단시적인 사업운은 조금의 소득을 볼 수가 있다고 간명한다.

무슨말인지 좀 더 구체적으로 언급하자면 대운은 10년을 지배하고 있는데 비록 대운이 기신(忌神)이라 손 치더라도 세운이 일년 군주가 되니 가령 사주일간에 대한 용신의 기운이 火를 취용하게 될 때 이와 같은 일년군주가 지금 巳운이라고 한다면 앞으로 남방 巳-午-未로 흐르고 있기 때문에 약 3년 동안 단시적인 조금의 복록을 맛볼 수가 있는 한 일례이다.

결국 본 저자는 본 장에 기술하는 신규사업편은 오로지 세운만 보고 간명하여 그 실체를 언급하고 있겠으나 사실상 대운의 흐름을 면밀히 파악하여 세운과 대운을 복수적으로 취용하여 그에 대한 길흉을 간명하여야 된다는 원칙에 입각하고 있다는 점을 대단히 강조하고 있는 것이다.

※ 참고로 고서(古書)나 원서에 적고 있기를 **"사주용신과 삼합(三合)이 되는 년운은 신규시작하면 길하다"**라고 막연히 적고 있

으나 이것은 말도 되지 않는 어불성설이다.

그 이유로 우선 일간에 대한 신강, 신약도 언급하지 않는 채 막연히 용신이 운로인 세운과 삼합을 할 때 신규시작을 하면 길하다는 원리는 사주추명학상 반드시 오류를 낳을 것은 자명한데 그렇다면 사주상의 용신이 세운과 삼합을 하여 나오는 오행이 재차 용신이나 희신의 성질이 되고 있다면 그 때는 길할 수도 있을 것이다.

하지만 만약 이와 같은 용신이 세운과 삼합을 하여 다시 일간에 대한 기신(忌神)이 나오고 있는다면 이것은 대단한 흉함을 불러들이는 것이 자명한데 어찌하여 그러한 변화의 원칙을 생각하지 않고 무조건 용신이 세운과 삼합을 할 경우 길하다고 판단하는 처사는 도무지 납득이 가지 않는 성질이다.

따라서 이상의 성질은 역학을 처음 입문하는 초심의 학자들에게 대단한 오류로 말미암아 실제인물을 간명하는 자리에서 이것이 오류인지 모르고 단편적으로 취용하여 간명법에 부합시켜 판단하게 된다면 완전히 엉터리가 됨으로 말미암아 사주추명학이 적중되지 않게 되니 이와 같은 고서(古書)나 원서는 완전히 배척되어야 될 것이고 아울러 고서(古書)나 원서를 취용하거나 본 저자의 저작을 포함해 모든 연구성과를 바라보는데 있어서 비판과 탐구정신을 가지고 연구해 나가야 할 것이다.

*. 본 장 신규사업(新規事業)에 적용되는 실제인물의 사주 격국이다.!

(예1). 남자. 오 모씨(광주시 동명동) 1954년 음력 3월 12일 午 시

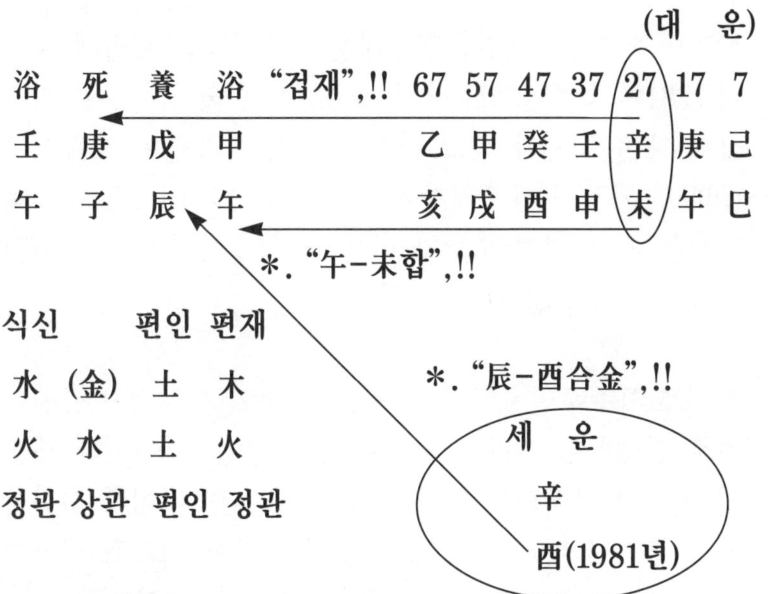

●본 사주팔자는 일간 庚金이 신약하여 "신약편인격(身弱偏印格)"을 성격함에 따라 인성 土氣를 용신으로 삼는 격국이 되고 있는데 사주월주가 모두 戊辰으로서 편인 土氣가 왕성하니 이것은 곧 단편적으로 보아도 용신이 강령함을 알 수가 있다.!

27세 辛未대운이 들어오자 대운천간 辛金이 일간 庚金에 대한 겁재로서 길신이 되고 있는데 다시 대운지지 未土가 인수의 운로로서 사주년지 및 시지 午火 정관과 午-未합을 구성하여 午火 정관을 기신(忌神)의 역할을 합으로 할 수가 없게 만들고 있으니 금상첨화이다.!

상황이 이럴진데 27세 辛未대운이 지배되는 시점에 세운이 1981년 辛酉운으로 다시 세운천간 辛金이 사주일간 庚金에 대한 겁재가 되고 다시 세운지지 酉金이 사왕지지(四旺地支)로서 사주월지 辰土 편인과 辰-酉合金으로 돌변하는 것은 비겁 金氣가 더욱 더 왕성하여져서 대박(?)이 터지고 있음을 알 수가 있다.

실제로 사주주인공인 오 모씨는 그 동안 사업적인 변천이 자주 발생함에 따라 번민과 고통이 있었으나 이 때 대운과 세운이 지배되는 시점인 만 27세 어린 나이에 신규사업인 부동산 투기를 하여 일약 떼 부자가 되므로 인하여 주위 사람들이 깜짝 놀라는 형상이 발생하고 있다.!!!

***. 일간의 왕쇠(旺衰),!**

庚일간 辰월에 출생하여 득령(得令)하였으며 사주월지 辰土 편인을 중심으로 해서 그 세력에 뿌리를 두고 사주월상에 戊土 편인이 재차 투출되어 일간 庚金을 土生金으로 생조하고 있으나 사주지지에 정관 午火와 일지 子水 상관 및 천간에 편재와 식신이 투출되어 있으니 일간 庚金이 신약이다.

하지만 일간 庚金은 사주월지에 辰土 편인과 월상에 투출되어 있는 戊土 편인의 기운만 하더라도 그 힘의 세력이 사주일간강약도표에 준하여 판별하여 보아도 39%에 육박하고 있으니 능히 사주내 관성, 식상, 재성의 기운에 대적 할 만하고 아울러 이와 같은 일간의 기운을 중화(中和)의 기점에 안정된 세력이라 판단할 수가 있다.

한편으로 볼 때 일간 庚金에 대한 중요한 의지처인 월상에 투출되어 있는 戊土 편인을 사주년간 편재 甲木이 재차 투출하여 甲-戊 상충이 되어 木剋土로 戊土를 파극하고 있으니 이것은 일간의 의지처가 상극을 당해 그 힘이 대단히 쇠퇴하고 있음을 염려할 수가 있는 현상이라 하겠다.

그러나 절묘하게 사주년간 甲木 편재가 년지 午火 정관에게 木生火로 생조를 하고 있으니 정관이 甲木 편재의 기운을 흡수함에 따라 다시 午火 정관이 월주에 동주(同柱)의 기운이 되고 있는 戊辰 편인에게 火生土로 연결하고 있으므로 이와 같은 염려는 깨끗이 해소되면서 오히려 甲木 편재의 기운을 연결 받아 편인 戊土가 더욱 더 왕성하게 작용하는 것을 알 수가 있다.

또한 본 사주팔자가 일간 庚金이 辰월에 출생하여 있는 중에 사주일지에 子水 상관이 있으니 일면 조후법을 생각할 수가 있겠으나 사주년주가 甲午이며 다시 시지 午火 정관이 존재하여 그 세력이 막강하게 되어 있으므로 위 사주 명조는 조후법을 생각하지 말고 억부법의 원칙에 준하여 용신을 선정하면 별무리가 없게 되어 있다.

***. 본 사주팔자에 대한 지지상충과 합의 성질에 대하여,!**

하지만 사주지지에 월지 辰土 편인이 사주일지 子水 상관과 子-辰合水를 결성하려고 하나 사주년지 및 시지 午火 정관이 사왕지지(子, 午, 卯, 酉)로서 子-午 상충으로 파극하고 있으니 이것은 올바르게 합을 성립할 수가 없고 또한 사실상 상충의 작용도 합의 기운으로 말미암아 제대로 상충의 작용이 되지 않는 것으로 볼 수가 있다.

***. 격국(格局)과 용신,!**

다시 위 사주팔자에 대한 격국(格局)과 용신을 판별하여 보면 우선 일간 庚金이 신약한 중에 사주월지 辰土 편인이 자리를 잡고 그 세력에 뿌리를 둔 월상 戊土 편인이 재차 투출되어 있으므로 원칙적인 **"신약편인격(身弱偏印格)"**이 성격(成格)된다.

고로 용신은 사주내 식상 水氣가 강력하여 **"진상관용인격(眞傷官用印格)"**과 정관 火氣도 강력하게 작용함에 따라 **"살중용인격(殺重用印格)"**을 같이 취용하는 것이 마땅하며 곧 인성 土氣를 용신으로 삼고 아울러 일간 庚金이 신약하니 일간의 동기인 비겁 金氣는 길신으로 선택하여도 좋을 것이다.

여기서 본 사주팔자에 대한 용신의 기운인 인성 土氣를 제일 주된 용신으로 선택하는 것은 타당하나 그 중에 왕성한 火氣에 동조할 수 있는 조토인 未, 戌, 土氣는 별로 길함이 없을 것이며 그러나 水氣를 업고 있는 습토인 辰, 丑, 土氣는 완벽하게 생금(生金)을 도모하니 습토는 아주 대길하게 작용하는 것을 면밀히 관찰하여야 될 필요가 있다.

이렇게 사주상에 용신과 길신을 선택하여 놓고 사주격국을 면밀히 관찰하여 볼 경우 일간 庚金에 대한 용신의 기운으로 자리매김하고 있는 사주월지 辰土 편인이 왕성하게 자리를 잡고 있는 중에 재차 사주월상에 戊土 편인이 투출되면서 일간 庚金과 서로 근접하여 유정(有情)하게 되어 있으니 이것은 곧 진신(眞神)의 성질이 되어 대길함은 두말할 이유도 없다.

더하여 이와 같은 현상은 비록 일간 庚金이 신약하나 사주일간강약도표에 준하여 그 힘이 39%가 되어 중화(中和)의 기점에 안정되면서 용신의 기운이 내격(內格)의 억부법이나 조후법상 일치하는 경향이 되므로 더욱 더 복록이 깊은 것이 되는 것도 판단할 필요가 있다.

*. 오행의 상생으로 이어지는 생화불식(生化不息)에 준한 판단,!

그런데 본 사주팔자를 면밀히 관찰하여 보자면 곧 눈에 띄는 것을 발견할 수가 있겠는데 그것은 일간 庚金이 비록 신약하더라도 오행상 상생의 법칙에 의존하는 사주명조가 되니 그 실체를 자세하게 판단할 경우 사주년간 甲木 편재를 주동하여 사주년지 午火 정관에게 木生火로 생조하고 있음을 알 수가 있다.

더하여 편재 甲木의 기운을 생조받은 년지 午火 정관은 다시 월주에 동주(同柱)의 기운이 되고 있는 戊辰 편인에게 火生土로 이어지고 있겠으며 다시 편인 土氣는 일간 庚金에게 土生金을 하고 일간 庚金은 또 다시 사주일지 子水상관과 시상에 투출되어 있는 壬水 식신에게 金生水로 연결하고 있다는 것을 엿볼 수가 있다.

이러한 성질은 본 사주일간이 비록 신약하더라도 일간 庚金의 기운이 중화(中和)의 기점에 육박하는 39%가 되는 중에 오행상 상생의 법칙으로 이어지는 주류무체(周流無滯)이니 이것은 곧 물결이 자연스럽게 높은데서 낮은데로 순리에 따라 흐르는 것에 비유하여야 될 것이다.

고서(古書)나 원서에는 지금과 같은 부분을 곧 생화불식(生化不息) 및 생식불식(生息不息)이라 하여 최고의 격국(格局)으로 치고 있으며 이것은 오생상 서로간 상생의 법칙에 의존하는 성질이 되고 있음에 따라 더 이상 어느 한곳을 나무랄 성질이 되지 않으니 절묘한 배합을 구성하고 있다해도 과언이 아니다.

결국 이러한 성질은 보통 통상적으로 사주격국을 연구하는 명리학자는 사주팔자가 신왕이 좋다고 판단할지 모르지만 신왕도 신왕나름이지 만약 신왕이 태왕하여 중화(中和)의 기점에 훨씬 멀어져가는 성질이라고 가정할 경우 지금 본 사주팔자와는 비교도 되지 않을 만큼 복록이 차이가 나는 것임을 면밀히 파악하여 볼 필요가 있다.

***. 본 장 신규사업(新規事業)에 준한판단,!**

본 사주원국에 대한 본 장에서 언급하고 있는 신규사업(新規事業)에 준하여 그 실체를 인용하여 본다면,!

- **사주일간이 신강, 신약을 불문하고 비겁년에 신규사업이나 직장등에 취직하는데 단, 이 때 비겁이 사주에 대한 기신(忌神)이면 불리하고 용신 희신이면 대길하다.**

- **일간에 대한 용신이 세운과 육합, 삼합, 준삼합하면 신규사업이 발생하나 단, 이 때 합을 하여 나오는 기운이 용신을 상극하는 기신(忌神)이면 불리하고 재차 용신 및 희신의 성질이면 대길하다.**

라며 이상의 성질을 사주격국에 적용하여 완벽하게 기술하고 있는데 따라서 본 사주명조는 본 장에 신규사업(新規事業)에 대한 맥락에 완전하게 일치 부합하고 있음을 엿볼 수가 있겠다.

따라서 이와 같은 맥락에 비추어 본 사주주인공인 오 모씨의 사주명조를 자세히 관찰하여 보면 우선 일간 庚金이 신약하여 **"신약편인격(身弱偏印格)"**을 성격(成格)하는 것이 됨에 따라 비겁 金氣는 길신으로 선택되고 있으니 이것은 본 장에 언급하는 운로인 세운이나 대운이 비겁년이 되면 신규적으로 변동이 발생하는 것을 암시하고 있다해도 과언이 아니다.

그렇다면 사주주인공인 오 모씨가 언제 신규사업(新規事業)을 하여 일약 대발복을 하였는지를 놓고 대운의 판단과 대운에 지배되는 세운을 접목하여 그 부분을 집중적으로 판단하여 볼 필요가 있겠는데 이 때 대운이 27세 辛未대운이며 또한 대운이 지배되는 시점에서 또 다른 하나의 후천성인 세운이 1981년은 辛酉세운임을 간명한다.

학자들의 이해를 돕기 위하여 이러한 27세 辛未대운과 辛未대운이 접목되는 시점에 또 다른 세운인 辛酉세운이 나타나고 있는 사주원국과 운로가 접목되는 사주도표를 보면서 그 실체를 사주추명학에 비추어 적나라하게 파헤쳐 보기로 하겠다.

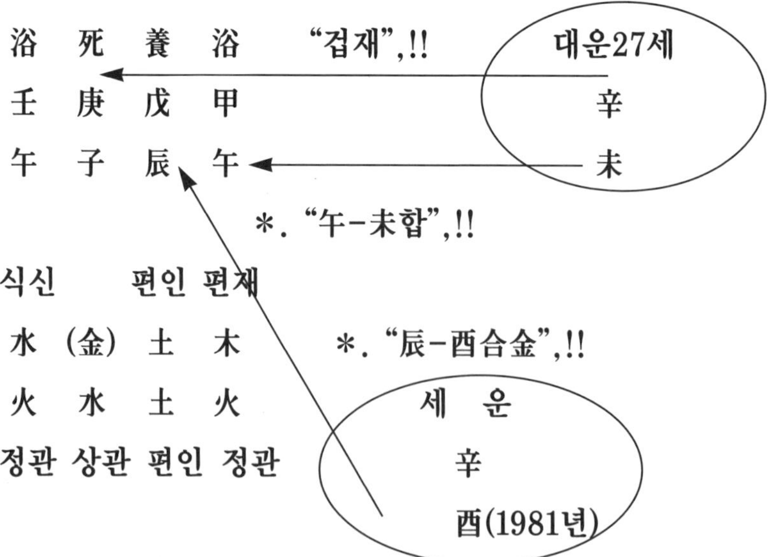

이상과 같이 도표에서 나타나고 있듯이 이 때 대운인 27세 辛未 대운중 대운 천간 辛金은 사주일간 庚金에 대한 겁재로서 일간에 대한 길신의 성질이 되고 있으니 아주 길하게 작용하는 것을 알 수가 있겠는데 더하여 대운지지마져 未土가 되고 있으니 일간에 대한 인수가 됨에 따라 더욱 더 길함으로 나타날 수가 있음을 판단한다.

더구나 이러한 대운지지 未土는 사주원국에 년지 및 시지 午火 정관과 午-未 합을 구성하여 있으니 더욱 더 그 세력이 왕성함을 나타내고 있겠는데 이러한 것을 감안할 때 사실상 지금까지 사주주인공인 오 모씨는 그전의 17세 庚午대운보다 지금의 대운에서 일약 대 발복을 할 수가 있는 성질이 되는 것은 두말할 필요가 없을 것이다.

***. 일부학자들의 의문,!**

여기서 일부학자들 중에서 방금 본 저자가 설명한 부분에 대하여 한가지 의문을 가지면서 질문을 하고 있는데 그것은 **"운정선생은 방금 본 사주팔자에 대한 신규사업(新規事業)을 거론하면서 사실상 27세 辛未대운에서 대 발복을 하였다고 판단하고 있다",!**

"하지만 이와 같은 설명은 저희 학자들도 일면 수긍을 할 수가 있겠으나 그러나 사실상 그런 판단중에서 대운지지 未土의 성질을 놓고 운정선생은 막연히 사주년지 및 시지 午火 정관과 午-未합을 하여 길하다는 원칙에 대하여 저희들과 완전히 상반된 견해를 가지고 있다",!

"좀 더 구체적으로 지적하자면 未土는 인수로서 본 사주팔자에 대한 용신이 되어 길하게 작용할 수가 있겠으나 사실상 未土가 오행별 성질로 판단할 때 완전한 조토이니 오히려 불의 성질에 동조하면서 완전한 생금(生金)을 할 수 가 없을 것인데 어찌하여 운정선생은 이러한 오행별 성질로 따지지 않고 막연히 길하다고 하는 것인지 자세한 답변을 하여주면 좋겠다",!

"또한 사주년지 및 시지 午火 정관과 午-未합을 하는 것은 합을 하여 오행별 변화되는 것이 없는데 무조건 합을 하여 길하다는 원칙도 저희 학자들은 정면으로 배척하고 있으니 이상의 성질에 대하여 구체적으로 답변을 하여달라",!라고 의문을 표시하며 구체적인 질문을 요구하고 있다.

*. 일부학자들의 의문에 대한 본 저자판단,!

이상의 일부학자의 질문은 지극히 타당한 것으로 일면 학자들의 견해대로 생각할 수가 있겠으며 결코 틀리는 부분은 아니라고 판단하고 있는데 하지만 오행상 변화되는 성질을 좀 더 구체적으로 면밀히 간명할 필요가 있겠다.

따라서 그에 대하여 좀 더 자세하게 기술하여 보면 우선 未土 인수가 사주원국 년지 및 시지 午火 정관과 午-未합을 하는 과정에서 未土는 원칙적으로 오행별 성질로 볼 때 완전한 조토로 자리를 잡고 있으니 이 부분에 대하여서는 서로간 견해차이가 없을 것이다.

하지만 조토인 未土를 놓고 金氣를 생조할 수가 없다는 원칙은 배척하여야 될 필요가 있는데 이것은 가령 예를 들어 사주원국 월지에 未土가 자리잡아 일간이 金일간이라고 가정할 경우 土生金이니 득령(得令)이라고 판단하여 사주상의 용신을 선정하고 있는 점을 중히 볼 필요가 있다.

그렇다면 사실상 조토(操土)인 未土는 상대적인 습토인 辰, 丑 土氣보다 생금(生金)을 하는 성질이 쇠약하다고 판단할 따름이지 결코 未土자체가 일간 庚金을 생조할 수가 없다는 논리는 말도 되지 않는 어불성설이란 질책을 모면할 수가 없다.

만약 이와 같은 사고방식이 더욱 더 진전이 되어 완전한 고정 관념적으로 생각할 경우 일간에 대한 왕쇠(旺衰)나 사주상 용신의 성질을 완벽하게 선정할 수가 없고 더하여 기신(忌神)의 세력조차도 오류를 범할 수가 있는 절대적 논리에 부닥치게 된다.

이상과 같은 맥락에 준하여 본 사주팔자에 대한 未土는 비록 조토이지만 일간 庚金을 생조하는 기운으로 판단하는 것이 원칙임에 따라 일간이 힘을 얻을 수가 있다는 합리에 귀착하는 것이고 또한 중요한 점은 사실상 사주년지 및 시지 午火 정관은 신약한 일간 庚金에 대한 기신(忌神)의 역할을 하고 있음을 면밀히 파악하여야 될 것이다.

이것은 사주상의 기신(忌神)의 역할을 하고 있는 午火 정관이 신약한 일간 庚金을 火剋金으로 공격하고 있는 성질을 이렇게 午-未 합으로 묶어놓는다는 것 자체가 일간 庚金이 강력한 정관 火氣로부터 火剋金으로 상극할 수 있는 부분을 합을 탐한 나머지 기반(羈絆)이 되어 무용지물로 만들 수가 있는 장점이 여기에 나타난다.

따라서 신약한 일간 庚金으로서는 왕성한 火氣에 대한 상극함을 합을 탐하여 그 세력을 일시 무용지물로 만들 수가 있으니 곧 반대급부로 일간 庚金이 구조되는 역할을 바랄 수가 있기 때문에 본 저자는 길함을 득할 수가 있다고 판단하는 절대적 이유가 여기에 있다 해도 과언이 아니다.

결국 일부학자들이 의문을 구하는 본 장의 성질은 이상의 맥락에 준하여 판단하게 될 경우 완전하게 간명상 부합할 수가 있는 성질이 될 것이고 그렇다면 사실상 본 사주원국은 午-未합의 기운은 비록 합을 하여 변화되는 오행은 없을 지라도 그 길함을 얻을 수가 있는 것으로 판단하는 것이 정석이다.

*. 사주주인공에 대운과 세운을 접목시켜 판단,!

다시 사주주인공인 오 모씨의 대운의 영향력은 길하게 되어 판단하고 있는데 이 때 27세 辛未대운이 지배되는 또 다른 후천성인 1981년 辛酉세운을 접목하여 일간 庚金에 영향력을 미치고 있음을 판단할 수가 있겠다.

따라서 이 때 세운천간 辛金이 역시 일간 庚金에 대한 겁재가 되고 다시 세운지지 酉金이 재차 겁재인데 절묘하게 사주월지 辰土 편인과 辰-酉合金으로 변화되니 비겁 金氣의 기운이 더욱 더 왕성하여져서 사주명조에 그 영향력을 십분 발휘하고 있다해도 과언이 아니다.

이상의 부분을 육친통변법에 준하여 그 실체를 파악하여 본다면 본 사주일간 庚金에 대한 비겁의 기운은 신규사업, 분가, 독립등으로 나타내고 있으므로 완전히 일치하고 있는데 일간 庚金이 신약하여 비겁 金氣를 길신으로 선택하고 있음에 따라 그 복록의 여부가 대단히 왕성함을 나타내고 있다.

실제로 사주주인공인 오 모씨는 그동안 17세대운인 庚午대운에서 몇차례 신규사업을 시도하였으나 별 발복을 하지 못하고 사업적으로 여러 차례 변화를 하였으니 이것은 선천적인 본 사주명조에 월지 辰土와 월상에 투출되어 있는 戊土 편인이 천지성(天地星)모두 자리를 잡고 있음에 따라 편인의 기운은 직업적인 변천을 나타내고 있겠으며 또한 두 가지로 직업을 종종 바뀌어진다는 부분에 일치하고 있겠다.

설상가상으로 이 때 사주주인공인 오 모씨는 17세 庚午대운에서는 대운천간 庚金이 일간에 대한 비견이 되니 이 때의 운로에서 한두차례 사업적인 실패를 하였다는 것을 알 수가 있겠는데 그것은 사주일지 子水를 庚午대운지지 午火가 子-午 상충을 동반하게 되므로 부부풍파와 함께 완전히 부합하고 있음을 판단할 수가 있다.

하지만 결국 지금 본 장에 언급하는 27세 辛未대운에서 그 동안 몇차례 재미를 보지 못했던 부동산 투기를 세운인 1981년 辛酉세운이 들어오자마자 일약 대 발복을 하여 대 부자로서 승승장구하였으니 이것을 보고 주위 사람들이 깜짝 놀라는 형국이 발생하였던 것이다.

제2장
이사 이동(移徙 移動)

제2장

이사 이동(移徙 移動)

1. 이사 이동(移徙 移動)

인간이 살아가다 보면 언제나 한 곳에 머물러 있는 일이 없으며 때로는 자기가 살던 집을 팔고 타향으로 이사(移徙)를 하던지 혹은 미혼자는 결혼으로 인한 출가도 하고 더하여 직장인이라면 직장이나 사업에 실패를 하여 전셋집이나 달셋집으로 전락하는 경우도 있다.

또한 만약 이와 같은 성질이 직장인이나 관록자라면 지금 있는 자리에서 이동(移動)하는 영전(榮轉), 전출(轉出), 좌천(左遷)등을 나타내기도 하는데 사업자일 경우 사업이 잘되어 규모를 확장하여 타곳에 지점이나 부속업체를 설립하거나 때로는 사업을 하다가 실패를 하여 타향으로 이동하는 경우도 있을 것이다.

이상의 부분은 모두 직업적이나 가정적으로 변동을 의미하고 있으며 이것은 곧 이사(移徙), 이동(移動)에 부합하는 성질이 되니 본 장에서는 그에 대한 실체를 실제인물에 준하여 격국(格局)에 대한 판단을 한 후 세운과 대운의 흐름을 접목시켜 그에 대한 간명법을 기술하는 것이라 하겠다.

하지만 시중의 일부에서는 역학의 원리를 가장한 채 당사주류등의 역자(易者)들이나 무속인들이 무슨 **"삼살방위이다"**, 그렇지 않으면 **"대장군방위이다"**라는 식으로 이동이나 이사를 할 때 잡소리를 하여 문답을 하러온 고객을 곤욕스럽게 하는 작태가 종종 지금도 눈에 띄고 있는 것이 작금의 실태이다.

이와 같은 한심한 작태는 그 근거가 미약하고 치밀한 논리에 바탕을 둔 예측과 처방이 아니기에 세상의 모든 역학자들을 욕 먹이는 처사가 분명하니 비판과 냉소의 웃음을 자아내는 점을 넘어 개탄(慨歎)을 금할 길이 없다.

따라서 본 서를 읽고 있는 역학자는 이미 역학(易學)의 대가(大家)의 경지에 있는 역학자임에는 분명하므로 본 저자는 일면 마음을 놓을 수가 있겠으나 상대적인 오류를 범하는 학자들이 많음에 따라 정도(正道)에 입각하여 명실공히 역학의 스승으로서 최선을 다해야 할 것은 자명한 일이다.

결국 본 장에 기술하는 이사(移徙), 이동(移動)은 직업적인 변동과 주거(住居)를 이사하는 성질을 모두 종합적으로 간명법에 부합시켜 그 실체를 조목조목 실제인물에 준하여 판단하는 것이 특징이라 할 수가 있겠으며 아울러 이상의 부분에 해당하고 있는 인물이 감정을 받으러 왔을 때 본 장에 접목시켜 판단할 경우 대단한 적중률을 나타낼 것을 확신하는 바이다.

(1). 이사 이동(移徙 移動)에 대한 운

- **일간이 신강, 신약을 불문하고 대운이나 세운이 사주년지를 형, 충하면 이사, 이동수가 발생한다.!**
  단, 이 때 사주상의 용신이나 희신의 기운을 가지고 형, 충하면 길이고 기신(忌神)의 기운을 가지고 형, 충하면 흉이라고 판단한다.!

- **일간이 신강, 신약을 불문하고 대운이나 세운이 사주월주를 형, 충해도 직업적인 변동과 이사, 이동수가 있으며 여자는 결혼으로 인해 출가한다.!**
  역시 이 경우에도 사주상의 용신이나 희신의 기운을 가지고 형, 충하면 길이라 판단하고 기신(忌神)이면 흉이라 간명한다.!

- **사주년지나 월, 일지를 운로인 대운이나 세운에서 육합(六合)이나 삼합(三合)을 할 때도 이사, 이동수가 발생하는데 이 경우 합을 하여 나오는 오행이 사주상의 용신이나 희신이 나오면 길, 만약 기신(忌神)이 나오고 있다면 흉이라 판단한다.!**

●일간이 신약하여 인수가 용신이나 희신이 되는데 대운이나 세운에서 인수운을 만나면 문서계약으로 인한 이사, 이동수가 발생한다.!
단, 이 때 만약 일간이 신왕하여 인수가 기신(忌神)이라면 흉을 동반한다.!

●사주일지를 운로인 대운이나 세운에서 형, 충할 경우 부부간에 풍파로 인하여 별거 및 이혼으로 인한 이사, 이동수가 발생하는데 단, 이 때 사주상의 용신이나 희신의 기운을 가지고 형, 충하면 분주다사함과 길흉이 상반된다.!

●사주일지에 괴강살(魁罡殺)이나 양인살(羊刃殺) 및 백호대살(白虎大殺)이 있는데 이미 사주원국에 형, 충이 된 것을 다시 중첩하여 세운이나 대운에서 형, 충하게 될 경우 격국(格局)이 탁기(濁氣)를 남기고 있으면 잘못하면 대단히 불행한 일이 발생할 수 있다.

※ 참고로 이상의 사주격국에 대한 운로인 대운이나 세운에서 사주년지나 월지 및 일지를 형, 충하거나 합을 하여 나오는 경우에 모두 이사(移徙), 이동(移動)수가 발생하고 있음을 기술하였다.

그러나 사실상 이와 같은 현상이외에 선천성인 사주명조에 역마살(驛馬殺)이 있던지, 혹은 육친의 편인과 편관이 동주(同柱)하여 있던지, 또한 사주내 水氣가 왕한 중에 역마살(驛馬殺)이 있던지, 하면 국내 및 해외에 여행을 자주 다니면서 종신토록 분주 다사하게 이동, 이사를 많이 하고 있음을 본 저자는 종종 간명상 발견을 하고 있다.

결국 비록 본 장에 언급하고 있는 이사(移徙), 이동(移動)은 격국에 대한 변화가 운로인 대운이나 세운에서 과연 얼마나 사주상의 용신이나 희신의 기운을 업고 들어오는 성질이 되는가, 그렇지 않으면 용신이나 희신의 기운을 상극하는 기신(忌神)의 기운이 들어오는 성질에 대한 변화를 면밀히 관찰하여 보고 난 뒤 그에 대한 길흉을 복수적으로 간명하여야 함은 두말할 이유가 없다.

*. 본 장 이사(移徙) 이동(移動)에 부합하고 있는 실제인물의 사주팔자이다.!

(예1). 남자. 장 모씨(서울시 노량진) 1962년 음력 4월 8일 辰 시

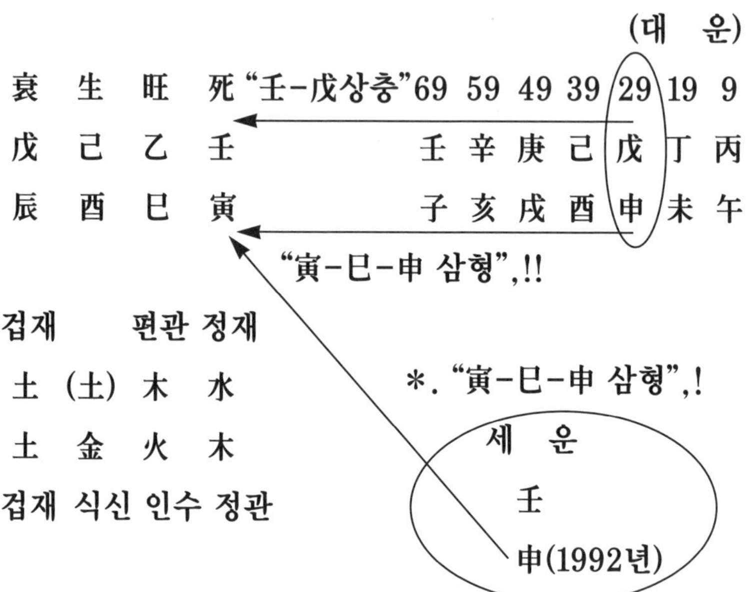

●사주일간 己土가 신왕하여 "신왕인수격(身旺印綬格)" 및 월상편관격(月上偏官格)이며 편관 木氣를 용신으로 선택하고 있는데 사주일지에 酉金 식신이 근접하여 일간과 서로 유정(有情)하고 다시 년간에 壬水 정재가 용신을 생조하고 있음에 따라 정히 진신(眞神)의 성질이면서 용신이 강령하니 아주 좋다.!

또한 사주월지가 일간 己土를 기준하여 왕인(旺刃)에 해당하고 있는 중에 편관이 용신이고 다시 사주내 寅-巳 삼형을 가지고 있으니 첫눈에 사법관(司法官)의 팔자라는 것을 사주원국이 무언중에 암시를 하고 있다.!

대운이 29세戊申대운에 지배되는 시점에 세운이 1992년 壬申년이 되자 이 때 사주주인공인 장 모씨는 젊은 나이인 만 30세인데 그동안 사법고시에 합격하여 연수교육을 받고 음력 7월에 정식 판사로서 발령 받아 이사(移徙), 이동(移動)을 하였다.!!

***. 일간의 왕쇠(旺衰),!**

己일간 巳월에 출생하여 득령(得令)하였으며 사주원국 월지 巳火 인수가 일간 己土를 기준해서 왕인(旺刃)에 해당되고 있는 중에 년지 寅木 정관과 월상에 투출되어 있는 乙木 편관이 巳火 인수를 木生火를 하고 있으니 인수의 기운이 대단히 왕성함을 나타내고 있다.

또한 일간 己土는 이러한 월지 왕인(旺刃)인 巳火 인수의 힘에 생조를 받고 있는 중에 다시 시지 辰土 겁재에 득세(得勢)까지 하며 그 세력에 뿌리를 둔 시상 戊土 겁재가 투출되어 일간 己土를 생조하고 있으니 일간의 기운이 신왕이다.

이렇게 일간 己土가 신왕하고 있을 경우 마땅히 사주내 일간의 기운을 억제 할 수 있는 오행이 필요할 것인데 사주격국을 면밀히 관찰하여 보니 일간 己土와 근접하여 있는 일지 酉金 식신이 자리를 잡고 다시 년지 寅木 및 월상에 乙木 관성과 또한 년간 壬水 정재가 투출되어 일간 己土를 억제하고 있으므로 이것은 곧 내격(內格)에 기준하여 억부법이나 조후법의 용신이 선정되는 것이 마땅하다.

***. 일부학자들의 의문,!**

일부학자들 중에서 방금 본 저자가 본 사주팔자에 대한 일간의 왕쇠(旺衰)를 결정하는 과정에 한가지 의문을 가지고 질문을 하고 있겠는데 그것은 **"운정선생은 위 사주원국에 대한 일간의 왕쇠(旺衰)를 기술할 때 일간 己土가 신왕하다고 설명을 하고 있다",!**

"하지만 저희 학자들이 보는 견해는 우선 사주일지 酉金 식신이 자리를 잡고 시지 辰土 겁재와 辰-酉合金을 한 중에 다시 사주월지 巳火 인수가 역시 巳酉合金을 결성하고 있으므로 이와 같은 현상을 감안한다면 식상 金氣가 대단히 왕성하여 일간 己土가 오로지 시상에 투출되어 있는 戊土 겁재 하나밖에 작용하지 않는 것을 알 수가 있다",!

"그런데도 불구하고 운정선생은 본 사주원국의 일간의 왕쇠(旺衰)를 간명하는 자리에서 이러한 합의 기운을 취용하지 않고 막연히 정오행을 판단하여 일간 己土가 신왕하다고 말하는 것은 도저히 납득할 수가 없으니 이 부분에 대하여 자세한 답변을 하여달라",! 라며 구체적인 설명을 요구하고 있다.

***. 일부학자들의 의문에 대한 본 저자판단,!**

이와 같은 일부학자들의 의견에 대하여 본 저자는 약간의 오행상합의 기운을 취용하는 성질에 대하여 다소 혼돈과 어려움이 있지 않겠는가, 하는 생각이 문득 들고 있는데 그것은 이미 전장에 지지합의 특비(特秘)에 대단히 자세하게 언급한 바가 있다.

그렇다면 본 사주팔자에 대한 지지의 辰-酉合金과 巳-酉合金의 변화를 좀 더 면밀히 관찰하여 판단할 필요가 있겠는데 우선 전장에 지지합의 특비(特秘)에 준하여 6번째 항목에 본 사주팔자가 해당되어 있음을 면밀히 살펴볼 필요가 있다.

***. 지지합의 특비(特秘)에 인용하여,!**

6. 육합(六合)의 경우 하나의 합의 기운을 놓고 준삼합이나 타 육합등이 합을 쟁탈하는 투합(鬪合)이 되었을 때 동질성인 합의 기운을 서로간에 먼저하려고 싸움하는 형상이 발생되어 안정된 가운데 합의 성질이 형성되지 못하게 되므로 완벽한 합을 이루지 못하게 된다.!

이상과 같이 전자에 지지합의 특비(特秘) 6항에 적용하여 본 사주팔자를 간명하여 볼 경우 완전히 부합하고 있음을 알 수가 있겠는데 그것은 비록 사주일지 酉金 식신이 사왕지지(子, 午, 卯, 酉)로서 비록 사주시지 辰土 겁재와 辰-酉合金을 구성하고 있는 성질이 되고 있겠지만,

그러나 이것은 사실상 사주일지 酉金이 사왕지지(四旺地支)가 되고 있기는 하나 사주월지에 자리를 잡고 있지 않는 기운으로 시지 辰土 겁재와 辰-酉合金을 하는 것 자체가 그 세력이 미약하게 될 수밖에 없다고 판단하는 것이 타당하다.

더구나 상황이 이런 중에 또 다른 하나의 합의 기운인 사주월지 巳火 인수가 일지 酉金 식신에게 巳-酉合金으로 구애(求愛)하는 것은 쟁합(爭合)의 성질이 됨에 따라 더욱 더 서로간 합의 기운을 쟁탈하는 의미가 성립된다.

물론 이와 같은 현상을 놓고 본 저자는 사실상 辰-酉合金을 완전히 배척하는 것은 아니며 辰-酉合金을 취용하더라도 합으로 돌아가는 金氣의 세력이 미약하기 때문에 오행상 각각의 잔여기운을 남기는 현상이라고 판단하는 것이 타당하게 된다.

무슨말인지 좀 더 구체적으로 언급하자면 우리가 사주팔자의 오행별로 힘의 분배를 표시하고 있는 사주일간강약도표에 준하여 따져볼 경우 시지 辰土의 기운이 15%가 되고 있는데 이것이 사주일지 酉金과 辰-酉合金을 결합하여 완전한 시지의 기운 전체인 15%가 모두 金氣로 돌변하는 현상까지 생각하여야 된다는 말이다.

이와 같은 성질은 한편으로 볼 때 본 사주지지내 辰-酉合金을 상극하는 삼형이나 상충의 작용이 성립되어 있지 않고 있으니 본 장에 언급하는 辰-酉합은 건전하게 판단할 수 있는 사안이 되고 있겠으나 사실상 월지에 사왕지지(四旺地支)가 자리를 잡고 있지 않는 성질이 됨에 따라 합의 세력이 쇠약하게 될 것은 자명하다.

더구나 상황이 이럴진데 월지 巳火 인수가 일지 酉金 식신과 巳-酉합을 하자며 쟁합(爭合)이 발생하고 있으니 이는 곧 서로간 합의 기운을 쟁탈하는 성질이 되고 있음에 따라 비록 辰-酉合金을 성립시켜 준다손 치더라도 사주시지 辰土의 기운인 15%가 모두 金氣로 돌변하지 못하는 이유가 여기에 있다해도 과언이 아니다.

결국 본 사주팔자에 대한 일부학자들의 辰-酉合金의 취용 여부는 완벽한 辰-酉合金으로 돌변하지 못하는 것으로 판단하는 것이 정석이며 그러나 사실상합의 결합에 대한 방해인 상충이나 삼형의 기운이 없으므로 합의 기운은 취용하되 모두 잔여기운을 남기는 합의 기운이라 판단하여 본 사주팔자가 일간己土가 신왕함으로 귀착되는 것이다.

*. 격국(格局)과 용신,!

다시 위 사주팔자에 대한 격국(格局)과 용신을 판별하여 본다면 우선 일간 己土가 사주내 인수 巳火와 겁재 土氣에 생조되어 신왕한 중에 사주월지 巳火 인수가 자리를 잡고 있기 때문에 원칙적인 **"신왕인수격(身旺印綬格)"**이며 또한 월상에 乙木 편관이 사주년지 寅木 정관에 십이운성 제왕지에 앉아 년간 壬水 정재가 水生木으로 생조하고 있으니 **"월상편관격(月上偏官格)"**을 같이 성격(成格)한다.

고로 용신은 **"겁중용관격(劫重用官格)"**이니 왕성한 비겁 土氣와 일간 己土를 木剋土로 바로 억제할 수 있는 관성 木氣를 용신하고 관성 木氣를 생조하는 재성 水氣를 희신으로 삼는데 아울러 일간

己土의 기운을 자연스럽게 수기(秀氣)유행을 도모하여 그 힘을 누출시키는 식상 金氣는 길신으로 선택한다.

이와 같은 현상은 보통 사주팔자내 일간이 신왕하다면 원칙적으로 식상, 재성, 관성등의 삼자를 모두 용신이나 희신 및 길신의 성질이 될 수가 있는 부분에 완전히 부합하고 있겠으며 그렇다면 본 사주팔자는 이상의 神(식상, 재성, 관성)의 기운을 모두 길신으로 선택하고 있으니 사주원국이 대단히 좋은 것을 알 수가 있다.

따라서 사주상의 용신이나 희신 및 길신을 선택하여 놓고 사주격국을 면밀히 관찰하여 보니 일간 己土에 대한 용신과 희신의 성질이 사주월상에 乙木 편관이 년지 寅木의 십이운성 제왕지에 앉아 투출되어 **"월상편관격(月上偏官格)"**을 성격(成格)하고 있는 중에 그 세력이 대단히 왕성함을 나타내고 있다.

더구나 사주상의 용신인 乙木 편관이 사주월상에 투출되어 있는데 다시 년간에 壬水 정재가 역시 절묘하게 투출되어 乙木 편관과 서로 유정(有情)하여 끊임없이 水生木으로 생조하고 있으니 이것은 단편적으로 보아도 용신과 희신이 강령함을 나타내고 있음을 엿볼 수가 있다.

이렇게 용신과 희신이 정상적인 일간 己土에 근접하여 있는 것은 정히 진신(眞神)의 성질이 되고 있으며 또한 내격(內格)의 억부법이나 조후법의 용신이 일치하는 성질이 되고 있으므로 이것은 용신의 기운이 집중되는 것을 나타내고 있음에 따라 더욱 더 대길하여 복록이 많게 되는 것은 두말할 이유가 없다할 것이다.

또한 사주일지 酉金 식신이 일간 己土의 동주(同柱)의 기운이 되면서 신왕한 일간 己土의 기운을 자연스럽게 누출시키는 현상까지 되고 있으므로 정말 일청도저유정신(一清到底有精神)이라 어느 하나 나무랄 것이 없는 절묘한 배합을 이루고 있다해도 과언이 아니다.

***. 격국(格局)에 대한 청탁(淸濁)판별,!**

다시 위 사주팔자에 대한 격국(格局)에 대한 청탁(淸濁)판별을 하여 보면 일간 己土가 사주내 인수 巳火와 겁재 土氣가 많아 **"월상편관격(月上偏官格)"** 및 **"겁중용관격(劫重用官格)"**을 성격(成格)하는 신왕사주인데 그렇다면 원칙적으로 용신은 관성 木氣를 용신으로 선택하고 있음을 알 수가 있다.

이와 같은 현상은 보통 내격(內格)의 평범한 사주원국일 것 같으면 식상, 재성, 관성중의 삼자기운에서 두 가지 정도로 용신의 성질을 선택하는 것이 통상적이지만 본 사주팔자는 이렇게 식상, 재성, 관성등의 삼자의 기운을 모두 길신으로 선택할 수 있는 장점이 있기 때문에 타 사주원국보다 복록의 차이를 보고 있음을 면밀히 파악할 필요가 있다.

그런데 사주격국이 더욱 더 절묘한 것은 일간 己土가 신왕한 중에 편관 乙木을 용신으로 삼는 격국인데 다시 寅-巳 삼형을 가지고 있으니 이것은 곧 첫눈에 보아도 사법관(司法官)의 팔자임을 알 수가 있으며 사주년간 壬水 정재가 년지 寅木과 월상 乙木을 水生木으로 생조하고 있음을 엿볼 수가 있다.

또한 이러한 년지 寅木 정관과 월상 乙木 관성은 다시 사주월지 巳火 인수에게 木生火로 생조하면서 월지 巳火 인수는 다시 일간 己土에게 火生土로 연결하며 일간 己土는 가장 근접한 사주일지 酉金 식신에게 土生金으로 이어지고 있음을 판단할 수가 있을 것이다.

이러한 성질은 오행서로간 상생의 법칙으로 연결되는 즉, 주류무체(周流無滯)라 하여 물결이 높은데서 낮은 데로 순리에 따라 연결되는 현상이 되고 있으니 곧 생화불식(生化不息) 및 생식불식(生息不息)에 의존하는 사주팔자가 되고 있음에 따라 이것은 정말 어느 하나라도 나무랄 것이 없는 대단한 청기(淸氣)를 가지는 명조가 되고 있으므로 절묘한 배합을 구성하고 있다해도 과언이 아니다.

결국 본 사주팔자는 본 장 청탁(淸濁)의 법칙에 준하여 대단한 청기(淸氣)를 가지고 있는 사주팔자임을 과히 짐작할 수가 있겠으며 더하여 용신인 乙木편관이 강령하고 다시 희신인 년간 정재 壬水의 생조를 받는 중에 寅-巳 삼형까지 가지고 있으므로 권력의 팔자로서 대부대귀한 팔자임에 틀림이 없는 격국이 되고 있는 것이다.

***. 본 장 이사(移徙), 이동(移動)에 준한판단,!**

지금까지 사주주인공인 장 모씨의 격국에 대한 청탁(淸濁) 및 용신의 부분을 사주추명학에 비추어 그 실체를 자세하게 기술하여 보았는데 이렇게 격국이 청기(淸氣)를 가지고 있는 중에 편관 乙木이 용신이 되고 다시 사주내 寅-巳 삼형을 가지고 있으니 이것은 곧 검사나 판사팔자인 사법관(司法官)의 운명이 되는 성질은 틀림에 없다.

실제로 사주주인공인 장 모씨는 대운이 29세 戊申대운이 접목되는 시점에 사법고시에 합격을 하여 판사로서 법관연수교육을 받고 있었는데 본 장 이사(移徙), 이동(移動)에 관하여 위 사주원국을 부합시켜보자면 사주간명상 좀 더 세밀하게 파악해볼 필요가 있겠다.

따라서 이사(移徙)나 이동(移動)에 관하여 그에 대한 성질을 구체적으로 인용하여 본다면,!

●일간이 신강, 신약을 불문하고 대운이나 세운이 사주년지를 형, 충하면 이사, 이동수가 발생한다.!
단, 이 때 사주상의 용신이나 희신의 기운을 가지고 형, 충하면 길이고 기신(忌神)의 기운을 가지고 형, 충하면 흉이라고 판단한다.!

라며 그 실체를 대단히 자세하게 언급하고 있는데 그렇다면 본 사주원국 주인공인 장 모씨의 격국을 방금 언급한 이사(移徙), 이동(移動)에 준하여 접목시켜 간명하여 볼 경우 완전히 일치하고 있음을 엿볼 수가 있다.

그것은 사실상 사주원국에 년지 寅木 정관이 존재하여 있는데 이미 대운이 29세 戊申대운에 접어들고 보니 사주년지 寅木 정관을

寅-申 상충이 되어 충격함에 따라 이렇게 년지를 충격하고 있는 운로가 되고 있다면 완전한 직업적인 이사(移徙), 이동(移動)수가 발생되어 변동을 하는 것으로 판단하는 것이 정석이다.

＊. 대운과 세운을 접목시켜 판단,!

그런데 이렇게 29세 戊申대운이 접목되는 시점에서 사주주인공인 장 모씨는 사법고시에 합격하여 판사로서 연수교육을 받고 있었는데 사실상 또다른 후천성인 대운이 지배되는 시점에서 일년군주인 세운이 1992년 壬申년이 되고 있으니 완전히 대운과 세운이 같이 사주년지 寅木 정관을 寅-申 상충으로 충격하여 중첩하여 변동을 발생시키고 있음을 알 수가 있다.

이와 같은 부분을 좀 더 자세하게 사주주인공인 장 모씨의 사주격국과 29세 戊申대운이 접목되는 시점과 세운인 1992년 壬申년이 나타내고 있는 사주도표를 보면서 그에 대한 운로를 집중적으로 완벽하게 파악하여 보기로 한다.

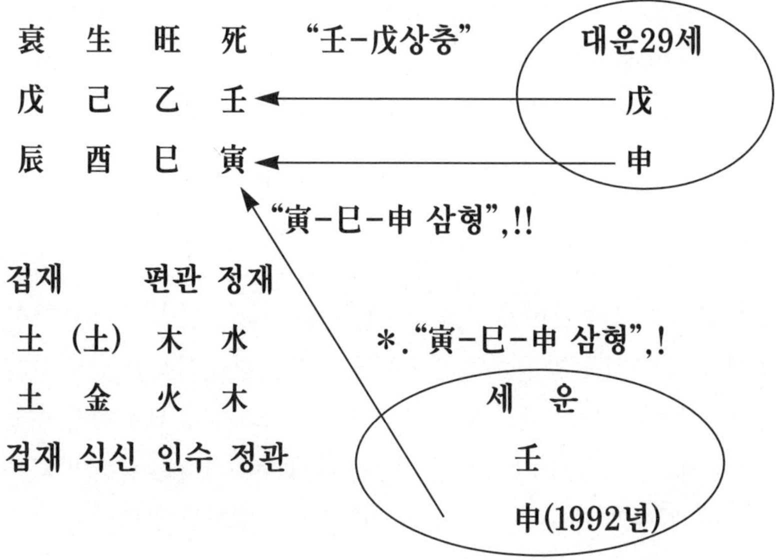

이상의 사주도표에서 정확하게 나타나고 있듯이 이 때 29세 戊申대운이 지배되는 시점에서 또 다른 후천성인 1992년은 壬申년이 재차 되고 있으니 완전히 대운과 세운이 동시에 세력을 합하여 사주년지 寅木 정관을 寅-申 상충으로 충격을 하고 있음을 판단할 수가 있다.

이와 같은 현상은 일반적인 사주간명을 통하여 보통 사주년주를 충격하면 이사(移徙), 이동(移動)수가 발생되고 있는데 더욱 더 본 사주팔자의 년지는 寅木 정관이 되고 있으므로 정관을 충격하면 변동을 발생하는 성질이 직업적인 부분에 해당하여 영전(榮轉), 취직(就職), 좌천(左遷)등의 길흉사가 나타나고 있음을 간명하여야 된다.

그렇다면 이러한 길흉의 판단에 준하여 과연 이것이 흉이 될 것인가, 그렇지 않으면 길함이 될 것인가는 사주상의 용신과 희신의 성질을 면밀히 관찰하여 보고 운로인 대운이나 세운에서 용신이나 희신의 기운을 가지고 들어오면서 년주를 충격하고 있을 때는 길이라 판단하고 만약 용신이나 희신의 기운을 상극하면 흉이라 판단하여야 될 것이다.

따라서 본 사주주인공인 장 모씨는 지금 29세 戊申대운이 대단히 길이 된다는 것을 판단할 수가 있는데 그것은 대운천간 戊土가 일간 己土에 대해 비록 겁재가 되어 흉이 되겠으나 사실상 대운지지 申金이 신왕한 일간 己土의 기운을 자연스럽게 누출시키는 상관이 되고 있으니 지지의 기운이 천간에 비교하여 약 3배이상 강력하게 작용하므로 길하다고 간명한다.

더하여 이러한 부분은 또 다른 후천성인 일년군주인 세운이 1992년 壬申년이 되고 있으니 세운천간 壬水가 용신 乙木을 水生木으로 생조하는 정재의 운인데 壬水가 대운천간 戊土의 기운을 壬-戊 상충으로 파극하여 대운천간 戊土가 제대로 기신(忌神)으로서 일간 己土에게 영향력을 행사할 수가 없게 된다.

또한 세운지지 申金이 대운지지 申金과 합세하여 사주년지 寅木 정관을 寅-申 상충으로 충격하면서 사실상 사주시지 辰土 겁재와 申-辰合水로 암합리에 水氣를 만들어 용신 乙木을 水生木이 되어 생조하고 있는 것은 대단한 길신의 역할을 한 중에 년지 寅木을 충격하니 이것은 더 이상 볼 것도 없이 대길함을 뜻하므로 영전(榮轉)이나 신규적인 직장변동이 되는 것을 알 수가 있다.

결국 이 때 29세 戊申대운이 지배되는 시점인 1992년 壬申년 음력 7월에 사주주인공인 장 모씨는 그동안 사법고시에 합격하여 연수를 받다가 1992년 음력 7월에 경기도 모 처 지방법원 판사로서 정식발령을 받았으니 이것은 완전히 본 장 이사(移徙), 이동(移動)에 부합하므로 하늘이 깜짝 놀라는 형상이 되었던 것이다.

● 지금까지 본 장 이사(移徙), 이동(移動)에 관하여 실제인물인 장 모씨의 사주격국을 접목시켜 간명하여 보았는데 사주년지 寅木 정관을 寅-申 상충을 대운이나 세운에서 모두 충격하게 되니 완전히 부합하고 있음을 엿볼 수가 있었다.

더하여 세운인 1992년 壬申년 음력 7월에 판사로서 발령을 받았는데 그것은 음력 7월이 대운지지 申金과 세운 및 월운지지가 모두 申金이 됨에 따라 전부 합세하는 운로에서 완전히 그에 해당하는 변동수가 나타나고 있음도 면밀히 관찰하여 볼 필요가 있는 것이다.

제3장

직업판단(職業判斷)

제3장
직업판단(職業判斷)

1. 직업판단(職業判斷)

사람은 세상에 태어나서부터 성인이 되기까지는 부모님의 비호 속에 별 어려움이 없이 성장할 수가 있겠으나 성장하면서 어른이 된다면 한 가정을 이끌어나가는 책임감속에 의식주에 대하여 절대 절명적인 사명감을 가지게 된다.

따라서 삶의 영속을 유지하기 위하여 직업(職業)은 필수 불가결하게 채택되어야 하는 것은 두말할 이유도 없으며 이것은 곧 금전이라는 만능주의적 현실성에 얽매이게 되니 가난한 사람과 부자의 사람도 이와 같은 맥락에 비추어 보면 그 차이가 없다 하겠다.

본 장 직업판단은 사실상 후편인 命理大要 下권인 추명의 응용(推

命應用)편에서 직업의 분류(職業分類)를 정한 뒤 인간이 태어나서부터 죽음을 맞이하는 순간까지 인생 총운을 적나라하게 기술하고 있는 성질에 본 장 직업판단(職業判斷)이 일면 부수되는 것이라 할 수가 있다.

그러나 본 장 직업판단(職業判斷)에는 命理大要 下권인 직업분류에 준하여 조금 차이가 나는 현상을 엿볼 수가 있겠는데 그것은 命理大要 下권의 직업분류(職業分類)는 광범위한 관록(官祿)의 팔자로부터 역술가(易術家)팔자까지 격국을 이미 선천적으로 정하여 놓고 판단하여 그 실체를 따지고 있지만 본장 직업판단에서는 어느 한정된 사주팔자에 대해 어느 직업이 타당한 가를 용신의 성질로서 판단하고 있는 것이 차이점이라 할 수가 있다.

그렇다면 직업의 판단에는 사실은 대단히 광범위하게 기술하여야 하는 복잡한 양상이 나타날 수 있으므로 본 장에서는 관록이나 관공직에 해당하는 격국을 판단하는 것은 이미 命理大要 下권인 직업의 분류에 기술하고 있음에 따라 별도로 제쳐놓고 자영업 및 사업등에 적용하여 용신의 기운으로서 사주주인공의 적성에 맞는 직업을 선택할 수 있는 점을 본 장에서 대단히 강조하고 있음이다.

(1). 용신의 기운에 대한 직업판단

● **일간이 신왕하고 용신이 "木"이라면 나무에 관한 직업이 길하며 만약 역마살(驛馬殺)이 있을 경우 유통업(체인점, 보험, 증권계통)이 적성에 맞는 직업이다.!** (木의 직업 : 출

판, 꽃집, 제지업, 의류 등)

※ 참고로 이상의 성질은 일간이 신약하여 인성이나 비겁이 용신이 되는데 용신이 木의 기운이라면 상기 성질에도 모두 부합하게 된다.

●**일간이 신왕하고 용신이 "火"라면 불에 관한 직업이 길하며 역마살(驛馬殺)이 있다면 항공, 운수업이 적성에 맞고 또한 월지 및 일지 편인이 있을 경우 역술(易術), 문학등 두 가지 이상 직업에 종사한다.!** (火의 직업 : 전기, 통신, 주유소, 가스, 제련공장 등)

※ 참고로 이상의 적용원칙 역시 일간이 신약하여 인성이나 비겁이 火 용신일 경우도 완전히 적용할 수가 있다.

●**일간이 신왕하고 용신이 "土"라면 흙에 관한 직업이 길하며 역마살(驛馬殺)이 있을 때 부동산 중개업, 소개소등이 길하니 유통업등이 맞는 직업이다.!** (土의 직업 : 토목, 건축업, 종교가, 토기, 공예, 부동산 등)

※ 참고로 이상의 부분도 일간이 신약하여 인성이나 비겁이 土 용신일 경우도 모두 이상의 직업에 적용할 수 있다.

●**일간이 신왕하고 용신이 "金"이라면 쇠에 관한 직업이 길하며 역마살(驛馬殺)이 있을 경우 차량정비나 철도, 항공산업 등에 적성이 맞는 직업이다.!** (金의 직업 : 조립, 금속,

철강산업, 금, 은 보석상 등)

※ 참고로 역시 일간이 신약하여 인성이나 비겁이 金 용신일 경우 모두 이상의 직업에 적용한다.

● **일간이 신왕하고 용신이 "水"이라면 물에 관한 직업이 길하며 역마살(驛馬殺)이 있을 경우 예술가, 문학가, 유통산업 등이 적성에 맞는 직업이다.!** (水의 직업 : 주점, 어선, 식당, 승려, 역술 등)

※ 참고로 역시 일간이 신약하여 인성이나 비겁이 水 용신일 경우 모두 적용한다.

(2). 육친통변에 준한 직업판단

*. 비견(比肩)

일간이 신왕하여 비견이 기신(忌神)이 되면 독립적인 사업에 적합하며 절대로 동업은 불리하게 된다.

만약 비견이 많아 신왕하더라도 식신이나 상관이 왕성하여 신왕한 일간의 기운을 누출시키는 현상이 되고 있다면 변호사, 변리사 및 언론계통이 적합하고 사주내 형, 충이나 살성(殺星)이 있을 경우 의사, 혹은 특수한 자격증을 취득하여 기사(技師)로 진출하는 것이 좋다.

***. 겁재(劫財)**

직업적인 현상은 전자에 설명한 비견(比肩)과 같으나 일간이 신왕하여 겁재가 기신(忌神)이 되고 있을 경우 절대 동업을 하게 되면 대실패를 초래하고 만약 일간이 신약하여 겁재가 용신이 되고 있을 때는 사주내 정관을 보고 있다면 동업관계도 괜찮게 된다.

***. 식신(食神)**

일간이 신왕하여 식신이나 재성을 용신으로 선택하는 **"식상생재격(食傷生財格)"**을 구성하고 있을 경우 사업가로 두각을 나타내며 만약 **"금수식신격(金水食神格)"** 및 **"목화식신격(木火食神格)"**, **"수목식신격(水木食神格)"**, **"화토식신격(火土食神格)"**이 성격(成格)되면 교육계, 언론계, 학술계에 적합하다.

또한 격국이 일점 탁기(濁氣)를 남기어 이상의 직위에 종사할 수가 없게 되면 세일즈 유통업계나, 요리업, 주점등의 상업도 적합하고 공직이나 회사에 봉급생활직도 길하게 된다.

***. 상관(傷官)**

일간이 신강, 신약을 불문하고 교사, 학자, 변호사, 변리사, 회계사, 유흥가 등에 경쟁적인 업무도 길하게 된다.

특히 일간이 신왕하여 상관을 용신이나 희신으로 선택하고 있을 경우 이상의 직업을 가지고 있을 때 더욱 더 길함을 배가 할 수가 있는데 만약 사주내 상관이 재성을 보고 있다면 **"식상생재격(食傷生財格)"**을 성립하므로 사업가, 무역가로 큰 성공을 거두며 다시 사주내 관성이 있다면 두가지 이상 직업을 갖게 된다.

***. 편재(偏財)**

일간이 신왕하여 편재가 용신이나 희신이 되면 돈을 만지는 직업인 은행, 사채놀이 부동산 투기 및 증권계통 혹은 해외무역업에 적합하며 청부업이나 소개소, 중개업 등에도 길하게 된다.

만약 일간이 신약하여 편재가 기신(忌神)이 되면 이상의 직업을 잡고 있을 경우 운의 흐름이 일간을 생조하는 비겁이나 인성운으로 치달리고 있을 때 일시 길하게 될 수가 있지만 기신(忌神)의 운으로 치달리고 있다면 대실패를 초래하게 되니 운의 판단을 예의 주시할 필요가 있다.

이럴 경우 안정된 생활을 유지하기 위해서는 무역회사 사원이나 은행계통의 직원으로 근무하는 것도 대단히 좋게 된다.

***. 정재(正財)**

일간이 신왕하고 정재가 희신이나 용신이 되고 있을 경우 **"식상**

생재격(食傷生財格)"이 될 수가 있으므로 모든 상업계통에 적합하는데 그 중에 편재와 같이 투기업종(증권, 사채놀이, 부동산투기 등)에는 비록 일시 모험으로 인한 재물이 들어오게 되나 기신(忌神)의 운을 만날 때 대실패를 하게 되니 절대 투기성으로 재물을 치부할 수가 없다.

만약 일간이 신약하여 재성과 관성이 왕성할 때는 오히려 남의 밑에서 일을 하는 은행원이나 회사원으로 근무하는 것이 좋게 된다.

또한 일간이 신왕하여 비록 정재가 용신이나 희신의 성질이 되나 재성이 쇠약할 때는 자영업을 하는 공업계통이 길하며 이 경우 재성이 극심하게 쇠약 할 경우는 행상이 적합하고 격국이 일부 청기(淸氣)를 가지고 있으면 외교를 하는 직업에 적합하게 된다.

*. 편관(偏官)

일간이 신강, 신약을 불문하고 모든 상업적인 면에 길하고 그 중에서 청부업, 부동산, 건축업, 선박건조업 등이 적합하며 특히 일간이 신왕하여 편관이 용신이나 희신의 성질이 되고 있을 경우 이상의 직업이 더욱 더 대길하다.

편관의 특성은 권모술수가 능하게 되므로 대인관계에 탁월한 소질을 발휘하니 대인과 사교적인 직업에 대단히 길하다.

*. 정관(正官)

편관과 달리 공평정대함을 좋아하므로 성실, 근면, 정직한 직업에 어울리게 되는데 특히 일간이 신왕하고 정관이 용신이나 희신이 되면 관공직에 적합하고 학자, 교수, 학술계도 대단히 좋게 된다.

하지만 사주내 일간이 신강, 신약을 불문하고 정관이 많거나 혹은 상관이 정관을 보고 있다면 이상의 직업에 종사할 수가 없고 이 때는 기술계통이나 편업(역술, 기학, 도학, 침구사, 한약방 등)으로 직업을 잡을 경우 길하게 된다.

*. 편인(偏印)

일간이 신강, 신약을 불문하고 편업(偏業)에 적합하게 되는데 의사, 배우, 학자, 이, 미용업, 역술가, 기학, 도학 등에 종사하면 대길하게 된다.

그러나 이 경우 일간이 신약하여 편인이 용신이나 희신이 되면 더욱 더 적합하며 하지만 시작을 잘하나 매사를 용두사미(龍頭蛇尾)로 일을 처리하기 쉬우니 자기단속을 할 필요가 있다.

한편으로 편인은 두뇌가 명민하고 재치가 빨라 수단이 좋고 상업적인 면에도 두각을 발휘할 수가 있으니 장사나 유통업도 적합하다.

*. 인수(印綬)

일간이 신강, 신약을 불문하고 두뇌가 명민하여 지혜총명하므로 학자, 명예, 발명, 예술 등에 아주 적합하며 만약 일간이 신약하고 사주상에 탁기(濁氣)를 남기고 있을 경우 생산적인 상업계통이나 유통업, 요리업, 주점 및 식당 등에 길하게 된다.

※ 참고로 이상의 성질은 모두 직업적인 판단을 용신이나 희신 및 육친의 성정으로 그 직업여부를 간명하였는데 그 중에 사실상 이상의 직업을 가진다해도 얼마나 대 발복을 할 수가 있는가, 그렇지 않으면 소길로서 그냥 밥술로 연명할 수가 있는가는 역시 사주격국에 대한 청탁(淸濁)의 유무, 그리고 용신의 강령함을 따져서 결정하여야 된다.

따라서 사주상에 용신이 왕성하고 일간이 신왕할 경우 혼자 독립적으로 사업을 하여도 크게 발복을 할 수가 있겠고 그러나 일간이 중화(中和)의 기점을 훨씬 넘어가는 극심하게 신약하거나, 혹은 극심하게 신왕할 경우 사주주인공의 궁합을 대조하여 맞는 사람에게 의지하여 사업을 하거나 또는 고용되어 안정된 직업을 갖는 것이 좋다.

그 중에 전자에도 약간씩 언급하였지만 사주내 용신이나 희신의 기운이 水氣가 필요하면 수산업, 교통관광업, 유통사업 및 무역가로서 성공하는데 이 경우 사주에 역마살(驛馬殺)이 있다면 더욱 더 금상첨화이다.

만약 사주내 용신이나 희신의 기운이 火氣나 金氣가 필요한 사주는 공업직이 길하게 되며 木氣가 용신이나 희신이 되고 있다면 농업, 목재, 가구업, 土氣가 용신이나 희신이 되면 농업, 건축, 토목, 부동산 중계업이 적합하다.

이상의 부분이외에 사주상에 일간이 신강, 신약을 불문하고 水氣와 火氣가 많게 되면 무역사업에 종사하는 것이 좋고 그 중에서 일주가 丙子, 丁亥일주가 되면 이 경향이 두드러지게 나타난다.

더하여 후천성인 대운과 세운이 사주격국에 대한 용신이나 희신의 기운으로 치달리고 있는가를 면밀히 검토하고 만약 대운이나 세운이 용신이나 희신을 상극하는 기신(忌神)의 운로로 치달리고 있다면 아무리 직업이 용신이나 희신의 기운에 부합하는 직업을 가진다고 해도 성공을 할 수가 없다.

그 이유는 선천성인 사주팔자와 직업적인 성질이 용신이나 희신의 기운에 맞는 것이라 해도 역시 운이 따라주지 않으면 실패의 근본으로 시작할 수밖에 없으니 후천성인 대운이나 세운의 영향력이 절대적으로 작용한다는 원칙을 앞세워 실제간명에 임하여야 되는 것을 강조한다.

또한 사주주인공인 선천성인 사주원국에 역마살(驛馬殺)이 있는가, 혹은 육친의 성질인 편인이나 편관등이 있는가, 격국(格局)에 대한 오행상, 주류무체(周流無滯) 및 생화불식(生化不息)에 부합하는 격국이 되는 가도 엄밀히 판단하여 빈부(貧富)의 차이를 간명하여야 됨도 필수적이라 하겠다.

*. 실제경험에 비추어 본 저자가 약 26년동안 직업판단에 대한 간명법,!

지금까지 용신의 성질로서 직업판단을 하여 보았는데 이상의 격국은 일간이 신약하거나 혹은 신왕을 불문하고 일간에 대한 용신이나 희신의 성질에 부합되고 있을 경우 모두 그에 대한 직업이 천성적으로 맞는 것이라 판단하여야 된다.

그런데 여기서 중요한 성질이 나타나고 있는데 그것은 보통 사주운명의 주인공이 운명감정을 받으러 오는 시점에서 직업적인 판단을 할 경우 과연 이상의 성질에 당면되고 있을 때 결실이 성공이 되는 것인가, 그렇지 않으면 실패를 하는 부분을 엄밀히 따져 판단하여야 될 것이다.

왜냐하면 사주주인공은 간명법에 대한 문외한의 학식을 가지고 있기 때문에 오로지 역학자의 말에 순종하는 맹목적인 현상이 됨에 따라 만약 비록 이상의 성질에 부합하여 그에 대한 알맞는 직업적인 간명을 하여 주었다해도 결실이 잘 되면 말이 없겠지만 만약 실패하였을 경우 자신의 직업을 말해준 역학자에게 대단한 책임 추궁의 원망을 하게 될 것이다.

이 부분에 대하여 본 저자는 역학자들에게 반드시 일러둘 말이 있는데 그것은 선천성인 사주명조를 간명하고 난 뒤 다시 후천성인 대운의 흐름이 완벽하게 용신이나 희신의 기운으로 치달리고 있을 경우 발복한다는 원칙을 앞세워야 하는 점을 대단히 강조하고 싶다.

더하여 이러한 경우는 더 나아가서 대운만 간명하여 판단하지 말고 사실상 대운이 지배되는 시점에 또 다른 후천성인 일년군주로 자리매김하고 있는 세운이 있으니 세운의 영향력을 각각 간명하여 복수적으로 접목하여 판단한 뒤 그 성공과 실패여부를 판가름하여야 되는 것도 상기시켜 두어야 할 것은 두말할 이유도 없다.

또한 만약 사주주인공이 운명감정을 할 경우 지금의 대운이나 세운이 길하게 되어 있다면 반드시 이상의 용신법에 적용한 직업으로 성공한 사람이 되는 것은 두말할 것도 없으니 당장 **"당신은 현재 이러한 직업에 종사하고 있지요",!**라고 말해도 별 틀리지 않는다는 것도 간명상 하나의 비법(秘法)이다.

그러나 만약 이상의 직업 성질에 당면되어 있는 사업자일 경우 현재 대운이나 세운이 용신이나 희신의 기운을 상극하는 기신(忌神)의 운로에서 운명감정을 받으러 왔다면 이것은 곧 사업적인 실패를 하여 부도위기에 당면되어 있게 되니 그에 대한 실체를 적나라하게 파헤칠 수가 있다.

더하여 이러한 원칙은 운로인 대운이나 세운이 형, 충을 업고 기신(忌神)의 성질이 되어 일간이나 일지를 상극하고 있다면 이미 부도를 내고 도피 중으로 관재(官災)가 같이 닥쳐 있음에 따라 수배자라고 판단하는 원칙도 간명하여야 되므로 이렇게 될 경우 당사자인 사주주인공은 깜짝 놀라 아마도 신(神)의 기운을 가지고 있는 선생이라 칭찬을 아끼지 않을 것이다.

이상의 성질은 본 저자가 약 23년동안 수많은 사업자나 자영업을 하는 실제 인물을 토대로 사주추명학에 비추어 실제간명을 하던 중에 하나의 경험상 터득한 비법(秘法)으로 자리매김하고 있는 것이니 운명감정을 받으러 온 실제 인물이 지금 어떤 성질에 당면되거던 이상의 성질을 완전히 접목시켜 간명할 경우 정말 놀라운 적중률에 감탄을 할 수밖에 없을 것이다.

*. 본 장 직업판단에 준하여 용신이 土氣가 되므로 부동산 투기를 직업으로 삼다가 1992년 壬申년에 파산하여 전국 수배자까지 된 실제인물의 사주팔자이다.!

(예1). 남자, 양 모씨(부산시 사상) 1950년 음력 2월 26일 子 시

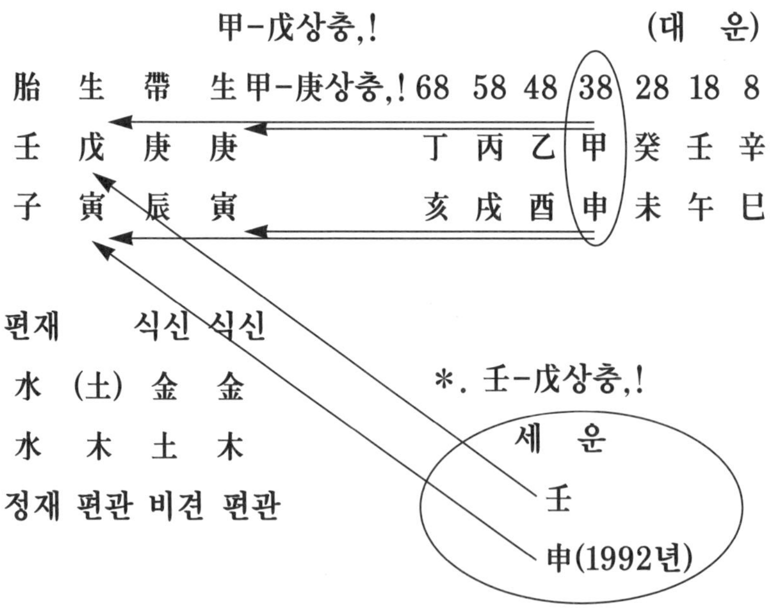

●일간 戊土가 신약하여 용신을 비견 土氣를 사용하고 있으니 土에 관한 직업이 되므로 부동산 투기업을 선택하고 있음을 알 수가 있다.!

그런데 대운의 흐름이 초년부터 중년초반까지는 남방 巳-午-未火局이 되어 치달리고 있으므로 그나마 신약한 일간을 구조하니 아쉬운 대로 복록을 유지하였다고 볼 수가 있겠다.!

하지만 중년중반부터 서방 申-酉-戌 金局으로 치달리므로 신약한 일간을 완전히 극루(剋漏)하면서 용신을 상극하니 그 흉함이 하늘을 찌르고도 남음이 있는데 설상가상으로 운간(運干)이 水, 木이 동주(同柱)가 되어 신약한 일간 戊土를 더욱 더 쇠약하게 만들고 있으니 대흉함이 돌출되고 있다.!

이 때 38세 甲申대운에 이르러 대운천간 甲木이 일간과 甲-戊 상충, 월상과 년간에 庚金을 甲-庚 상충을 하며 또한 대운지지 申金이 년지 및 일지 寅木을 寅-申 상충이 되어 왕신(旺神)이 반발을 하면서 다시 세운이 1992년 壬申년중 지지 申金이 대운지지 申金과 합세함에 따라 세운천간 壬水가 재차 일간 戊土를 壬-戊 상충까지 하게 되므로 완전히 가망이 없게 된다.!

따라서 1992년 壬申년 음력 7월에 부동산 투기를 하였으나 사기꾼에 속아 알거지가 되면서 수많은 사람들에게 돈을 빌린 것을 갚지 못하자 도주하였는데 전국 수배자로 몰려 참담한 신세가 되었다.

***. 일간의 왕쇠(旺衰),!**

戊일간 辰월에 출생하여 득령(得令)하였으나 사주원국 월지 辰土 비견을 제외한 오행전부가 일간 戊土를 극루(剋漏)하는 관성 木氣와 재성 水氣 및 식신 金氣로 짜여져 있으므로 일간이 신약이다.

이렇게 일간 戊土가 신약하게 되면 마땅히 일간 戊土의 힘을 부조하는 인성火氣와 일간의 동기인 비겁 土氣로서 일간의 힘을 부조하여야만이 대길할 것은 자명한데 하지만 사주원국에 오로지 월지 비견 辰土만이 존재하여 있으므로 일간은 하나의 의지처에 매달리고 있다해도 과언이 아니다.

하지만 이와 같은 사주월지에 辰土 비견 하나만으로도 그 기운이 사주강약도표에 준하여 판별하여 보면 약 30%의 기운이 작용하게 되므로 사주 타 주의 어느 기운보다 강력하게 일간을 도우는 역할을 하게 되니 일간 戊土는 정말 천군만마의 동지를 얻었다고 볼 수가 있겠다.

고로 본 사주팔자는 일간 戊土가 신약하고 있으니 마땅히 일간의 기운을 도와주는 인성 火氣와 비겁 土氣를 필요로 하는 내격(內格)의 격국(格局)이 되는 점으로 판단하며 다시 운로인 세운이나 대운에서 이상의 인성 및 비겁인 火, 土를 만나게 되면 길하게 되는 것은 두말할 이유가 없다.

***. 일부학자들의 의문,!**

여기서 일부학자들 중에서 방금 본 저자가 설명한 위 사주원국 일간 戊土에 대한 힘이 사주내 왕성한 일간을 극루(剋漏)하는 오행이 많아 일간이 월지 辰土 비견에 의지하는 신약사주로 판단한다고 설명한 부분에 대하여 한가지 의문을 가지면서 질문을 하고 있다.

그것은 **"운정선생은 본 사주팔자에 대한 일간 戊土가 월지 辰土 비견에 의지하여 신약사주로 판단하고 있으나 저희 학자들은 조금 그 견해를 달리고 있는데 비록 월지 辰土 비견에 의지하는 성질이 사실상 사주시지 子水 정재가 辰土 비견과 子-辰合水를 구성하고 있는 중에 그 세력의 중심을 대표하고 있는 시상 편재 壬水가 투출되어 있음을 엿볼 수가 있다",!**

"그렇다면 이것은 월지 辰土가 오행별 성질로 볼 때 습토로서 이렇게 시지 子水 정재와 子-辰合水를 구성하여 시상에 壬水가 투출되어 있으니 결국 辰土 비견은 완벽한 水氣로 돌변하고 말았으니 완전히 일간 戊土가 의지처가 없어지는 것은 자명한 일이 될 수밖에 없는 것이다",!

"따라서 위 사주원국은 사주팔자전체가 일간 戊土를 극루(剋漏)하는 金, 水, 木으로 짜여져 있게 됨에 따라 일간 戊土 주위의 세력이 일간을 도우는 오행이 없게 되어 완전한 金, 水, 木을 따르는 종격(從格)이나 가종격(假從格)으로 돌아갈 것이다",!

"그런데도 불구하고 운정선생은 이와 같은 합의 기운을 조금도 언급하지 않고 막연히 사주월지 辰土 비견에 일간 戊土

가 의지한다고 하여 신약사주로 간주하는 것은 사주추명학상의 원리를 혼돈하는 처사가 분명하니 이상의 부분에대하여 자세하게 구체적으로 기술하여달라",! 라며 날카로운 질문과 함께 그 원리를 되묻고 있다.

***. 일부학자들의 의문에 대하여 본 저자판단,!**

이와 같은 일부학자들의 의견에 대하여 본 저자는 학자들의 견해가 일면 타당성이 있다고 볼 수가 있겠으나 본 사주일간 戊土가 왕신(旺神)의 성질을 따르는 종격(從格)이나 가종격(假從格)으로 돌아가지 않는 것을 놓고 사실상 지지의 합을 결합하는 성질을 면밀히 관찰하여 보면 곧 본 저자와 일치하는 생각이 될 것이다.

***. 본 저자가 약 23년동안 경험상 터득한 비법(秘法),!**

이상의 성질은 사실상 사주추명학적으로 고서(古書)나 원서에 기준하여 지지 합이나 오행의 변화를 자세히 다루지 않고 막연히 간단하게 언급하여 기술하고 있음을 엿볼 수가 있겠는데 이와 같은 현상은 사주추명학을 연구하는 초심의 학자나 역학의 대가(大家)를 불문하고 대단히 고난도의 어려움이 뒤따르는 것은 두말할 이유도 없다.

그래서 본 저자는 이러한 중요한 지지의 합, 충의 변화를 실제인물에 준하여 그에 대한 해답을 찾을려고 대단히 많은 고생을 하였는데 이상의 성질에 당면되어 있는 실존인물의 소유자들을 전국방방곡곡에 돌아다니며 합, 충의 변화를 접목시켜 하나의 경험상 비법(秘法)을 터득하였던 것을 지금 이 자리를 빌어 기술하고자 한다.

따라서 그 부분을 좀 더 사주추명학적으로 약 3가지 이유를 들어 자세히 언급하여 보자면 그 첫째로,!

사주원국에 삼합(三合)을 구성하고 있는 중심오행인 사왕지지(子, 午, 卯, 酉)가 사주원국의 어느 지지에 자리를 잡고 있는가를 중요하게 관찰하여야 되는데 그 부분을 순차적으로 기술하자면 사주월지가 가장 강력하게 작용하고 그 다음이 일지이며 마지막이 시지순으로 차등하여 그 힘을 결정한다.!

그렇다면 본 사주팔자의 사왕지지(四旺地支)로 군림하고 있는 시지 子水 정재가 월지에 있지 않고 시지에 존재하여 월지 辰土 비견과 子-辰합을 구성하는 것은 방금 성질에 접목해서 판단하여 보자면 그 힘이 월지 子水의 계절에 자리를 잡고 합을 구성하는 것 보다 대단히 쇠약해짐은 두말할 이유가 없음을 알 수가 있다.

따라서 이와 같은 현상을 놓고 일부학자들은 막연히 단편적으로 시지 子水정재가 월지 辰土 비견과 子-辰合水를 구성하고 있는 중에 그 세력을 대표하고 있는 시상에 壬水 편재가 투출되어 있으니 하나의 水局의 중심으로 자리 잡고 있음에 따라 완전한 辰土 비견의 기운이 재성 水氣로 돌변할 수 있는 성질로 착각을 하기 쉽게 되어 있다.

그러나 사실상 시지 子水 정재는 비록 사왕지지(四旺地支)의 기운이라도 전자에 언급하였듯이 사주월지에 자리를 잡고 있지 않는 성질이 됨에 따라 강력하게 합의 기운을 결성할 수가 없음을 나타내고 있는데 더욱 더 삼합(三合)의 구성요건이 申金이 빠진 준삼합(準三合)의 성질이 되고 있으니 이것 역시도 합의 세력이 강력하게 작용할 수가 없는 절대적 이유가 되고 있음이다.

다음 둘째로,!

사주팔자내 합을 구성하는 절차에서 근접하여 합을 결합하지 않고 방해를 하는 오행이 양자의 합을 하려는 오행을 가로막아 있다면 합의 기운은 원격(遠隔)한 합이 될 수밖에 없음에 따라 완벽한 합을 결성하지 못하고 미약한 합으로 귀착한다.!

이와 같은 부분을 본 사주팔자에 적용하여 판단하여 볼 때 이것 또한 완전히 일치를 하고 있음을 엿볼 수가 있겠는데 그것은 사주월지에 辰土 비견이 자리를 잡고 시지 子水 정재가 子-辰合水를 도모하기 이전에 사주일지에 寅木편관이 가로막아 있으니 원격(遠隔)한 합이 될 수밖에 없으므로 강력한 합을 구성하기가 어렵게 된다.

상황이 이럴진데 더욱이나 월지 辰土 비견을 사이에 두고 사주일지 寅木 편관이 가로막아 子水 정재의 기운을 水生木이 되어 水氣의 기운을 木氣로 흡수하고 있으므로 水氣의 기운이 쇠약하여 짐은 당연한 처사이니 비록 子-辰합을 구성한다손 치더라도 子-辰合水의 세력이 미약하기 짝이 없게 된다.

그렇다면 이미 사주원국에 시지에 子水 정재가 자리를 잡고 있는 것 자체가 사왕지지(四旺地支)가 미약함을 나타내고 있는 중에 이렇게 합을 방해하는 寅木 편관이 월지 辰土 비견을 가로막아 합의 기운을 방해하고 있으니 더욱 더 완전하게 辰土의 기운이 합의 기운으로 인한 水氣로 돌변하지 못하는 절대적인 이유가 되고 있는 것이다.

다음 셋째로,!

사주원국내 일간의 성질이 양간(甲, 丙, 戊, 庚, 壬)이라면 사주원국내 어느 오행이라도 지장간에 중기(中氣)이상의 기운에 뿌리를 두고 있을 경우 절대로 양간(陽干)은 주위의 오행에 잘 따르지 않는 성질이 있음을 유념하여야된다.!

따라서 본 사주팔자에 대한 일간 戊土는 양간(陽干)으로서 가상하여 비록 사주월지 辰土 비견이 합을 하여 타 오행으로 변화되었다손 치더라도 이렇게 사주일지 및 년지 寅木 편관이 두 개씩이나 존재하여 있는 중에 지장간 여기(餘氣)속의 戊土 비견과 중기(中氣)에 丙火 편인이 각각 존재하여 있으니 양간(陽干)인 일간 戊土는 재차 그 속에 뿌리를 두게 되는 것은 확실하다.

더하여 상황이 이럴진데 사주일간 戊土가 일지 및 년지 寅木 편관에 십이운성의 장생지에 앉아 있음에 따라 이것 또한 일간 戊土가 절대적 세력을 얻고 있는 것을 무시할 수가 없는데 이렇게 寅木 편관이 하나도 아닌 두 개씩이나 존재하여 십이운성의 장생지에 해당하고 있으니 이와 같은 현상을 놓고 무엇을 꼬집어 들어 반박한다 해도 달리 이유가 있을 수가 없다.

지금까지 기술하고 있는 성질에 준하여 일부학자들이 언급하는 子-辰合水의 세력은 이상과 같은 맥락에 비추어 판단하여 볼 때 본 저자가 간명한 부분이 모두 일치하는 현상을 엿볼 수가 있을 것이며 하지만 그렇다손 치더라도 완전히 합의 기운도 무시할 수가 없게 되어 있다해도 과언이 아니다.

***. 합의 성질에 대한 결론,!**

이와 같은 子-辰합에 관한 의문점은 辰土 비견을 두고 합을 하여 재성 水氣로 완벽한 30%의 기운이 되는가를 놓고 우리일상생활에 비추어 설명하자면 남녀서로간 바람을 피우다가 무언중에 하나의 미약한 水氣를 만들고 있다고 판단하면 정답이 될 것이다.

그렇다면 자연히 일간 戊土는 월지 辰土가 시지 子水 정재와 子-辰합을 하면서 시상에 壬水 편재가 투출되어 있으니 비록 합으로 인한 기운을 무시할 수가 없음에 따라 土氣의 기운이 일부 빼앗긴다는 성질은 될지라도 辰土의 잔여기운에 의지하는 성질이 되어 내격(內格)의 억부법이나 조후법상 용신이 되는 점으로 귀착할 수밖에 없는 것이다.

결국 지금까지 기술한 성질은 고서(古書)나 원서에 불투명하게 막연히 언급하여 있는 성질을 실존인물에 준하여 그 합의 변화되는 부분을 수많은 세월을 통하여 얻어진 경험상 하나의 비법(秘法)으로 자리매김하고 있으니 이렇게 소중한 비법(秘法)을 터득한 학자는 더욱 더 명리의 발전을 이룩하도록 하여야 될 것을 본 저자는 첨언하는 바이다.

＊. 격국(格局)과 용신,!

다시 본 사주팔자에 대한 격국(格局)과 용신을 판별하여 보면 일간 戊土가 신약한 중에 사주내 편관 寅木이 강력하게 작용하고 있으므로 **"살중용인격(殺重用印格)"**과 **"재중용비격(財重用比格)"**이 같이 성격(成格) 취용 될 수가 있다.

고로 용신은 일간 戊土를 생조하면서 아울러 강력한 관성 木氣와 재성 水氣를 억제할 수 있는 비겁 土氣를 용신하고 비겁 土氣를 생조하는 인성 火氣는 희신으로 삼는 것이 마땅하다.

이렇게 사주상에 용신과 희신을 선택하여 놓고 사주격국을 면밀히 관찰하여 보니 일간 戊土에 대한 용신의 기운으로 자리매김하고 있는 월지 辰土 비견이 자리를 잡고 있음에 따라 사실상 신약한 일간 戊土가 의지할 수 있는 기운이 되고 있으므로 진신(眞神)의 성질이 되면서 아주 좋게 작용하고 있다.

그러나 아쉬운 것은 사주시지 子水 정재와 子-辰合水를 구성하고 있는 중에 시상에 壬水 편재가 투출되어 있으니 용신인 辰土 비견이 합을 탐한 나머지 기반(羈絆)이 되어 제대로 된 용신의 역할을 망각하고 있으므로 이것은 아주 좋지 못한 것임을 알 수가 있다.

더구나 사주원국이 더욱 더 아쉬운 것은 이렇게 용신의 성질이 되고 있는 辰土 비견이 비록 합을 탐한 나머지 기반(羈絆)이 될 망정 용신을 생조할 수 있는 인성 火氣가 정오행이 있다면 그나마 아쉬운 대로 본 사주가 길할 수가 있을 것이다.

하지만 이렇게 사주상에 인성 火氣가 정오행이 없고 비록 있다해도 사주일지와 년지 寅木 편관의 지장간 중기(中氣)에 丙火가 암장되어 있으니 암장된 기운은 조후법은 충족할 수 있는 성질이 될지라도 제대로 용신을 생조할 수 있는 힘을 발휘하지 못하게 되어 이래저래 아쉽기만 하다.

***. 격국(格局)에 대한 청탁(淸濁),!**

본 사주팔자에 대한 격국(格局)에 대한 청탁(淸濁)부분을 판별하여 보면 일간 戊土가 신약한 중에 **"살중용인격(殺重用印格)"**과 **"재중용비격(財重用比格)"**를 구성하여 비겁 土氣를 용신으로 선택하고 있는데 사실상 용신으로 대변되고 있는 월지 辰土 비견이 합을 탐한 나머지 子-辰합으로 묶여져 기반(羈絆)되어 있으니 이것은 벌써 첫눈에 보아도 아주 좋지 못하다는 것을 알 수가 있다.

더구나 일간 戊土가 신약하고 용신마져 제대로 합을 탐한 나머지 그 역할을 할 수가 없는 중에 용신을 생조하는 인성 火氣도 사주상에 정오행이 없고 있더라도 일지와 년지 寅木 편관의 지장간 중기(中氣)에 丙火가 암장되어 있어 이것은 희신의 역할도 미미하기 짝이 없으니 더욱 더 생식불식(生息不息)에 막힘이 많아 좋지 못한 것은 자명한 일이다.

또한 사주원국의 일간 戊土가 신약한 중에 오로지 월지 辰土 비견에 의지할 수 밖에 없는 조건이 되므로 사주격국의 월지를 제외한 전부가 일간을 극루(剋漏)하는 神(식상, 재성, 관성)의 기운으로 가득 메우고 있으니 탁기(濁氣)를 구성하는 것은 두말할 이유도 없게 되었다.

그런 와중에 좋지 않는 현상은 설상가상으로 사주천간에 일간 戊土와 시상에 투출되어 있는 壬水 편재가 壬-戊 상충까지 되고 있음에 따라 완전히 탁기(濁氣)를 더욱 더 부채질하고 있으니 이것은 곧 사주주인공의 숙명적인 운로가 불길함은 두말할 것도 없게 되었다.

***. 본 장 직업판단에 준한 간명,!**

지금까지 사주주인공의 일간의 왕쇠(旺衰)로부터 시작하여 용신 및 격국의 청탁(淸濁)판별을 하여 보았는데 사실상 용신의 기운이 합을 탐한 나머지 기반(羈絆)되어 있는 중에 일간 戊土가 신약하니 비록 대운이 좋게 흐른다손치더라도 그에 대한 복록은 작은 것에 불과하다고 판단하는 것이 정석이다.

따라서 본 장에서는 사실상 사주주인공에 대한 직업적인 부분을 사주추명학에 비추어 적나라하게 파헤치고 있으므로 그에 대하여 자세하게 기술하여야 되는데 본 사주주인공은 남자사주인 양 모씨로서 본 장 직업판단에 준하여 그 실체를 간명하여 보기로 하겠다.

●**일간이 신왕하고 용신이 "土"라면 흙에 관한 직업이 길하며 역마살(驛馬殺)이 있을 때 부동산 중개업, 소개소 등이 길하니 유통업등이 맞는 직업이다.!** (土의 직업 : 토목, 건축업, 종교가, 토기, 공예, 부동산 등)

※ 참고로 이상의 부분도 일간이 신약하여 인성이나 비겁이 土 용신일 경우도 모두 이상의 직업에 적용할 수 있다.

라며 직업적인 판단을 용신의 기운에 부합시켜 대단히 자세하게 기술하고 있겠는데 따라서 사주주인공인 양 모씨는 완전히 이상의 부분에 해당되고 있음을 엿볼 수가 있는 고로 사주일간 戊土를 기준하여 비겁 土氣를 용신으로 선택하고 있으니 벌써 첫눈에 용신의 기운인 부동산계통의 직업을 잡고 있음을 알 수가 있다.

하지만 이러한 현상은 일간 戊土가 신약하여 일간의 동기인 비겁 土氣와 인성 火氣에 의존하고 있음에 따라 대운이나 세운이 필수적으로 인성 火氣나 비겁 土氣로 치달리고 있어야 만이 그나마 발복하는 절대적 조건이 뒤받침되고 있음을 판단하여야 된다.

만약 이상의 경우 이렇게 용신의 기운으로서 土氣에 해당하는 직업인 부동산이나 건축업등으로 본인의 적성에 맞게 직업을 잡아주었다손 치더라도 운로인 대운이나 세운에서 용신을 상극하는 기신(忌神)의 운이 되어 첩첩으로 받고 있을 경우 아무리 용신의 기운으로 직업을 잡았다해도 그에 대한 발복여부는 불투명할 것이다.

그렇다면 사주추명학을 응용하는 역학자일 경우 이와 같은 성질에 해당하여 그에 대한 판단을 할 때 발복할 수가 없다고 결론을 내리는 것이 타당하며 더 나아가서는 운이 따라주지 않기 때문에 사주주인공 본인이 사업적인 실패를 모면할 수가 없다고 결정을 내리는 것이 정석이다.

따라서 본 사주주인공인 양 모씨는 일간 戊土가 신약하고 있으니 일간 戊土를 생조하는 비겁 土氣가 용신이 됨에 따라 용신의 기운인 土氣의 성질인 부동산계통의 투기를 하였지만 운로인 대운이나 세운이 용신을 상극하는 기신(忌神)의 운로로 치달리고 있기 때문에 부동산계통에 손을 대었다해도 실패를 할 수밖에 없는 중요한 성질이 지금 숨어있다 해도 과언이 아니다.

결국 본 장에 언급하는 용신의 기운으로 직업을 선택하였다해도 직업에 대한 승패여부가 운의 흐름에 절대적으로 판가름나는 형상이 되고 있으니 사주주인공인 양 모씨는 기신(忌神)의 운로에서 실패를 하여 급기야는 관재(官災)까지 받는 사태는 사주추명학을 연구하는 역학자들에게 좋은 사례가 될 것이므로 다음에 기술하는 본 사주팔자에 대한 대운과 세운의 부분을 접목시켜 간명에 임하고자 하겠다.

*. 격국에 대한 대운흐름,!

본 사주팔자 주인공인 양 모씨의 대운의 흐름을 판별하여 볼 때 초년 8세 辛巳대운부터 28세 癸未대운까지는 그나마 일간 戊土에 대한 희신의 기운인 남방 巳-午-未 火局으로 인성기운이니 신약한 일간을 구조하게 되므로 그에 대한 길함을 얻을 수가 있음을 알 수가 있다.

하지만 38세 甲申대운부터 일간 戊土의 기운을 극루(剋漏)하는 서방 申-酉-戌 金局으로 치달리고 있으니 신약한 일간에게는 더욱 더 극루교가(剋漏交加)가 되어 그에 대한 숙명적인 불길함을 모면할 수가 없는데 따라서 사주주인공인 양 모씨의 인생운명을 대운을 통하여 좀 더 자세하게 언급하기로 한다.

초년 8세는 辛巳대운이다.

이 때 대운천간 辛金은 사주일간 戊土에 대한 상관의 운로이니 신약한 일간으로서는 기신(忌神)의 역할이 되어 일간의 기운을 더욱 더 누출시키는 형상이 되어 대단히 불리하게 연출되는 것은 기정사실이다.

그러나 대운지지 巳火가 신약한 일간 戊土에 대한 희신의 기운인 편인의 성질이 되어신약한 일간을 火生土하니 길하게 되면서 대운천간 辛金의 기운을 억제할 수가 있음에 따라 천만다행이라 볼 수가 있겠다.

일면 사주원국 일지 및 년지 寅木 편관을 대운지지 巳火 편인이 寅-巳 삼형으로 파극하여 그에 대한 흉함을 염려할 수가 있겠지만 대운지지 巳火가 근본적으로 신약한 일간 戊土에 대한 희신의 기운인 편인이 되고 있으니 그다지 흉함을 돌출하지 않고 오히려 길함을 모색할 수가 있다고 판단하는 것이 정석이다.

실제로 사주주인공인 양 모씨는 이 때가 유년시절이 되겠는데 8세부터 약 5년간은 약간의 잔병치레로 고통과 근심이 있었지만 대운지지 巳火가 지배되는 시점에서는 학업성적도 승승장구하였고 별탈이 없던 점을 감안하여 볼 때 寅-巳 삼형의 걱정스러움이 해소되는 것으로 해석하여 볼 수가 있다.

다시 18세는 壬午대운이다.

이 때 대운천간 壬水는 신약한 일간 戊土에 대한 편재로서 기신(忌神)이 되어 일간의 기운을 더욱 더 극루(剋漏)하는 형상이 되고 있는데 이미 사주시상에 壬水 편재가 일간 戊土를 壬-戊 상충으로 파극하고 있는 중에 다시 중첩하여 대운천간 壬水가 壬-戊 상충이 되고 있음에 따라 상충의 소용돌이로 인한 흉함이 나타날 수가 있겠다.

그러나 이번에도 대운지지 午火가 일간 戊土에 대한 인수의 운로로서 신약한 일간을 火生土로 생조하는 형상이 되고 있는데 사실상 午火가 사왕지지(子, 午, 卯, 酉)로서 태양과 같은 불길로 대운천간 壬水의 흉함을 水剋火하여 줄여줄 수가 있으니 이것은 절묘한 형상이라 할 수가 있다.

더구나 이러한 성질은 대운지지 午火 인수가 사주원국 일지 및 년지 寅木 편관과 寅-午合火로 둔갑하여 더욱 더 인성 火氣로 그 세력을 왕성하게 만들고 있으니 아마도 이와 같은 성질은 앞으로의 사주주인공인 양 모씨의 대운의 흐름을 판단하여 볼 때 이러한 운기는 다시 없을 것으로 판단하고 있다.

실제로 사주주인공인 양 모씨는 이 때 대운인 18세 壬水가 지배되는 시점에서 학업 성적이 오르지 않아 고민하였으며 이것은 사실상 壬水가 편재가 됨에 따라 육친통변법으로 해석하면 금전과 여자문제로 그 흉함이 닥친다는 점으로 판단하니 완전히 부합하는 것으로 간명한다.

하지만 대운지지 午火가 지배되는 시점에서 인수의 기운이 되고 있으므로 문서상, 학술적인 명예를 높이 날리는 것을 판단할 수가 있겠는데 실제로 이때 사주주인공인 양 모씨는 고등학교를 졸업하자마자 부동산계통에 뛰어들어 일찌감치 사업가로 발돋움을 하였고 그에 대한 실적도 대단히 많았으니 금전으로 인한 부귀함을 성취하였다고 회고를 하고 있다.

다시 28세는 癸未대운이다.

이 때 대운천간 癸水는 원칙적으로 신약한 일간 戊土에 대한 정재의 기운으로서 일간에 대한 기신(忌神)의 역할이 분명하나 절묘하게 일간 戊土와 戊-癸合火로 합을 하여 인성 火氣로 돌변하니 일간 戊土를 생조하는 인성의 기운이 됨에 따라 전화위복의 형상이라 할 것이다.

더하여 대운지지 未土가 일간 戊土에 대한 겁재로서 사실상 未土가 오행별 성질로 볼 경우 조토임에 따라 일면 사주원국에 水氣 재성과 식상 金氣가 강력하여 조후법상 火氣를 더욱 더 필요로 하고있는 마당에 이렇게 불의 기운을 가지고 들어오면서 일간을 생조하고 있으니 이것은 두말할 것도 없는 길함으로 승승장구하는 운명이 된다.

따라서 이 때의 사주주인공인 양 모씨는 지금의 부동산계통의 투기업을 계속하여 지금이 가장 전성시절인 것을 알 수가 있겠는데 그것은 다음에 뒷 따라 들어오는 대운의 성질을 판별하여 보면 38세 甲申대운부터 서방 申-酉-戌金局이 되어 치달리고 있는 것은 대흉함을 암시하고 있으니 완전히 부합하는 성질이다.

다시 39세는 사주주인공인 양 모씨가 일생동안 가장 비참했고 아울러 사업에 실패를 하여 전국수배자까지 되어 관재(官災)를 당했던 38세 甲申대운이다.

지금까지 사주주인공인 양 모씨의 선천성인 운명을 판단하면서 대운의 흐름을 접목하여 간명하였지만 비록 일간 戊土에 대한 용신이 비겁 土氣를 선택하고 있으니 직업적인 판단에 비추어 부동산 계통의 직업을 가지고 있다는 것을 알 수가 있었다.

하지만 이와 같은 현상은 과연 얼마나 이상의 직업을 가지고 승승장구할 수가 있겠으며 또한 직업적인 변천이 발생하겠는가를 놓고 역시 후천성인 대운이나 세운을 판단하지 않고는 그에 대한 판단의 여부는 불투명한 것은 사실이니 아무리 사주상의 용신의 기운으로 직업을 잡고 있다해도 운이 따라주지 않을 경우 실패의 근본을 언제라도 가지고 있는 것은 자명한 일이다.

그렇다면 지금 사주주인공인 양 모씨는 본 장에 언급하는 38세 甲申대운에서 사업적인 실패와 관재(官災)를 동시에 받으면서 완전히 파산하였다는 것을 상기하여 볼 때 이러한 현상을 사주추명학적으로 비추어 좀 더 사주주인공인 양 모씨의 사주명조와 후천성인 대운 및 세운까지 나타내고 있는 사주원국 도표를 보면서 더욱 더 자세하게 기술하기로 한다.

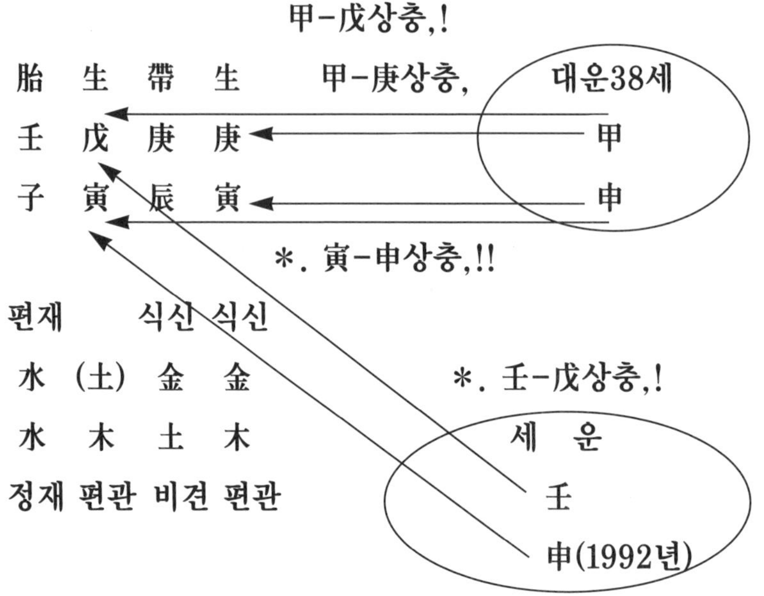

이상의 도표에서 자세히 나타나고 있듯이 이 때 대운천간 甲木은 신약한 사주일간 戊土에 대한 편관으로서 강력하게 일간을 상극하고 있으니 기신(忌神)이 되고 있는데 설상가상으로 이미 사주원국의 시상에 투출되어 있는 壬水 편재가 대운천간 甲木을 水生木이 되어 생조하고 있음에 따라 더욱 더 대운천간 甲木이 힘을 얻고 있음을 말해주고 있다.

더하여 이러한 성질은 사실상 시상에 투출되어 있는 壬水 편재가 일간 戊土를 壬-戊 상충으로 파극하고 있는 것을 다시 대운천간 甲木이 壬水 편재의 기운을 흡수하면서 재차 甲-戊 상충이 되어 파극하고 있으므로 그 흉함이 대단히 강력하다는 것을 미루어 짐작할 수가 있는데 설상가상으로 년간과 월상에 투출되어 있는 庚金 식신까지 甲-庚 상충으로 파극하고 있으니 완전한 상충의 소용돌이로 인한 흉함은 하늘을 찌르고도 남음이 있다할 것이다.

상황이 이럴진데 대운지지 申金이 일간 戊土에 대한 식신의 기운이 됨에 따라 신약한 일간戊土의 기운을 더욱 더 힘을 빼내면서 극루교가(剋漏交加)를 부채질하고 있는데 이것 역시 사주원국 일지 및 년지 寅木 편관을 寅-申 상충으로 파극하고 있으니 일지는 자신의 몸이고 처궁에 해당하고 있으므로 그흉을 도저히 모면할 수가 없다고 판단하는 것이 정석이다.

***. 38세 甲申대운과 1992년 壬申세운을 접목,!**

상황이 이럴 시점에서 사실상 甲申대운만 판단하더라도 대흉함을 피할 수가 없다는 것을 간파할 수가 있겠는데 이렇게 甲申대운이 지배되는 시점에 또 하나의 후천성인 운로가 일년군주로 자리매김하고 있는 세운이 壬申년이 되고 있다는 것을 판단할 필요가 있다.

따라서 공교롭게도 대운이 甲申이 되고 있는 중에 세운마져 壬申년이 되고 있으므로 이 때 세운천간 壬水가 신약한 일간 戊土에 대한 편재의 기운을 업고 기신(忌神)의 역할을 하면서 이미 사주시상에 투출되어 있는 壬水 편재가 일간 戊土를 壬-戊 상충으로 파극하고 있을 때 이렇게 재차 세운천간 壬水가 또다시 일간 戊土를 壬-戊 상충으로 중첩하고 있으니 이것은 극도로 흉함이 나타나고 있는 것이다.

더하여 세운지지 申金이 대운지지와 마찬가지로 신약한 일간 戊土에 대한 식신의 기운이 되고 있음에 따라 똑같이 사주일지 및 년지 寅木 편관을 동시에 寅-申 상충이 되어 파극하고 있으므로 이러한 상황을 판단하여 볼 때 어느것이라도 조금의 흉함을 피할 수가 있는 여력이 보이지 않고 있으니 설상가상이라 하겠다.

실제로 사주주인공인 양 모씨는 욕심이 과하면 실물을 좌초한다고 옛 성인이 말하였듯이 그동안 28세 癸未대운에서 이루었던 금전의 부귀함에 만족하지 못하고 욕심을 부려 두 사람의 감언이설에 속아 여러 수많은 사람들에게 비싼 이자 돈을 빌려 부동산에 투기를 하였으니 완전히 사기에 걸려들어 한푼의 돈도 건지지 못한 채 파산한 후 전국으로 도주하는 수배자가 되었던 것이다.

결국 본 장에 기술하는 직업판단에서 사실상 사주주인공인 양 모씨는 용신이 비견 土氣로 되고 있음에 따라 土氣에 준하는 직업인 부동산계통의 직업을 가진 것을 알 수가 있겠으나 이와 같은 직업이 과연 발복을 하여 대성공을 할 수가 있겠는가, 혹은 중도에서 실패를 하겠는가는 역시 후천성인 대운과 세운의 흐름이 절대적으로 좌지우지한다는 것을 단적으로 보여주는 사주팔자라 하겠다.

제4장
고시시험 합격하는 사주

제4장
고시시험 합격하는 사주

1. 고시시험 합격하는 사주

시험합격은 우리일상생활에 비추어 보통 고등학교나 대학교 입시를 많이 떠올리게 되는 것이나 사실상 더 나아가서는 관직에 준하는 자격시험 및 고등고시(高等考試)를 주로 간명상 판단의 원칙으로 세우고 있다.

따라서 이와 같은 시험합격을 판단하는 절차에는 상당한 간명법상 고난도의 경지에 도달하여야 만이 올바르게 감정을 할 수가 있는 것을 알 수가 있겠는데 그것은 평상적인 고등학교 시험이나 대학교 입시는 별문제가 되지 않겠지만 고시합격(考試合格)은 하나의 관록(官祿)를 쥐면서 대부귀(大富貴)의 운명이 되기 때문이다.

일부 거리의 당사주류나 무속적인 학설(學說)을 가미하고 있는 역술가(易術家)들 중에 막연히 일간이 신강, 신약을 불문하고 격국(格局)에 대한 청탁(淸濁)도 판별하지 않은 채 사주원국 당사자가 운로인 대운이나 세운에서 용신이나 희신의 기운을 맞이하고 있을 경우 무조건 **"시험에 합격을 할 수가 있다",!**라는 식으로 감정을 하고 있음을 본 저자는 많이 보고 있다.

하지만 이렇게 수박 겉핥기식으로 감정을 하여주었다가 얼마가지 않아 합격될 수가 있다는 말만 믿고 고시에 응시하였다가 고시시험에 낙방하자 자신의 운명을 감정하여주었던 선생님에게 심지어는 심한 말을 하는 경우를 놓고 건성으로 감정을 하여주었던 선생님은 황당한 일을 종종 당하는 것을 볼 수가 있다.

그렇다면 이상의 부분을 좀 더 심도 있게 생각하여 볼 경우 막연히 사주주인공의 사주원국이 탁기(濁氣)를 남기는 이상 아무리 운의 흐름에서 용신이나 희신의 기운을 맞이한다손 치더라도 시험합격이 될 수가 없다는 결론을 가지게 되는데 이것은 선천성인 사주명조에 시험합격을 할 수 있는 오행의 짜임새가 필요하다는 것으로 귀착하는 절대적 이유가 성립된다.

더하여 이러한 성질은 우리일상생활에 비추어 판단하자면 억만장자인 현대건설의 창업주인 정주영 명예회장사주와 길에서 동냥을 하고 있는 거지사주를 놓고 비교 분석하여 볼 때 모두 오행상 팔자는 여덟 글자로 구성되어 있기때문에 사실상 사주팔자만으로 그 직위고하(職位高下) 및 부귀빈천(富貴貧賤)을 분별할 수 있는 능력이 있어야 된다는 것을 한 일례로 말할 수가 있겠다.

결국 본 장 시험합격(試驗合格)판단은 선천성인 사주주인공에 대한 격국(格局)의 청탁(淸濁)의 기준에 준하여 청기(淸氣)에 만족하면서 다시 용신이나 희신이 강력한 중에 그리고 나서 후천성인 운로가 대운이나 세운에서 용신이나 희신의 성질을 맞이하여야 만이 본 장에 준하는 시험합격에 부응할 수 있는 조건이 되고 있음을 대단히 본 저자는 강조하는 바이다.

(1). 고시합격(考試合格)의 격국

● **사주내 오행이 木, 火, 土, 金, 水를 모두 갖추고 있는 중에 생화불식(生化不息)으로 연결되고 용신이 강력한 사주,!**

※ 참고로 생화불식(生化不息)은 오행이 木, 火, 土, 金, 水를 모두 가지고 오행이 상생의 법칙을 실현하는 즉, 木生火, 火生土, 土生金등으로 물결이 위에서 아래로 흘러가듯 오행이 연결되는 현상을 말한다.!

● **일간이 신왕한 중에 오행이 주류무체(周流無滯)하고 관성이 용신인데 재성이 관성을 생조하면서 대운이 용신으로 치달리는 사주,!**

※ 이상의 격국은 사법고시나 행정고시등에 합격하는 사주이다.!

● **일간이 신약하나 사주내 오행이 생화불식(生化不息)하고**

인수가 용신이 되어 왕성한 사주,!

※ 이상의 격국은 대학교수나 행정고시중에 문과에 해당하여 합격하는 사주이다.!

● 일간이 신왕하고 재성과 관성이 근접하고 사주내 寅-巳-申이나 丑-戌-未 삼형을 가지고 오행이 주류무체(周流無滯)로 연결되는 사주,!

● 신약용인격(身弱用印格)으로 오행이 주류무체(周流無滯)하며 인수가 노출되어 있는 중에 관성 또한 노출되어 인수를 생조하고 있을 때,!

※ 이상의 격국은 사법관(司法官)이나 행정관(行政官)모두 적용되는데 대운의 흐름이 용신이나 희신으로 치달리고 있어야 만이 이상의 조건에 합격할 수가 있다.!

● 사주내 문창성(文昌星)이 있고 인수나 화개가 동주(同柱)하여 대운이 용신으로 치달리고 있을 때,!

※ 이상의 격국은 예술성이 나타나는 사주로 문학, 서예 등에 두각을 나타내어 국가적인 명인(名人)에 합격하는 사주이다.!

● 오행이 주류무체(周流無滯)하고 일간이 甲, 乙 木으로 월지나 일지에 巳, 午 火氣를 보거나 이와 반대로 일간이 丙, 丁일간으로 월지나 일지에 寅, 卯 木氣를 만나 목화통

명(木火通明)이 된 사주,!

※ 이상의 격국 역시 예술분야인 문학, 서예, 조각 등에 두각을 나타내어 국가 명인에 합격하는 사주이다.!

●오행이 주류무체(周流無滯)하고 일간이 庚, 辛金일간으로서 월지나 일지에 亥, 子 水氣를 보거나 이와 반대로 일간이 壬, 癸 水일간으로서 월지나 일지에 申, 酉 金氣를 만나 금백수청(金白水淸)이 된 사주,!

※ 역시 전자와 마찬가지로 예술분야에 두각을 나타내어 국가명인에 합격하는 사주이다.!

※ 참고로 지금까지 시험합격(試驗合格)에 준하여 격국(格局)을 고등고시(高等考 試), 예술, 문학등의 등급에 대한 순차적으로 분류하여 그 실체를 자세하게 파악하여 보았는데 사실상 격국(格局)이 대단히 순수하고 용신이 강령함을 조건부로 내세우고 있는 점들이 모두 동일하다하겠다.

그렇다면 일반적인 시험합격에 대한 운로는 역시 이상의 성질에 준한 사주격국을 참조하여 그에 대한 해답을 내리게 되면 대단한 적중률을 나타낼 것이고 또한 이와 같은 성질의 격국은 상당히 상류급에 해당하여 대부귀(大富貴)를 누릴 수가 있는 운명의 소유자이니 선천성인 사주명조에 모두 조건부적인 청기(淸氣)에 부합하는 절대적 요건을 갖추고 있어야 만이 이상의 시험합격을 만족할 수가 있다.

더하여 첫째로 선천성인 사주격국이 청기(淸氣)를 만족하고 있다손 치더라도 또 다른 후천성인 대운이나 세운의 영향력이 절대적이므로 만약 비록 선천성인 사주격국이 청기(淸氣)를 갖추고 있다해도 운의 흐름이 용신이나 희신을 상극하는 기신(忌神)의 운로로 첩첩이 되어 치달리고 있다면 본 장에 언급하는 시험합격(試驗合格)을 하지 못한다.

이것은 사실상 선천성인 사주격국이 아무리 좋다해도 사주팔자만 가지고는 시험합격(試驗合格)에 대한 결론을 내리지 못한다는 성질을 단적으로 보여주는 것이라 해도 과언이 아니며 그렇다면 반드시 선천성인 사주명조와 후천성인 대운 및 세운의 흐름을 같이 복수적으로 대조하여 그에 대한 해답을 내리는 것이 필수조건이라 하겠다.

또한 전자에 언급한 격국들 중에서 일간이 신약해도 격국(格局)이 순수하면 시험합격에 만족할 수가 있겠는데 이것 역시 후천성인 대운과 세운의 영향력이 지배적이니 사주팔자와 복수적으로 간명하여 판단하는 것이 타당할 것이다.

더구나 시험에 합격하는 운로는 일간이 신왕할 경우에는 용신이나 희신의 성질이 관성이 될 경우 관성운로에 합격한다고 간명하고 일간이 신약할 경우는 편인이나 인수운로에 합격하는 것을 정석으로 판단하는데 그 중에 인수의 운로이면 더욱 더 좋게 작용한다.

그러나 여기서 중요한 부분이 있는데 그것은 일간이 신약하나 인성만 있고 비겁이 없다면 오히려 인성운보다 비겁운로에서 시험합격하는 것을 많이 보고 있으며 이것은 사주원국에 일간이 혼자 인성을 상대하다보니 모자멸자(母子滅子)의 법칙에 해당하여 왕성한 인성의 기운을 흡수하는 비겁이 길하게 작용하기 때문이다.

결국 본 장에 언급하는 시험합격(試驗合格)은 막연히 우리 일상생활에 대소사인 시험합격부분을 떠나서 대부귀(大富貴)소유자의 운명을 중점하여 언급하는 것을 알 수가 있겠는데 그러나 사실상 소소하게 치루어지고 있는 일반적인 시험 운로도 본 장에서 기술하는 성질을 떠날 수가 없으니 그에 해당되는 사주운명 소유자가 당면될 경우 모두 본 장에 부합시켜 간명한다면 대단한 적중률을 나타낼 것을 첨언하는 바이다.

＊. 본 장에 준해서 행정고시(行政考試)에 합격하여 세상을 깜짝 놀라게 한 실존인물인 김 모씨의 사주팔자이다.!

(예1). 남자, 김 모씨(서울 강남 개포동)1958년 음력 8월 10일 巳시

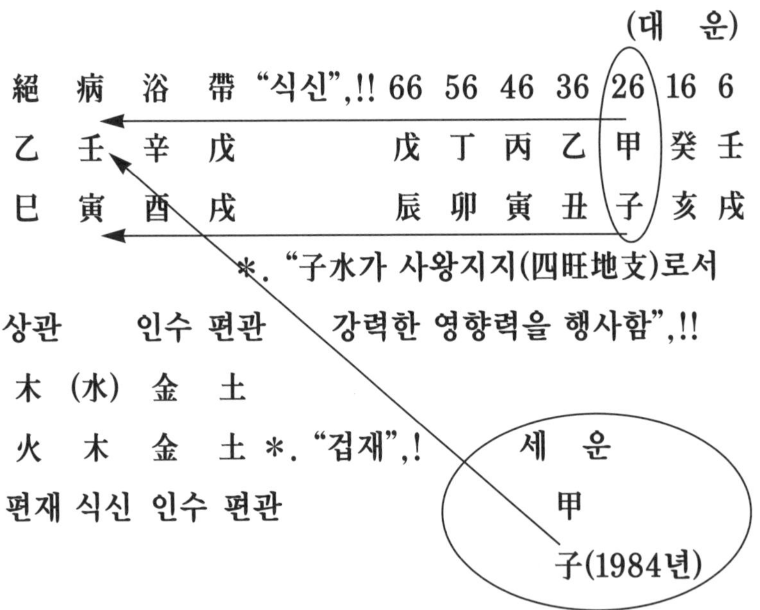

●일간 壬水가 신약하나 인수가 월주에 모두 동주(同柱)하여 있으니 중화(中和)의 기점에 육박하는 성질이 되고 있는 중에 인수가 월주에 하나의 기운으로 모아지고 있는 것은 그만큼 용신의 힘이 강력함을 나타내고 있다.!

더하여 사주년주 戊戌 편관을 기점으로 해서 월주 辛酉 인수를 土生金으로 생조하고 있고 다시 월주 인수는 일간 壬水에게 金生水 및 일간 壬水는 일지와 시상에 寅, 乙木에게 水生木 그리고 마지막 시지 巳火 편재에게 木生火로 연결되고 있음을 알 수가 있다.!

이러한 것은 오행이 상생의 법칙에 준하여 생화불식(生化不息)이 되어 오행이 유통됨이 막힘이 없는 현상이므로 절묘한 배합을 구성하고 있으니 비록 일간 壬水가 신약하더라도 대단한 청기(淸氣)를 가지는 것이다.!

대운을 보니 초년부터 북방 亥-子-丑 水局으로 치달리고 있으니 젊은 나이인 26세 甲子대운 초기에 지배되는 1984년 甲子년에 만 26세의 나이로 행정고시(行政考試)에 합격을 하여 주위 사람들을 깜짝 놀라게 하였다.!!

***. 일간의 왕쇠(旺衰),!**

壬일간 酉월에 출생하여 득령(得令)하였으며 사주원국 월지 酉金 인수를 중심으로 해서 그 세력의 십이운성 건록지에 앉은 월상 辛金 인수가 재차 투출되어 있으니 일간 壬水가 그리 쇠약하지 않다.

하지만 사주원국내 神의 기운인 식상, 재성, 관성의 기운인 木, 火, 土의 기운이 많아 그 힘이 너무나 강력하게 작용하므로 마땅히 일간 壬水로서는 아무리 인수가 생조를 한다손 치더라도 마땅히 사주내 일간을 부조하는 일간의 동기인 비겁 壬水가 없으니 기(氣)의 기운이 쇠약하여 약간 중화(中和)의 기점에 미달하는 신약이라 할 수가 있다.

그렇지만 사주년주 戊戌 편관이 월주에 동주(同柱)의 기운이 되고 있는 辛酉인수에게 土生金으로 인수가 편관 土氣의 기운을 흡수하고 있는 중에 다시 월주 인수는 일간 壬水에게 金生水로 연결하고 있으니 화살(化殺)의 법칙에 준하여 살인상생(殺印相生) 및 관인상생(官印相生)의 법칙에 부합하는 형상이 나타나고 있다해도 과언이 아니다.

따라서 비록 일간 壬水를 신약으로 판단해도 강력한 관성의 기운을 인성으로 연결하는 형상에 힘입어 완전한 중화(中和)의 기점에 안정된 세력을 발휘하고 있으니 이와 같은 점은 일간이 신왕이 태왕하여 오히려 중화(中和)의 기점에 훨씬 넘어가는 격국보다 좋은 것은 두말할 이유도 없다.

한편으로 판단할 때 사주월지 酉金이 사왕지지(四旺地支)로서 시지 巳火 편재와 巳-酉合金을 구성하여 있고 또한 사주일지 寅木 식신이 년지 戌土 편관과 寅-戌合火를 도모하고 있으므로 이것 역시 하나의 합의 기운을 취용하여 일간 壬水에 대한 신강, 신약에 참조를 하여야 되는 형상이 발생하고 있다.

그 부분에도 사실상 월지 인수 酉金과 시지 巳火 편재간 巳-酉合金의 경우 사주월상에 辛金 인수가 투출되어 있으니 金氣에 대한 중심의 기운을 모아주고 있으므로 金氣의 기운이 왕성하게 작용하는 형상이 되어 완전한 인성 金局을 대변하는 성질이 될 수가 있겠다.

하지만 이렇게 일지 寅木 식신이 가로막아 巳-酉合金에 대한 합의 기운을 원격(遠隔)하게 만들면서 시지 巳火 편재를 寅-巳 삼형으로 보이지 않게 합의 성질을 방해하는 형상이 되고 있기에 巳-酉合金이나 寅-戌合火는 모두 오행의 본래 잔여기운을 남기는 형상으로 판단하는 것이 타당하다.

또한 사주원국에 오행상 균등을 가지고 있는 木, 火, 土, 金, 水의 오행을 모두 갖추고 있는 중에 월지 酉金의 건록지에 뿌리를 두고 다시 월상에 辛金인수가 재차 투출되어 일간 壬水와 바짝 근접하여 있는 것은 그만큼 일간과 용신의 사이가 유정(有情)함을 나타내고 있으니 이것 역시 아주 좋게 되고 있으므로 정말 어느 하나 나무랄 것이 없는 최상의 사주격국을 엿볼 수가 있겠다.

***. 격국(格局)과 용신,!**

본 사주팔자에 대한 격국(格局)과 용신을 판별하여 보면 우선 일간 壬水가 신약한 중에 사주월지에 인수 酉金이 자리를 잡고 그 세력에 십이운성 건록지에 해당하고 있는 월상 辛金 인수가 재차 투출되어 있으니 원칙적으로 **"신약월지인수격(身弱月支印綬格)"**이 성격(成格)된다.

고로 용신은 **"살중용인격(殺重用印格)"**과 **"식상중용인격(食傷重用印格)"**을 동시에 채택하니 왕성한 관성 土氣와 식상 木氣 및 재성 火氣를 억제하고 신약한 일간 壬水를 생조하는 인성 金氣를 용신하며 일간이 신약함에 따라 신약한 일간을 부조할 수 있는 비겁 水氣는 길신으로 선택한다.

이렇게 사주상에 용신과 길신을 선택하여 놓고 사주격국을 면밀히 관찰하여 볼 때 일간 壬水에 대한 용신의 기운으로 자리매김하고 있는 인수 金氣가 사주월주에 辛酉로서 동주(同柱)의 기운이 되고 있으니 이것은 용신이 완전히 하나의 집단체를 구성하는 요건이 성립되어 벌써 단편적으로 보아도 용신의 세력이 강령함은 두말할 이유가 없다.

더구나 사주팔자의 용신으로 대변하고 있는 월주 辛酉 인수가 재차 년주 戊戌 편관이 土生金으로 용신인 인수 金氣를 생조하고 있으니 용신의 성질이 왕성함에 따라 아주 좋게 작용하고 있는데 이렇게 용신이 제자리에 앉아 있는 것은 정히 진신(眞神)의 역할과 함께 내격(內格)의 억부법이나 조후법상 용신이 일치하고 있음에 따라 복록이 한곳으로 모아지게 되어 더욱 더 대길하게 될 수가 있다.

*. 격국(格局)에 대한 청탁(淸濁)판별,!

다시 위 사주격국에 대한 청탁(淸濁)의 판별을 하여 보면 일간 壬水가 비록 신약하나 이렇게 사주월주에 동주(同柱)의 기운이 되고 있는 辛酉인 인수가 일간과 근접하여 壬水를 생조하고 있음에 따라 이것은 곧 사주강약도표에 준하여 그 힘을 측정하여 볼 경우 약 39%에 육박하는 성질이 되고 있으니 이것만 보아도 본 사주일간이 얼마나 안정된 기운을 가지고 있는가를 여실히 증명하고 있는 셈이다.

따라서 무엇보다도 중요한 것은 이렇게 일간 壬水가 신약하여 월주에 동주(同柱)의 기운이 되고 있는 인수 金氣를 선택하고 있으니 이것은 용신의 기운이 대단히 왕성함은 두말할 이유도 없는 형상을 엿볼 수가 있겠으며 또한 사주상에 용신이 나타나고 있는 것은 정히 진신(眞神)의 기운이 되고 있는 중에 억부법이나 조후법의 용신이 일치를 하고 있으므로 대단히 복록이 깊은 것을 알 수가 있다.

그런데 여기서 한가지 중요한 성질이 발견되고 있는데 그것은 본 사주원국이 년주 戊戌 편관을 중심으로 해서 월주 辛酉 인수에게 土生金으로 생조하고 다시 인수 金氣는 일간 壬水에게 金生水로 재차 연결하며 그 힘을 받은 일간壬水는 또 다시 시상에 투출되어 있는 乙木 상관과 일지 寅木 식신에게 水生木으로 연결하고 있다.

더하여 이렇게 일간 壬水의 기운을 흡수받은 일지 寅木 식신과 시상에 투출되어 있는 乙木 상관은 마지막 재차 시지에 자리를 잡고 있는 巳火 편재에게 木生火로 생조하고 있으니 이것은 오행상 생조의 법칙으로 구성되어 서로 연결하고 있는 생화불식(生化不息) 및 생식불식(生息不息)에 의존하는 성질임을 발견할 수가 있겠다.

이러한 현상은 주류무체(周流無滯)의 성질이 되니 곧 물결이 높은데서 낮은데로 순리를 따라 흐르는 형상을 비유하고 있는데 고서(古書)나 원서에는 이상의 격국을 아주 좋은 최상의 격국(格局)이라 판단하여 일청도저유정신(一淸到底有精神)이라 높이 평가를 하면서 극찬을 아끼지 않고 있다.

본 사주팔자는 이상의 성질을 접목하여 간명하여 본 결과 청탁(淸濁)의 판별에서 오행상 생화불식(生化不息)에 의존하는 대단한 청기(淸氣)를 가지고 있는 격국으로 판가름나는 것은 두말할 이유가 없음을 알 수가 있겠다.

결국 이상의 격국이 되고 있다면 비록 운로인 대운이나 세운에서 용신이나 희신을 상극하는 살운(殺運)을 맞이한다 해도 생화불식(生化不息)에 의존하는 사주팔자가 되니 그 흉함이 빙산의 일각이고 만약 행운이 용신이나 희신으로 치달리고 있을 경우 복록이 승승장구하니 정말 부러움을 감출 수가 없으며 절묘한 사주격국이라 칭송을 아끼지 않을 수가 없다.

*. 관록(官祿)에 준한 판단,!

본 장 관록(官祿)에 준하여 본 사주팔자를 간명하여 보면 단편적으로 판단할 경우 우선 일간 壬水가 신약하니 제대로 관록(官祿)를 거머쥐는 사주격국으로 보지 않을 수도 있을 것이다.

하지만 일간 壬水가 중화(中和)의 기점에 육박하고 있는 중에 년주에 편관이 하나의 기운인 일위(一位)이고 다시 월상에 辛酉 인수가 역시 일위(一位)로서 자리를 잡고 있음에 따라 사주 년, 월주에 편관과 인수가 상생하는 형상은 조부님을 비롯하여 부모님 역시 관록을 잡고 있는 성질이라 판단하는 것이 타당하다.

또한 진정 사주당사자인 주인공 역시 관록(官祿)을 쥐게 되는 것은 두말할 이유가 없는데 이것은 오행상 생조의 법칙으로 이어지는 생화불식(生化不息)이 되고 있는 중에 사주일지 寅木과 시지 巳火 편재가 寅-巳 삼형을 가지고 있으니 더욱 더 완전히 관록(官祿)의 팔자에 부합하게 되는 것을 알 수가 있다.

***. 일부학자들의 의문,!**

여기서 일부학자들 중에서 한가지 의문을 가지면서 질문을 하고 있겠는데 그것은 **"운정선생은 본 사주격국에 대한 관록(官祿)의 판별을 하면서 사주년주에 戊戌이 편관이고 다시 월주가 辛酉가 되어 인수가 각각 천간지지 모두 육친이 두 개씩 나타나고 있음을 알 수가 있다",!**

"그런데도 불구하고 운정선생은 어찌하여 본 사주팔자의 월주 辛酉 인수를 각각 두 개를 말하지 않고 하나의 기운인 일위(一位)로 간명하고 있는지 그 부분에 대하여 좀 더 자세하게 기술하여 달라",! 라며 구체적인 답변을 요구하고 있다.

***. 일부학자들의 의문에 대한 본 저자판단,!**

이와 같은 일부학자들이 질문하는 성질에 준하여 본 저자는 이미 편찬한 命理秘典 下권인 실제인물을 간명하는 절차에서 사주팔자에 대한 각각의 육친이나 오행이 자리잡은 기운이 동일직선인 동주(同

柱)가 되고 있을 경우 하나의 동질성으로 귀착한다고 자세히 설명한 바가 있다.

그렇다면 일부학자들이 命理秘典 下권인 실제인물을 간명하는 절차에 설명하고 있는 부분을 제대로 파악하지 못하였는 것을 알 수가 있겠는데 그렇다면 다시 한번 이 부분에 대하여 좀 더 세밀하게 판단하여 보기로 하겠다.

우선 일부학자들이 의문을 표시한 천간지지에 모두 두 개씩의 오행이나 육친이 나타나고 있는데 이런 현상이 동주(同柱)의 성질이 되고 있을 경우 기운이 한곳으로 집중되기 때문에 그 성질은 대단히 강력하게 행사되는 것이 된다.

따라서 이런 경우를 놓고 오행이나 육친성질이 같은 동질성이 되고 있을때는 동일성으로 간주해서 하나의 기운으로 대변하여 일위(一位)로 판단하고 있으며 만약 이와 같은 현상이 같은 오행이라도 음양(陰陽)이 틀리게 작용하는 현상이 동주(同柱)의 성질이라면 이 경우는 동일적인 취지로 귀착할 수가 없기 때문에 일위(一位)로 표시할 수가 없다.

무슨말인지 좀 더 구체적으로 설명하자면 가령 예를 들어 일간이 甲木일 경우 사주원국에 월주가 丙午라면 오행상 기운은 모두 火氣로 대변하고 있겠으나 사실상 월천간은 丙火이고 월지지는 午火가 되므로 각각에 음양(陰陽)이 틀리게 작용하고 있음을 알 수가 있겠다.

이것을 육친별로 그 의미를 표시하면 천간 丙火는 일간 甲木을 대조할 때 식신이고 월지에 午火는 상관이 되고 있으니 이럴 경우 비록 한자리에 앉은 오행상 동주(同柱)의 기운이 될지라도 그 기운이 한곳으로 모아질 수 있는 일위(一位)로 표시하지 못한다.

왜냐하면 사실상 丙午의 기운은 단편적으로 판단할 경우 오행상 모두 火氣가 되니 그냥 동주(同柱)의 기운을 일위(一位)로 취급하기 쉽게 될 수가 있겠으나 엄밀히 따져볼 때 근본적으로 음양(陰陽)이 틀리는 관계로 서로간 질투심이 발생하여 그 기운이 한곳으로 모여지지 않기 때문에 동일적인 의미인 일위(一位)로 대표할 수가 없다는 취지이다.

결국 이상의 부분을 본 사주팔자에 접목시켜 간명하여 볼 경우 완전히 일치를 하고 있는 점을 엿볼 수가 있겠으며 이렇게 년주 戊戌은 천간지지 모두 음양(陰陽)이 같은 편관이 되어 그 기운이 한곳으로 집중되어 있고 또한 월주도 辛酉 인수가 되어 역시 그 기운이 월천간이나 월지가 모두 동질성인 인수가 되고 있기에 모두 일위(一位)로 취급하는 이유가 여기에 있다해도 과언이 아니다.

*. 본 장 시험합격(試驗合格)에 준한 판단,!

위 사주팔자에 대한 주인공은 남자사주인 김 모씨로서 비록 일간 壬水가 신약하나 인수가 강령하여 용신이 되고 있는 중에 격국(格局)이 오행상 주류무체(周流無滯)로 연결되는 생화불식(生化不息)에 의존하고 있는 사주원국이 되고 있으니 대단히 대부대귀한 운명임을 알 수가 있다.

또한 사주내 일간 壬水가 중화(中和)의 기점에 육박하는 안정된 기운을 가지고 있으며 다시 사주일지 寅木 식신과 시지 巳火 편재가 寅-巳 삼형을 가지는 성질이 됨에 따라 이것은 첫눈에 단편적으로 판단해도 관록(官祿)을 거머쥐는 행정관(行政官)의 팔자임을 사주원국이 무언중에 암시를 하고 있다해도 과언이 아니다.

더하여 사주주인공은 두뇌가 대단히 총명한 것도 알 수가 있겠는데 그것은 월주가 辛酉로서 인수의 성질이 하나로 모아지는 동주(同柱)인 일위(一位)인 중에 일간 壬水와 金生水로 금수쌍청(金水雙淸)이 되고 있으니 일치하는 성질이다.

또한 상황이 이럴진데 다시 일간 壬水는 일지 寅木 식신에게 水生木이 되어 생조하고 있는 현상은 수목식신격(水木食神格)이 되며 더욱 더 절묘한 것은 일간 壬水를 주동하여 일지 寅木 식신이 문창성(文昌星)이 되고 있으니 이것은 더 이상 볼 것도 없이 완전히 부합하고 있겠다.

***. 시험합격을 할 수가 있는 격국(格局),!**

본 장 시험합격(試驗合格)에 준하여 사주주인공인 김 모씨가 행정고시(行政考試)에 합격할 수가 있는 격국을 사주추명학적으로 그 실체를 언급하여 인용하여 보면,!

●일간이 신약하나 사주내 오행이 생화불식(生化不息)하고 인수가 용신이 되어 왕성한 사주,!

※ 이상의 격국은 대학교수나 행정고시중에 문과에 해당하여 합격하는 사주이다.!

●신약용인격(身弱用印格)으로 오행이 주류무체(周流無滯) 하며 인수가 노출되어 있는 중에 관성 또한 노출되어 인수를 생조하고 있을 때,!

※ 이상의 격국은 사법관(司法官)이나 행정관(行政官)모두 적용되는데 대운의 흐름이 용신이나 희신으로 치달리고 있어야 만이 이상의 조건에 합격할 수가 있다.!

더하여 시험에 합격하는 운로는 일간이 신왕할 경우에는 용신이나 희신의 성질이 관성이 될 경우 관성운로에 합격한다며 간명하고 일간이 신약할 경우는 편인이나 인수운로에 합격하는 것을 정석으로 판단하는데 그 중에 인수의 운로이면 더욱 더 좋게 작용한다.

그러나 여기서 중요한 부분이 있는데 그것은 일간이 신약하나 인성만 있고 비겁이 없다면 오히려 인성운보다 비겁운로에서 시험합격하는 것을 많이 보고 있으며 이것은 사주원국에 일간이 혼자 인성을 상대하다보니 모자멸자(母子滅子)의 법칙에 해당하여 왕성한 인성의 기운을 흡수하는 비겁이 길하게 작용하기 때문이다.!

라며 고시합격(考試合格)의 격국(格局)에 대한 실체를 완벽하게 언급하고 있는데 이와 같은 부분을 본 사주주인공인 김 모씨 사주팔자에 대하여 접목시켜 판단하여 볼 때 완전히 일치를 하고 있음을 엿볼 수가 있겠다.

이와 같은 현상은 일간 壬水가 신약하여 사주월주 辛酉 인수를 용신으로 선택하고 있는데 절묘하게도 사주원국이 년주 戊戌 편관을 기준해서 월주 辛酉 인수에게 土生金, 金生水등으로 주류무체(周流無滯)로 이어지는 격국(格局)이 되고 있음을 알 수가 있다.

더구나 본 사주원국이 생화불식(生化不息) 및 생식불식(生息不息)에 의존하고 있는 대단한 청기(淸氣)를 가지고 있는 명조가 되고 있는 중에 다시 일지와 시지에 寅-巳 삼형까지 동반하고 있으므로 본 장에 완전히 시험합격(試驗合格)에 준하여 관록(官祿)을 쥐게 되는 것을 알 수가 있다.

또한 사주일간 壬水는 사실상 월주 辛酉 인수가 용신이 되고 있는데 왕성한 인수 金氣를 일간 壬水 혼자 상대하기가 대단히 벅찬감마져 들고 있으니 이럴 경우 사주내 하나의 비견이나 겁재인 水氣가 있을 경우 더욱 더 사주원국은 좋아질 수가 있는 성질이 되고 있음은 두말할 이유가 없다.

따라서 사실상 대운의 흐름을 판별하니 초년대운이 인성 金氣보다 비겁 水氣의 기운으로 치달리고 있는 것은 어찌 보면 오히려 인성 金氣보다 왕성한 인성 金氣를 비겁으로 흡수할 수 있는 水운이 더욱 더 좋게 될 수가 있는 현상도 전자에 언급한 부분에도 일치하고 있음을 엿볼 수가 있겠다.

이상의 사주주인공인 김 모씨가 행정고시합격(行政考試合格)에 대한 대운의 판별과 세운의 흐름을 간명할 수 있는 성질은 본 장 시험합격을 할 수가 있는 격국을 설명하는 정도로 마치기로 하고 정상적인 시험합격에 대한 시기는 대운의 흐름을 간명하는 절차에서 세운을 접목시켜 그 실체를 좀 더 자세하게 밝혀보기로 하겠다.

***. 격국(格局)에 대한 대운흐름,!**

지금까지 본 사주팔자 주인공인 김 모씨의 격국(格局)에 대한 용신 및 청탁(淸濁)에 준하여 간명하고 다시 그 실체를 시험합격(試驗合格)에 접목시켜 대단히 자세하게 기술하여 보았는데 이렇게 사주격국이 청기(淸氣)를 가지고 있는 중에 寅-巳 삼형까지 들어 있으니 처음부터 김 모씨가 관록(官祿)의 대열에 앞장설 수가 있는 행정관(行政官)이라는 것도 미루어 짐작할 수가 있겠다.

따라서 지금부터는 사주주인공인 김 모씨가 일생동안 초년부터 중년까지의 운로를 사주추명학적으로 접목시켜 그 실체를 간명하면서 본 장에 준하는 행정고시합격(行政考試合格)의 순간까지 후천성인 대운과 세운을 적나라하게 파 헤쳐보기로 하겠다.

유년 6세는 壬戌대운이다.

이 때 대운천간 壬水는 일간 壬水에 대한 비견으로서 사실상 신약한 일간의 기운을 부조하고 있음에 따라 길신의 기운이 되고 있는데 일면 사주년간에 투출되어 있는 편관 戊土를 壬-戊 상충으로 파극하고 있으니 상충의 소용돌이로 인한 흉함이 염려될 수도 있는 성질이다.

더하여 대운지지 戊土가 신약한 일간 壬水에 대한 편관이 되어 기신(忌神)의 역할을 할 수가 있겠지만 월주에 동주(同柱)의 기운이 되고 있는 인수 辛酉가 일간 壬水와 근접하여 있으므로 오히려 편관 土氣를 土生金을 도모하여 다시 金生水로 일간 壬水에 연결시키는 현상도 생각하면 그다지 흉함을 돌출하지 않는다고 판단하는 것이 타당하다.

하지만 문제는 사주일지 寅木 식신이 대운지지 戊土 편관과 寅-戊合火로 둔갑하여 재성 火氣로 변화되는 것은 오히려 용신인 인수 金氣를 火剋金으로 상극하는 처사가 분명하니 합을 상극하는 세운이나 사주명조에 상충이나 삼형이 있어 상극하지 않는 이상 寅-戊合火를 말릴 수가 없게 되는 것은 자명하다.

따라서 대운지지 戊土가 지배되는 시점에는 흉함이 돌출되는 점으로 간명하는 것이 되나 일면 대운천간 壬水가 대운지지 戊土를 土剋水로 억제하면서 본 사주원국이 오행상 균등을 가지고 오행의 상생의 법칙이 성립되어 주류무체(周流無滯)로서 의지하고 있으니 이것은 절묘하게 그다지 강력한 흉함을 발생시키지 않는다고 판단하는 것이 원칙이다.

실제로 이 때 유년 6세 壬戊대운에서 사주주인공인 김 모씨는 대운천간 壬水가 지배되는 시점에는 별다른 변동이 없었으나 대운지지 戊土가 지배되는 시점인 11세부터는 약간의 건강상 잔병 치레는 하였지만 극단적인 질병은 없고 평운으로 지나갔다며 회고하는 것을 볼 때 오행상 상생의 법칙으로 연결되는 생화불식(生化不息)에 의존하여 별탈이 없었다고 판단하는 것이 모두 이상의 부분에 적용되었기 때문이다.

다시 16세는 癸亥대운이다.

이 때 대운천간 癸水는 신약한 일간 壬水에 대한 겁재로서 일간의 기운을 부조할 수가 있는 성질이 되고 있겠는데 그러나 사주년간에 투출되어 있는 戊土 편관이 대운천간 癸水와 戊-癸合火로 변화되어 재성 火氣로 그 영향력을 행사하는 것은 일간에 대한 길신이 합을 탐한 나머지 기반(羈絆)되어 흉물로 돌변하게 되므로 그에 대한 흉함이 염려된다.

더구나 이러한 성질은 대운지지 亥水가 비록 일간 壬水에 대한 비견으로서 대단히 좋은 길신으로 행사될 수가 있지만 이것 역시 사주일지 寅木 식신과 합을 탐한 나머지 寅-亥合木으로 기반(羈絆)되어 신약한 일간 壬水의 기운을 누출시키는 식상 木氣로 돌변하는 처사를 대단히 염려하고 있다해도 과언이 아니다.

그런데 절묘하게도 이렇게 대운지지 비견 亥水가 사주일지 寅木 식신과 寅-亥合木을 구성하기 이전에 사주시지에 존재하고 있는 巳火 편재가 대운지지 亥水 비견을 巳-亥 상충으로 파극하면서 다시 일지 寅木은 寅-巳 삼형으로 상극하고 있음을 엿볼 수가 있겠다.

이러한 성질은 보통 사주원국에 타 오행끼리 합을 성립하는 경우에도 적용할 수가 있겠지만 운로인 대운이나 세운에서 들어오는 오행이 사주원국내 어느 오행하고 합을 구성하는 절차에도 접목할 수가 있으니 이것은 곧 완벽한 합을 구성할 수가 없게 되므로 본래의 亥水 비견의 성질로서 사주원국에 그 영향력을 행사하는 것을 알 수가 있다.

따라서 이상의 현상을 종합적으로 적용시켜 판단한다면 비록 대운천간 癸水가 사주년간 戊土 편관과 戊-癸合火로 기신(忌神)의 역할을 행사하지만 사실상 대운천간은 대운지지에 그 힘을 비교 분석하여 볼 때 약 3배에서 4배정도 쇠약한 것이며 이러한 성질은 대운지지 亥水가 재차 水剋火로 불의 기운을 약화시키고 있으니 그다지 흉함이 강력하게 돌출되지 않게 억제하고 있음을 면밀히 간파할 필요가 있다.

실제로 사주주인공인 김 모씨는 이 때 16세 癸亥대운중 대운천간 癸水가 지배되는 시점에서는 학업성적이 오르지 않아 약간의 고민과 갈등이 있었으나 행정대학을 무난하게 시험에 합격하여 승승장구하였다는 점을 본인이 회고하는 것을 생각할 때 이것은 대운지지 亥水 비견의 영향력이 절대적이라는 것으로 판단하는 것이 타당하다.

다시 26세는 사주주인공인 김 모씨가 행정고시(行政考試)에 합격하여 관록(官祿)의 대열에 진출함에 따라 천지가 개벽하고 주위 사람들이 깜짝 놀라게 하였던 甲子대운이다.

이 때 대운천간 甲木은 일간 壬水에 대한 식신의 기운이 됨은 신약한 일간에게는 기신(忌神)의 역할을 행사하고 있기 때문에 그에 대한 길함은 생각할 수가 없다는 것이 확실하겠고 더구나 사주년간에 투출되어 있는 戊土 편관을 甲-戊 상충까지 되어 편관을 상극하므로 상충의 소용돌이까지 생각을 안할 수가 없게 되었다.

그런데 이번에도 절묘하게 대운지지 子水가 사왕지지(四旺地支)로서 일간 壬水에 대한 겁재가 되면서 신약한 일간을 생조함에 따라 완전히 그 영향력을 십분 행사하고 있으니 오히려 대운천간 甲木이 흉함을 잠재울 수가 있게 되므로 그 세력은 절대적이라 할 수가 있겠다.

*. 대운 甲子년과 세운 1984년 甲子세운을 동시에 접목,!

상황이 이럴진데 甲子대운이 지배되는 시점에 또 다른 후천성인 일년군주인 세운이 1984년은 재차 대운과 마찬가지로 甲子년이 되고 있으니 이것은 완전히 대운천간지지와 세운천간지지 모두 일치하는 경향을 엿볼 수가 있다.

이와 같은 현상은 약간의 고난도의 이해력과 설명이 필요하게 되므로 사주주인공인 김 모씨 사주명조와 대운이 지배되는 26세 甲子대운이 지배되는 시점에 세운이 역시 접목되는 1984년을 도표로 표시하면서 그 실체를 언급하고자 한다.

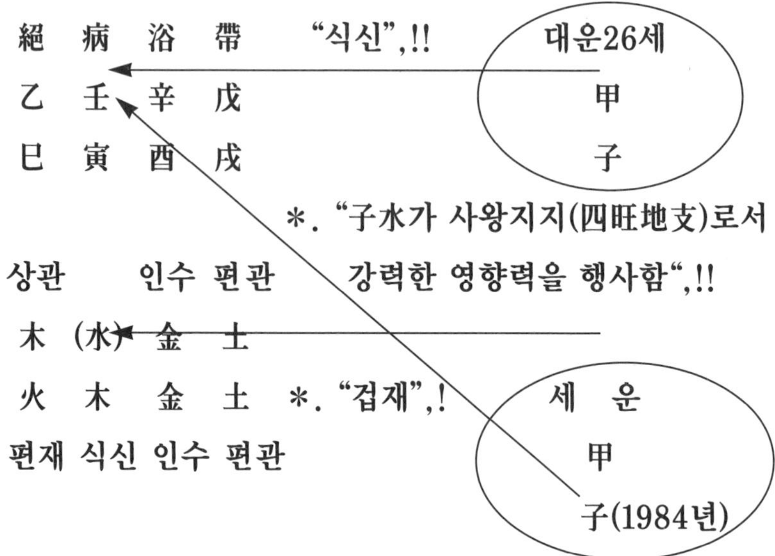

이상과 같이 사주주인공인 김 모씨 선천성인 사주명조와 후천성인 대운과 세운이 접목되어 나타나고 있음을 알 수가 있겠는데 이때 대운이 甲子이며 일년 군주인 세운마져도 甲子세운이 되고 있으므로 완전히 대운과 세운이 일치하는 경향을 엿볼 수가 있다.

***. 본 저자가 약 23년 동안 경험상 터득한 비법(秘法),!**

이러한 현상은 같은 후천성의 운로인 대운과 세운이 일치가 되어 하나의 집단체를 구성하는 성질로서 그 세력을 더욱 더 왕성하게 만들고 있는 점을 면밀히 판단할 필요가 있으니 이것은 정말 절묘한 운의 일치라고 감히 말할 수가 있음이다.

하지만 한편으로 볼 때 비록 대운천간 甲木이나 세운천간 甲木이 일간 壬水에 대한 식신의 기운이 되어 신약한 일간에 대한 기신(忌神)의 역할이 되고 있지만 사실상 대운 및 세운천간 甲木이 대운지지나 세운지지 子水를 상극하지 않는 성질이 되고 있음을 판단할 필요가 있다.

대단히 중요한 부분이 되고 있으므로 이 부분을 좀 더 자세하게 기술하여 보면 후천성은 보통 10년을 지배하고 있는 대운과 일년을 지배하는 일년군주로 자리매김하고 있는 세운이 있는데 이것이 모두 천간지지로 구분되어 각각에 두 개의 오행으로 구성되어 있다.

그런데 이러한 천간지지의 기운중에서 같은 동질성인 천간지지가 똑같은 오행으로 들어오는 경우도 있지만 의외로 천간지지가 상극되는 기운도 들어올 수가 있는 현상도 있으니 상당한 사주추명학에 대한 고난도의 판단력을 요구하는 것은 기정사실이다.

따라서 대운이나 세운에서 천간과 지지중에서 만약 상극되는 기운으로 만나게 될 경우 전편인 命理秘典 下권인 간명비법(看命秘法)에서 언급하고 있듯이 개두(蓋頭)의 법칙이 성립되어 천간과 지지간 전극(戰剋)이 형성됨에 따라 실제로 사주원국에 대한 길과 흉함이 서로간 교차가 되어 대운 지지가 길이 되고 있을 때 대운천간의 상극으로 말미암아 다소 길함이 줄여지게 될 수도 있다.

또한 이와 같은 현상은 대운천간이 사주원국상 길신이 되고 있을 때 대운지지가 기신(忌神)이 되어 대운천간의 기운을 상극하는 전극(戰剋)이 발생되고 있다면 이 때는 대운천간의 기운은 대운지지의 강력한 상극으로 말미암아 길함은 고사하고 오히려 흉이 돌출되는 것으로 판단하는 것이 정석인데 이것은 사실상 지지의 힘이 천간보다 약 3-4배정도 강력하게 작용하기 때문이다.

그렇다면 여기서 본 저자가 설명하고자 하는 부분이 나오게 되는데 그것은 본 사주팔자에 대한 년주는 戊戌이 되어 편관이며 월주는 辛酉가 됨에 따라 모두 인수의 기운이 되고 있으니 이와 같이 대운 천간지지가 상극의 기운으로 짜여지지 않고 동질이 되는 오행끼리 만나고 있다는 것을 중요시 볼 필요가 있다.

이것은 사실상 전자에 언급하는 천간과 지지가 상극되는 개두(蓋頭)의 법칙이 성립되지 않고 있기에 약간의 水氣의 성질이 甲木에게 생조되는 현상은 개두(蓋頭)의 법칙으로 전극(戰剋)이 발생되는 것보다 훨씬 건전하게 보존되어 사주원국에 영향력을 미치게 된다.

좀 더 구체적으로 우리일상생활에 비추어 설명한다면 돈 때문에 싸움이 발생하여 서로간 코피를 쏟으면서 투쟁을 계속하는 것은 훗날 극단적으로 생각할때 치료비와 관재(官災)등으로 경찰서나 검찰청에 벌금등을 생각한다면 그 피해는 대단히 강력하게 발생될 것이다.

그러나 약간의 손해가 가더라도 상대방에게 다소의 금전으로 지불하게 될 경우 오히려 정신적으로나 물질적으로 편안하게 될 것이며 아울러 생업에(사주원국에 영향력을 행사?)종사할 수가 있으니 그에 대한 금전으로 손해는 곧 만회할 수가 있는 점등을 생각하여 보면 쉽게 이해가 되는 대목이다.

따라서 이상의 성질은 대운천간지지가 개두(蓋頭)의 법칙이 성립되어 있는 것보다 오히려 생조가 되는 현상은 비록 동질성인 같은 길신이 모여있는 것보다는 못하겠지만 그나마 오행상 싸움으로 인하여 파극되지 않아 순수하게 사주원국에 영향력을 미치게 되는 현상은 길함이 배가되는 점으로 판단할 필요가 있는 것이다.

이상의 성질은 그동안 본 저자가 고서(古書)나 원서에 이러한 운로가 사주원국에 영향력을 행사하게 될 경우 어떠한 변화가 발생하며 그에 대한 자세한 운의 실체에 대한 언급함이 없었으니 부득히 실존인물이 이상의 성질에 당면되는 것을 파악하면서 과거, 현재, 미래의 운로를 대운과 세운을 역 추적하면서 하나의 경험상 터득한 비법(秘法)으로 자리매김을 하고 있다.

결국 이러한 간명의 비법(秘法)을 터득한 역학자는 마땅히 이상의 성질에 당면되고 있는 실제인물이 나타나게 될 경우 지금 설명한 바에 준하여 차근차근 판단하게 된다면 아마도 신(神)의 경지에 도달하고 있는 선생이라 칭찬을 아끼지 않음을 감히 본 저자는 첨언하는 바이다.

*. 본 장 시험합격(試驗合格)에 준하여 결론,!

그렇다면 다시 본 장 시험합격(試驗合格)에 준하여 사주주인공인 김 모씨의 사주명조를 대운과 세운을 동시에 접목시킨 甲子년을 비교 분석하여 볼 때 방금 본 저자가 판단한 성질에 완전히 부합하고 있음을 엿볼 수가 있었다.

따라서 사실상 대운천간과 세운천간이 甲木이 되어 대운지지 및 세운지지 子水를 상극하는 기운이 아니고 생조되는 것은 조금의 子水 겁재의 기운이 누출되는 것에 불과할 뿐 사실상 흉함에 대하여 동조되는 것이 아니기 때문에 건전하게 사주일간 壬水에게 영향력을 발휘하고 있다고 판단하는 것이 정석이다.

실제로 사주주인공인 김 모씨는 이상과 같은 맥락에 비추어 그동안 대학을 다니다가 일약 행정고시에 응시하여 1984년 甲子세운인 만 26세에 최종적으로 합격을 하였으니 이것은 세상사람이 놀라고 당사자인 김 모씨는 이 때부터 관록(官祿)의 대열에 앞장서는 쾌거를 거머쥐었음에 따라 정말 천지가 개벽하는 순간이었다 해도 과언이 아니다.

제5장
결혼(結婚)에 대한 사주

제5장
결혼(結婚)에 대한 사주

1. 결혼(結婚)에 대한 사주

인간은 태어나서부터 부모님슬하에서 유년시절을 보내고 나면 곧 청년기에 도래하기 때문에 한평생을 동반할 수 있는 짝을 찾게 되니 이것은 곧 결혼시기(結婚時期)를 의미하고 있는 것이다.

따라서 이와 같은 성질은 사람이 평생을 통하여 가장 중요한 시기를 나타내니 이를 두고 고대 성인들은 결혼(結婚)은 인륜지대사라 하여 무엇보다도 대단히 소중하게 성서로움을 간직하는 하나의 예식(禮式)으로 취급하고 있다해도 과언이 아니다.

그렇다면 무릇 인간의 오복(五福)중에서 재복(財福)을 거론할 수가 있는데 사실상 재복(財福)의 틀 속에 여자는 남자복(男子福)과 남자는 여자복(女子福)이 포함되어 있으니 이것은 정말 소중하게 자리를 잡고 있음에 따라 어느 하나라도 소홀히 취급할 수가 없다.

본 장 결혼(結婚)은 남, 녀의 특성을 사주격국에 따라 분류하여 어떠한 배우자를 만나게 되는가, 그리고 운로인 대운과 세운에서 사주팔자에 대하여 어떠한 영향력으로 행사되는 과정을 사주추명학에 비추어 적나라하게 파헤치고 있음을 알 수가 있다.

더하여 이와 같은 성질은 비록 초혼(初婚)을 치루는 총각이나 처녀뿐만 아니고 사실상 재혼(再婚)하는 남, 녀도 본 장에 접목하여 그에 대한 성질도 완벽하게 다루고 있으니 과히 상대의 배우자만큼은 어떠한 남성과 여성이 만나게 되는지도 속속들이 간명할 수가 있을 것이다.

이상의 맥락에 비추어 남, 녀에 대한 결혼시기는 일찍 결혼하는가, 늦게 결혼을 하는가, 또는 재혼팔자를 사주격국을 분류하여 자세하게 간명하고 있으며 이 부분을 조금 언급하자면 남, 녀를 불문하고 도화살(桃花殺)이 중첩하거나 십이운성에 목욕(沐浴)이 중중(重重)하거나 남자는 비겁이 많거나, 혹은 재성이 많거나, 여자는 관살(官殺)이 많거나 식상(食傷)이 많던지 하여도 모두 결혼이 재혼팔자(再婚八字)로 둔갑하는 것이 원칙이다.

결국 본 장에 언급하는 결혼(結婚)은 사주격국을 사주추명학에 비추어 등급을 정한 뒤 이것이 사주주인공에 대한 처복(妻福)이나 남편복(男便福)을 구분하고 다시 운로인 대운이나 세운에서 어떠한 영향력을 받고 있는가를 접목시켜 그 실체를 완벽하게 간명하고 있음을 알 수가 있겠다.

(1). 남자가 어떤 여자를 만나 결혼하나?

***. 참고로 육친별로 정재나 편재의 동태를 파악한 후 사주 일지의 기운과 접목한 뒤 다시 십이운성 강약과 각종 살성(殺星) 및 귀인(貴人)를 적용시켜 간명한다.!**

(가). 좋은 처(妻)를 만나는 사주,!

●일간이 신왕하고 사주일지에 정관이 용신이나 희신일 때 미모(美貌)와 현량(賢良)한 처를 가진다.!

●일간이 신왕하고 일지에 재성이 천덕귀인(天德貴人)이 되고 있을 경우 인자관대(仁慈冠帶)한 처를 가진다.!

※ 天德貴人(사주월지를 주동하여) : 寅-丁, 卯-申, 辰-壬, 巳-辛, 午-亥, 未 甲, 申-癸, 酉-寅, 戌-丙, 亥-乙, 子-巳, 丑-庚

●일간이 신약하고 용신이나 희신의 기운이 일지에 인수가 되고 있을 때 현숙(賢淑)한 처를 가진다.!

●일간이 신왕하고 일지에 재성과 장성(將星)이 같이 되면 부귀명문의 여자를 처로 맞이한다.! 참고로 사주년지를 주동

하여 일지가 장성살(將星殺)이 되는 것,!

※ 將星殺 : 申子辰: 子, 寅午戌 : 午, 巳酉丑 : 酉, 亥卯未 : 卯

●**일간이 신약하고 일지에 비견이 용신이나 희신이라면 집안을 이끌어 나가는 처를 맞이한다.!** 참고로 이 경우 처는 자존심, 고집이 강대하여 남편을 앞서 자기주장을 하기도 한다.!

●**일간이 신왕하고 재성이 건록지에 해당하면 품위가 단정하고 현숙(賢淑)한 처를 가진다.!** 참고로 이 경우 일간을 대조하여 지지에 건록지에 해당하고 천간에 있는 재성을 말하는데 반드시 식상에 근접하여 재성을 생조하여야 된다,!

●**일간이 신강, 신약을 불문하고 재성이 천을귀인(天乙貴人)이 되면 자색(姿色)과 용자(容姿)가 아름답고 성품이 차분한 명문가의 처를 맞이한다.!** 참고로 일간이 신왕하여 재성이 용신이나 희신이 되는 중에 천을귀인(天乙貴人)이 되고 있다면 더욱 더 금상첨화이다.!

●**재성이 길신이고 십이운성의 장생지에 해당하면 처(妻)의 수명이 장수한다.!**

●**일간이 신왕하고 재성이 일지에 있거나 丙子일생은 미모(美貌)의 처를 가진다.!**

●**일지에 식신이 있고 편인이 없거나 있더라도 편인이 원격**

(遠隔)하여 식신을 파극하지 않으면 신체가 풍만하고 도량이 넓은 처를 맞이한다.!

이상의 경우 식신과 편인이 같은 주에 동주(同柱)를 꺼리며 편인이 많을 경우는 해당되지 못한다.!

*. 본 장에 준하여 현모양처(賢母良妻)와 결혼한 실제 인물의 장 모씨 사주팔자이다.!

(예1). 남자, 장 모씨(경기도 여주) 1966년 음력 윤4월 27일 酉 시

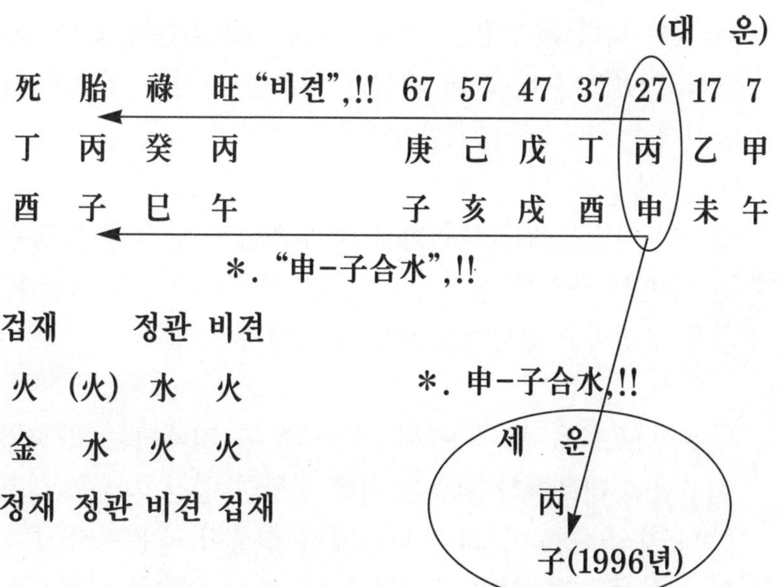

● 일간 丙火가 사주내 비겁 火氣가 많아 신왕해서 신왕월지 건록격(身旺月支建祿格)을 구성하고 있는데 일지에 子水 정관이 용신이 되므로 일간 丙火와 서로 유정(有情)하니 대단히 길하게 되어 있다.!

더구나 사주시지 酉金 정재가 희신의 기운이 되어 일지 子水정관에 근접하여 金生水로 끊임없이 생조하고 있음에 따라 비중용관격(比重用官格)을 구성하여 그 진가를 유감없이 발휘하니 승승장구하는 운명이라 할 수가 있다.!

따라서 일주가 丙子일주로서 신왕하니 아름다운 처를 가지는 것을 알 수가 있는데 일주 子水 정관을 중심으로 하여 처를 나타내고 있는 酉金 정재가 도화살(桃花殺)에 해당하고 있으니 더욱 더 빼어난 미모를 가지는 것으로 판단한다.!

상황이 이럴진데 금상첨화로 정재 酉金과 일지 子水 정관이 나란히 자리를 잡고 있는 것은 사주격국이 절묘한 배합을 구성하고 있다해도 과언이 아니다.!

대운의 흐름을 보니 27세 丙申대운이 지배되는 1996년 丙子년에 대운천간 丙火는 비록 신왕한 일간 丙火를 생조하는 기신(忌神)이 되나 대운지지 申金이 세운지지 子水와 동시에 사주 일지 子水를 모두 申-子合水로 변화되어 용신인 관성 水氣가 대단히 왕성하니 음력 3월에 아름다운 미모의 처와 결혼하였다.!

＊. 일간의 왕쇠(旺衰),!

丙일간 巳월에 출생해서 득령(得令)하였으며 사주월지 巳火 비견을 중심으로 해서 년지 午火 겁재인 양인에 생조되는 중에 그 세력에 뿌리를 두고 십이운성의 제왕지와 건록지에 앉은 년간 丙火 비견과 시상 丁火 겁재가 각각 투출되어 일간 丙火를 생조하고 있으니 대단히 신왕하다.

이렇게 일간 丙火가 신왕함이 강력하게 되면 일간의 기운이 왕신(旺神)의 성질을 따르게 되는 외격(外格)의 종격(從格)이나 가종격(假從格)으로 돌아가지 않는 이상 마땅히 일간 丙火의 기운을 억제할 수 있는 오행이 필요하게 될 것이다.

따라서 사주격국을 면밀히 관찰하여 보니 일간 丙火에 근접하여 일지 子水정관이 자리를 잡고 다시 시지 酉金 정재가 金生水로 정관 子水의 기운을 생조하고 있는 중에 子水 정관의 십이운성에 건록지에 해당하고 있는 월상 癸水 정관이 거듭 투출되어 있으므로 이것은 일간의 힘을 억제할 수가 있는 요건이 충분하다고 볼 수가 있다.

그렇다면 본 사주팔자는 이렇게 일간의 기운을 억제할 수 있는 오행이 왕성하니 결코 일간의 동기인 비겁 火氣나 인성 木氣를 따르는 외격(外格)의 종격(從格)이나 가종격(假從格)으로 돌아가지 못하고 내격(內格)의 억부법이나 조후법에 기준하여 용신이 선정되는 것을 알 수가 있다.

*. 사주격국에 준한 판단,!

그러나 한편으로 볼 때 비록 사주내 정관 水氣가 강력하게 존재하여 시지 酉金 정재의 기운을 생조받고 있다고도 볼 수가 있으나 근본적으로 사주내 비겁 火氣가 너무 강력하게 작용하고 있음에 따라 직, 간접적으로 관성 水氣와 정재 酉金을 水剋火 및 火剋金이 되어 상극함을 모면할 수가 없어 이것은 생식불식(生息不息)에 준하여 대단히 좋지 못한 점으로 판단한다.

이럴 경우 사실상 사주팔자에 왕성한 火氣를 수기(秀氣)유행을 도모할 수가 있는 식상 土氣가 그나마 있다면 火生土로 왕성한 火氣를 수습하면서 다시 재성 金氣에게 土生金이 되어 생조하고 재성 金氣는 재차 관성 水氣에 연결할 수가 있을 수 있으니 대단히 길하게 될 수가 있을 것이다.

그렇지만 사주상에 왕성한 비겁 火氣와 재성 金氣를 연결하는 식상 土氣가 정오행이 없고 비록 있다해도 오로지 사주월지 巳火 비견과 년지 午중의 지장간에 식상 土氣가 암장되어 있음에 따라 암장된 기운은 그 세력이 미미하기 짝이 없기 때문에 적절히 그 역할을 도모할 수가 없다.

하지만 다행스럽게도 이렇게 강력하게 작용하고 있는 비겁 火氣를 사주시지 酉金 정재가 월지 巳火 비견을 巳-酉合金으로 자연스럽게 합을 도모하면서 무언중에 金氣를 형성하여 완벽하게 비겁 火氣가 정재 酉金을 쟁탈하지 못하도록 유정(有情)한 결과를 이끌어 내고 있음을 엿볼 수가 있겠다.

결국 이와 같은 현상은 비록 사주내 왕성한 비겁 火氣를 누출시킬 수 있는 식상 土氣가 없는 것보다는 못하지만 그나마 대타로 합의 기운을 도모함으로 인하여 상극을 당하지 않는 것 자체가 대단히 길하게 작용하는 것을 면밀히 관찰할 필요가 있으니 절묘하다고 볼 수가 있다.

***. 격국(格局)과 용신,!**

다시 본 사주팔자에 대한 격국(格局)과 용신을 판별하여 보면 우선 일간 丙火가 사주내 왕성한 비겁 火氣가 강력하게 생조하여 신왕한 중에 사주월지에 巳火 비견이 자리를 잡고 십이운성의 건록지에 해당하고 있으니 원칙적으로 **"신왕월지건록격(身旺月支建祿格)"**이 성격(成格)된다.

고로 용신은 **"비중용관격(比重用官格)"**이니 왕성한 비겁 火氣와 일간을 水剋火로 억제할 수 있는 관성 水氣를 용신하고 관성 水氣를 생조하는 재성 金氣는 희신으로 삼는 것이 마땅한데 아울러 강력한 일간 丙火의 기운을 자연스럽게 수기(秀氣)유행을 도모하면서 火氣의 기운을 빼고 아울러 재성 金氣를 생조하는 식상 土氣는 길신으로 선택한다.

그러나 여기서 길신의 기운으로 선택되고 있는 식상 土氣는 조토인 未, 戌土氣는 원칙적으로 불의 기운에 동조하는 현상이 강하게 작용함에 따라 오히려 신왕한 일간 丙火에 그다지 길하게 되지 못하나 그에 반하여 습토인 辰, 丑 土氣는 관성 水氣를 머금고 왕성한 火氣를 수습하게 되니 대단히 길하게 작용하는 성질을 간파할 필요가 있다.

이렇게 사주상의 용신과 희신 및 길신을 선택하여 놓고 사주격국을 면밀히 관찰하여 보니 일간 丙火에 대한 중요한 용신의 기운으로 자리매김하고 있는 사주일지 子水 정관이 일간과 서로 유정(有情)하여 용신의 기운을 충분히 발휘하고 있는데 금상첨화로 시지 酉金정재가 정관 子水와 나란히 근접함에 따라 끊임없이 金生水로 정관을 생조하고 있으니 이것은 더할 나위 없이 대길한 것이다.

따라서 이와 같은 현상은 용신과 희신이 서로간 생조와 유정(有情)함이 극치에 도달한 것으로 비록 같은 내격(內格)의 용신법을 적용하는 어떠한 사주격국들 보다 차이가 나고 있는 것은 이렇게 사주상에 용신이 강령함에 만족하고 다시 내격(內格)의 억부법과 조후법상 용신이 일치하고 있으니 정히 진신(眞神)의 성질이 되므로 복록이 깊은 것이 되는 것은 두말할 이유가 없다.

＊. 사주주인공의 관록(官祿)부분에 적용하여 판단,!

위 사주팔자 주인공은 남자사주인 장 모씨로서 지금까지 일간의 왕쇠(旺衰) 및 용신과 그리고 격국의 판단을 사주추명학에 비추어 그 실체를 구체적으로 간명하여 보았는데 용신인 子水가 왕성하고 정재 酉金이 생조하여 있으니 그다지 격국이 평범한 사주팔자가 아님을 판단하였다.

따라서 이렇게 사주상의 용신이 子水 정관을 선택하고 있기에 벌써 첫눈에 관록(官祿)을 가지는 인물로 판단하고 있는데 금상첨화로 정재가 근접하여 관성을 유정(有情)하게 만들어 생조하는 중에 사주 일간 丙火를 주동하여 년지 午火가 양인에 해당하고 있으니 양인(羊刃)은 형벌을 담당하는 살(殺)로 더욱 더 관록(官祿)에 직업을 잡는다는 것으로 사주원국은 무언중에 암시를 하고 있다.

또한 일간 丙火가 신왕하고 일지에 子水 정관이 일간과 서로 근접하여 용신의 기운이 되면서 시지 酉金 정재가 근접하여 나란히 정관 子水를 끊임없이 金生水로 생조하고 있으니 이렇게 재성이 관성을 생조하는 것 자체가 관직부분에서 성공하는 것으로 판단할 수가 있다.

더하여 상황이 이럴진데 사주원국 용신인 일지 子水 정관을 주동하여 년지 午火가 수옥살(囚獄殺)이 되고 다시 이번에는 년지 午火를 주동해서 역시 일지 子水 정관이 수옥살(囚獄殺)이 중첩하고 있음에 따라 이것은 더 이상 무슨 이유가 있을 수가 없으니 완전히 관록(官祿)부분에 일치하는 것이다.

실제로 사주주인공인 장 모씨는 경찰대학을 졸업한 후 지금 한창의 나이에 무궁화 2개인 경정의 계급으로 경기도 모 처 경찰서 수사과장이 되어 근무하고 있는데 대운의 흐름을 판별하여 볼 때 27세

丙申대운부터 서방 申－酉－戌 金局과 북방 亥－子－丑 水局으로 치달리고 있으니 경찰서장은 물론이고 그보다 더 높은 직위까지 넘볼 수가 있을 것을 본 저자는 감히 예언하고 있다해도 과언이 아니다.

＊. 본 장에 적용하여 좋은 처(妻)를 가지는 부분에 준한 판단,!

다시 본 장에 준하여 좋은 처(妻)를 가지는 성질에 인용하여 보면,!

●일간이 신왕하고 사주일지에 정관이 용신이나 희신일 때 미모(美貌)와 현량(賢良)한 처를 가진다.!

●일간이 신왕하고 재성이 일지에 있거나 丙子일생은 미모(美貌)의 처를 가진다.!

라며 그 실체를 구체적으로 자세히 기술하고 있음을 엿볼 수가 있겠다.

따라서 사주주인공인 장 모씨는 이상의 좋은 처(妻)를 가진다는 격국(格局)에 완전히 일치를 하고 있음을 알 수가 있는데 그것은 일간 丙火가 신왕하고 사주일지에 子水 정관이 용신의 기운이 되면서 그 역할을 충분히 하고 있으므로 부합하여 있다고 하겠다.

더구나 이렇게 일간 丙火가 신왕하고 정관 子水가 일지에 일간과 유정(有情)하여 용신의 기운이 되고 있는 중에 사주시지에 酉金 정재가 근접하여 자리를 잡고 일지 子水 정관을 金生水로 끊임없이 생조하고 있으니 이것은 곧 단편적으로 보아도 용신이 기운을 얻어 대길하고 있음을 설명하고 있다.

그렇다면 전자에 언급하였듯이 일간 丙火가 신왕하고 사주일지에 정관 子水가 용신이 되고 있으니 미모(美貌)와 현량(賢良)한 처를 가지는 것으로 판단하고 있으며 더구나 일주자체가 丙子일주가 되고 있음에 따라 이것 역시 더욱 더 부합하는 원칙이 되고 있다할 것이다.

***. 미처(美妻)와 결혼하던 대운과 세운판단,!**

지금까지 사주주인공인 장 모씨의 격국을 판단하여 볼 때 일간 丙火가 신왕해서 용신이 일지에 子水로 자리를 잡고 있는 중에 일주가 丙子일주에 해당하고 있으니 본 장에 준하여 아름다운 처를 가지는 것으로 판단하였다.

따라서 사실상 사주주인공인 장 모씨가 과연 어느 시점에서 미모(美貌)의 처를 만나 결혼을 했는가 하는 시기를 놓고 그 실체를 대운과 세운을 논하지 않고는 제대로 간명을 할 수가 없게 되니 이러한 부분을 사주주인공인 장 모씨 사주팔자와 대운과 세운이 접목되고 있는 사주도표를 보면서 좀 더 구체적으로 기술하기로 하겠다.

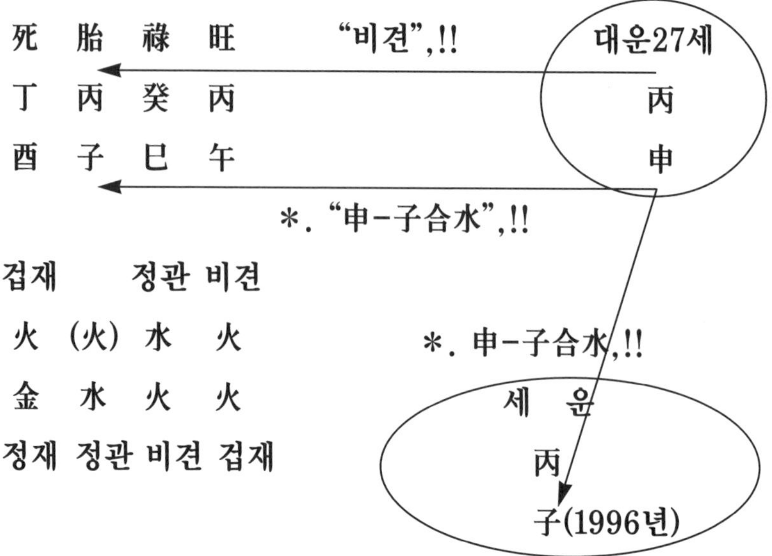

이상과 같이 사주주인공인 장 모씨 격국과 대운 및 세운이 나타나고 있는 사주도표를 볼 경우 만 30세에 결혼을 하였는데 그 때 대운은 27세 丙申대운이 지배되는 시점으로 만 30세의 세운은 1996년 丙子세운이 접목되고 있음을 엿볼 수가 있다.

따라서 27세 丙申대운중 대운천간 丙火가 일간 丙火에 대한 비견으로서 신왕한 일간을 더욱 더 신왕하게 만들고 있으니 원칙적으로 기신(忌神)의 운로가 됨에 따라 불리하겠지만 대운지지 申金이 일간에 대한 희신의 기운으로서 절묘하게 사주일지 子水 정관과 申-子合水로 변화되어 정히 용신의 기운이 되는 것을 면밀히 관찰할 필요가 있다.

더구나 1996년 丙子세운중 세운지지 子水가 일간에 대한 정관인

용신의 기운이 되고 있는 것을 역시 대운지지 申金에게 申-子合水로 대운과 세운이 합을 하는 화합(和合)의 법칙에 적용되어 모두 용신인 관성 水氣로 돌변하는 것은 그만큼 용신의 기운이 왕성함을 나타내고 있으므로 더욱 더 대길하게 작용하는 성질이다.

이러한 부분을 육친통변법으로 설명하면 사주일지는 사주주인공인 장 모씨의 몸을 나타내고 또한 처궁을 표시하고 있으니 이렇게 子水 정관이 대운지지 申金과 申-子合水, 그리고 세운지지 子水가 역시 대운지지 申金과 중첩하여 申-子合水로 변화되는 것은 자기 몸이 합방되면서 일지는 처궁을 나타내고 있으므로 완전히 결혼을 의미하고 있는 것이다.

결국 사주주인공인 장 모씨는 이 때 丙申대운이 지배되는 시점인 세운 1996년 丙子년 음력 3월에 지금의 처를 만나 결혼을 하였는데 정말 본 저자가 보아도 인품이 고상하고 현숙(賢淑)한 미모의 처와 결혼을 하였다는 것을 새삼 부인을 할 수가 없었으며 이러한 것은 모두 사주주인공인 장 모씨가 처복(妻福)을 타고난 결과라 아니할 수가 없다.

(나). 나쁜처(妻)를 만나는 사주,!

●사주일지에 편인이 왕성하여 기신(忌神)이 된다면 신체가 왜소(矮少)하거나 마른 여자인데 만약 편인이 식신을 파극할 경우 잔병이 많은 여자를 맞이한다.!

● 일간이 신강, 신약을 불문하고 일지에 편관이 있을 경우 처의 성질이 횡폭하고 다시 일지가 상충이 되고 있으면 처가 다병(多病)하며 재혼팔자이다.!참고로 만약 식신이 월지나 시지에 있어 편관을 억제하고 있으면 이상의 흉은 면할 수가 있다.!

● 일간이 신왕하고 일지에 양인(羊刃)이 있으면 처는 시비와 싸움을 좋아하고 금전적 낭비를 잘하니 현숙(賢淑)하지 못한 처를 만난다.

※ 일지양인 : 丙午, 丁未, 戊午, 己未, 壬子, 癸丑

● 일간이 신강, 신약을 불문하고 일지에 고신살(孤神殺)이나 과숙살(寡宿殺)있거나 혹은 재성이 이상의 살성(殺星)과 동주(同柱)하면 처가 고독하다.!

※ 고신살 : 寅卯辰 : 巳, 巳午未 : 申, 申酉戌 : 亥, 亥子丑 : 寅
※ 과숙살 : 寅卯辰 : 丑, 巳午未 : 辰, 申酉戌 : 未, 亥子丑 : 戌

● 일간이 신강, 신약을 불문하고 일지에 화개살(華蓋殺)이 있거나 혹은 재성이 이상의 화개(華蓋)와 동주(同柱)한 때는 처가 고독하다.!

※ 화개살 : 申子辰 : 辰, 寅午戌 : 戌, 巳酉丑 : 丑, 亥卯未 : 未

● 일간이 신약하고 재성이 왕성하여 재다신약격(財多身弱

格)을 구성하면 본인은 공처가(恐妻家)이거나 혹은 처가 남편을 무시한다.!

● 일간이 신강, 신약을 불문하고 일지에 역마살(驛馬殺)이 있을 경우 처가 잔병이 많거나 가정일에 태만하다.!

※ 역마살 : 申子辰 : 寅, 寅午戌 : 申, 巳酉丑 : 亥, 亥卯未 : 巳

● 재다신약격(財多身弱格)을 구성한 중에 일지에 재성이 있을 때 처가 잔병치레를 많이 한다.!

● 일간이 신강, 신약을 불문하고 일지에 정관이 있는데 상관이 파극하거나 혹은 상충으로 파극해도 처가 잔병으로 고생한다.!

***.본 장에 준하여 나쁜 처(妻)와 결혼하여 일생동안 공처가(恐妻家)로 살아가는 실존인물인 임 모씨 사주팔자이다.!**

(예1). 남자, 임 모씨(경남 산청) 1972년 음력 5월 10일 子 시

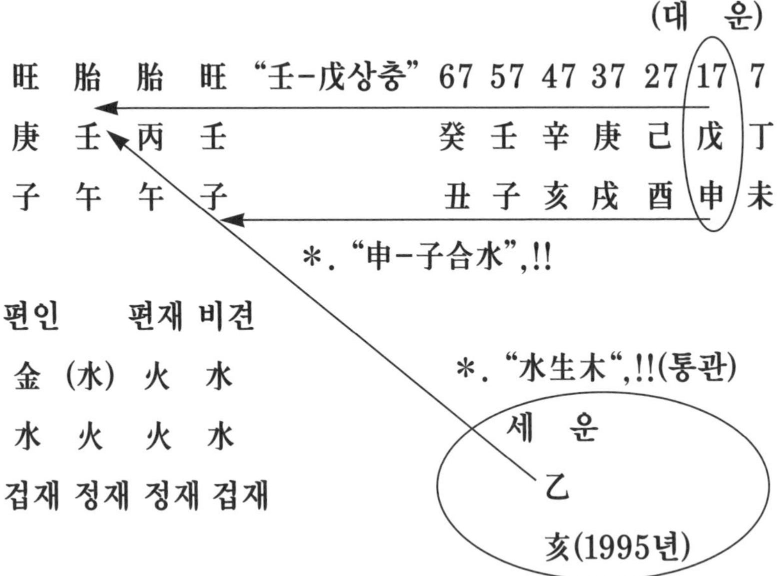

●일간 壬水가 신약하여 "재다신약격(財多身弱格)"을 성격(成格)하고 있는 중에 사주일지 午火 정재가 자리를 잡고 있음에 따라 시지 子水 겁재와 子-午 상충이 되어 완전히 전쟁터를 방불케하고도 남음이 있다.

더하여 사주일간 및 년간에 투출되어 있는 壬水가 월상에 丙火

편재를 丙-壬 상충까지되고 있으니 평생을 통하여 완전히 여자와 재물로 인한 근심과 고통을 대단히 강력하게 받는 운명임을 알 수가 있다.

17세 戊申대운이 접어드는 시점에 만 23세인 1995년 乙亥년에 대운지지 申金이 시지 및 년지 子水 겁재를 申-子合水로 子-午상충을 말려주면서 세운천간 乙木이 왕성한 재성 火氣와 비겁 水氣간을 水生木으로 통관(通關)을 시켜주니 일간 壬水가 힘을 가지면서 전극(戰剋)이 해소되어 지금의 처(妻)와 결혼을 하였다.

하지만 근본적으로 사주원국이 신약하고 이렇게 재성 火氣가 많아 있으니 평생을 통하여 마누라에게 내주장을 내어준 채 살아가는 운명을 피할 수가 없고 아울러 목소리가 높이 나니 주위 사람들에게 눈치만 보는 것을 알 수가 있다.

"누군가가 말한다. 남자의 일생을 60년으로 본다면 부모님을 20년 처의 덕을 40년.....

그래서 결혼이란게 인륜지대사며 국가와 사회의 뿌리인 가정이 중요한 것이며 아내의 위치란게 남자에게 절대적이라고....

어찌 신중하지 아니할 수 있고 자식과 가문의 영속성으로 이어지는 백년을 살펴 묻지 않을 수 있는가!

*. 일간의 왕쇠(旺衰),!

壬일간 午월에 출생하여 실령(失令)하였으며 사주원국 월지 午火 정재를 기준해서 일지 午火에 각각 십이운성 제왕지에 앉은 월상 丙火 편재가 투출되어 있으니 이것은 곧 단편적으로 보아도 재성 火氣가 태왕하여 있음을 엿볼 수가 있다.

그러나 상대적인 일간 壬水도 시지 子水 겁재인 양인에 득세(得勢)한 중에 재차 년지 子水 양인을 가지면서 그 세력에 뿌리를 둔 십이운성 제왕지에 앉은 년간 壬水의 기운이 있고 다시 시상에 투출되어 있는 庚金 편인이 끊임없이 일간 壬水를 생조하고 있으니 일간의 기운이 극도로 쇠약하지 않는 신약이다.

하지만 한편으로 볼 경우 이렇게 일간 壬水가 재성 火氣가 많아 극루(剋漏)함으로 인하여 일간이 대단히 고달프기 짝이 없는데 설상가상으로 사주원국 월지 및 午火 정재를 주동해서 시지와 년지 子水 겁재인 양인이 서로 子-午 상충이 되고 있으니 이것은 끊임없이 水剋火로 양자의 전쟁은 한시라도 그치지 않고 있음에 따라 그 소용돌이로 말미암아 일간 壬水가 혼란스럽기 짝이없다.

더구나 이러한 현상은 여기에만 끝나지 않고 사주일간과 년간 壬水 비견이 월상에 투출되어 있는 丙火 편재를 丙-壬 상충으로 파극하고 있으며 또한 시상에 투출되어 있는 庚金 편인마져 월상 丙火 편재를 丙-庚 상충까지 성립하고 있음을 엿볼 수가 있다.

결국 이러한 현상은 완전히 사주원국이 천간과 지지 어디라도 상충의 충돌이 쉼없이 몰아치고 그에 대한 소용돌이가 대단히 강력하게 발생하는 것을 모면할 수가 없으니 정말 생식불식(生息不息)에 대단한 탁기(濁氣)를 가지는 중요한 이유임에 따라 숙명적인 운로가 대단히 불안하기 짝이 없다.

*. 격국(格局)과 용신,!

본 사주팔자에 대한 격국(格局)과 용신을 판별하여 보면 우선 일간 壬水가 사주내 재성 火氣가 많아 신약한 중에 월지 午火 정재가 강력하게 자리를 잡고 다시 월상에 丙火 편재가 투출되어 있으니 원칙적으로 **"신약정재격(身弱正財格)"**이며 일명 **"재다신약격(財多身弱格)"**을 성격(成格)한다.

고로 용신은 **"재중용비격(財重用比格)"**으로서 강력한 재성 火氣를 억제하고 아울러 신약한 일간 壬水를 부조하는 비겁 水氣를 용신하며 비겁 水氣를 생조하는 인성 金氣는 희신으로 삼는 것이 타당한데 일면 사주내 재성 火氣와 비겁 水氣가 서로간 水剋火로 다투고 있으니 통관법(通關法)상 식상 木氣는 길신으로 삼는 것이 타당하다.

이렇게 사주상의 용신과 희신 및 길신을 선택하여 놓고 사주격국을 면밀히 관찰하여 볼 때 일간 壬水에 대한 용신의 기운이 시지 및 년지 子水 겁재가 양인(羊刃)으로서 그 세력에 뿌리를 두고 년간에 壬水 비견이 투출되어 있으니 이러한 것을 감안한다면 용신의 성질이 쇠약한 것은 아니다.

더구나 시상에 투출되어 있는 庚金 편인이 시지 子水 양인과 서로간 동주(同柱)의 기운이 되면서 천간과 지지간에 천복지재(天覆地載)의 법칙이 실현되고 있으니 희신과 용신간의 세력을 강화시키면서 왕성한 재성 火氣에 같이 水剋火, 火剋金으로 대적하고 있음을 엿볼 수가 있다.

따라서 비록 일간 壬水가 신약하더라도 사주상의 용신인 비겁 水氣가 왕성하게 작용하고 있으면 그나마 다행스러운 일이 아닐 수가 없겠지만 문제는 사주에 오행의 균등을 도모할 수가 있는 식상 木氣와 관성 土氣가 없고 오로지 비겁 水氣와 편인 庚金, 그리고 재성 火氣만 남아 있으니 모두 상극되는 오행으로 짜여져 있음을 면밀히 관찰하여야 될 것이다.

이러한 성질은 한편으로 볼 때 오행상 전극(戰剋)이 형성되어 재성 火氣와 비겁 水氣간에 하루라도 끊임없이 전쟁터가 발생되는 하나의 요인으로 작용하는 것이 되는데 양자의 기운을 화해 연결시킬 수가 있는 식상 木氣가 사주상에 없으니 더욱 더 생식불식(生息不息)에 막힘이 많아 그것으로 인한 숙명적인 운기가 불길함을 모면할 수가 없다.

결국 일간 壬水가 재성 火氣가 많아 **"재다신약격(財多身弱格)"**을 구성하고 있음에 따라 용신인 비겁 水氣가 하나라도 더 있는 것은 신약한 일간이 힘을 얻을 수가 있으니 좋겠지만 이렇게 용신인 비겁 水氣가 많은 중에 인성 金氣가 상대적으로 부족한 현상은 본인의 성격을 판단할 경우 용신이 많아지게 되어 그 성격이 남을 믿지 못하여 변덕을 자주 부리는 성품이 될 것이다.

*. 일부학자들의 의문,!

여기서 일부학자들 중에서 방금 본 저자가 용신을 설명한 부분에 대해 한가지 의문을 가지면서 질문을 하고 있는데 그것은 **"운정선생은 본 사주팔자에 대한 용신과 희신을 선택하는 가운데 길신의 역할을 할 수가 있는 식상 木氣가 재성 火氣와 비겁 水氣간에 전극(戰剋)이 형성되어 통관법(通關法)상 필요하니 식상 木氣를 길신으로 선택한다고 명시하고 있다",!**

"그러나 이러한 식상 木氣에 대하여 저희 학자들은 약간의 의문을 표시하지 않을 수가 없는데 그것은 본 사주원국은 이미 일간 壬水가 신약한 것이 재성 火氣가 많아 "재다신약격(財多身弱格)"을 성격(成格)하고 있으니 시급히 비겁 水氣로서 재성 火氣를 억제하면서 아울러 신약한 일간 壬水를 부조하는 것이 마땅하다고 볼 수가 있다",!

"따라서 인성 金氣와 비겁 水氣가 본 사주팔자에 절대적으로 필요하는 마당에 식상 木氣는 일부 운정선생의 말대로 비겁 水氣와 재성 火氣간 水剋火의 상극에 대한 水生木, 木生火로 연결될 수 있는 통관(通關)의 역할을 도모할 수는 있을 것이다",!

"그러나 일간 壬水가 신약한 중에 상대적인 재성 火氣가 너무 강력하게 되므로 오히려 식상 木氣는 비겁과 재성간을 화해, 연결하는 의미에 앞서 재성 火氣를 木生火로 생조하여 더욱 더 재성 火氣를 강력하게 만들어 더욱 더 불리하게 되지 않

겠는가”,!

“상황이 이럴진데 운정선생은 막연히 본 사주팔자가 비겁 水氣와 재성 火氣간에 水剋火로 상극한다고 하여 격국의 성질을 단편적으로 판단해서 무조건 식상 木氣를 통관법(通關法)상 어떻게 길신으로 사용할 수가 있는 것인지 이 부분에 대하여 구체적으로 설명하여달라”,! 라며 그 실체에 대한 자세한 답변을 요구하고 있다.

***. 일부학자들의 의문에 대한 본 저자판단,!**

이와 같은 일부학자들의 질문에 대하여 본 저자는 일부학자들이 용신의 선별에 대한 반박의 논리가 지극히 타당한 일면이 있겠으나 하지만 본 사주격국에 대한 오행상 용신 및 희신의 성질과 기신(忌神)인 재성 火氣의 특성을 면밀히 파악하여 보고 본 저자의 설명을 듣게 된다면 곧 학자들의 생각이 틀리게 판단하였음을 깨닫게 될 것이다.

따라서 일부학자들이 의문을 제기한 식상 木氣에 대하여 본 사주팔자의 비겁 水氣와 재성 火氣를 水剋火로 전극(戰剋)이 발생하는 이상 비겁 水氣와 재성 火氣는 화해 연결시키는 것을 앞서 재성 火氣를 木生火할 수 있음에 따라 더욱 더 재성 火氣가 강력하게 작용하는 현상도 생각할 수가 있으므로 일면 타당한 논리가 될 수가 있다.

하지만 이러한 원칙적인 부분에 대하여 오행의 논리상 일간이 신약할 경우 마땅히 일간이 신약함을 부조하고 기신(忌神)을 억제할 수 있는 기운이 용신이 될 수가 있지만 그보다 앞서 이상의 기신(忌神)의 역할을 할 수가 있는 재성의 기운이 강력하고 일간과 일간의 동기인 비겁의 기운을 가운데 연결화해시키는 식상의 기운이 아예 사주원국에 없을 때는 절대적 양자의 싸움을 피할 수가 없게 된다.

이 부분에 대하여 본 저자가 이미 편찬한 命理秘典 上권인 통관용신법(通關用神法)을 적용하여 그 실체를 인용하여 본다면,!

●命理秘典 上권인 통관용신법(通關用神法)을 인용하여,!

●사주원국에 양자의 기운이 서로 막강하여 이것을 연결, 화해시키는 기운이 없어 서로간 대립되어 전극(戰剋)이 발생되어 있다면 이것은 일간이 신강, 신약을 불문하고 서로간 기운을 화해 및 소통시키는 것이 가장 길하게 되므로 이를 가르켜서 **"통관용신법"(通關用神法)**이라고 말하는 것이다.

더하여 만약 사주원국의 일간이 왕신(旺神)의 세력을 따라가는 외격(外格)의 용신법인 종격(從格)이나 가종격(假從格)으로 돌아가지 않는 이상 내격(內格)의 억부법이나 조후법의 용신이 선정되는 격국이 된다하여도 양자의 오행이 서로간 대립되어 전극이 형성되고 있다면 내격(內格)의 용신법과 함께 **"통관용신법"**을 같이 사용하는 것이 통례이다.

라며 그 실체를 구체적으로 언급하면서 기술하고 있다.

그렇다면 본 사주팔자는 방금 命理秘典 上권인 통관용신법에 적용하여 판단하여 볼 때 완전히 일치하는 현상을 엿볼 수가 있겠는데 이미 사주명조에 비겁 水氣와 재성 火氣간의 연결을 도모할 수가 있는 식상 木氣가 없음에 따라 비겁 水氣와 재성 火氣간 서로 충돌을 모면할 수가 없는 현상이 되고 있겠다.

따라서 이러한 성질을 감안하여 본 저자는 내격(內格)의 억부법이나 조후법의 용신인 일간이 신약하니 강력한 재성 火氣의 기운을 억제하면서 비겁 水氣를 용신하고 비겁 水氣를 생조하는 인성 金氣는 희신으로 선택한다고 하였으나 이것 이외에도 통관법(通關法)을 적용하여 식상 木氣를 길신으로 선택하는 이유가 여기에 있다해도 과언이 아니다.

●본 저자가 약 23년동안 경험상 터득한 비법(秘法),!

이상의 부분에 대하여 본 저자는 식상 木氣의 기운을 놓고 운로인 대운이나 세운에서 완전한 식상 木氣의 기운이 들어오는 것은 비록 비겁 水氣와 재성 火氣간을 水生木, 木生火로 연결을 도모할 수 있는 장점이 있다는 것을 전자에 언급하였다.

하지만 이와 같은 현상은 사실상 일부학자들이 염려한대로 일간 壬水가 신약한 것을 식상 木氣가 더욱 더 기운을 빼면서 반대급부의 재성 火氣를 木生火하여 재성 火氣가 강력하게 되니 신약한 일간 壬水로서는 더욱 더 극루교가(剋漏交加)의 현상을 염려할 수 있는 성질을 배제할 수가 없는 것이다.

그렇다면 운로인 대운이나 세운에서 들어오는 용신인 비겁 水氣와 인성 金氣및 통관법(通關法)에 적용되는 식상 木氣를 놓고 그 실체를 파악하여 기술한다면 신약한 일간 壬水를 생조하는 비겁 水氣를 천간이나 지지에서 가지고 다시 통관법(通關法)에 적용할 수 있는 식상 木氣가 역시 천간이나 지지에 동주(同柱)하여 들어오는 성질이 가장 대길하게 작용할 수가 있다.

이 부분은 직접적인 대운이나 세운을 간명하여야 되는 고난도의 성질이 되니 좀 더 구체적으로 사주명조와 운로의 흐름을 나타낼 수 있는 도표를 가상하여 나타내면서 그 실체를 기술하여 보면,!

(예1),!!

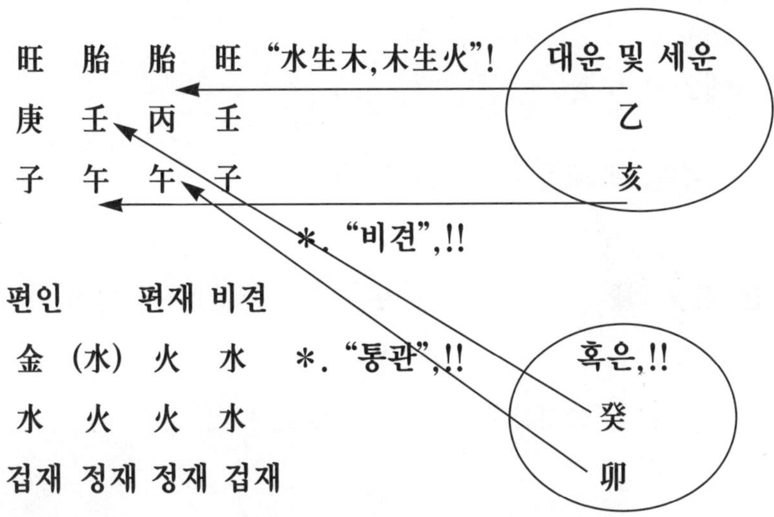

이상과 같이 가상하여 대운이나 세운에서 각각의 천간에 식상 木

氣를 깔고 지지에는 비겁 水氣를 업고 들어온다던지, 그렇지 않으면 반대로 운로인 천간에 비겁 水氣를 가지면서 지지에는 식상 木氣를 가지고 사주원국에 영향력을 미치게 될 경우 순수하게 천간지지 모두 식상이나 비겁 水氣를 가지고 들어 오는 것보다 복록이 앞서는 것으로 판단하여야 된다.

또한 이러한 현상은 희신의 기운인 인성 金氣를 업고 들어오는 성질도 길하게 작용하겠지만 이 경우 인성 金氣와 식상 木氣간 서로 천간지지에 개두(蓋頭)의 법칙이 해당되어 양자의 기운이 줄여지게 됨에 따라 이럴 때는 전자의 설명한 비겁과 시상의 동주(同柱)의 성질보다 복록이 쇠약해지는 점으로 판단하여야 될 것이다.

가상하여 이 부분을 다시 도표를 보면서 설명하자면,!

(예2).!!

대운 및 세운　　대운 및 세운

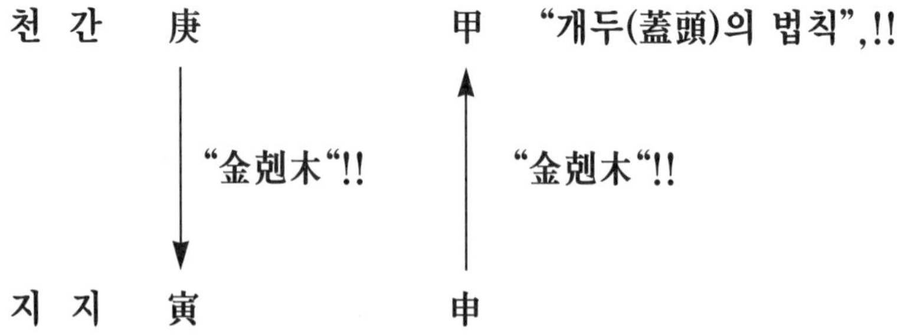

위 예2,의 도표에서 나타나고 있듯이 전자 예1,의 사주명조에 대

한 운로인 비겁 水氣와 식상 木氣를 동주(同柱)하여 들어오는 것보다 예2,의 기운은 운로인 천간지지가 상극되는 성질로 동주(同柱)하여 들어오게 되니 완전히 천간과 지지간에 개두(蓋頭)의 법칙이 적용되어 양자간의 오행상 상극으로 인하여 완전하게 그 길함이 줄여지는 현상이 나타나고 있다.

이것은 운로에서 들어오는 식상의 기운이 전자의 예1,의 기운이 가장 복록이 깊은 점으로 판단할 수가 있으며 그에 반하여 후자인 예2,는 천간과 지지간의 오행상 상극으로 인하여 오히려 전쟁터가 발생하고 있음을 모면할 수 없게 되었다.

이와 같은 현상은 더구나 신약한 일간 壬水로서는 운로인 천간지지의 상극으로 인한 전극(戰剋)의 소용돌이와 길과 흉의 교차되는 현상까지도 모두 감수해야하는 이중적인 부담감이 나타날 수가 있음에 따라 복록이 예1보다 떨어지는 점을 알 수가 있는 것이다.

따라서 일부학자들이 언급하는 식상 木氣에 대한 본 사주팔자에 영향력이 길함이 모색되는 현상은 동질성인 순수하게 식상 木氣를 모두 가지고 들어오는 것보다 이상과 같이 천간이나 지지에 하나의 기운인 비겁 水氣를 업고 다시 식상 木氣를 가지면서 사주원국에 영향력을 미칠 때 가장 복록이 많게 되는 성질을 본 저자는 대단히 강조하고 있는 것이다.

이상의 부분에 대하여 본 저자는 그동안 이상의 성질에 당면되어 있는 실제 인물을 통하여 내격(內格)의 억부법이나 조후법의 용신을 선택하는 것과 다시 통관법(通關法)에 준해서 어느 기운이 가장 길함을 얻을 수가 있는지를 비교 분석한 뒤 사주주인공을 과거, 현재, 미래의 운로를 역추적하여 하나의 경험상 비법(秘法)으로 터득하여 간명상 정리를 하였던 것이다.

결국 지금 설명한 것은 대단히 중요한 간명상 비법(秘法)이 되는 것은 두말할 필요가 없을 것이며 아울러 이상의 성질에 당면되고 있는 실제사주인물이 대면되고 있을 때 모두 전자에 기술한 부분에 부합시켜 간명하게 된다면 정말 놀라운 적중률을 나타내고 있음을 본 저자는 감히 첨언하는 바이다.

*. 본 장에 준하여 나쁜 처(妻)를 가지는 격국에 부합시켜 판단,!

위 사주원국의 주인공은 임 모씨로서 남자사주인데 지금까지 사주주인공에 대한 용신 및 격국의 판별을 사주추명학에 비추어 그 실체를 대단히 자세하게 언급하여 보았다.

하지만 사주격국이 오행이 편중(偏重)되어 있는 중에 비록 용신과 희신의 기운이 존재하여 있다손 치더라도 그것을 상극하는 재성 火氣가 중중(重重)하여 있으니 마땅히 이것을 연결하고 완화시킬 수 있는 식상 木氣나 합의 기운이 없음에 따라 양자의 전극(戰剋)으로 인한 숙명적인 운로가 대단히 불안할 수밖에 없고 아울러 격국에 대해 대단한 탁기(濁氣)를 남긴다고 보겠다.

본 장에 기술하고 있는 나쁜 처(妻)를 가지는 운명에 그 실체를 인용하여 본다면 **"일간이 신약하고 재성이 왕성하여 재다신약격(財多身弱格)을 구성하면 본인은 공처가(恐妻家)이거나 혹은 처가 남편을 무시한다.!** 라며 대단히 자세하게 기술하고 있다.

따라서 사주주인공인 임 모씨는 본인의 사주격국을 이상의 부분에 일치시켜 볼 경우 완전히 부합하고 있음을 엿볼 수가 있겠는데 그것은 우선 일간 壬水가 사주내 재성 火氣가 많아 **"재다신약격(財多身弱格)"** 및 **"신약정재격(身弱正財格)"**을 성격(成格)하고 있으니 완전히 처로 인한 불리함을 모면할 수가 없음으로 판단하는 것이 정석이다.

더구나 사주격국에 이렇게 재성 火氣가 왕성하여 일간 壬水에 대한 신약함이 강하게 작용하는데 이것을 마땅히 재성 火氣와 비겁 및 일간을 연결시킬 수 있는 식상 木氣가 없음에 따라 水氣와 火氣간에 水剋火로 양자의 전극(戰剋)이 형성되어 단 하루라도 싸움이 그칠 수가 없으니 더욱 더 불리하게 되는 것은 기정사실이다.

*. 命理秘典 上권인 자형살(自刑殺)과 지지상극살(地支相剋殺)에 인용하여,!

또한 이러한 경향은 사주원국 일지 午火 정재가 대단히 강력하게 작용하고 있는 중에 다시 월지 午火 정재를 만나고 있으니 이것은 午-午는 자형살(自刑殺)에 해당하고 있으므로 사주주인공인 임 모씨는 그 성격이 독립적인 경향이 약하여 무슨 일에 대해서 열성을 가지지 못하고 처음과 끝이 분명하지 못하다.

이러한 경향은 더 나아가서 사주주인공인 임 모씨가 고집스런 일면과 타인에게 쓸데없이 자기주장을 앞세워 억누르기를 좋아하니 타인에게 적을 사기도 잘할 것이며 시기와 질투심으로 인한 모든 일에 방해를 받는 현상이 많은 것을 알 수가 있게 된다.

더구나 이렇게 월지와 일지가 역시 자형살(自刑殺)이 되고 있는 중에 일간 壬水가 신약하니 일지는 처궁을 표시하고 있음에 따라 처(妻)가 고집스럽고 남편의 말을 잘 듣지 않겠으며 처(妻) 역시 질병으로 인한 병약(病弱)으로 고생하고 수명 또한 단명이라는 것으로 판단한다.

여기서 한가지 중요한 부분은 일지 午火와 월지 午火가 각각 午-午 자형으로 동반되는 것도 판단하겠지만 역시 午-午는 지지상극살(地支相剋殺)에 해당하고 있기 때문에 더욱 더 처궁이 불리한 것은 기정사실이고 설상가상으로 시지 및 년지 子水 양인이 子-午 상충까지 되고 있으니 처의 성격이 대단히 불량하고 신경질적이며 남편 알기를 우습게 생각하는 점을 판단할 수가 있다.

이상의 맥락에 비추어 사주주인공인 임 모씨의 처복(妻福)은 지지리도 없는 것을 알 수가 있겠으며 이것은 근본적으로 사주명조 자체가 재성 火氣가 강력하여 일간 壬水가 신약하니 **"재다신약격(財多身弱格)"**을 구성한 중에 정재나 편재가 많아 자형살까지 해당되고 있음에 따라 그에 대한 대가는 충분히 지불되어야 함을 간명하는 것이다.

***. 본 장에 준하여 사주주인공 임 모씨가 결혼하였던 대운과 세운을 접목,!**

다시 사주주인공인 임 모씨가 사실상 처복(妻福)이 없는 것은 이미 전자의 맥락에 비추어 그 실체를 파악하여 본 결과 모두 일치되는 경향을 엿볼 수가 있었으며 그렇다면 사주주인공인 임 모씨가 지금의 처와 언제, 어느 시점에서 만나 결혼을 하였는지를 사주추명학에 비추어 그에 대한 운로를 추적 검토하는 것이 타당하다하겠다.

이러한 성질은 후천성인 대운과 세운의 흐름을 모두 파악하여 간명하여야 됨을 요구하고 있는데 그 중에 대운보다 일년군주인 세운을 중점으로 해서 판단하는 것이 타당할 것이며 이러한 부분을 좀 더 자세하게 사주주인공인 임 모씨의 사주명조와 대운이 지배되는 시점 및 세운이 나타나고 있는 사주도표를 보면서 자세하게 언급하기로 한다.

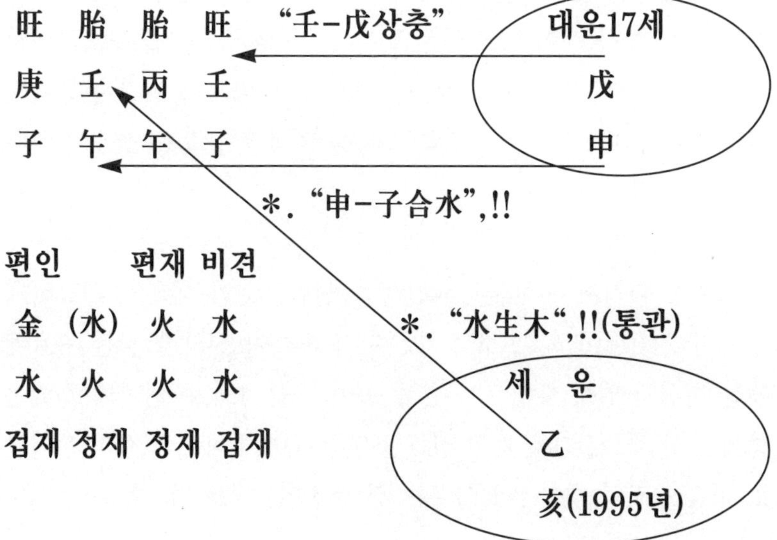

이상의 도표에서 나타나고 있듯이 사주주인공인 임 모씨는 만 23세인 1995년 乙亥년에 지금의 처(妻)와 결혼을 하였는데 이 때 대운이 17세 戊申대운이 지배하는 시점이 되고 있음을 알 수가 있다.

따라서 대운천간 戊土는 원칙적으로 신약한 일간 壬水에게는 편관의 성질이 되어 기신(忌神)의 역할을 하고 있으니 불리하게 연출되지만 절묘하게 대운지지 申金이 일간 壬水를 생조하는 편인이 되고 있음에 따라 신약한 일간에게 정히 희신이 되고 있겠다.

그렇다면 대운천간은 흉이라고 가정하나 사실상 대운지지 申金이 대운천간보다 그 힘의 세력이 약 3-4배정도 강력하게 작용하는 것을 생각한다면 일시 흉함이 뒤따를 수 있겠지만 대운지지 申金의 영향력이 절대적으로 지배하는 현상이 나타나게 되니 그다지 흉함이 강력하게 나타나지 않는다고 판단하는 것이 타당하다.

상황이 이럴진데 대운지지 申金이 사주원국의 년지와 시지 子水 양인이 子-午 상충이 되고 있는 것을 申-子合水로 합을 도모하면서 자연스럽게 합으로 상충의 작용을 해극하고 있으니 이것은 통관의 원리에 부합하는 것으로 대단히 길함을 모색할 수 있는 장점이 있다고 보아야 될 것이다.

그런데 여기서 또 다른 후천성인 일년군주인 세운이 절묘하게 1995년 乙亥년이 되고 보니 대운지지 申金이 신약한 일간 壬水에 대한 희신인 인성 金氣로서 합을 하여 비겁 水氣로 변화되고 있는 중에 다시 세운천간 乙木이 신약한 일간 壬水에 대한 상관의 운이므로 비겁 水氣와 재성 火氣를 서로간 통관법(通關法)상 水生木, 木生

火로 연결을 도모하고 있음을 발견하게 된다.

더하여 세운지지 亥水가 신약한 일간 壬水를 도와주는 비견으로서 이렇게 세운천간이 상관 木을 가지고 지지는 비견 水氣로서 일간을 통관과 생조를 함께 하고 있으므로 이것은 전자에 본 저자가 언급하였던 부분에 완전히 일치를 하고 있기 때문에 대단히 길함을 얻을 수가 있는 것을 알 수가 있다.

실제로 사주주인공인 임 모씨는 이 때 이르러 지금의 처(妻)와 결혼을 하였는데 하지만 근본적으로 사주명조가 너무 못생겼기 때문에 숙명적인 처복(妻福)과 금전으로 인한 일생동안 고통과 번민속에 삶을 보내야 하는 숙명적인 운로를 생각한다면 아마도 지금 이 글을 보고 있는 우리 역학자는 너무도 잘 알고 있는 사실이니 아쉬운 사주격국을 대면하고 있음을 알 수가 있다.

(다). 남자의 결혼시기(結婚時期)

●일간이 신강, 신약을 불문하고 일지와 삼합, 육합, 준삼합이 되는 세운과 월운이 결혼시기이다.!

●일간이 신왕하고 재성이 용신이나 희신인데 다시 세운과 월운이 재성의 기운에 일치할 때 결혼한다.!

●일간이 신약하여 인수가 용신이 되는데 다시 세운과 월운이 인수의 기운을 만날 때 결혼한다.!

●**재다신약격(財多身弱格)을 구성하여 비겁을 용신으로 선택하고 있는데 세운과 월운이 비겁의 기운이 되면서 일지와 삼합, 육합, 준삼합이 되면 결혼한다.!**

●**외격(外格)의 종왕격(從旺格), 종재(從財), 종아(從兒), 종살(從殺)등의 종격(從格)의 사주는 용신이나 용신을 생조하는 희신의 기운인 세운이나 월운에 결혼한다.!** 참고로 종격(從格)의 사주는 필수적으로 대운이 용신 및 희신으로 치달리고 있어야 된다.!

●이상에 나열하고 있는 격국과 세운 및 월운을 접목하는 과정에서 결혼시기를 구체적으로 언급하였는데 이와 같은 현상은 사실상 미혼자인 총각에게만 해당되는 것이 아니고 재혼(再婚)을 하거나 혹은 스쳐 지나가는 여자관계에도 모두 적중되고 있음을 참고 바란다.

***. 본 장 결혼시기(結婚時期)에 해당하여 1994년 甲戌년에 결혼하였는 실제인물의 유 모씨 사주 팔자이다.!**

(예1). 남자, 유 모씨(강원도 강릉) 1971년 음력 5월 24 일 子 시

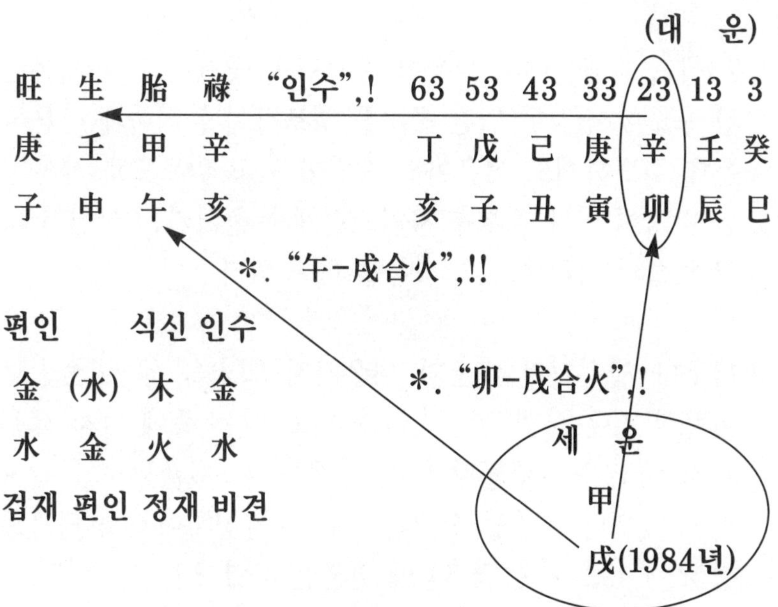

●일간 壬水가 신강하여 월지정재격(月支正財格)이니 용신을 월지 정재 午火를 용신으로 삼고 있는데 용신을 생조하는 희신의 기운이 사주월상에 甲木 식신이 투출되어 있으므로 용신과 희신간 천복지재(天覆地載)가 되어 좋다.!

하지만 근본적으로 사주일간이 신강함이 태왕하고 천간에 노출되어 있는 희신인 甲木 식신을 년간에 투출되어 있는 辛金 인수와 시상 庚金 편인이 동시에 각각 火剋金으로 상극하며 다시 지지에는 용신인 午火를 子-午 상충 및 水剋火함에 따라 서로간 쟁탈전이 발생하고 있으니 다소 생식불식(生息不息)에 막힘감이 있어 사주상의 탁기(濁氣)를 남기고 있다.!

23세 辛卯대운에서 세운이 1994년 甲戌년이 되자 대운천간 辛金이 신강한 일간 壬水를 생조하여 불리하게 작용하는데 절묘하게도 세운이 甲戌년이 되고 있으므로 세운천간 甲木이 일간 壬水를 자연스럽게 누출시키는 식신이 되고 있으니 정히 희신의 작용을 하고 있다.!

더구나 세운지지 戌土가 대운지지 卯木을 卯-戌合火로 여자의 기운을 만드는 火氣가 되고 있는 중에 다시 세운지지 戌土가 사주월지 午火 정재를 午-戌合火로 둔갑시키고 있으니 용신인 정재의 기운이 왕성하여지게 되므로 만 23세 1994년 음력 5월에 결혼을 하였다.!

***. 일간의 왕쇠(旺衰),!**

壬일간 午월에 출생하여 비록 실령(失令)하였으나 사주원국 일지 申金 편인에 득지(得地)한 중에 다시 시지 子水 겁재에 득세(得勢)하면서 년지 亥水 비견과 년간 및 시상에 투출되어 있는 辛, 庚金 인성이 일간 壬水를 생조하고 있으니 대단히 신강하다.

한편으로 일면 사주일지 申金 편인이 자리를 잡고 시지 子水 겁재인 양인이 서로 申-子合水를 구성하고 있지만 사실상 월지 午火 정재가 시지 子水 양인을 子-午 상충으로 합을 방해하고 있으니 합이나 상충의 작용이 제대로 되지 않고 있음에 따라 각각 오행 본래대로 힘의 강약을 판별하는 것이 타당하다.

이렇게 일간 壬水가 사주내 인성 金氣와 비겁 水氣에 의하여 신강하고 있으니 만약 일간의 기운이 외격(外格)의 종격(從格)이나 가종격(假從格)으로 돌아가지 않는 이상 마땅히 일간 壬水의 기운을 억제할 수 있는 오행이 필요할 것은 당연한 처사이다.

따라서 사주원국을 자세히 관찰하여 보니 일간 壬水의 기운을 사주월상에 투출되어 있는 甲木 식신이 일간의 기운을 자연스럽게 수기(秀氣)유행을 시키면서 다시 식신 甲木은 강력한 사왕지지(子, 午, 卯, 酉)로 군림하고 있는 월지 午火 정재에게 木生火로 연결하고 있음을 엿볼 수가 있다.

이와 같은 현상은 일간 壬水의 기운을 강력하게 억제하고 있음을 판단할 수가 있으니 이것은 일간이 결코 외격(外格)의 종격(從格)이나 가종격(假從格)으로 돌아가지 못하게 만드는 절대적 요인이 됨에 따라 곧 내격(內格)의 억부법이나 조후법에 준하여 용신이 선정되는 것을 알 수가 있다.

그러나 사주팔자가 이렇게 인성 金氣와 비겁 水氣로 대부분이 짜여져 있고 그에 반하여 일간을 억제할 수 있는 神(식상, 재성, 관성)의 기운이 상대적인 오행에 비교하여 그 세력이 역부족이 되고 있으며 더하여 사주상에 관성 土氣가 정오행이 없고 비록 있더라도 지지의 지장간에 암장되어 있으니 사실상 오행이 한쪽으로 치우쳐지는 편중(偏重)현상이 발생되고 있다해도 과언이 아니다.

결국 이러한 현상은 사주월상에 투출되어 있는 甲木 식신을 년간 辛金과 시상 庚金등의 인성이 동시에 노출되어 식신 甲木을 金剋木으로 파극하고 다시 지지에 午火 정재가 존재하고 있는 것도 역시 일지 申金 편인이 火剋金 그리고 년지 亥水 비견이 水剋火로 상극하고 있음에 따라 이와 같은 오행상 상극이 충돌하는 것은 그만큼 전극(戰剋)이 발생되고 있으니 더욱 더 좋지 못한 것을 알 수가 있다.

*. 격국(格局)과 용신,!

위 사주팔자에 대한 격국(格局)과 용신을 판별하여 보면 우선 일간 壬水가 사주내 인성 金氣와 비겁 水氣의 생조에 의하여 대단히 신강한 중에 월지 午火 정재가 자리를 잡고 있으니 원칙적으로 **"신강월지정재격(身强月支正財格)"**이 성격(成格)된다.

고로 용신은 **"인중용재격(印重用財格)"**으로 왕성한 인성 金氣와 비겁 水氣를 억제하면서 아울러 일간 壬水의 기운을 줄여주는 재성 火氣를 용신하고 재성 火氣를 생조하는 식상 木氣는 희신으로 삼는 것이 마땅하니 능히 **"식신생재격(食神生財格)"**을 같이 성립한다고 볼 수가 있겠다.

이렇게 사주상의 용신과 희신을 선택하여 놓고 사주격국을 면밀히 관찰하여 보니 일간 壬水에 대한 용신의 기운으로 자리매김하고 있는 사주월지 午火 정재가 자리를 잡아 있는 것은 정히 진신(眞神)의 성질이 되고 있음에 따라 대단히 길하게 그 영향력을 행사하고 있음을 알 수가 있다.

더구나 이렇게 사주월지에 午火 정재가 들어 있는 것은 일간의 기운을 측정하는 사주강약도표에 준하여 그 힘을 판단하여 볼 경우 30%의 기운이 되고 있으므로 이와 같은 점은 사주의 타 어느 오행보다 강력하게 작용하고 있다고 볼 수 있는 성질이다.

***. 용신의 기운이 천복지재(天覆地載)에 준한판단,!**

금상첨화로 사주월상에 투출되어 있는 甲木 식신이 일간 壬水와 서로간 유정(有情)한중에 신강한 일간의 기운을 자연스럽게 수기(秀氣)유행을 시키면서 힘을 흡수한 후 월지 午火를 木生火로 생조하고 있으니 용신과 희신간 서로 동주(同柱)의 기운이 되어 이것은 곧 전편인 命理秘典 下권인 간명비법상 천복지재(天覆地載)의 법칙에 부합하고 있다.

따라서 이상과 같은 천복지재(天覆地載)의 법칙에 비추어 본 사주팔자는 용신인 午火가 월상에 투출되어 있는 甲木 식신의 기운을 흡수받아 제대로 그 영향력을 발휘하고 있는 중에 희신까지 용신과 근접하여 있으니 용신이 힘을 얻는 것은 두말할 이유도 없을 것이다.

또한 사주팔자가 일면 金, 水인 인성과 비겁으로 대부분을 차지하고 있다는 자체가 한습한 기운과 함께 물이 강력함에 따라 일면 조후법상에도 木, 火의 기운이 필요하고 있으므로 곧 용신의 기운이 억부법이나 조후법에 일치하여 복록이 깊은 것이라 할 수가 있다.

하지만 한가지 욕심을 부려본다면 본 사주원국은 비록 용신과 희신이 강령함은 엿볼 수가 있겠으나 자세히 관찰하여 볼 때 사실상 너무 많은 인성 金氣와 비겁 水氣가 자리를 잡고 신강함이 태왕하여 있는 중에 월상에 투출되어 있는 甲木 식신을 근접하여 년간 辛金과 시상에 庚金 인성이 金剋木으로 파극하고 있음도 엿볼 수가 있다.

더구나 이러한 성질은 사주월지 午火 정재인 용신의 기운을 년지 亥水 비견이 근접하여 水剋火로 파극한 중에 다시 사주일지 申金 편인이 火剋金으로 재차 상극하고 있으므로 사실상에 오행의 연결과 水氣를 억제할 수 있는 관성 土氣가 정오행이 없고 비록 있더라도 사주지지의 지장간에 암장되어 있으니 암장된 기운은 적절히 사용할 수가 없기 때문에 이것은 곧 사주상의 생식불식(生息不息)에 막힘이 많아 일면 탁기(濁氣)를 구성하고 있음을 본 저자는 아쉽게 생각하는 바이다.

***. 사주주인공인 유 모씨의 성격,!**

다시 본 사주팔자에 대한 주인공은 남자사주로서 유 모씨인데 본인에 대한 성격을 판별하여 보면 일간 壬水가 사주내 인성 金氣와 비겁 水氣가 많아 신강한 중에 사주월지에 午火 정재가 자리를 잡고 있으니 원칙적으로 **"신강월지정재격(身强月支正財格)"**을 성격(成格)하고 있음을 유념하여 보아야 한다.

이러한 부분은 사주격국을 판단하여 격국(格局)에 따라 사주주인공의 성품이나 육친의 운명을 간명할 수가 있으므로 대단히 중요하게 취급할 수 있는 대목이니 결코 단편적으로 생각할 수가 없는 것이다.

따라서 사주주인공인 유 모씨는 그 성격이 공평 정대하며 매사를 성실 원만하게 처리하는 성격을 가지고 있음을 알 수가 있겠는데 더하여 사주월상에 투출되어 있는 甲木 식신이 일간 壬水의 기운을 자연스럽게 수기(秀氣)유행을 도모하여 **"수목식상격(水木食傷格)"**을 구성하고 있으니 대단히 두뇌가 총명하다고 볼 수가 있다.

이러한 경향은 한편으로 볼 때 사주일지 申金 편인이 일간 壬水와 근접하여 水生木으로 생조하고 있는 것은 이것 역시 금수쌍청(金水雙淸)이 되고 있음에 따라 더욱 더 부합하고 있는데 그렇다면 사주주인공인 유 모씨는 조금의 자존심과 고집이 있으며 더하여 약간의 교만성을 가지고 있음도 판단할 수가 있다.

***. 命理秘典 上권인 육친통변법인 월지 정재편에 인용하여,!**

본 사주팔자에 대한 육친통변법에 준해서 命理秘典 上권인 월지 정재편에 인용하여 그 실체를 언급하여 보자면 **"정재는 천간에 있는 것보다 지지에 있는 것이 좋으며 지지중에도 월지에 있는**

것이 가장 좋고 그 다음이 일지와 시지순으로 차등한다",!따라 서 특히 사주월지에 정재가 있을 경우 사주주인공은 호문숙녀(豪門淑女)로 처를 맞이한다",! 라며 구체적으로 언급하고 있다.

"또한 사주월지에 정재가 있을 때 그 성격이 독실단정(篤實端正)하고 인망이 있으며 매사를 성실 원만하게 처리하고 일반적으로 저축심이 있으나 만약 정재가 십이운성의 묘지에 해당하고 있으면 인색하여 수전노(守錢奴)가 되기쉽다",! 라며 이것 역시 자세하게 기술하고 있다.

그렇다면 이상의 성질을 본 사주주인공인 유 모씨에게 적용시켜 판단하여 볼 경우 완전히 일치를 하는 현상을 엿볼 수가 있겠는데 그것은 사주월지에 午火 정재가 자리를 잡고 있으니 모두 부합하고 있으며 더욱 더 사주월상에 투출되어 있는 甲木 식신이 월지 午火 정재와 동주(同柱)의 기운이 되면서 午火 정재를 끊임없이 木生火로 생조하고 있으므로 더욱 더 정재의 세력이 강력하게 되고 있음도 판단할 수가 있다.

그러나 한편으로 볼 때 사주일지의 申金 편인이 자리를 잡아 그 세력에 뿌리를 두고 십이운성 제왕지 및 건록지에 각각 앉은 년간 辛金 인수와 시상 庚金 편인이 투출되어 있으므로 이렇게 편인과 인수가 교집(交集)되어 있음은 결단력이 부족하여 매사에 기회를 놓치기 쉬운 일면도 있다고 볼 수가 있다.

더구나 일지에 편인이 자리를 잡고 기신(忌神)의 역할을 할 수가 있는 것은 결혼 운이 나쁘기 때문에 재혼팔자로 둔갑하는 것이 정석이며 이것은 비록 사주월지에 午火 정재가 일위(一位)로서 자리매김을 하고 있으나 사실상 편인과 인수가 혼잡되어 강력하게 金氣로서 정재 午火를 火剋金으로 상극하는 이상 불과분으로 역부족이 되는 것이다.

***. 사주주인공인 유 모씨 본인에 대한 처궁판단,!**

다시 사주주인공인 유 모씨의 본인에 대한 처궁을 판단하여 보면 남자사주에서 일지가 처궁이 되고 있으니 일지의 동태를 면밀히 파악한 후 십이운성의 강약과 각종 살성(殺星) 및 귀인(貴人)을 복수적으로 접목시켜 다시 육친별로 정재나 편재의 기운을 같이 간명하는 것이 타당하다.

따라서 본 사주팔자를 면밀히 관찰하여 볼 때 일면 사주원국에 월지 午火 정재가 자리를 잡고 용신의 기운이 되고 있으니 단편적으로 판단하면 사주주인공인 유 모씨는 좋은 여자와 인연을 맺어 결혼을 할 수가 있다고도 볼 수가 있겠다.

그러나 사실상 전자에도 약간 언급하지만 사주일지 申金 편인이 일간 壬水에 대한 기신(忌神)으로 자리를 잡고 있는 중에 申金 편인의 세력인 십이운성 제왕지와 건록지에 앉은 년간 辛金 인수와 시상 庚金 편인이 각각 혼잡(混雜)되어 그 힘을 막강하게 발휘하고 있으니 이것은 직접적으로 午火 정재를 火剋金이 되어 상극하는 절대적 요인이 발생하게 된다.

이와 같은 현상을 두고 일간에 대한 용신의 기운이 재성이나 관성이 된다해도 일지의 동태를 무시할 수가 없으니 일지에 사흉성(겁재, 상관, 편관, 편인)이 자리를 잡고 일간에 대한 기신(忌神)의 역할을 하고 있을 경우 아무리 재성이 길신이라 판단해도 모두 재혼팔자로 둔갑하게 되는 것이다.

하지만 이러한 현상은 단편적으로 나쁘게만 생각할 것이 아니고 비록 처음에 만난 여자와 결혼이 성립되었다손 치더라도 이별을 한 후 재혼하는 여자는 대단히 좋은 여자를 만난다는 것으로 판단할 수가 있으니 이것은 전자에 언급한 사주월지에 午火 정재가 자리를 잡고 일간에 대한 용신의 기운이 되기 때문이다.

***. 본 장 결혼시기에 준한판단,!**

본 장 결혼시기에 준하여 그 실체를 인용하여 본다면,!

●사주일지에 편인이 왕성하여 기신(忌神)이 된다면 신체가 왜소(矮少)하거나 마른 여자인데 만약 편인이 식신을 파극할 경우 잔병이 많은 여자를 맞이한다.!

라며 구체적으로 자세하게 기술하고 있는데 따라서 사주주인공인 유 모씨는 이상의 부분에 적용시켜 간명하여 볼 경우 완전히 일치를 하고 있다고 볼 것이다.

하지만 사주원국에 비록 일지에 申金 편인이 왕성하여 일간에 대한 기신(忌神)의 역할을 하고 있지만 편인이 흉물로 동반하는 식신이 사주원국내 보이지 않고 있으니 그나마 대 흉한 의미는 부여하지 않고 있는데 그렇다면 지금 23세 辛卯대운에서 결혼하였던 여자는 신체가 마른 여자임으로 판단하는 것이 타당하다.

한편으로 지금 사주주인공인 유 모씨는 본 장 결혼시기에 준하여 그 실체를 간명하고 있지만 지금 결혼하는 상대 배우자는 이별을 할 수가 있는 염려를 다분히 안고 있겠으며 더하여 풍류호객적인 측면을 모면할 수가 없음에 따라 간간히 바람을 피우는 것은 절대적이라 판단할 수가 있다.

***. 본 장 결혼시기에 준하여 대운과 세운의 흐름을 접목,!**

다시 본 장 결혼시기에 준하여 사주주인공인 유 모씨가 언제 결혼을 하였으며 또한 세운에서 들어오는 기운이 어떤 육친을 업고 들어왔는가를 놓고 사주추명학적으로 좀 더 심도 있는 운로의 흐름을 자세히 간파할 필요가 있다.

따라서 상당한 이해력과 고난도의 집중력을 요구하고 있으니 사주 주인공인 유모씨의 사주격국과 대운의 흐름을 접목시킨 뒤 다시 후천성인 세운이 나타나고 있는 사주도표를 보면서 그에 대한 실체를 구체적으로 기술하여 보기로 하겠다.

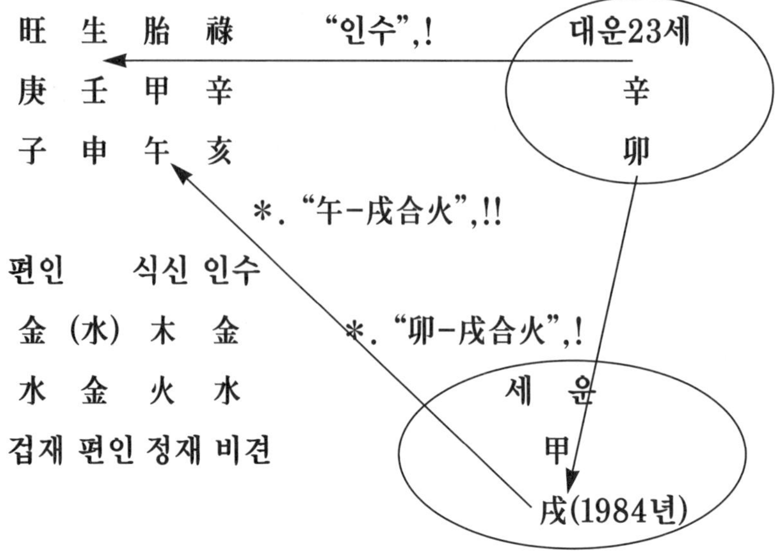

이상의 도표에서 나타나고 있듯이 사주주인공인 유 모씨는 대운 23세 辛卯대운이 지배되는 시점인 만 23세로 이 때 후천성인 세운이 1984년 甲戌년 음력 5월에 첫 번째 여자와 결혼을 하였다고 유 모씨 본인은 회고를 하고 있다.

이것은 23세 辛卯대운이 대운천간 辛金은 이미 사주일간 壬水가 신강함을 더욱 더 부채질하는 인수의 운로가 되어 불리하나 대운지지 卯木이 일간에 대한 상관의 운로여서 정히 희신의 역할을 하고 있는 중에 이 때 세운이 절묘하게 甲戌년이 되고 있음을 유념히 보아야 할 것이다.

따라서 세운천간 甲木이 일간 壬水에 대한 식신의 운로이니 역시 희신의 운로인 것을 세운지지 戌土가 사주원국 월지 정재 午火와

午-戌合火로 둔갑한 후 다시 대운과 세운이 합을 하여 역시 卯-戌合火로 변화되어 여자의 기운인 재성이 중첩 나오게 되므로 전편인 命理秘典 下권인 간명비법 상 화합(和合)의 법칙에 적용되고 있음을 알 수가 있다.

이러한 현상은 대운과 세운의 기운이 합을 하여 火局으로 돌변하는 처사는 모두 동질성인 오행으로 변화되는 것임에 따라 그만큼 한 집단의 구성을 의미하고 있으니 완전히 재국(財局)의 힘을 동시에 사주원국에 행사하는 것으로 보아야 타당하다.

이것을 육친통변법으로 좀 더 자세하게 기술하면 이미 사주일간 壬水가 편인과 인수가 교집(交集)되어 기신(忌神)으로 그 역할을 하고 있는데 이러한 인성 金氣의 기운을 재성 火氣가 운로에서 들어오게 될 경우 火剋金이 되어 상극하는 것은 기신(忌神)의 역할을 제거하면서 용신의 기운으로 대길함을 득할 수가 있는 장점이 있다.

따라서 남자사주에서 재성 火氣는 금전과 여자의 기운으로 표시되고 있는데 편재는 첩의 기운을 나타내며 정재는 정처의 기운이 되니 사주월지 정재 午火가 세운과 午-戌合火로 합을 하여 재차 火氣가 나오고 있기 때문에 남자에게는 결혼을 나타내고 있음을 간명하여야 된다.

실제로 사주주인공인 유 모씨는 이 때 1984년 甲戌년 음력 5월에 결혼을 하였는데 하지만 선천성인 사주명조에 편인이 일지에 자리를 잡고 기신(忌神)의 역할을 하고 있는 중에 다시 사주년간과 시상에 투출되어 인성 金氣가 왕성함에 따라 재혼팔자로 둔갑하는 것을 알 수가 있겠다.

더하여 이러한 경향은 비록 사주월지에 정재 午火가 일위(一位)로 자리를 잡고 있겠으나 사실상 일지 申金이 시지 子水 겁재인 양인과 申-子합을 구성하고 있는 중에 사주상에 인성과 비겁이 태왕하여 있으니 더욱 더 완전히 부합하고 있다.

결국 그렇다면 33세 庚寅대운에서 대운지지 寅木이 사주월지 午火 정재와 寅-午合火로 둔갑하여 재차 재성 火氣가 나오게 되면서 일지 申金 편인을 寅-申 상충을 하고 있으니 이 때 지금의 처와 이혼을 하고 재차 결혼을 하여 아주 좋은 처를 만나는 것으로 본 저자는 판단하고 있다.

(2). 여자가 어떤 남자를 만나 결혼하나?

＊. 참고로 육친별로 정관이나 편관의 동태를 파악한 후 사주일지의 기운과 접목한 뒤 다시 십이운성 강약과 각종 살성(殺星) 및 귀인(貴人)를 적용시켜 간명한다.!

(가). 좋은 남자를 만나는 사주,!

●일간이 신왕하고 일지에 식신이 용신이나 길신이 되는데 편인이 식신을 파극하지 않으면 신체가 풍만하고 성격이 자비로운 남편을 만난다.!참고로 식신을 파극하는 것은

사주월지나 일지에 근접하여 있는 것을 말함.!

● 일간이 신왕하고 일지에 정관이 용신이나 길신이 되면 용모가 미남이고 성격이 낙천적인 남편을 만난다.!

● 일간이 신왕하여 관성이 길신인데 천덕귀인(天德貴人)이나 월덕귀인(月德貴人)이 관성에 해당하면 마음이 너그럽고 자비로운 남편을 만난다.!

※ 천덕귀인(월지를 주동하여) : 寅-丁, 卯-申, 辰-壬, 巳-辛, 午-亥, 未-甲, 申-癸, 酉-寅, 戌-丙, 亥-乙, 子-巳, 丑-庚

※ 월덕귀인(월지를 주동하여) : 申子辰 : 壬, 寅午戌 : 丙, 巳酉丑 : 庚, 亥卯 未 : 甲

● 일간이 신약하여 일지에 인수가 용신이나 희신이면 사리분별이 확실하고 현명한 남편을 만난다.!

● 일간이 신약하여 일지에 비견이 길신에 해당하면 못하는 재주가 없는 만능꾼의 남편을 만난다.!

● 일간이 신강, 신약을 불문하고 戊午, 丙子일생은 미남자(美男子)를 만나며 더하여 용신이나 혹은 일지가 정관일 때도 미남이다.

● 일간이 신약하여 일지에 비견이 자리를 잡아 전록격(專祿

格)을 성격(成格)하면 신체가 건강하고 부귀한 남편을 만난다.!참고로 비견이 십이운성의 건록(建祿)지에 앉아 있는 것이 사주일지에 해당하고 있으면 전록격(專祿格)을 성격(成格)함,!

● 일간이 신강, 신약을 불문하고 정관이나 편관이 천을귀인(天乙貴人)과 동주(同柱)하면 빼어난 미모의 남편을 만난다.!

● 여자사주에서 용신으로 남편을 볼 수가 있는데 용신이 십이운성의 장생(長生)에 해당하면 학식이 풍부한 남편을 만난다.!

● 외격(外格)의 종격(從格)인 종살격(從殺格)은 부귀명문가의 남편을 만나서 부귀를 누린다.!

***. 본 장에 준하여 좋은 남편을 만나 결혼하였는 실제 인물 인 장 모씨의 사주팔자이다.!**

(예1). 여자, 장 모씨(부산 충무동) 1963년 음력 1월 27 일 未 시

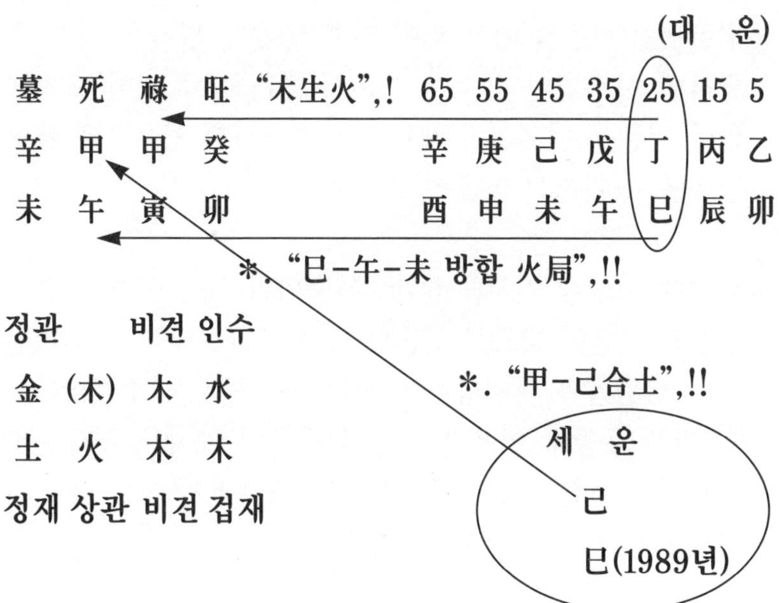

● 일간 甲木이 사주내 水, 木이 많아 신왕하며 일지에 午火 상관이 유정(有情)하여 있는 중에 시상에 정관 辛金이 일위(一位)에 투출되어 있으므로 시상정관일위귀격(時上正官一位貴格)이며 또한 식상생재격(食傷生財格)을 같이 성격(成格)하고 있다.!

● 따라서 식상 火氣와 재성 土氣 및 관성 金氣를 모두 길신

으로 사용할 수 있는 최고의 귀격(貴格)을 구성하니 정말 일청도저유정신(一清到底有精神)이라 아니할 수가 없는데 만약 여자이기 망정이지 남자라면 대권(大權)을 장악할 수 있는 사주라 하겠다.!

●본 장에 준하여 일간 甲木을 주동하여 시지 未土 정재가 천을귀인(天乙貴人)이 되어 아주 좋은데 일간을 역시 주동하여 사주년지 卯木이 도화살(桃花殺)이 되며 도화에 앉아 있는 십이운성인 제왕지에 해당하고 있으므로 빼어난 미모를 가지고 있음을 알 수가 있다.

●더하여 시상에 일위(一位)로 투출되어 있는 辛金 정관이 용신의 기운이 되므로 결혼한 남편은 고관대작(高官大爵)이며 남편복과 부귀양자를 모두 구비하는 사주원국이라는 것은 두말할 이유가 없으며 대운이 25세 丁巳대운이 지배되는 시점인 1989년 己巳년 음력 4월에 만 26세로 지금의 남편을 만나 결혼하였다.!

***. 일간의 왕쇠(旺衰),!**

甲일간 寅월에 출생하여 득령(得令)하였으며 사주원국 월지 寅木 비견에 일간이 십이운성 건록지에 앉은 중에 다시 년지 卯木 겁재와 그 세력에 뿌리를 두고 월상 甲木 비견과 년간 癸水 인수가 투출되어 일간 甲木을 생조하고 있으니 대단히 신왕하다.

하지만 이렇게 일간 甲木이 신왕하더라도 사주일지 午火 상관이 일간과 유정(有情)하여 자연스럽게 그 힘을 누출시키고 있으며 다시 시지 未土 정재에게 火生土로 생조하면서 시상에 辛金 정관이 일간 甲木의 기운을 억제하고 있음을 엿볼 수가 있겠다.

이와 같은 현상은 본 사주팔자에 대한 일간 甲木이 결코 왕신(旺神)의 성질을 따르게 되는 외격(外格)인 종격(從格)이나 가종격(假從格)의 용신법에 적용하지 못하고 내격(內格)의 억부법이나 조후법의 용신이 선택되는 것이 마땅하다.

한편으로 볼 때 이렇게 일간 甲木의 기운을 누출시키는 상관 午火가 사주월지 寅木 비견과 寅-午合火로 합을 결성하여 그 세력이 대단히 왕성하기 짝이 없으니 아주 대길하게 작용하고 있는데 금상첨화로 시지 未土 정재가 일지 午火와 근접하여 있으므로 그 힘을 받아 아주 좋게 작용하고 있음을 엿볼 수가 있겠다.

*. 격국(格局)과 용신,!

본 사주팔자에 대한 격국(格局)과 용신을 판별하여 보면 우선 일간 甲木이 신왕한 중에 시상에 정관 辛金이 투출되어 있는 중에 타주에 거듭 편관이나 정관을 보고 있지 않음에 따라 **"시상정관일위귀격(時上正官一位貴格)"**이며 또한 사주월지에 寅木 비견이 십이운성의 건록지에 해당하고 있으므로 **"신왕월지건록격(身旺月支建祿格)"**이 성격(成格)된다.

고로 용신은 **"비중용관격(比重用官格)"**으로서 왕성한 나무인 일간과 일간의 동기인 비겁의 힘을 적절히 쳐주는 관성 金氣를 용신으로 삼고 아울러 관성 金氣를 생조하는 재성 土氣는 희신으로 삼는 것이 타당할 것이다.

하지만 사실상 본 사주는 비록 **"비중용관격(比重用官格)"**을 구성하나 그보다 복록이 앞서게 되는 **"식상생재격(食傷生財格)"**을 구성하고 있음에 따라 상관 午火가 일지에 유정(有情)하여 있는 중에 월지 寅木과 寅-午合火하여 그 세력이 대단히 왕성하게 작용하므로 식상 火氣의 기운을 운로에서 만날 때 오히려 관성 金氣보다 복록이 많아지게 됨을 유념하여야 될 필요가 있다.

그렇다면 위 사주에 대한 주된 용신은 식상 火氣가 될 것이고 아울러 재성 土氣와 관성 金氣는 모두 길신으로 선택하는 것이 타당할 것인데 이것은 사실상 용신의 기운이 얼마나 사주팔자내 강령하게 작용하고 있는 성질에 따라 그 등급에 대한 차이를 주는 역할에 불과한 것으로 판단한다.

따라서 본 사주팔자가 식상, 재성, 관성 등의 삼자를 모두 길신으로 선택함에 따라 복록이 승승장구하는 것을 알 수가 있겠는데 이것은 위 사주의 일간이 비겁 木氣에 의하여 신왕하고 있으니 원칙적으로 삼자의 기운을 모두 길신으로 선택할 수가 있는 장점이 여기에 있다해도 과언이 아니다.

이렇게 사주상의 용신과 희신 및 길신을 선택하여 놓고 사주원국을 면밀히 관찰하여 보니 일간 壬水에 대한 용신의 기운으로 자리매김하고 있는 식상 火氣가 일간 甲木에 근접하여 일지에 午火가 존재하고 있는 것은 그만큼 일간과 유정(有情)한 결과로서 대단히 길하게 작용하고 있음을 알 수가 있다.

또한 이와 같은 현상은 금상첨화로 사주월지 寅木 비견과 寅-午合火로 합의 기운으로 식상 火氣로 더욱 더 왕성하게 만들고 있으니 이것은 단편적으로 보아도 내격(內格)의 억부법이나 조후법상 일치되면서 진신(眞神)의 성질과 함께 용신이 강령함이 되어 복록이 많은 것이 되어 대길하다.

***. 일부학자들의 의문,!**

여기서 일부학자들 중에서 방금 본 저자가 용신을 설명하는 절차를 놓고 한가지 의문을 가지고 질문을 하고 있다.

그것은 "운정선생은 본 사주팔자에 대한 일간 甲木에 대한 용신의 기운을 시상정관일위귀격(時上正官一位貴格)을 취용한다면 그냥 관성 金氣를 용신으로 삼고 재성 土氣는 희신 및 식상 火氣는 길신으로 삼으면 자연스럽게 물결이 순리를 따라 흘러가듯 순조롭게 될 것이다",!

"하지만 이렇게 시상정관일위귀격(時上正官一位貴格)을 성격(成格)하는 관성 金氣를 뒷전으로 취용하고 식상생재격(食傷生財格)이라 하면서 식상 火氣를 주된 용신으로 선택하고

재성 土氣와 관성 金氣를 모두 길신으로 선택하는 처사는 사주추명의 논리상 납득할 수가 없게 되었다",!

"또한 본 사주팔자가 식상생재격(食傷生財格)을 구성하는 것이라면 당연히 재성 土氣를 용신으로 삼는 것이 정석이고 더하여 재성 土氣를 생조하는 식상 火氣는 희신으로 선택되는 것이 마땅한데 이것조차도 재성 土氣가 길신으로 밀려나면서 무조건 식상 火氣를 주된 용신으로 정하는 이유를 놓고 사주추명학에 비추어 그 실체를 자세하게 기술하여달라",!라며 상당한 논리와 함께 구체적인 답변을 요구하고 있다.

***. 일부학자들의 의문에 대한 본 저자판단,!**

이와 같은 일부학자들의 질문에 대하여 본 저자는 질의의 취지가 구체적인 답변을 요구하는 것이며 이것은 곧 상당히 체계적으로 분석하여 설명하여야만이 학자들의 이해를 시킬 수가 있다는 생각이 문득 들고 있다.

따라서 이러한 성질을 놓고 용신의 기운이 좀 더 사실적인 측면에 준하여 그 실체를 체계적으로 정립하는 하나의 계기가 될 것임에 따라 사주추명학에 비추어 용신의 기운을 자세하게 밝혀보기로 하겠는데 그렇다면 일부학자들이 의문을 표시한 본 사주팔자에 대한 관성과 식상의 기운을 놓고 그 기운에 대한 강약을 면밀히 검토하여야 만이 쉽게 이해가 될 것으로 본다.

***. 命理秘典 下권인 간명비법상 진가(眞假)의 법칙에 인용하여,!**

● 사주팔자에 용신이 진신(眞神)이 되는 것과 가신(假神)이 되는 것을 진가(眞假)라고 칭한다.

본 장 진가에 대해서 일부학자들마다 조금씩 생각을 달리하는 견해가 나타나고 있는데 그것은 진신은 사주원국에 오행이 극, 루 및 재화부분에서 일간이 가장 필요하는 오행을 용신을 삼는 것이고 더하여 사주팔자에 가장 필요하는 오행이 존재되어 있는 것을 진신(眞神)이라 말한다.

가신(假神)은 사주팔자에 진신이 존재하지 않으므로 인하여 부득히 진신이 아닌 대타로서 제2의 길한 오행을 용신으로 삼는 경우를 말하는데 이것은 곧 희신이나 길신이 될 것이다.

여기서 학자들간에 약간의 의견의 차이가 돌출되고 있는데 방금 설명한 부분을 인용하는 학자도 있는 반면 이와 같은 현상을 진신의 오행이 비록 없더라도 사주원국의 희신이나 길신을 용신으로 선정하지 않고 길신이나 희신을 그대로 두고 운로인 대운이나 세운에서 용신의 기운을 보는 것을 가신(假神)이라고 칭하는 학자도 많음을 저자는 보고 있다.

따라서 본 저자는 이와 같은 부분은 그다지 별 문제가 아니라고 보는데 그것은 비록 희신이나 길신을 용신으로 삼는 것이나 운로인 대운이나 세운에서 용신의 기운을 보는 것 모두 길함이 있는 것이므로 깊게 생각할 필요가 없을 것이다.

그러나 사주의 진가(眞假)에 대한 복록을 판단하는 부분에서는 사주상에 주된 용신인 진신이 들어 있는 것과 운로에서 보는 용신인 가신을 보는 것과의 차이는 진신이 들어 있어 자리잡은 것이 복록이 대단히 많게 된다는 것을 유념해 두어야 한다.

이와 같은 진신의 부분을 자세하게 세별하여 기술하면 사주원국에 주된 오행이 용신으로 선정되는 것과 주된 오행이 없기 때문에 대타로 그 중에 희신이나 길신의 오행을 용신으로 삼는 경우의 차이이다.

실례로 예를 들어보면 사주일간 甲木이 寅 월에 출생하여 신왕이면 억부법과 조후법에 준하여 丙火를 용신으로 삼아 일간의 기운을 자연스럽게 누출시키는 오행이 조후의 조건을 충족시키면서 억부법에서도 일치되니 오행의 조화상 가장 적합할 것이다.

그러나 사주팔자에 식상 火가 없고 재성 土와 관성 金氣만 있을 때는 부득히 재성이나 관성으로 용신으로 삼지 않을 수가 없는데 이를 경우 재성이나 관성은 가신(假神)이고 만약 사주에 식상 丙火가 있다면 이것이 진신(眞神)이 된다.

결국 자세히 정리를 한다면 용신이 진신이고 월령이 진신을 생조하든지 아니면 사주원국에 용신을 생조하는 오행이 강하여 일간이 신왕하면 부귀하지 않는 사람이 없을 것이며 가신이 용신이 되면 비록 사주상 오행의 배합은 길격이라고 하더라도 평범한 일생을 보내기 쉬운데 필수로 대운의 생조가 용신이나 희신의 운로로 흘러주어야 금상첨화이다.

라며 진가(眞假)의 법칙을 대단히 자세하게 기술하고 있음을 엿볼 수가 있다.

***. 진가(眞假)의 법칙에 적용하여 결론,!**

이상과 같은 진가(眞假)의 법칙에 적용시켜 본 사주팔자를 간명하여 볼 때 용신에 대한 힘의 세력이 비록 시상에 투출되어 있는 辛金 정관이 일간 甲木과 근접하여 서로간 유정(有情)한 결론이 되니 정관 辛金을 용신으로 삼는 것으로 볼 수 있겠으나 사실상 辛金 정관을 생조하는 것은 오로지 시지 未土 정재의 의지를 받을 수밖에 없게 되어 있다.

그러나 그에 반하여 사주일지 午火 상관은 사주월주의 甲寅이 각각 일간 甲木에 대한 십이운성 건록지에 해당하고 있는 중에 다시 년지 卯木 제왕지에 앉은 양인까지 일지 午火 상관을 木生火로 생조하고 있는 것은 시상 辛金 정관이 시지 未土 정재 하나만의 생조와 달리 비교도 되지 않는 힘의 강력함을 과시하고 있다해도 과언이 아니다.

더하여 이렇게 비겁 木氣의 기운을 흡수받은 사주일지 상관 午火는 그것에 만족하지 않고 월지 寅木 비견과 寅-午合火로 합을 구성하면서 합을 하여 나오는 오행인 식상 火氣는 태양과 같은 불길이 되고 있음에 따라 그 세력을 더욱 더 왕성하게 만들고 있으니 정말 火局인 한나라를 세우고 있다해도 과언이 아니다.

또한 이러한 경향은 **"시상정관일위귀격(時上正官一位貴格)"** 을 성격(成格)하는 辛金 정관이 비록 시지 未土 정재의 土生金으로 생조를 받는다손 치더라도 사실상 未土는 오행별 성질로 판별하자면 조토가 되어 완벽한 습토인 辰, 丑 土氣보다 생금(生金)을 할 수가 없는 것을 감안한다면 일지 午火 상관과 시상 정관 辛金의 힘의 차이는 더욱 더 벌어지게 되는 것은 자명한 일이 되었다.

물론 그렇다고 시상에 투출되어 있는 辛金 정관이 사주일간 甲木에 대하여 기신(忌神)의 역할을 하는 점은 더욱 더 아니며 이것은 일간의 기운이 비겁에 의하여 신왕할 경우 식상, 재성, 관성등의 삼자의 기운중에 복록이 운로에서 식상이나 재성 및 관성의 성질을 거듭 만나게 될 때 어느 기운이 가장 대길하게 작용하는 것을 엄밀히 거론하는 성질임에 따라 사실상 모두 일간 甲木에게는 길함을 안겨주는 것으로 판단하는 것이 정석이다.

결국 이상과 같은 맥락에 비추어 판단하면 본 사주팔자에 대한 용신의 기운은 식상 火氣가 시상에 투출되어 있는 辛金 정관보다 운로에서 식상 火氣의 기운을 만날 때 상대적인 관성 金氣의 기운보다 복록이 앞선다는 취지에서 식상 火氣를 주된 용신을 삼는 이유가 여기에 있으며 그러나 관성 辛金도 길하게 작용하기 때문에 길신으로 선택하고 있음은 두말할 여지가 없다.

***. 격국(格局)에 대한 청탁(淸濁)판별,!**

본 사주팔자에 대한 격국(格局) 및 용신의 성질을 사주추명학에 비추어 적나라하게 파헤쳐 보았는데 본 장에 청탁(淸濁)의 부분에 비추어 언급하자면 우선 일간 甲木이 신왕하고 용신인 午火 상관이 일지에 근접하여 일간과 서로간 유정(有情)하고 있는 중에 월지 寅木 비견과 寅-午合火까지 구성하고 있으니 벌써 첫눈에 보아도 용신이 강령함을 엿볼 수가 있다.

더구나 이렇게 일간이 신왕하고 용신이 사주일지에 자리를 잡고 있는 중에 시상에 투출되어 있는 辛金 정관이 홀로 존재하여 **"시상정관일위귀격(時上正官一位貴格)"**을 성격(成格)하고 있으니 대단히 좋은 격국임을 알 수가 있었다.

따라서 이것은 무엇보다도 절묘한 배합을 구성하고 있는데 이와 같이 사주일지에 午火 상관이 용신의 성질이 되어 자리를 잡고 있음에 따라 일지는 여자 사주에서 남편궁을 표시하고 있으니 남편으로 아주 좋은 사람을 만나게 되는 것을 사주원국은 무언중에 암시를 하고 있다.

여기서 한가지 눈에 선듯 띄고 있는 부분이 있겠는데 그것은 사주년간 癸水 인수를 중심으로 하여 년지 卯木과 월주 甲寅 및 일간 甲木에게 水生木으로 오행이 생조하고 있는 중에 다시 일간과 일간의 동기인 비겁 木氣는 사주일지 午火 상관에게 木生火로 연결하고 있는 것을 알 수가 있다.

또한 이렇게 비겁 木氣의 기운을 흡수받은 일지 상관 午火는 다시 사주시지 未土 정재에게 火生土하면서 재차 그 힘을 생조받은 시지 未土 정재는 마지막 시상에 투출되어 있는 辛金 정관에게 土生金

으로 연결하고 있음에 따라 오행상 생조의 법칙에 이어지고 있음을 눈여겨 볼 필요가 있다.

이와 같은 현상은 물결이 높은데서 낮은데로 순리에 따라 흘러가듯 주류무체(周流無滯)의 법칙에 성립되어 생화불식(生化不息) 및 생식불식(生息不息)에 의존하고 있는 사주원국이 되고 있으니 이것은 정말 무엇과도 바꿀수가 없는 절묘한 배합을 구성하고 있다해도 과언이 아니다.

결국 본 사주원국은 청탁(淸濁)의 성질에 준하여 대단한 청기(淸氣)를 가지고 있는 것을 알 수가 있겠으며 이것은 비록 운로인 대운이나 세운에서 용신을 상극하는 살운(殺運)이 온다고 해도 오행상 서로 생화불식(生化不息)에 의존하여 그 흉함을 줄여줄 수 있는 절대적 이유가 성립되고 있음에 따라 정말 일청도저유정신(一淸到底有精神)이라 아니할 수가 없으니 대단히 좋은 격국이라 아무리 강조해도 지나치지 않을 것이다.

***. 본 장에 적용하여 좋은 남자를 만나는 성질에 준한 판단,!**

본 사주주인공은 여자사주인 장 모씨인데 지금까지 사주원국의 일간의 왕쇠(旺衰) 및 용신 및 격국의 청탁(淸濁)부분을 모두 파악하여 본 결과 대단한 청기(淸氣)를 가지고 있는 사주명조가 됨에 따라 어느 한곳을 나무랄 성질이 나타나지 않고 있음을 엿볼 수가 있겠다.

따라서 본 장에 준하여 그 성질을 판단하여 본 결과 만약 본 사주 주인공이 여자가 아닌 남자라면 이렇게 후천성인 대운의 흐름이 용신의 기운으로 중첩하여 달리고 있으니 아마도 대단한 권력(權力)을 거머쥘 수가 있는 격국이 되는 것은 두말할 이유가 없을 것이고 아울러 세상에 천지개벽(天地開闢)의 현상이 나타날 수 있는 소지도 다분히 가지고 있다고 칭찬하여도 손색이 없을 것이다.

하지만 본 사주팔자가 여자사주가 됨에 따라 이상의 성질에 조금은 부합되지 못하겠으나 대복록을 누리면서 그나마 좋은 남편을 만날 수가 있다는 점은 두말할 여지가 없는데 그 부분을 좀 더 자세하게 언급하여 인용하여 보기로 한다면,!

●일간이 신강, 신약을 불문하고 정관이나 편관이 천을귀인(天乙貴人)과 동주(同柱)하면 빼어난 미모의 남편을 만난다.!

라며 그 실체를 구체적으로 기술하고 있음을 알 수가 있다.

이상의 성질에 본 사주팔자를 적용시켜 간명하여 본 결과 완전히 일치를 하고 있음을 판단할 수가 있는데 그것은 일간 甲木이 신왕하여 사주일지 午火상관이 용신이 되고 있으니 이렇게 사주일지에 용신이 자리를 잡고 있다는 자체가 여자사주에서 일지가 남편궁을 의미하고 있기 때문에 아주 좋은 남편을 만난다는 성질에 적용되고 있다.

더구나 본 사주원국은 사주시상에 투출되어 있는 辛金 정관이 일위(一位)로서 **"시상정관일위귀격(時上正官一位貴格)"**을 성격(成格)하고 있는 중에 사주격국내 타주에 거듭 정관이나 편관을 보고 있지 않고 더하여 지지의 지장간조차 암장되어 있는 관성이 없으니 대단히 고귀(高貴)한 남편을 만날 수가 있겠으며 아울러 본인 자체는 아주 정조관념이 확실한 여자라는 것으로 판단할 수가 있다.

***. 여기서 일부학자들의 재차 의문,!**

여기서 일부학자들 중에서 방금 본 저자가 설명한 성질에 대하여 재차 반문을 표시하며 질문하고 있겠는데 그것은 **"운정선생은 지금 본 사주팔자의 일간 甲木에 대한 일지인 午火 상관이 사주상의 용신으로 자리매김하고 있기 때문에 여자사주에서는 일지가 남편궁이 되고 있으므로 고귀(高貴)한 남편을 만난다며 기술하고 있다",!**

"하지만 운정선생이 이미 편찬한 命理秘典 上권이나 命理秘典 下권인 실제인물을 간명하는 자리에서 사주팔자에 대한 일지 동태의 유무(有無)를 간명한 후 남편궁이나 처궁을 판단한다고 하였는데 이 때 사주일지에 신강, 신약을 불문하고 사흉성(겁재, 상관, 편관, 편인)이 존재하여 있을 경우 모두 남녀를 불문하고 재혼팔자로 둔갑한다고 명시를 하고 있다",!

"그렇다면 위 사주원국도 사주일지에 비록 午火 상관이 용신이 된다고 하나 이렇게 사흉성(四凶星)이 존재하여 있다면 여자사주에서 오히려 상관이 있기 때문에 남편을 잘못 만나

좋지 못한 결혼이 되는 것은 불을 보듯 뻔한 일이 아닐 수가 없을 것이다",!

"상황이 이럴진데 이와 같은 현상을 모두 무시하고 지금에 와서 운정선생은 본 사주팔자에 대해 이렇게 상관이 일지에 존재하여 있는데도 좋은 남편을 만난다고 하는 이유는 사주추명학을 공부하는 저희학자들 생각은 도저히 납득할 수가 없으니 이 부분에 대하여 좀 더 자세하게 기술하여달라",! 라며 날카로운 질문과 함께 그 실체를 조목조목 따지고 있다.

***. 일부학자들의 의문에 대한 본 저자판단,!**

이와 같은 일부학자들이 지적하는 성질에 대하여 본 저자는 상당히 타당성이 있는 견해로서 실제로 그동안 본 저자가 이미 편찬한 命理秘典 上권이나 下권등에 실존인물을 간명하는 절차에 남, 녀를 불문하고 일지에 사흉성(四凶星)이 존재하여 있을 경우 대체로 모두 재혼팔자로 둔갑할 수가 있다고 설명한 바가 있다.

그러나 이 경우 세가지 조건이 뒷받침되어야 하는데 이것을 감안하지 못하고 막연히 사주일지에 사흉성(四凶星)이 자리를 잡고 있다해서 무조건 재혼팔자로 둔갑하는 것은 사실상 사주추명학상에 오류를 불러들이는 결과가 되므로 그에 대한 조건의 원칙을 우선 간명법에 적용시켜 그 실체를 면밀히 관찰하여 볼 필요가 있다.

따라서 지금부터 설명하는 부분은 사주추명학상에 상당히 고난도의 성질이 되므로 지금부터 본 저자가 설명하는 부분에 대해 학자들은 정신을 집중해서 본 저자의 말을 경청하여야 됨은 두말할 이유가 없을 것이다.

우선 그 첫째로,!

"사주원국내 사흉성(겁재, 상관, 편관, 편인)이 들어 있다면 사흉성(四凶星)의 기운을 합을 시켜 길신으로 변화되고 있는가,를 면밀히 검토한다".!

이 부분을 좀 더 구체적으로 설명하자면 우선 사흉성(四凶星)은 원칙적으로 사주원국에 흉신의 역할인 칠살(七殺)로서 그 영향력을 행사할 수가 있는 소지를 다분히 가지고 있기 때문에 이러한 육친은 반드시 합을 시켜 순화될 수 있는 요건을 만들어야 만이 사주격국이 대길하게 된다.

만약 이 때 사흉성(四凶星)의 육친이 합을 하는 과정에서 합을 하여 변화되어 나오는 오행이 사주상에 용신이나 희신이 되면 무엇보다 좋은 현상이라 할 수가 있지만 그러나 이렇게 합을 하여 나오는 오행이 용신이나 희신을 상극하는 기신(忌神)의 역할을 할 수 있는 오행이 나올 경우 전자의 합을 하여 용신이나 희신의 성질보다는 못할지라도 그나마 흉성을 합을 하는 것 자체가 흉폭성을 순화시키는 계기가 되므로 길하다고 판단한다.

이상의 성질은 원칙적으로 사흉성(四凶星)인 육친이 사주원국내 자리를 잡고 있다해도 이렇게 합을 도모하여 흉성의 기운을 합으로 제화(制化)시키는 것이 된다면 사주주인공의 운명은 길명(吉命)으로 전환될 수가 있는 것이 되니 이것은 곧 흉성의 기운을 합으로 변화시켜 그 흉폭성을 잠재울 수가 있는 장점이 여기에 있기 때문이다.

다음 둘째로,!

"사주원국내 사흉성(겁재, 상관, 편관, 편인)이 있을 경우 합이 되지 않는다면 사흉성(四凶星)의 기운을 용신이나 길신이 흡수받아 길함으로 유도하여야 대길하게 된다".!

이상의 부분을 좀 더 자세하게 기술한다면 전자 첫번째 항목에 준하여 사흉성(四凶星)은 원칙적으로 사주원국에 흉성의 작용을 하기 때문에 반드시 합을 시켜 그 흉폭성을 순화시킬 필요가 있다고 명시하였다.

그러나 사주원국에 이와 같은 사흉성(四凶星)을 합을 하는 오행이 없을 경우 대단히 불리하게 되는 점은 기정사실일 것인데 이 때 절묘하게 사주상의 용신이나 길신이 사흉성(四凶星)과 근접하여 그 힘을 누출하게 되면 오히려 용신이나 길신의 역할이 강력하게 작용하면서 반대인 사흉성(四凶星)은 용신이나 길신에 그 힘이 빼겨버리게 되므로 제대로 흉성의 작용을 할 수가 없게 된다.

이러한 현상은 좀 더 자세하게 사주팔자를 예를 들어 설명하면 우선 가상하여 丙일간이 신왕하여 사주일지에 사흉성인 丑土 상관이 자리를 잡고 있을 경우 상관의 흉폭성이 강력하게 돌출될 수가 있을 것은 자명하게 된다.

하지만 이 때 다행히도 사주시지나 월지에 申, 酉金의 재성을 보고 있다면 상관의 기운이 흉물로 변화되기 앞서 재성을 먼저 생조하기 시작하여 완전히 상관의 기운이 흉폭성을 잃어버리면서 재성을 생조하는데만 정신이 빼앗겨 제대로 흉을 돌출시키지 못하는 일례와 같은 것이다.

결국 이와 같은 성질은 상관등의 흉폭한 사흉성(四凶星)은 생조할 수 있는 오행이 근접하여 있을 경우 기쁘게 그 힘을 누출시키면서 완전한 흉폭성을 제화(制化)시킬 수 있는 장점이 여기에 있다해도 과언이 아니니 이에 해당하는 사주격국은 비록 흉성이 자리를 잡고 있을 지라도 길명(吉命)이 되는 조건에 부합하는 이치가 된다.

다음 셋째로,!

"일간이 신약하면 편인, 겁재가 사흉성이라도 그 흉의가 약하고 일간이 신왕할 경우 상관, 편관은 흉의가 약화되는데 이 경우 편인일 때는 "사주내" 편재, 겁재라면 정관, 그리고 일간이 신왕하여 상관이라면 재성이 가장 좋고, 또한 편관이 되면 식신으로 제살(制殺)의 법칙이 실현되면 무사하게 된다".!

조금 복잡하니 좀 더 구체적으로 기술하자면 우선 일간이 신약할 경우 원칙적으로 인성이나 비겁으로 신약한 일간을 생조하는 것이 가장 바람직한 용신이나 희신의 기운이 될 것이다.

그런데 이 때 사주일지에 편인이나 겁재가 자리를 잡고 있을 경우 이것은 신약한 일간으로서는 반드시 희신이나 용신의 성질이 됨에 따라 비록 사흉성(四凶星)의 특성인 흉함은 완벽하게 해소되지 않겠지만 다소 줄이면서 길하게 될 수가 있다.

하지만 이러한 현상은 아무리 일간에 대한 용신이나 희신의 기운이 된다 손치더라도 근본적인 흉성의 작용을 완전히 모면할 수가 없게 되어 약간의 흉함이 나타나기 마련인데 이 경우 사주시지나 월지 등에 근접하여 흉성의 작용을 억제시키는 육친이 존재하여 있다면 흉성의 잔여 성질까지 모두 제거시키는 점을 기대할 수가 있어 길하게 된다는 취지이다.

따라서 이상의 성질을 놓고 각각의 길한 현상순서로 그 실체를 언급하여 보면 사실상 사흉성(四凶星)의 기운을 순화시킬 수 있는 방법이 가장 좋은 것은 합을 도모하여 용신이나 희신의 기운으로 전환시키는 것이고 또한 비록 합을 하지 않더라도 용신이나 희신의 기운을 근접하여 보아서 그곳에 흉성의 기운을 누출시키는 점도 아주 좋게 될 수가 있다.

그리고 차길은 마지막 세 번째 항목에 준해서 흉성의 기운을 억제할 수 있는 육친이 근접하여 흉성의 작용을 할 수가 없겠금 서로 간 견제를 도모하는 것이 차선책으로 판단되고 있는데 하지만 사주 격국에 따라 세 번째의 기운이 더욱 더 좋을 수도 있으니 단편적으로 판단할 수가 없다.

***. 사주일지에 사흉성(四凶星)이 존재하여 재혼팔자 간명,!**

이상의 부분에 적용하여 일부학자들이 의문을 표시하는 일지에 사흉성(겁재, 상관, 편관, 편인)이 자리를 잡고 있다해서 무조건 남, 녀를 불문하고 재혼팔자로 연결될 수 있다는 소지의 사주를 놓고 본 저자가 설명한다면 사주일지에 사흉성(四凶星)이 자리를 잡고 사주 격국이 오행상 편중(偏重)되어 중화(中和)의 기점에 멀어져 가면서 탁기(濁氣)를 남기고 있는 사주 등을 우선 거론할 필요가 있다.

또한 사주일지에 사흉성(四凶星)이 자리를 잡고 있는데 이것을 상극하는 형, 충, 파, 해로 가격하고 있을 경우 모두 흉성의 작용을 더욱 더 강력하게 돌출될 수 있으니 이와 같은 현상을 보고 본 저자는 모두 재혼팔자로 둔갑한다고 판단하는 이유가 여기에 있다해도 과언이 아니다.

이와 같은 맥락에 비추어 사주주인공인 장 모씨는 전자의 세가지 설명에 부합시켜 볼 경우 일지에 비록 사흉성(四凶星)인 상관 午火가 자리를 잡고 있어도 상관이 사실상 용신의 기운이 되고 아울러 사주월지 寅木과 寅-午合火로 합을 도모하고 있음에 따라 완전히 지금까지의 설명에 부합하여 대길하게 되는 것으로 판단할 수가 있다.

결국 지금까지의 설명에 비추어 일지에 사흉성(四凶星)이 들어 있다손 치더라도 전자의 언급한 세가지 조건에 일지하는 격국이 된다면 오히려 흉성이 길성으로 둔갑될 수가 있기 때문에 막연히 사주일지에 흉성이 동주(同柱)한다고 해서 무조건 재혼팔자로 판단하는 것은 조금 사주추명학 간명상의 오류를 불러들일 수가 있음을 이 자리를 빌어 본 저자는 대단히 강조하고 있는 바이다.

***. 본 장에 준하여 좋은 남편과 결혼을 하였는 대운과 세운판단,!**

다시 사주주인공인 장 모씨가 본 장에 준해서 지금의 좋은 남편을 만나 결혼을 하였는 것을 놓고 전자의 모든 사주격국의 운명을 간명하여 본 결과 이상의 성질에 모두 일치되고 있었음을 미루어 짐작하고도 남음이 있다 볼 것이다.

따라서 지금부터는 사주주인공인 장 모씨가 지금의 좋은 남편을 언제 어느 시점에서 만나 결혼을 하였는지, 가 관건이 되겠는데 이것은 사실상 선천성인 사주격국보다는 후천성인 대운과 세운에 지배되는 시점을 간파하여야 만이 올바른 사주간명이 될 수가 있음은 두말할 이유가 없다.

그렇다면 운로의 흐름을 총괄적으로 중점하여 세밀히 판단하고 난 후 제대로 그 실체를 파헤칠 수가 있기 때문에 사주주인공인 장 모씨의 선천성인 사주명조와 후천성인 대운과 세운이 나타나고 있는 사주도표를 보면서 그 부분을 집중적으로 간명하기로 한다.

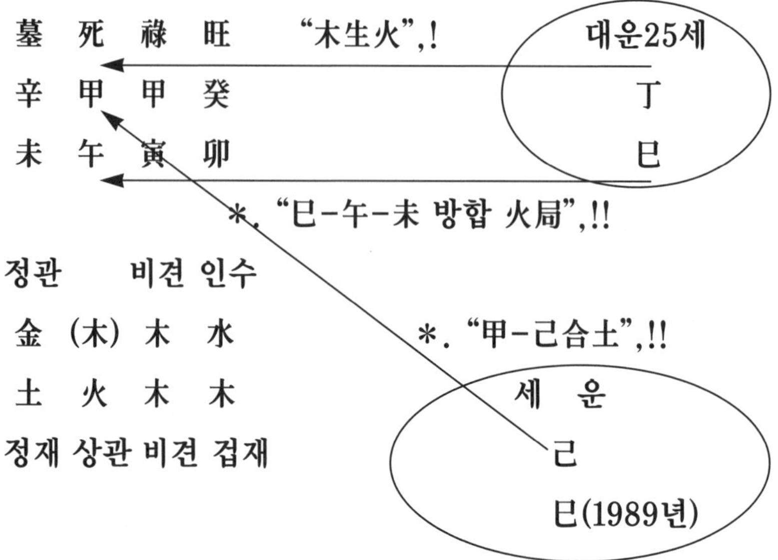

이상과 같이 사주주인공인 장 모씨의 사주팔자와 대운이 지배되는 25세 丁巳 대운과 다시 세운이 1989년은 己巳년이 되고 있으므로 그에 대한 대운과 세운의 실체가 한눈에 나타나고 있음을 엿볼 수가 있겠다.

따라서 이 때 대운천간 丁火는 사주일간 甲木에 대한 상관의 운로이니 정히 일간 甲木에게 용신의 기운이 되면서 다시 대운지지 巳火가 역시 식신이 되고 있음에 따라 이것은 대운천간지지 모두 일간에게 용신의 성질이 되어 대단히 길한 것으로 판단한다.

더구나 이렇게 25세 丁巳대운이 지배되는 시점에서 또 다른 하나의 후천성인 일년군주로 자리매김하고 있는 세운이 1989년 己巳년이 되고 있는 것은 역시 세운천간 己土가 일간 甲木에 대한 정재의 기운이 되면서 일간 甲木과 甲-己 合土로 일간과 합을 도모하고 있으므로 이것 또한 대길한 것이 된다.

또한 세운지지 巳火가 대운지지 巳火와 마찬가지로 일간 甲木에게 식신이 되어 길하게 되고 있는데 대운지지와 세운지지가 모두 합세하여 사주일지 午火상관과 시지 未土 정재간 완전히 巳-午-未 방합 火局으로 성립하니 정히 용신의 기운이 왕성함을 자랑하고 있다 해도 과언이 아니다.

이와 같은 현상을 육친통변법으로 좀 더 구체적으로 기술하자면 일간 甲木에 대한 식상 火氣는 용신의 기운이 되고 있는데 여자사주에서는 식상 火氣는 자식을 의미하고 있기 때문에 식상년운이 되면 결혼을 하여 아기가 탄생할 수 있는 욕망과 성욕(性慾)을 불러일으키게 되므로 이것은 완전한 결혼이라 판단할 수가 있다.

상황이 이럴진데 세운이 己巳년이 되고 있는 중에 세운천간 己土가 일간 甲木과 甲-己合土로 맺어지고 있는 것은 비록 己土가 여자사주에서 남자의 기운인 관성이 아니겠으나 합을 한다는 자체만으로도 몸이 합방되는 점을 나타내고 있으니 완전히 부합하고 있는데 여기서 그보다 중요한 하나의 결정적인 이유가 재차 나타나고 있음을 엿볼 수가 있겠다.

그것은 사실상 대운지지와 세운지지가 일간 甲木에 대한 모두 巳火 식신으로서 정히 용신으로 그 역할을 하고 있는데 이것이 사주원국 일지 午火 상관과 시지 未土 정재가 모두 대운지지와 세운지지 巳火 식신과 합세하여 남방 巳-午-未 방합 火局을 결성하는 것을 유념히 관찰하여야 될 것이다.

따라서 이와 같은 현상은 여자사주에서 식상이 자식을 나타내고 있기 때문에 식상과 합을 하는 세운, 대운이 가장 남편과 결혼을 의미하는 것으로 판가름나는데 더구나 이렇게 식상 火氣가 사주일간 甲木에 대한 용신의 기운이 되니 아주 참신하고 고귀(高貴)한 남편을 만나 결혼으로 이어지는 것을 사주원국은 암시를 하고 있다해도 과언이 아니다.

결국 실제로 사주주인공인 장 모씨는 이 때 1989년 己巳년 음력 4월에 지금의 남편을 만나 결혼을 하였는데 장 모씨의 남편은 사주 시상에 투출되어 있는 정관이 **"시상정관일위귀격(時上正官一位貴格)"**이 성격(成格)되고 있음에 따라 부산 모 처 법원 판사로 재직한 사람으로 아주 인물이 특출한 위인(偉人)이니 이 얼마나 사주추명학이 무서운 학문인가를 새삼 느끼게 하는 사주격국을 본 저자가 보고 있는 것이다.

(나). 나쁜 남자를 만나는 사주,!

●사주일지에 편관이 있거나 혹은 일간에 대한 기신(忌神)이 있을 때 성질이 강하고 까다로운 남편을 만난다.!

●일간이 신강, 신약을 불문하고 일지가 형, 충, 파가 되거나 사주에 양인(羊刃)이 많으면 신체가 허약하거나 병약한 남편을 만난다.!

●일간이 신강, 신약을 불문하고 관성과 십이운성의 목욕(沐浴)지에 앉아 있거나 혹은 관성과 도화살(桃花殺)과 동주(同柱)하면 바람을 피우는 남편을 만난다.!

※ 도화살 : 申子辰 : 酉, 寅午戌 : 卯, 巳酉丑 : 午, 亥卯未 : 子

●일간이 신강, 신약을 불문하고 비견이나 겁재가 많거나 혹은 식신이나 상관이 많을 경우 역시 외도(外道)를 하는 남편을 만난다.!

●여자사주에 용신을 남편으로 볼 수가 있는데 용신이 간합이나 지합이 되어 기신(忌神)으로 변화되면 외첩(外妾)이나 바람을 피우는 남편을 만난다.!

●일간이 신강, 신약을 불문하고 사주일지에 편관이나 혹은 고신살(孤神殺) 또는 과숙살(寡宿殺)이 있을 때 고독한 남편을 만난다.!

●일간이 신강, 신약을 불문하고 년주를 주동하여 일지에 화개살(華蓋殺)이 있어도 고독한 남편을 만난다.!

※ 화개살 : 申子辰 : 辰, 寅午戌 : 戌, 巳酉丑 : 丑, 亥卯未 : 未

●일간이 신강, 신약을 불문하고 천간합과 지지합이 많을 때나 혹은 일지를 형, 충을 하고 있을 경우 덕이 없는 남편을 만난다.!

***. 본 장에 준하여 좋지 못한 남편을 만나 결혼한 뒤 결혼과 이혼을 이중 삼중을 하였고 급기야는 술집 접대부로 진출하였는 실존인물인 김 모씨의 사주팔자이다.!**

(예1). 여자, 김 모씨(경남 마산) 1964년 음력 2월 28일 子 시

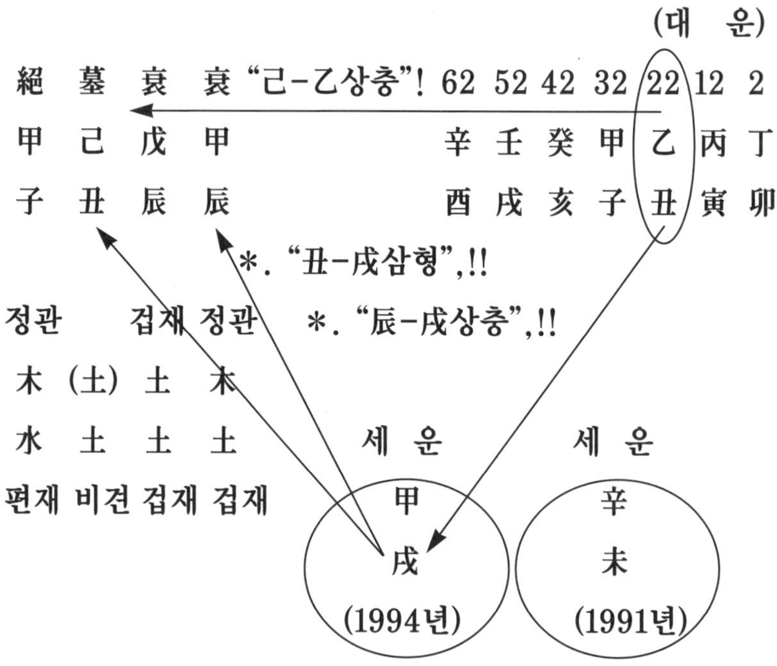

●일간 己土가 사주내 비겁 土氣에 의하여 신왕이 태왕하고 있으니 비겁 土氣가 태왕하면 반대의 오행인 관성 木氣를 상극하는 것은 기정사실이 되니 단편적으로 보아도 재혼

팔자이고 첩(妾)지명이라 할 수가 있다.!

●그런 와중에 사주일간 己土를 중심으로 하여 남자의 기운인 관성 木氣가 년간과 시상에 투출되어 있어 일간과 甲-己간합을 맺고 있는 중에 다시 년지 및 월지 辰土 겁재의 지장간 여기(餘氣)에 乙木 편관이 두 개씩이나 숨어 있으므로 남자관계가 복잡함을 나타내고 있다.!

●더구나 년주가 甲辰이며 월주가 戊辰등은 백호대살(白虎大殺)이 되고 있는데 중첩하여 십이운성의 쇠약한 기운인 쇠지에 임하면서 년지 및 월지 辰土가 辰-辰 자형살(自刑殺)이 되고 있으니 벌써 첫눈에 남편의 생명이 위험한 것을 알 수가 있다.!

●이와 같은 현상은 더 나아가서 설상가상으로 남편을 표시하는 년간 甲木을 월상에 투출되어 있는 戊土 겁재가 甲-戊 상충까지 하고 있으니 첫남편이 흉사(凶死)의 팔자로 사주원국은 무언중에 암시를 하고 있다해도 과언이 아니다.!

●결국 12세 丙寅대운이 지배되는 시점에 만 22세 1986년 丙寅년에 첫남편과 결혼하였으나 곧 남편이 교통사고로 사망한 뒤 다시 남자를 만났으나 곧 1991년 辛未년에 이혼하였으며 다시 22세 乙丑대운이 지배되는 시점에 1993년 癸酉년 또 남자와 결혼하였으나 1994년 甲戌년에 재차 이혼한 후 유흥계통으로 진출하여 나름대로 기반을 잡고

살아가고는 있으나 파란많은 인생임은 틀림이 없다.!

*. 일간의 왕쇠(旺衰),!

己일간 辰월에 출생하여 득령(得令)하였으며 사주원국 월지 辰土 겁재를 중심으로 해서 년지 辰土 겁재와 일지 丑土 비견에 득지(得地)한 중에 그 세력에 뿌리를 두고 다시 월상에 戊土 겁재가 투출되어 일간 己土를 생조하고 있으니 대단히 신왕이다.

이렇게 일간 己土가 신왕하게 되면 마땅히 억제할 수 있는 기운이 필요하게 되는 것은 기정사실인데 사주시지 子水 편재가 자리를 잡아 그 세력에 뿌리를 두고 사주년간과 시상에 각각 甲木 정관이 투출되어 일간과 비겁 土氣를 木剋土로 억제하고 있으니 이것은 곧 용신의 성질이 되는 점을 엿볼 수가 있다.

한편으로 볼 때 시지 子水 편재가 일지 丑土 비견과 子-丑合土를 결성하여 子水가 土氣로 변화되는 것으로 착각하기 쉽겠지만 년지 및 월지 辰土 겁재가 다시 시지 子水를 子-辰合水로 합의 성질을 투합(鬪合)하고 있으니 제대로 子-丑합이나 子-辰합이 성립될 수가 없으므로 오행 본래성질 그대로 판별하는 것이 타당하다.

이와 같은 현상은 사주천간에서도 그대로 엿볼 수가 있겠는데 그것은 일간 己土를 중심으로 해서 시상에 甲木 정관이 甲-己合土를 구성할 수 있는 성질을 다분히 가지고 있겠으나 이것 역시 월상에 강력하게 투출되어 있는 戊土 겁재가 甲木 정관을 甲-戊 상충으로 파극하여 합의 기운을 방해하고 있으니 제대로 합의 성질이 될 수가 없음을 알 수가 있다.

그러나 본 사주팔자는 근본적으로 오행상 비겁 土氣가 편중(偏重)되어 있는 중에 시상 金氣가 없음에 따라 왕성한 비겁 土氣를 자연스럽게 수기(秀氣)유행시킬 수가 없으니 이것은 곧 바로 격국에 대한 탁기(濁氣)를 남기는 현상이 되고 있으므로 사주주인공은 숙명적인 운로가 불길함을 모면할 수가 없음으로 판단된다.

***. 격국(格局)과 용신,!**

본 사주팔자에 대한 격국(格局)과 용신을 판별하여 보면 우선 일간 己土가 사주내 왕성한 비겁 土氣에 의하여 신왕한 중에 사주월지 辰土 겁재에 뿌리를 두고 월상에 戊土 겁재가 재차 투출되어 있으니 이것은 단편적으로 보아도 비겁 土氣가 태왕하여 있음을 알 수가 있다.

고로 **"겁중용관격(劫重用官格)"**이 성격(成格)되는데 따라서 용신의 기운은 왕성한 비겁 土氣를 억제하고 아울러 일간의 기운을 줄여줄 수가 있는 관성 木氣를 용신으로 삼는 것이 마땅하며 일면 본 사주팔자는 사주원국 자체가 辰, 丑, 子水등이 전부 지지에 앉아 있으니 단편적으로 보아도 과습하기 짝이 없다.

따라서 비록 용신인 관성 木氣를 용신으로 선택하고 있을 경우 관성 木氣를 생조할 수 있는 재성 水氣는 희신으로 삼는 것이 타당하겠으나 재성 水氣는 오히려 본 사주팔자에 조후법상 더욱 더 水氣로서 과습하게 만들게 되어 중첩하여 불리하게 연출될 것이다.

또한 이와 같은 현상은 한편으로 생각하여 볼 때 인성 火氣가 비록 조후법상 충족할 수 있는 성질은 되겠지만 이렇게 사주일간이 비겁 土氣가 왕성한데 더욱 더 비겁 土氣를 火生土로 생조할 수 있는 소지를 다분히 안고 있기 때문에 인성 火氣도 쓸 수가 없다고 판단하여야 된다.

그렇다면 본 사주원국은 오로지 관성 木氣만 사용할 수밖에 없는 단점을 곧 바로 판단할 수 있으니 이 얼마나 사주격국이 생식불식(生息不息)에 막힘이 많는 사주라는 점을 단적으로 보여주고 있음에 따라 사주주인공은 정말 일생 동안 삶의 기복이 다단하다는 것을 알 수가 있다.

결국 본 사주팔자는 이렇게 용신의 기운을 선택하여 놓고 사주원국을 살펴볼때 비록 관성 木氣가 년간과 시상에 甲木이 투출되어 있어 정히 진신(眞神)의 성질이 되고 있지만 끊임없이 甲-己합을 하자고 본래의 임무를 망각한 채 합을 탐한 나머지 기반(羈絆)이 되고 있어 이것 또한 대단히 좋지 못하므로 이래저래 무엇하나 장점이 나타나지 않고 있음에 따라 복록을 논할 수가 없으니 애석하기 짝이 없다고 보겠다.

***. 격국(格局)에 대한 청탁(淸濁)판별,!**

다시 본 사주팔자에 대한 격국(格局)에 대한 청탁(淸濁)판별을 하여보면 우선 일간 己土가 사주내 비겁 土氣에 왕성하여 그 생조함이 대단히 강력하니 왕신(旺神)의 기운을 가지고 있는 비겁의 힘이 태왕함을 엿볼 수가 있다.

이러한 것은 사실상 본 사주명조가 오행의 균등을 도모할 수 있는 성질이 되지 못하고 있는 중에 설상가상으로 일간의 기운이 중화(中和)의 기점에 훨씬 멀어져 가는 신왕이 되고 있으니 완전히 왕신(旺神)의 성질을 가지는 것은 자명한 일이 될 수밖에 없다.

그러나 이와 같은 현상이 비록 발생되었더라도 그나마 용신이 강령하여 일간을 지켜줄 수 있으면 그 부족함을 충족할 수가 있겠지만 사실상 일간 己土에 대한 용신의 기운인 甲木 정관이 년간과 시상에 투출되어 있는 중에 일간 己土와 甲-己합을 하자고 용신의 본래임무를 망각한 채 왕성한 土氣를 木剋土로 소토하는 역할을 할 수가 없게 되어 있으니 더욱 더 사주원국이 불길함은 기정사실이 되었다.

상황이 이럴진데 일주 己丑을 주동하여 사주내 전부 쇠약한 십이운성인 쇠, 묘, 절에 해당되고 있는 성질에 년주 甲辰과 월주 戊辰이 설상가상으로 백호대살(白虎大殺)까지 되고 있음에 따라 완전히 해당하는 육친은 물론이고 사주당사자인 본인도 대단히 좋지 못함은 자명한데 년지와 월지가 辰-辰 자형을 동반하고 다시 천간에 甲-戊 상충까지 되고 있으니 더욱 더 흉하다고 볼 수가 있다.

결국 본 사주팔자는 사주의 청탁(淸濁)의 기준에 부합시켜 그 실체를 판별하여 본 결과 대단히 탁기(濁氣)를 남기는 것을 알 수가 있겠으며 이것은 곧 사주주인공이 운로인 대운이나 세운에서 용신의 기운을 거듭 받지 않는 이상 조금이라도 살운(殺運)을 받게 된다면 숙명적인 운로가 대단히 불안하기 그지없다는 점으로 판단하는 것이 정석이다.

*. 사주주인공의 성격,!

위 사주주인공은 김 모씨로서 여자사주인데 본인에 대한 성격을 판별하여 보면 우선 일간 己土가 사주내 비겁 土氣에 의하여 신왕하고 있는 중에 왕성한 土氣를 누출시키는 식상 金氣가 없음에 따라 완전한 자존심과 고집이 타허추종을 불허하고도 남음이 있다고 볼 것이다.

이와 같은 현상은 보통 사주원국에 일간의 기운이 왕신(旺神)의 기운에 육박 할 정도로 태왕하여 있을 경우 이것을 자연스럽게 수기(秀氣)유행하여 누출 시키는 오행이 있어야 만이 대단히 길하게 작용하면서 그 성격도 정도에 준해 순리를 존중하고 인격자로 군림할 수가 있다.

그러나 본 사주팔자와 같이 오행 대부분이 土氣로 구성되어 있는 중에 마땅히 비겁 土氣를 수기(秀氣)유행을 도모하는 식상 金氣가 없음에 따라 土氣의 기운이 폭발직전에 당면해 있는 것이므로 이것은 곧 고집불통이요, 매사를 자기주장을 하다보니 남으로부터 미움을 사고 적을 사는 운명으로 돌변하는 것을 모면할 수가 없다.

상황이 이럴진데 사주년지와 월지가 각각 辰-辰 자형살(自刑殺)이 동반되고 비록 子-丑합이나 子-辰합으로 해극을 도모한다손 치더라도 자형(子刑)의 기운은 완벽하게 모면할 수가 없기 때문에 매사를 열의를 가져 처음에는 성의를 다하겠으나 점차로 싫증을 느껴 곧 용두사미(龍頭蛇尾)로 일을 처리하는 경향이 있다.

또한 그 성격이 내심 험독하니 독하기가 그지없고 모든 사람들에게 베푸는 것은 조금도 없을 것이며 아울러 내것만 챙기다보니 아집과 독선으로 인한 배신을 종종 당할 수가 있음에 따라 이것을 본인이 진실로 알고 대처하게 될 경우 그나마 대단한 흉을 소흉으로 전환시킬 수 있을 텐데 참으로 아쉽기만 하다.

결국 사주주인공인 김 모씨는 이렇게 사주원국에 비겁이 태왕하니 벌써 첫눈에 여자사주에서는 남편복이 없을 것은 당연하고 아울러 그 성격도 자존심, 고집이 강대하여 사람들에게 적을 곧잘 사는 성격인데 辰-辰 자형과 천간에 甲-戊 상충까지 있으니 더욱 더 이상의 성질이 강력하게 돌출되는 것을 알 수가 있겠다.

***. 본 장에 준한 판단,!**

전자에 기술한 사주주인공인 김 모씨에 대하여 격국과 용신 및 청탁의 판별등 그리고 본인에 대한 성격 간명을 모두 사주추명학에 비추어 그 실체를 낱낱이 살펴보았는데 격국이 그리 좋지 못하고 용신이 합을 탐한 나머지 기반(羈絆)되어 있으니 숙명적인 운로가 대단히 불안하다는 점을 파악할 수가 있겠다.

본 장에 준하여 여자사주에서 좋지 못한 남자를 만나는 것에 사주주인공인 김 모씨가 해당되었다는 자체가 본인에게는 개인적인 프라이버시를 침해하는 요인이 되겠으나 역학의 발전과 아울러 숙명적인 운로를 개척하는 차원에서는 마땅히 이러한 사주주인공의 사주팔자를 다루게 될 때 그에 대처해 나가는 실력이 향상되는 것은 기정사실일 수밖에 없다.

따라서 본 사주주인공인 김 모씨에 대한 격국을 본 장에 준하여 그 실체를 인용하여 보면,!

●일간이 신강, 신약을 불문하고 비견이나 겁재가 많거나 혹은 식신이나 상관이 많을 경우 역시 외도(外道)를 하는 남편을 만난다.!

●여자사주에 용신을 남편으로 볼 수가 있는데 용신이 간합이나 지합이 되어 기신(忌神)으로 변화되면 외첩(外妾)이나 바람을 피우는 남편을 만난다.!

●일간이 신강, 신약을 불문하고 사주일지에 편관이나 혹은 고신살(孤神殺) 또는 과숙살(寡宿殺)이 있을 때 고독한 남편을 만난다.!

●일간이 신강, 신약을 불문하고 천간합과 지지합이 많을 때나 혹은 일지를 형, 충을 하고 있을 경우 덕이 없는 남편을 만난다.!

라며 구체적으로 좋지 못한 남편을 만나는 격국을 사주추명학에 비추어 대단히 자세하게 기술하고 있음을 엿볼 수가 있다.

따라서 사주주인공인 김 모씨의 사주팔자를 본 장에 대입하여 그 실체를 적용시켜 볼 때 완전히 일치하는 경향을 알 수가 있겠는데 그것은 사주일간 己土가 사주내 비겁 土氣에 의하여 신왕하고 있는 중에 용신의 성질이 되고 있는 년간과 시상에 투출되어 있는 甲木 정관이 일간 己土와 甲-己간합을 여러번하고 있음을 유념하여 볼 필요가 있다.

더구나 이러한 성질은 사주일간 己土를 제외한 사주일지 丑土 비견의 지장간 정기(正氣)에 己土와 甲-己간합을 역시 재차하고 있으니 이것은 완전히 남편이 바람을 피우는 것으로 볼 수가 있겠는데 이것은 사주주인공인 본인 자체도 이렇게 일간 己土가 사주상에 관성 木氣가 많아 있으니 본인 역시도 수많은 남자들과 바람을 피우는 점으로 판단하는 것이 정석이다.

무슨말인지 좀 더 이 부분을 구체적으로 기술하면 여자사주에서는 관성이 남자의 기운이 되는데 그 중에서 정관은 본 남편이고 편관은 간부를 나타내고 있으니 사주일간 己土를 중심으로 하여 벌써 년간과 시상에 투출되어 있는 甲木 정관이 2개가 甲-己합을 성립하고 있는 현상을 엿볼 수가 있다.

상황은 여기에만 그치는 것이 아니고 다시 사주년지와 월지 辰土 겁재의 지장간 여기(餘氣)에 乙木이 존재하여 그 육친의 성정이 여자사주에 간부를 표시하고 있는 편관이 되고 있으므로 완전히 정관과 편관이 혼잡(混雜)되어 관살혼잡(官殺混雜)의 법칙이 성립되고 있음을 판단할 수가 있다.

또한 일간 己土가 사주내 비겁 土氣가 대단히 강력하여 왕신(旺神)의 성질이 되고 있으니 벌써 첫눈에 육친통변법상 비겁이 태왕하여 있을 경우 첩(妾)지명 이며 남편복이 없다는 것을 단적으로 알 수가 있고 더구나 년주가 甲辰이고 월주가 戊辰이니 모두 백호대살(白虎大殺)이 적용되고 있다.

따라서 이 백호대살(白虎大殺)에 적용되어 있는 甲辰이나 戊辰이 동주(同柱)한 십이운성이 모두 쇠약한 쇠지에 해당하고 있으니 정히 암장된 남편이나 정남편을 불문하고 그 중에 흉사(凶死)의 운명이 있다는 것을 사주원국은 무언중에 암시를 하고 있다해도 과언이 아니다.

더구나 이와 같은 현상이 더 나아가서는 사주년간에 투출되어 있는 甲木 정관과 월상에 투출되어 있는 戊土 겁재가 서로간 甲-戊 상충으로 파극하고 있는 중에 다시 사주지지의 년지와 월지에 辰土 겁재가 서로 辰-辰으로 부딪쳐 자형살(自刑殺)까지 되고 있으니 이것은 더 이상 무슨 이유가 필요가 없을 것이다.

결국 이상과 같은 맥락에 비추어 사주주인공인 김 모씨는 본 장에 기술하고 있는 좋지 못한 남편을 만난다는 성질에 모두 일치하고 있겠으며 더구나 년지 甲辰을 주동하여 일지 丑土가 과숙살에 해당하고 있으니 과숙살은 과부를 나타내고 있으므로 이것 또한 일맥상통한다고 보겠다.

●사주주인공인 김 모씨가 결혼과 사별(死別) 및 재혼를 거듭한 대운과 세운접목,!

본 장에 적용하여 사주주인공인 김 모씨에 대한 좋지 못한 남자를 만난다는 성질에 일치시켜 그 실체를 자세하게 언급하여 보았는데 이와 같은 부분은 사실상 사주격국이 청탁(淸濁)의 기준상 대단한 탁기(濁氣)를 남기고 있는 중에 용신마저 기반(羈絆)되어 있으니 완전히 그것에 해당되어 있음을 엿볼 수가 있었다.

따라서 본 장에 준하여 사주주인공인 김 모씨가 과연 어떠한 남편을 어느 시점에서 만나 결혼하고 다시 사별 및 재혼을 연속하는 과정은 선천성인 사주 명조의 간명만으로는 부족하니 후천성인 대운이나 세운을 판단하지 않고서는 그에 대한 간명을 할 수가 없는 시점에 부닥치게 될 수밖에 없을 것이다.

그렇다면 이와 같은 부분을 놓고 좀 더 사실적으로 사주추명학에 비추어 사주주인공인 김 모씨의 사주명조와 대운 및 세운이 접목되어 나타나고 있는 사주도표를 보면서 그에 대해 자세히 기술하기로 한다.

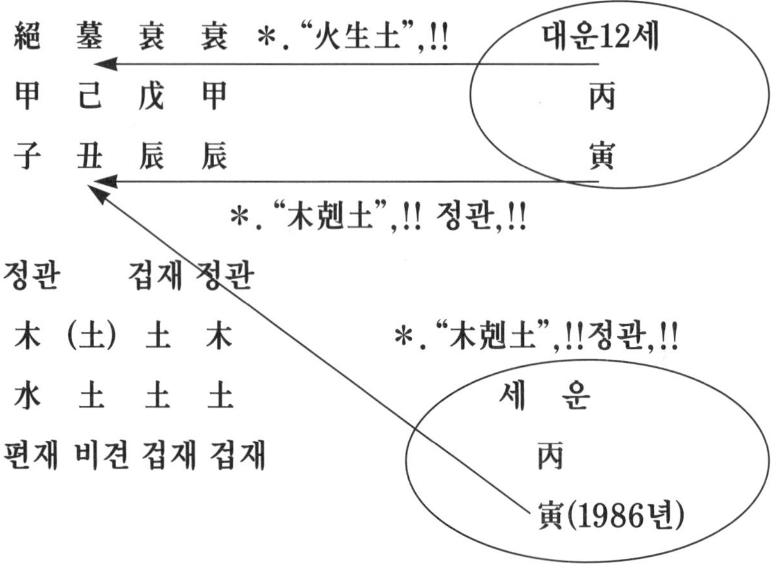

***. 결혼한 첫 남편에 대한 판단,!**

이상의 도표에서 나타나고 있듯이 사주주인공인 김 모씨가 처음 결혼을 하였는 시기를 놓고 볼 때 대운 12세 丙寅대운이 지배되는 시점인 1986년 丙寅년 만 22세로서 이 때 대운천간 丙火가 일간 己土에 대한 인수의 운로가 되므로 이것은 일간 己土가 신왕한데 더욱 더 일간을 생조하는 기신년(忌神年)이 되고 있음을 판단할 수가 있다.

하지만 대운지지 寅木이 사주일간 己土에 대한 정관의 운로로서 정히 용신의 기운이 되고 있는데 이러한 성질은 1986년 세운자체가 동시에 丙寅년 세운이 되고 있으므로 똑같이 대운과 세운이 집단체가 되어 그 세력을 확장하는 결과를 볼 수가 있는 것이다.

따라서 비록 대운천간과 세운천간의 丙火는 인수가 되어 불리하게 작용하겠으나 대운지지와 세운지지 寅木은 정관이 되어 일간에게 용신의 기운을 업고 사주팔자에 그 영향력을 행사하게 되니 육친통변법상 정관이 사주원국에 영향력을 행사하면서 용신의 기운이 되고 있으므로 완전히 여자사주에서는 결혼을 나타내고 있다.

하지만 본 사주팔자는 근본적으로 오행이 편중(偏重)되어 있는 중에 생화불식(生化不息)에 상반되는 탁기(濁氣)를 구성하고 다시 용신인 사주년간과 시상에 투출되어 있는 甲木 정관이 甲-己합을 탐하여 기반(羈絆)이 되어 제대로 그 역할을 수행하지 못하고 있으니 비록 남편을 만난다손 치더라도 좋지 못한 남편을 맞이하는 것으로 결론이 나고 있음을 엿볼 수가 있다.

더구나 선천성인 사주명조에 년주 및 월주 甲辰과 戊辰은 모두 백호대살(白虎大殺)이 되고 있는 중에 다시 辰-辰 자형살(自刑殺)을 동반하고 십이운성의 쇠약한 기운인 쇠지에 해당하고 있으니 완전히 지금에 결혼하는 첫 남편은 흉사(凶死)의 운명이 되는 점을 판단할 수가 있다.

상황이 이럴진데 더욱 더 불리한 것은 사주월간에 투출되어 있는 戊土 겁재가 년간에 투출되어 있는 甲木 정관을 甲-戊 상충으로 강력하게 파극하고 있으니 이것은 더 이상 무엇을 설명해도 필요 없는 현상이 되고 있음에 따라 지금의 남편은 애석하게도 흉사(凶死)의 운명을 당하는 것으로 결론이 나고 있다해도 과언이 아니다.

***. 첫 남편이 흉사(凶死)를 당면하였던 세운판단,!**

그렇다면 사주주인공인 김 모씨가 처음 만나서 결혼을 한 남편이 흉사(凶死)의 운명이라는 것을 사주원국을 보고 간명하였으나 과연 어느 시점에서 첫 남편이 죽음을 당하였는가를 놓고 후천성인 대운과 세운을 접목하여 그 실체를 사주추명학에 비추어 적나라하게 파헤쳐보기로 하겠다.

이와 같은 부분은 상당히 고난도의 이해력과 집중력을 요구하는 성질로서 주인공인 김 모씨의 사주명조와 후천성인 대운과 세운을 접목시킨 사주도표를 보면서 자세하게 기술하자면,!

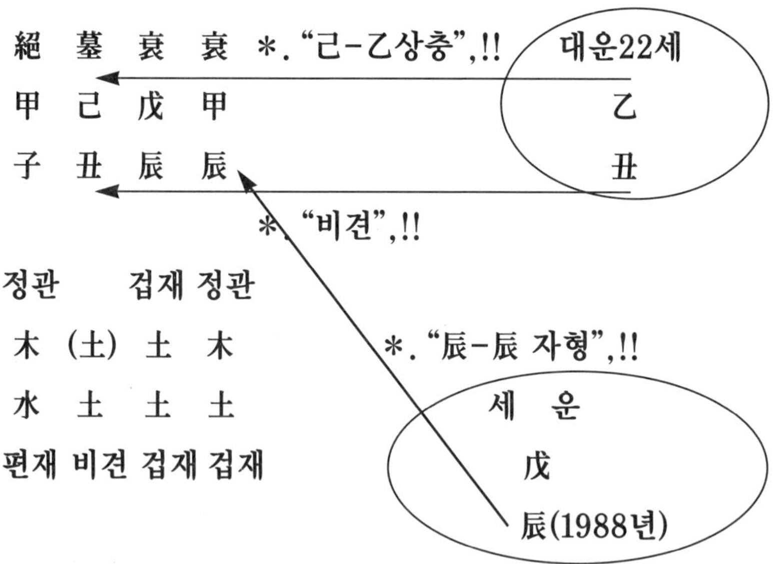

이와 같이 사주도표에서 나타나고 있듯이 김 모씨의 사주원국과

후천성인 대운이 22세 乙丑대운이 지배되는 시점에서 세운이 1988년은 戊辰년이 적용되어 사주원국에 영향력을 행사하고 있음을 엿볼 수가 있다.

그런데 이 때 대운천간 乙木이 일간 己土를 己-乙 상충을 하고 있으나 그나마 일간이 신왕하고 乙木이 일간 己土에 기준하여 용신의 기운인 편관이 되어 일면 사주당사자인 본인에게는 무사할 수 있는 조건이 되겠지만 이렇게 乙木이 운로에서 들어오는 것 자체가 이미 사주원국에 관살혼잡(官殺混雜)이 되고 있는 중에 육친통변법상 乙木이 운에서 들어온다면 이것은 여자사주에서 새로운 남편의 기운을 의미하기도 한다.

그렇다면 이와 같은 현상은 이미 무언중에 사주원국이 지금의 남편이 흉사(凶死)의 변을 당하기 때문에 **"너는 새로운 남편을 만나라"**는 식으로 해석도 가능한 것이 되는데 1988년 戊辰세운이 되고 보니 이미 사주명조에 년간에 투출되어 있는 甲木을 월상에 戊土가 甲-戊 상충으로 파극하고 있는 것을 상기해 볼 필요가 있다.

따라서 상황이 이렇게 선천성인 사주원국에 이미 남편인 정관 甲木을 甲-戊상충으로 파극하고 있는데 다시 세운천간 戊土가 일간 己土에 대한 겁재가 되어 재차 년간의 정관 甲木을 甲-戊 상충으로 상극하고 있으니 이것은 남편의 기운을 완전하게 무용지물로 만들고 있음에 따라 가망이 없게 된다.

이 부분이 더욱 더 중첩하여 세운지지 辰土가 역시 사주일간에 대한 겁재로서 이것이 또한 사주년지와 월지 辰土가 각각 辰-辰 자형살(自刑殺)을 동반하고 있으니 이것 역시 남편이 질병이나 사고의 위험을 언제나 도사리고 있는데 재차 이렇게 세운지지 辰土가 중첩하여 맞이하고 있으니 자형살(自刑殺)의 강도가 대단히 강력하게 작용하는 것은 기정사실이 되었다.

이상의 기술하고 있는 부분을 놓고 볼 때 아주 중요한 성질이 되고 있는 점은 두말할 이유도 없는데 설상가상으로 사주주인공인 남편인 정관 甲木을 기준하여 세운지지 辰土가 십이운성의 쇠약한 기운인 쇠지에 해당하고 있으므로 이것 또한 육친의 운명이 불길하다는 것에 완전히 일치하고 있다해도 과언이 아니다.

결국 사주주인공인 김 모씨의 첫 남편은 1988년 戊辰년 음력 9월에 교통사고로 즉사하는 비명횡사(非命橫死)의 운명을 당하였는데 월운을 판별하여 보니 음력 9월은 戌월이 되므로 대운지지 丑土와 丑-戌 삼형을 하고 세운지지 辰土와 사주명조의 월지 및 년지 辰土를 같이 辰-戌 상충으로 파극하고 있음에 따라 왕신(旺神)의 성질을 가격하는 것은 곧 죽음을 모면할 수가 없다고 판단하는 것이 정석이다.

***. 재차 결혼과 이혼을 반복한 1991년 辛未세운 판단,!**

이와 같은 맥락에 비추어 볼 경우 사주주인공인 김 모씨는 지지리도 남편복이 없는 것을 판별할 수가 있겠는데 그 후 다시 두 번째 남편을 만나 결혼을 하였으나 대운이 22세 乙丑대운에서 이미 10년 동안은 계속하여 남자의 기운이 접근되는 점은 그만큼 본인은 남자로 인하여 고통과 번민이 많다는 것을 단적으로 보여주는 계기가 된다.

따라서 두 번째 이혼도 1991년 辛未년에 법정이혼을 하였는데 이것도 사주추명학적으로 좀 더 자세하게 간명하여 본다면 이미 22세 乙丑대운에서 대운천간 乙木이 편관의 기운이 되어 새로운 남자를 맞이하는 현상이 계속되는 것을 피할 수가 없다.

아울러 22세 乙丑대운의 지지 丑土가 일간에 대한 비견의 운로가 되면서 신왕한 일간 己土를 더욱 더 신왕하게 만들고 다시 사주일지 丑土와 지지상극살(地支相剋殺)이 되고 있는 중에 丑土가 원칙적으로 일간 己土에 대한 비견이 됨에 따라 비견은 육친통변법상 독립, 분가, 이별을 나타내고 있으니 완전히 부합하고 있다.

상황이 이럴진데 세운이 1991년 辛未년이 되고 보니 세운천간 辛金이 일간己土에 대한 식신의 기운이 되고 있는데 만약 본 사주팔자 일간 己土가 식상 金氣를 놓고 볼 경우 막연히 억부의 원리상 희신이나 용신의 기운이 되고 있다면 대단히 길할 수가 있을 것은 자명한 일이다.

그러나 사실상 위 사주는 비록 일간 己土가 신왕해도 사주내 辰土와 丑土 및 子水등이 완전히 장악하여 내격(內格)의 억부법상 용신을 선택하지 못하고 조후법상 木氣를 필요로 하는 마당에 아무리 일간 己土의 기운을 자연스럽게 수기(秀氣)유행을 도모한다해도 불리한 점은 매일반이 되는 것이다.

***. 본 저자가 약 23년동안 경험상 터득한 비법(秘法),!**

그런데 여기서 본 사주팔자에 대한 1991년 辛未년을 간명하다가 문득 한가지 새로운 사실이 발견되고 있다.

그것은 만약 일반적인 통례로 여자사주에서 식신이나 상관운이 세운이나 대운에서 들어와서 사주원국에 영향력을 행사할 경우 식상의 기운과 사주명조에 타오행과 합을 하거나 그렇지 않으면 일간이나 일지가 합을 하게 될 때 자식을 잉태하는 현상을 생각할 수가 있다.

하지만 이와 같은 현상이 사실상 같은 식상의 기운이라도 사주명조내 오행과 합을 하지 않고 기신(忌神)의 역할을 하고 있을 때는 이미 결혼을 하여 자식을 가진 사람은 자식 때문에 속을 썩이는 일이 발생하고 만약 자식이 없을 경우는 남편이 여자에게 자식을 생산하지 못한다는 등의 이유로 닥달을 내는 점으로 간명할 수 있는 현상이 많이 발견되고 있다.

그렇다면 이상의 부분을 생각하여 볼 경우 세운천간 辛金이 본 사주일간 己土에 대한 식신의 기운이 되면서 사실상 조후법상 거슬리는 기신(忌神)의 역할을 하고 있는 중에 년간과 시상에 투출되어 있는 甲木 정관을 역시 金剋木으로 상극하고 다시 세운지지 未土가 일간 己土에 대한 비견이 되어 역시 기신(忌神)으로 행사하는 것은 남편이 자식을 생산하지 못한 책임을 물어 그로 인한 충돌이 하루라도 끊어지지 않음을 엿볼 수가 있다.

더하여 상황은 여기에만 끝나는 것이 아니고 세운지지 未土가 사주원국 일지에 존재하여 있는 丑土 비견과 대운지지 丑土를 동시에 丑-未 상충으로 파극하고 있는 것은 사주일지는 부부궁을 의미하고 있기 때문에 남편궁이 흔들리게 됨에 따라 이것은 자식을 생산하지 못하여 두 번째 남편과 이별을 할 수밖에 없는 것으로 판단하는 것이 된다.

실제로 사주주인공인 김 모씨는 이 때 세운인 1991년 辛未년 음력 6월달에 법정이혼을 하였는데 월운까지 판별하여 볼 경우 음력 6월은 未월이 되고 있으므로 이상의 성질을 월운까지 중복되어 그 영향력을 행사하는 것을 알 수가 있음이다.

이와 같은 현상은 대단히 중요한 성질로서 그동안 고서(古書)나 원서에 이러한 경우를 적용시켜 속속들이 간명한 자료가 없기 때문에 부득히 이상의 부분에 적용되어 있는 전국의 실존인물을 찾아 이혼을 하였는 여명(女命)의 명조만 골라 간명한 후 다시 그 운로의 흐름을 과거, 현재, 미래등으로 역추적하여 하나의 경험상 터득한 비법(秘法)으로 자리매김을 하고 있는 것이다.

따라서 전자의 기술한 성질을 우리 후학자들이 십분 터득하여 실제로 이러한 현상 때문에 운명감정을 받으러 온 실제인물이 있다면 방금 본 저자가 설명 한데로 차근차근 적용하여 판단할 경우 아마도 대단한 적중률을 보이게 되는 것은 기정사실이니 아주 소중하게 취급하여야 됨은 두말할 것도 없다.

***. 다시 재혼한 1993년 癸酉년 판단,!**

다시 사주주인공인 김 모씨는 이러한 재혼팔자는 여기에만 끝나는 것이 아니고 1991년 辛未년에 법정이혼을 하여 두 번째 남편과 이별한 뒤 그동안 혼자 지내다가 우연히 친구 소개로 알게된 세 번째 남편과 1993년 癸酉년인 만 29세에 결혼을 하였던 것이다.

하지만 이러한 성질은 역시 대운이 22세 乙丑대운이 지배되는 시점에서 결혼을 하는 점은 그만큼 남자로 인한 흉이 돌출되는 현상을 피할 수가 없음에 따라 이미 본 저자가 전자에 설명을 하였지만 세운이 癸酉년이 되는 것은 세운천간 癸水는 조후법상 불리하게 되나 세운지지 酉金이 사주일지 丑土와 酉-丑合金으로 변화되는 것을 중시 볼 필요가 있다.

이러한 현상은 본 저자가 이미 편찬한 命理秘典 上권인 지지합편에서 대단히 자세하게 기술한적이 있는데 일간에 대한 운로인 대운이나 세운에서 일지와 합을 하는 현상이 되고 있다면 지지의 지장간에 암장된 기운을 불문하고 여자는 남자와 남자는 여자와 관계가 돌출된다고 그 성질을 자세하게 명시한바가 있다.

따라서 그 부분을 본 사주팔자에 적용시켜 간명하여 보면 세운지지 酉金은 사실상 지장간에 암장된 기운은 庚, 辛金밖에 없기 때문에 사실상 관성 木氣가 암장되거나 정오행을 가지고 사주일지 丑土와 酉-丑合金을 하는 것이 되지 않는다.

그러나 여자의 사주에서 세운이나 대운이 식상의 기운을 가지고 사주일지 및 타 오행과 합을 하는 경우 자식을 잉태하는 법칙에 적용되고 있기 때문에 이것은 사실상 酉金이 식신의 기운이 되면서 사주일지 丑土와 酉-丑合金을 하므로 완전히 남자와 몸을 합방하는 결론에 귀착함에 따라 곧 결혼을 나타내는 것에 부합하게 된다.

***. 마지막 1994년 甲戌년에 이혼하면서 술집접대부로 운명이 바뀐 세운 판단,!**

본 사주주인공인 김 모씨는 지금까지 사주운명을 감정한 본 저자의 견해는 참으로 불행한 한 여인을 보는 것 같아 가슴이 씁쓸하기 짝이 없는데 정말 이렇게도 여자의 운명이 인생밑바닥을 걸어가는 사주팔자도 있는가, 하고 생각하니 대단히 안타깝기 그지없다.

따라서 이렇게 사주운명을 간명하는 점을 돌이켜 생각하여 보면 숙명적인 운로가 차라리 남자를 멀리하고 입산수도를 하는 것이 오히려 낫지 않을까, 하는 생각도 하여 보는데 아마도 사주주인공인 김 모씨는 지금은 비록 사회생활을 하고 있지만 머지 않아 속세를 떠나 승도의 팔자로 걸어갈 수 있다는 생각도 본 저자는 문득 든다.

그것은 본 사주팔자의 오행이 믿음을 표시하고 있는 土氣가 중중(重重)하여 있고 다시 사주년지 辰土 겁재를 주동하여 일지 丑土 비견이 과숙살에 해당하여 있으니 완전히 부합하고 있는데 다시 년지 辰土를 주동하여 월지 辰土가 화개살(華蓋殺)이 되고 있음에 따라 방금 간명한 부분에 더욱 더 일치하는 것으로 판단하고 있는 것이다.

하지만 사주주인공인 김 모씨는 1993년 癸酉년인 만 29세에 세 번째 남편과 결혼을 하였으나 성격상 다툼과 불화로 상당한 번민과 괴로움을 가지면서 급기야는 1년이 채 안된 1994년 甲戌년 음력 6월에 다시 세 번째 합의이혼을 하였던 것이다.

이와 같은 현상도 세운천간 甲木이 일간 己土에게는 정관이 되고 있으므로 사실상 남편의 기운인 관성과 일간 己土간에 甲-己合土가 되어 합을 구성하고 있어 별다른 흉함이 돌출되지 않는다고 판단할 수가 있겠으나 이렇게 합을 하여 나오는 오행이 비겁 土氣가 됨에 따라 신왕한 일간 己土를 더욱 더 신왕하게 만들고 있으니 흉하다고 볼 수가 있다.

또한 이러한 현상은 사실상 남편과 합을 하는 점은 지금의 남편도 될 수가 있지만 또 다른 간부와 짝을 짓는 성질도 배제할 수가 없는데 세운지지 戌土가 역시 일간 己土에 대한 겁재로서 이것이 대운지지 丑土와 사주일지 丑土를 동시에 丑-戌 삼형으로 가격하는 성질이 일지는 여자사주에서 남편궁을 표시하고 있기 때문에 완전히 남편과 이별을 하고 새로운 남편을 맞이하는 것으로 결론이 나게 되는 것이다.

결국 사주주인공인 김 모씨는 1994년 甲戌년 음력 6월에 세 번째 남편과 합의이혼을 하였으며 월운인 음력 6월은 未월이 되고 있음에 따라 완전한 丑-戌-未 삼형으로 가격하는 것이 되어 그길로 본인은 세상을 타락한 나머지 술집접대부로 나가고 말았으니 숙명적인 운로는 사주주인공인 김 씨에게 너무나 가혹한 시련을 안겨주었다는 생각에 정말 가슴이 여미는 사주원국을 보고 있으니 애석하기 짝이 없다.

(다). 여자의 결혼시기(結婚時期)

●일간이 신약할 경우 비겁이나 인성년에 결혼을 하게 되는데 특히 일간과 일지를 세운에서 육합 및 삼합, 준삼합을 하게 되면 더욱 확실하다.!

●일간이 신왕할 경우 세운이나 월운이 관성의 기운에 일치할 때 결혼하며 특히 관성이 용신이면 더욱 확실하다.!

●일간이 신강, 신약을 불문하고 사주내 식상이 자리를 잡고 있을 때 세운과 월운이 식상과 삼합, 육합, 준삼합하면 결혼한다.!

※ 참고로 이 경우 여자사주에는 식상은 자식을 의미하고 있으므로 자식과 세운과 월운이 합을 하는 것은 임신을 나타내고 있으니 완전히 부합하게 된다.!

●일간이 신강, 신약을 불문하고 세운과 월운이 용신이나 희신의 기운에도 결혼을 하게 된다.!

●사주년주를 상충이나 삼형을 하고 일지와 육합, 삼합, 준삼합을 할 때도 결혼하는데 역시 세운과 월운이 일치할 경우 결혼하게 된다.!

***. 여자사주로서 본 장에 적용 1996년 결혼시기에 해당되어 결혼한 실제인물인 진 모씨의 사주팔자이다.!**

(예1). 여자, 진 모씨(경남 하동) 1969년 음력 3월 24일 子 시

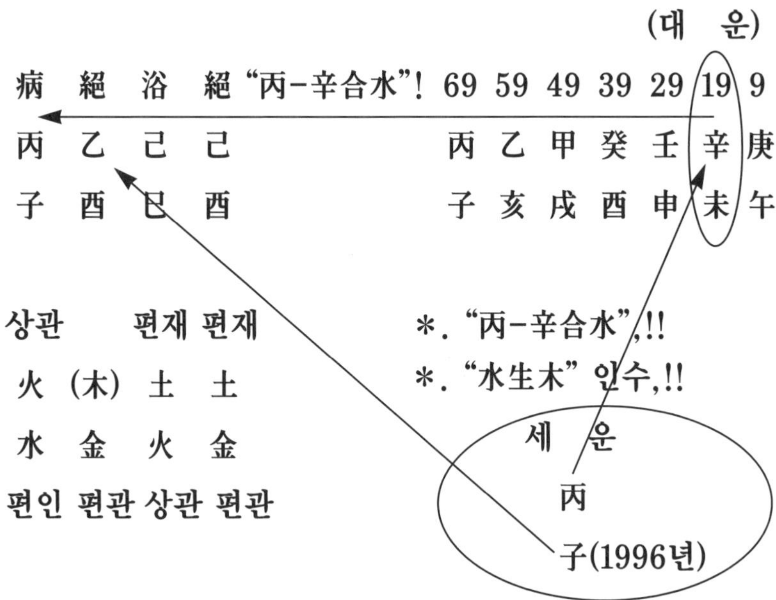

●일간이 사주내 편관 金氣와 상관 火氣가 많아 "진상관용인격(眞傷官用印格)"을 성격(成格)하여 인성 水氣를 용신으로 선택하고 있는데 대운이 19세 辛未대운으로 대운천간 辛金이 여자 사주에서 남편의 기운인 편관이 되고 있다.!

더하여 대운지지 未土가 비록 신약한 일간 乙木을 극루하는 편재의 기운이 되나 대운천간 辛金이 사주시상에 투출되어 있는 丙火 상관과 丙-辛合水를 구성하여 신약한 일간 乙木을 생조하는 용신인 인성 水氣로 변화되고 있다.!

이것은 곧 육친통변법상 여자사주에서 식상과 세운이나 대운에서 합을 할 때는 자식을 생산하는 것을 의미하고 있으므로 곧 결혼을 암시하는 것과 일치하는 성질이라 할 것이다.!

상황이 이럴진데 세운이 1996년 丙子년이 지배되어 세운천간 丙火가 대운천간 辛金과 또 丙-辛合水를 구성하면서 세운지지 子水가 신약한 일간 乙木을 생조하는 편인이 되므로 완벽한 일간을 생조하고 있으니 정히 용신의 기운이 되는 것을 알 수가 있다.!

이 때 사주주인공인 진 모씨는 1996년 丙子년 음력 3월에 결혼을 하였는데 하지만 근본적으로 사주원국이 편관 金氣가 사주일지 및 년지 酉金이 2개가 있는 중에 월지 巳중의 庚金인 정관이 또한 있으니 남자가 많게 되는 것으로 판단한다.!

결국 이와 같은 현상은 관살혼잡(官殺混雜)하면서 음란성이 강하게 작용하는데 설상가상으로 일간 乙木이 지지의 암장된 기운인 庚金과 乙-庚간합을 여러번하고 있으니 완전히 남자관계가 복잡하여 재혼팔자로 귀착되는 사주이다.!

***. 일간의 왕쇠(旺衰),!**

乙일간 巳월에 출생하여 실령(失令)하였으며 사주원국 월지 巳火 상관을 중심으로 해서 편관 金氣와 편재 土氣가 대단히 강력하게 일간 乙木을 극루(剋漏)하고 있으니 일간이 신약이다.

이렇게 일간 乙木이 신약함이 극심하다고 가정할 때 일간의 기운이 왕신(旺神)의 성질을 따르게 되는 외격(外格)의 종격(從格)이나 가종격(假從格)으로 돌아가지 않는 이상 마땅히 일간 乙木을 생조하는 것이 있어야 만이 일간이 종격(從格)으로 귀착하지 않고 내격(內格)의 억부법이나 조후법의 용신을 선택할 수가 있을 것이다.

따라서 사주격국을 면밀히 관찰하여 보니 일간 乙木은 사주시지 子水 편인에 득세(得勢)하고 있으니 그나마 일간이 의지처가 있다고 할 것이며 그렇다면 본 사주팔자는 외격(外格)의 종격(從格)이나 가종격(假從格)으로 판단할 수가 없음에 따라 곧 내격(內格)의 억부법이나 조후법상 용신이 선정되는 것을 알 수가 있다.

하지만 사주팔자가 근본적으로 이렇게 사주내 신약한 일간 乙木을 극루(剋漏)하는 편관 金氣와 편재 土氣 및 상관 火氣가 균등하여 강력하게 일간 乙木을 상극하는 이상 시급히 일간의 기운을 생조하는 점이 최우선으로 생각하여야 될 것은 마땅하다.

그러나 사주원국내 일간 乙木을 생조하는 오행이 오로지 사주시지 子水 편인밖에 없으므로 이것은 곧 일간이 신약함이 중화(中和)의 기점에 멀어져 가는 신약이 되고 있으니 시급히 운로인 대운이나 세운에서 일간을 생조하는 인성 水氣와 비겁 木氣를 보아야 되는 절박함마져 감돌고 있다해도 과언이 아니다.

한편으로 볼 때 사주일지에 酉金 편관이 자리를 잡고 강력하게 일간 乙木을 金剋木하여 회두극(回頭剋)을 하고 있으니 대단히 강력하게 일간을 치고 들어오는 것이 되는데 설상가상으로 사주월지 巳火 상관을 巳-酉合金을 도모하여 더욱 더 관성 金氣를 강력하게 만들고 있으므로 이것은 대단히 불리하게 되었다.

하지만 천만다행으로 사주월지 巳火 상관을 가운데 놓고 년지와 일지 酉金 편관이 서로간 먼저 합을 하려는 쟁합(爭合)의 성질이 되어 완벽한 金氣로 돌변하지 못하고 잔여기운을 서로간 남기는 합을 하고 있으니 비록 무언중에 관성 金氣는 만들어지더라도 巳火의 본래기운을 저버릴 수가 없게 되는 것도 면밀히 관찰할 필요가 있겠다.

***. 격국(格局)과 용신,!**

본 사주팔자에 대한 격국(格局)과 용신을 판별하여 보면 우선 일간 乙木이 신약한 중에 사주월지에 巳火 상관이 강력하게 자리를 잡고 그 세력에 뿌리를 두고 십이운성 건록지에 앉은 시상에 상관 丙火가 재차 투출되어 있음에 따라 원칙적으로 **"목화상관격(木火傷**

官格)" 및 **"진상관격(眞傷官格)"**이 성격(成格)된다.

고로 용신은 **"신약상관격(身弱傷官格)"** 및 **"진상관용인격(眞傷官用印格)"**으로서 강력한 상관 火氣를 억제하며 아울러 관성 金氣를 살인상생(殺印相生) 혹은 관인상생(官印相生)의 법칙까지 적용할 수 있는 인성 水氣를 용신하고 더하여 일간이 신약하니 신약한 일간 乙木을 생조하는 일간의 동기인 비겁 木氣를 길신으로 선택하는 것이 마땅하다.

이렇게 사주상에 용신과 길신을 선택하여 놓고 사주격국을 면밀히 관찰하여 보니 일간 乙木에 대한 중요한 용신의 기운으로 자리매김하고 있는 사주시지 子水 편인이 득세(得勢)의 기운으로 자리를 잡고 있음에 따라 이것은 정히 진신(眞神)의 성질이 되면서 내격(內格)의 억부법이나 조후법상 용신이 일치하고 있으므로 대길하게 작용하고 있다.

이와 같은 현상은 한편으로 볼 때 사주원국내 편관 金氣가 사주일지 및 년지 酉金이 사주월지 巳火 상관과 巳-酉合金을 도모하면서 그 세력을 한층 더 강력하게 일간 乙木을 金剋木하여 파극하고 있겠으나 사주시지 子水 편인이 절묘하게 자리를 잡고 관성 金氣를 金生水로 흡수한 뒤 다시 일간 乙木에게 水生木으로 연결하고 있으니 감히 관성 金氣가 일간 乙木을 상극하지 못하게 되는 것을 알 수가 있다.

하지만 근본적으로 본 사주팔자는 일간 乙木이 신약함이 극심하고 아울러 사주내 용신의 기운으로 자리잡고 있는 시지 子水 편인을 강력한 월지 상관 巳火의 세력에 뿌리를 두고 십이운성 건록지에 앉은 시상 丙火 상관이 투출되어 용신인 편인 子水와 동주(同柱)의 기운이 되면서 직, 간접적으로 편인 子水를 水剋火로 상극하는 처사는 용신의 기운을 쇠약하게 만들고 있기 때문에 이것은 아주 좋지 못한 현상이라 판단할 수가 있다.

***. 격국(格局)에 대한 청탁(淸濁)판별,!**

본 사주팔자에 대한 격국(格局)에 대한 청탁(淸濁)판별을 하여 보면 일간 乙木이 신약하여 **"진상관용인격(眞傷官用印格)"** 및 **"신약상관격(身弱傷官格)"**을 성격(成格)하고 있으니 용신으로 일간 乙木을 생조하는 인성 水氣가 선택되고 있음을 엿볼 수가 있다.

하지만 근본적으로 일간의 기운이 중화(中和)의 기점에 멀어져 가는 신약함을 보이고 있는 중에 상대적으로 강력하게 작용하고 있는 재성 土氣를 억제하는 일간의 동기인 비겁 木氣가 사주상에 없고 오로지 시지 子水 편인에게 일간이 매달리고 있음에 따라 이것은 일간의 의지처가 미약하고 있는 하나의 절대적 요인으로 작용하고 있다 해도 과언이 아니다.

이러한 현상은 더 나아가서 사주팔자내 일간의 동기인 비겁 木氣가 없는 중에 천간에 일간 乙木을 사주년간과 월상에 동시에 투출되어 있는 강력한 편재 己土가 己-乙 상충으로 파극하고 있으니 그렇지 않아도 신약한 일간 乙木으로서는 음간(陰干)인 중에 설상가상으로 상충까지 이중적인 부담을 안게 되는 성질을 모면할 수가 없어 신약함을 더욱 더 부채질하고 있다해도 과언이 아니다.

더구나 사주지지에는 비록 탁기(濁氣)를 구성하는 상충이나 삼형이 없다고는 하나 이렇게 편관 金氣가 사주년지와 일지에 존재하여 근접하니 일간 乙木을 金剋木으로 상극하는 처사는 비록 일간이 신왕하다 하여도 좋지 못한 것인데 이렇게 일간이 신약한 중에 강력하게 일지에서 일간으로 올라오면서 회두극(回頭剋)을 하고 있으니 설상가상이다.

결국 본 사주팔자는 오행이 편중(偏重)되고 있는 중에 용신인 시지 子水 편인에게만 오로지 매달리는 형상과 일간과 년간 및 월상에 투출되어 있는 己土가 일간을 己-乙 상충으로 파극하고 있음에 따라 대단한 탁기(濁氣)는 될 수가 없겠으나 그러나 일부 탁기(濁氣)를 가지는 격국이라 판단하는 것이 정석이다.

***. 사주주인공의 성격,!**

위 사주주인공은 진 모씨로서 여자사주인데 지금까지 기술하였던 격국(格局)과 용신 및 청탁(淸濁)의 법칙에 준하여 그 실체를 사주추명학적으로 모두 간명하여 보았다.

하지만 근본적으로 본 사주원국에 대한 일간 乙木이 중화(中和)의 기점에 멀어져 가는 신약함을 나타내고 있는 중에 그나마 용신의 성질인 시지 子水가 비록 진신(眞神)의 기운이 되어 자리를 잡고 있으나 이렇게 용신의 기운이 하나만 있는 것은 상대적인 사주내 강력한 식상 火氣와 재성 土氣 및 관성 金氣를 대적하는 것이 역부족이 되는 점은 기정사실이라 할 것이다.

따라서 본 장에서 사주주인공인 진 모씨의 성격을 판별하여 보면 우선 일간 乙木이 신약한 중에 사주명조가 **"진상관용인격(眞傷官用印格)"**을 성격(成格)하고 있으니 격국상 단편적으로 보아도 상관 火氣와 관성 金氣가 태왕함을 나타내고 있다해도 과언이 아니다.

이와 같은 현상은 사주주인공의 성격에 절대적인 영향력을 미치는 것이 되는데 그렇다면 사주주인공인 진 모씨는 상관이 강하게 작용함에 따라 그 성격이 화려함을 좋아하고 약간의 교만함과 질투심이 강력하게 발동하는 성격임을 알 수가 있다.

더구나 사주일지에 편관 酉金이 자리를 잡고 그 영향력을 강력하게 행사하는 점은 이렇게 일지에 편관이 존재한다는 자체가 그 성격이 대단히 성급하다는 것을 알 수가 있겠는데 그러나 불굴강직하고 두뇌는 명민하여 총명함을 나타내나 한편으로 볼 때 자존심과 고집스러움은 타의추종을 불허할 것이다.

또한 사주일지 酉金 편관이 시지 子水 편인과 함께 편인+편관이 되어 있으니 밖으로 자주 원행(遠行)이나 출행을 하는 팔자이고 다시 월지 및 년지 상관 巳火와 일지 酉金 편관이 나란히 상관+편관으로 있으므로 자식과 남편복이 없는 사주라고 간명하는 것이 타당하다.

결국 사주주인공인 진 모씨는 이상의 육친통변법상 본인의 성격을 판별하여 볼 때 그다지 순수한 성격은 아니며 더욱이나 사주내 이렇게 사흉성(겁재, 상관, 편관, 편인)이 교집(交集)되어 하나의 집단체를 구성하고 있으니 그 흉폭성은 대단히 강하게 작용한다고 판단한다.

***. 본 장의 결혼시기에 준한 판단,!**

다시 본 장 결혼시기에 준하여 사주주인공인 진 모씨의 격국 실체를 본 장에 적용시켜 인용하여 본다면,!

●일간이 신약할 경우 비겁이나 인성년에 결혼을 하게 되는데 특히 일간과 일지를 세운에서 육합 및 삼합, 준삼합을 하게 되면 더욱 확실하다.!

●일간이 신강, 신약을 불문하고 사주내 식상이 자리를 잡고 있을 때 세운과 월운이 식상과 삼합, 육합, 준삼합하면 결혼한다.!

※ 참고로 이 경우 여자사주에는 식상은 자식을 의미하고 있으므로 자식과 세운과 월운이 합을 하는 것은 임신을 나타내고 있으니 완전히 부합하게 된다.!

●일간이 신강, 신약을 불문하고 세운과 월운이 용신이나 희신의 기운에도 결혼을 하게 된다.!

라며 여자사주에 대한 결혼시기를 사주추명학에 비추어 그 실체를 자세히 기술하고 있음을 엿볼 수가 있겠다.

따라서 사주주인공인 진 모씨는 이상의 성질에 완전히 일치하여 있음을 알 수가 있는데 그것은 우선 사주일간 乙木이 신약하여 **"진상관용인격(眞傷官用印格)"**을 성격(成格)하고 있으니 단편적으로 보아도 일간 乙木을 생조하는 인성 水氣가 용신의 성질이 되는것은 두말 할 필요가 없다.

그렇다면 이렇게 신약한 일간 乙木이 운로인 대운이나 세운에서 인성 水氣나 비겁 木氣가 들어오는 운로가 될 때는 결혼시기가 될 수 있는 성질이며 아울러 일간이나 일지를 운로에서 합을 하고 있을 경우 더욱 더 강력하게 본 장에 적용되어 결혼시기가 될 것을 미루어 짐작하고 남음이 있다할 것이다.

본 장에 언급하고 있는 결혼시기에 대하여 대략적으로 여자사주에서는 특이한 사항이 발견되고 있는데 그것을 간략하여 추려본다면 신약사주에는 비겁이나 인성의 기운이 운에서 들어오거나, 혹은 이상의 기운을 가지고 일간 및 일지와 합을 하던지 또는 사주원국에 식상이 있을 경우 그렇지 않으면 운로에서 식상운이 들어와서 사주내 합을 하는 성질 등을 논할 수가 있겠다.

또한 운로인 대운이나 세운에서 관성의 기운을 업고 들어와서 일간 및 일지와 합을 하는 성질과 사주년지나 월지를 상충이나 삼형을 하면서 일지나 일간과 합을 하는 경우, 등은 모두 여자사주에서는 몸이 합방되는 것을 나타내고 있으므로 본 장에 준하여 결혼시기에 해당하는 것을 중시 판단하여 간명할 필요가 있음을 강조하는 바이다.

***. 사주주인공인 진 모씨가 결혼을 하였는 대운에 대한 판별,!**

지금까지 사주주인공인 진 모씨의 격국과 용신 및 청탁의 판별을 한 후 다시 본인의 성격을 거론하고 본 장에 준해서 결혼시기까지 모두 간명하여 보았는데 사실상 격국이 그리 썩 좋은 사주팔자는 아니라는 것을 알 수가 있다.

따라서 본 장에 언급하는 사주주인공인 진 모씨의 결혼시기에 준해 그 실체를 간명하여 보자면 우선 여자사주에는 사주일지의 동태의 유무 및 십이운성의 강약, 그리고 남편의 성정을 표시하는 정관이나 편관등을 복수적으로 대입하여 다시 각종 살성(殺星)과 귀인(貴人)등을 접목하여 판단하는 것이 정석이다.

이와 같은 현상을 간파하고 난 뒤 약간 복잡한 운로의 흐름인 대운과 세운을 나타내어 사주주인공인 진 모씨의 사주명조를 대입하고 나서야 만이 비로서 제대로 결혼시기에 대한 간명을 할 수가 있게 되므로 사주주인공인 진 모씨의 사주팔자와 후천성인 대운 및 세운이 나타나고 있는 사주도표를 보면서 그 부분을 집중적으로 판단하기로 한다.

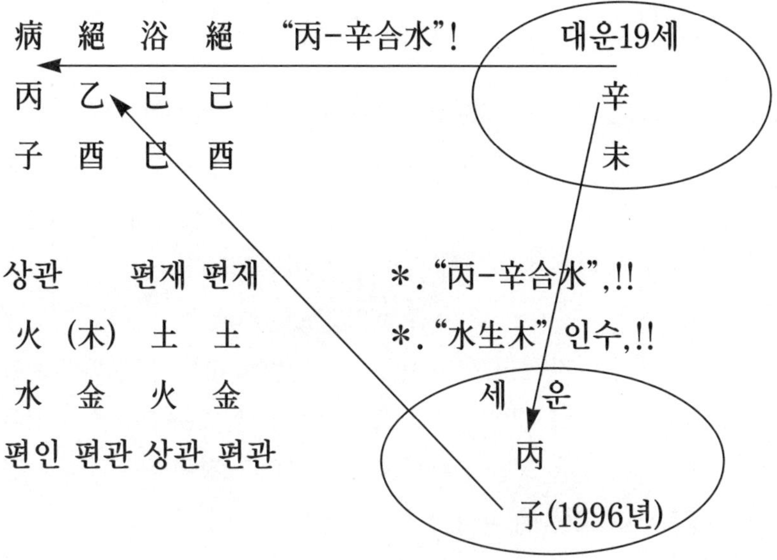

이상과 같이 사주도표에서 나타나고 있듯이 사주주인공인 진 모씨의 사주명조와 후천성인 대운 및 세운이 지배되는 시점이 자세히 돌출되고 있음을 엿 볼 수가 있겠다.

이 때 대운의 지배되는 시점이 19세 辛未대운이 적용되는 시점이 되므로 대운천간 辛金이 신약한 일간 乙木에 대한 편관의 운로이니 이것은 곧 육친통변법상 편관의 기운은 여자사주에는 남편을 의미하고 있으므로 남자의 기운이 자기 몸에 들어오는 것을 알 수가 있다.

상황이 이럴진데 이렇게 대운천간 辛金이 사주시상에 투출되어 있는 丙火상관과 丙-辛合水로 변화되어 신약한 일간 乙木을 생조하는 인성 水氣로 돌출되는 점은 대단히 길하게 되는 것으로 두말할 여지가 없다.

따라서 이것을 또한 육친의 통변법으로 판단하자면 여자사주에 식상의 기운이 운로에서 관성과 합을 하면서 용신의 기운이 변화되는 것은 자식을 가진다는 부분을 암시하고 있음에 따라 곧 임신을 나타내고 있기 때문에 완전히 결혼을 의미하고 있다.

더구나 대운지지 未土가 비록 일간 乙木에 대한 편재의 기운이 되어 흉이 되겠으나 대운지지 未土가 대운천간 辛金 편관을 土生金으로 생조하는 것은 그만큼 편관 金氣의 세력을 강력하게 만들고 있는 성질이 되고 있음에 따라 여자사주에서 완전한 남자의 기운이 왕성함을 나타내고 있다해도 과언이 아니다.

***. 다시 1996년 丙子년 세운에 대한 판별,!**

이상의 성질을 준하여 19세 辛未대운을 판별하고 보니 사주주인공인 진 모씨는 남자의 기운이 자기와 합방되는 것을 알 수가 있는데 다시 하나의 후천성인 일년군주로 자리매김하고 있는 세운이 19세 辛未대운이 지배되는 시점에 1996년은 丙子년이 되고 있음을 판별할 수가 있다.

따라서 세운천간 丙火가 일간 乙木에 대한 상관의 기운이 되고 있으니 비록 신약한 일간을 더욱 더 누출시키는 현상이 되어 불리하겠으나 이것이 대운천간 辛金 편관과 丙-辛合水로 변화되어 용신인 인성 水氣로 돌변하는 처사는 대운천간과 세운천간이 화합(和合)의 법칙이 이루어지고 있음을 면밀히 관찰하여야 될 것이다.

이러한 성질은 전편인 命理秘典 下권인 간명비법상 운끼리 합을 하는 화합(和合)의 법칙에 적용되어 하나의 집단체를 구성하는 성질이 적용되고 있음을 엿볼 수 가 있겠는데 이것이 사실상 두 개의 강력한 기운이 합을 하면서 나오는 성질이 사주일간에 대한 용신의 기운이 되고 있으므로 이것 이상 더 좋은 점은 없는 것이라 판단한다.

이 부분도 육친통변법상 그 실체를 간명하여 본다면 일단 세운천간 丙火는 일간 乙木에 대한 상관의 기운이 분명하니 여자사주에서 상관은 아들인 자식을 표시하고 있는 중에 이것이 대운천간 辛金 편관과 丙-辛合水로 변화되어 인성 水氣가 나오게 되는 점은 남자의 기운이 자식과 합을 하여 용신의 기운이 돌출됨에 따라 아주 길하게 되는 것이다.

더구나 세운지지 子水가 신약한 일간 乙木에 대한 용신의 성질인 편인이 되고 있으므로 신약한 일간을 水生木으로 생조를 하고 있으니 본 장에 적용하여 신약한 일간에는 운로가 용신이나 희신의 기운이 결혼시기에 해당하는 부분에 부합하며 더욱이나 남자의 기운인 편관과 상관 丙火의 기운이 동시에 운로에서 들어오면서 합을 하는 성질이 또한 용신의 기운이 돌출되고 있으므로 완전히 일치되는 것을 알 수가 있다.

결국 사주주인공인 진 모씨는 이 때 1996년 丙子년 음력 3월에 남편과 결혼을 하였는데 음력 3월은 辰월이 되고 있으니 이것 역시 子-辰合水로 용신의 기운이 되고 있으므로 부합할 수밖에 없다.

그러나 사실상 본 사주는 관살혼잡(官殺混雜)되는 명조로서 남자의 기운인 관성이 교집(交集)된 중에 사주월주가 십이운성 목욕지를 깔고 있음에 따라 대운이나 세운에서 관성의 기운이 재차 돌출된다면 무언중에 남자관계가 발생하게 되니 재혼팔자는 모면하기 어려울 것을 본 저자는 미루어 짐작하고 있다해도 과언이 아니다.

제6장 재혼팔자(再婚八字)

제6장
재혼팔자(再婚八字)

1. 재혼팔자(再婚八字)

사람은 누구나 태어나 성년(成年)이 되면 결혼을 하게 되는데 남자라면 좋은 여자를 만나기 원하고 여자라면 좋은 남자를 만나 결혼하여 일생동안 화합, 행복하게 살아가기를 원한다.

그러나 사주팔자가 선천적으로 호색다음(好色多淫)하여 음란성(淫亂性)과 주색잡기(酒色雜技)를 좋아하다 보니 처궁과 남편궁이 바뀌게 되는 필연성을 가지는 현상과 혹은 성격이나 궁합이 맞지 않아 부부간에 불목(不睦)하여 뜻하지 않게 이혼을 해서 재혼(再婚)하는 사람들도 많이 있다할 것이다.

또한 이러한 사람들 중에는 사주격국이 대단히 탁기(濁氣)를 남기는 중에 대운이나 세운이 용신을 상극하여 불우의 교통사고나 질병 등으로 객사(客死)나 흉사(凶死)로 인한 사별(死別)을 맞이함에 따라 본인의 뜻과 반대로 재혼팔자(再婚八字)로 전환하는 사람도 본 저자는 많이 보고 있다.

따라서 모두다 사별(死別)이나 이별(離別)로 인한 슬픔을 간직한 채 운명의 굴레에 매달려 가는 사주팔자들로 분류하고 있는데 본 장에 언급하는 재혼팔자(再婚八字)는 사실상 이유를 불문하고 선천성인 사주격국을 통하여 재혼(再婚)으로 귀착하는 사주를 실제인물에 준하여 그 실체를 파악하는 것을 중점으로 간명하고 있다.

본 장에 기술하는 재혼팔자(再婚八字)에 대한 성질을 인용하여 보면 우선 남자와 여자의 격국을 분류한 뒤 선천성인 사주격국을 통하여 근본적으로 재혼(再婚)이 되는지를 살피고 다시 후천성인 대운이나 세운에서 어떠한 운로를 맞이하고 있을 때 사주주인공이 재혼(再婚)팔자로 이르고 있는지를 사주추명학적으로 적나라하게 파헤치고 있는 점이 특징이라 할 것이다.

또한 그 특성별로 좀 더 자세하게 언급하면 남자는 선천성인 사주명조에 육친의 성정인 편재나 정재의 기운이 혼잡(混雜)하고 있는가, 그리고 일지의 동태의 여부와 여자의 경우는 남자의 육친인 정관이나 편관의 특성을 우선 면밀히 관찰하여야 될 것이다.

그리고 나서는 남, 녀 모두 사주일지는 배우자궁을 나타내고 있으니 다시 일지의 동태를 복수적으로 간명한 뒤 남, 녀를 불문하고 각종 살성(殺星)과 십이운성의 강약 및 귀인(貴人)을 참조하여 재혼

(再婚)의 여부를 판단하여야 됨을 본 저자는 본 장에서 대단히 강조하고 있는 바이다.

(1). 재혼팔자(再婚八字)의 남자

● 일간이 신강, 신약을 불문하고 사주내 정재나 편재가 많으면 첩이 있으며 재혼(再婚)한다.!

● 일간이 신강, 신약을 불문하고 일지를 상충이나 삼형을 중첩하여 있으면 재혼(再婚)한다.!

● 사주에 첩의 기운을 나타내고 있는 편재가 2개 이상 있거나 편재를 생조하는 식신이 근접하여 있을 때 재혼(再婚)한다.!

● 일간이 신강, 신약을 불문하고 사흉성(겁재, 상관, 편관, 편인)이 자리를 잡고 있는 중에 다시 일지를 형, 충, 파, 해를 하면 재혼(再婚)한다.!

● 일간이 신왕하여 일주가 양인살(羊刃殺)에 해당하거나, 비겁이 많거나, 일주가 백호대살(白虎大殺)이나 괴강살(魁罡殺)이 형, 충이 되어도 재혼(再婚)한다.!

● 일간이 신강, 신약을 불문하고 사주가 양팔통(陽八通)이나 음팔통(陰八通)이면 호색다음(好色多淫)하여 첩이 있

거나 재혼(再婚)한다.!

●일간이 신강, 신약을 불문하고 천간합(天干合)과 지지합(地支合)이 많아도 첩이 있거나 재혼(再婚)한다.!

●일간이 신강, 신약을 불문하고 사주가 너무 과조(過操)하거나 과습(過濕)해도 첩이 있거나 재혼(再婚)한다.!

●일간이 신강, 신약을 불문하고 정관과 상관이 있거나 혹은 정관과 편관이 있는 사주는 첩이 있거나 재혼(再婚)한다.!

●일간이 신강, 신약을 불문하고 일지에 사흉성(겁재, 상관, 편관, 편인)이 자리를 잡고 있는 중에 상극되는 사길성(식신, 정재, 정관, 인수)가 근접하여 상극하고 있을 때 첩이 있거나 재혼(再婚)한다.!

●일간이 신강, 신약을 불문하고 일지에 도화살(桃花殺)이 있고 다시 타 주에 도화살(桃花殺)이 중첩하거나 십이운성 목욕지에 앉아 있을 경우 첩이 있거나 재혼(再婚)한다.!

●일간이 신강, 신약을 불문하고 일지에 도화살(桃花殺)이 있고 다시 역마살(驛馬殺)이 있을 때 남, 녀를 불문하고 간부나 남의 여자와 간통(姦通)하여 천리를 도주한다.!

● **일간이 신강, 신약을 불문하고 육친의 식신이나 상관이 많으면 첩이 있거나 재혼(再婚)한다.!**

● **일간이 신강, 신약을 불문하고 편인이나 인수가 많아 교집(交集)되면 첩이 있거나 재혼(再婚)한다.!**

● **일간이 신강, 신약을 불문하고 인성과 재성이 많아 교집(交集)되면 첩이 있거나 재혼(再婚)한다.!**

※ 이상으로 선천성인 사주격국에 준해서 첩이 있거나 재혼팔자(再婚八字)를 모두 분류하여 보았는데 사실상 이와 같은 성질 이외에도 사주원국내 지지인 지장간 여기(餘氣), 중기(中氣)등에 육친의 정재나 편재의 기운이 암장되어 많이 나타나고 있을 경우 모두 첩을 두어 바람을 피우거나 재혼팔자(再婚八字)로 둔갑하는 것을 본 저자는 많이 보고 있다.

또한 이러한 경향은 사주일간이 신강, 신약을 불문하고 일간을 주동하여 역시 지지의 지장간에 암장된 기운과 암합(暗合)을 하는 경우와 일주가 십이운성 목욕지에 앉아 있고 다시 타 주에 거듭 목욕이 많거나 역마살(驛馬殺)이 들어 있을 때도 모두 첩과 동거(同居)하거나 재혼팔자(再婚八字)로 판단하는 것이 정석이다.

***. 본 장에 준해 재혼팔자(再婚八字)에 해당되어 1988년 戊辰년에 재혼(再婚)하였는 실제인물인 최 모씨의 사주팔자이다.!**

(예1). 남자, 최 모씨(경남 하동) 1950년 음력 2월 28일 申 시

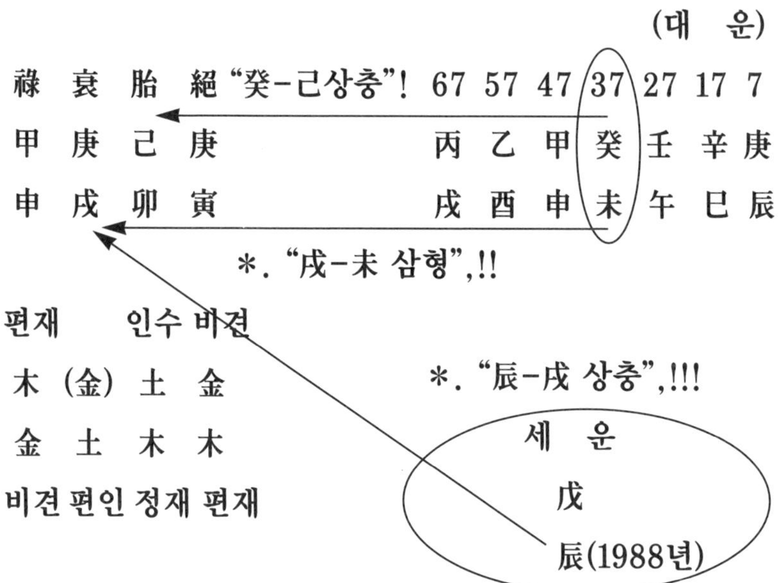

●일간이 신왕해서 "신왕월지정재격(身旺月支正財格)"을 성격(成格)하여 월지 정재 卯木을 용신으로 선택하고 있는데 우선 사주원국에 여자의 기운인 정재와 편재가 혼잡(混雜)되어 있으니 이것은 단편적으로 보아도 여자관계가 복잡한 사람이다.!

따라서 37세 癸未대운에 접어들자 대운천간 癸水가 비록 일간 庚金의 기운을 누출시키는 상관의 기운이 되어 길하다고 판단할 수가 있지만 월상에 투출되어 있는 己土 인수를 癸-己 상충으로 파극하니 문서상 타격을 예상하고 있다.!

더하여 대운지지 未土가 신왕한 일간 庚金을 土生金으로 생조하면서 사주일지 戌土 편인을 戌-未 삼형이 되어 가격하고 있으니 남자사주에서 일지는 배우자궁이 되므로 이것은 처와의 이별을 사주원국이 무언중에 암시를 하고 있다해도 과언이 아니다.!

상황이 이럴진데 대운이 지배되는 시점에 1988년 戊辰세운이 되자 세운천간 戊土가 역시 일간 庚金을 土生金으로 생조하는 중에 세운지지 辰土가 재차 사주일지 戌土 편인을 辰-戌 상충으로 파극하는 것은 완전히 부부이별로서 재혼팔자(再婚八字)로 둔갑하는 점을 모면할 수가 없다.!

이 때 사주주인공인 최 모씨는 그동안 처 모르게 바람을 피우다가 들통이나 1988년 戊辰년 음력 3월에 본 처와 법정이혼을 하였는데 법정에서 이혼을 하고 돌아 나오다가 무심한 하늘만 쳐다본다.

***. 일간의 왕쇠(旺衰),!**

庚일간 卯월에 출생해서 비록 실령(失令)하였지만 사주일지 戌土 편인에 의하여 득지(得地)한 중에 다시 시지 申金 비견이 득세(得勢)하였으며 또한 그 세력의 십이운성 건록지에 앉은 년간 庚金 비견과 월상 己土 인수가 투출되어 일간 庚金을 강력하게 생조하고 있으니 신왕이다.

이렇게 일간 庚金이 신왕하게 되면 왕신(旺神)의 성질을 따르게 되는 외격(外格)의 종격(從格)이나 가종격(假從格)으로 돌아가지 않는 이상 마땅히 일간 庚金의 기운을 줄여줄 수 있는 오행이 필요하게 되는 것은 두말할 이유가 없다.

따라서 사주원국을 면밀히 관찰하여 보니 일간 庚金의 기운을 사주월지 卯木 정재 및 년지 寅木 편재의 기운에 뿌리를 두고 그 세력의 십이운성 제왕지와 건록지에 앉은 시상 甲木 편재가 투출되어 있음에 따라 이것은 곧 일간 庚金의 기운을 억제할 수 있는 성질이 왕성하게 작용하고 있음을 엿볼 수가 있다.

그렇다면 이와 같은 현상을 생각하여 볼 경우 결코 일간 庚金의 기운이 외격(外格)의 종격(從格)이나 가종격(假從格)으로 돌아가지 못하고 내격(內格)의 억부법이나 조후법에 기준하여 사주상 용신이 선정되는 것을 알 수가 있다.

***. 일부학자들의 의문,!**

여기서 일부학자들 중에 방금 본 사주팔자에 대한 일간의 강약을 결정하는 과정을 놓고 본 저자의 설명한 성질에 대하여 한가지 의문을 가지면서 질문을 하고 있다.

그것은 "운정선생은 본 사주팔자를 일간 庚金이 사주내 인성 土氣와 비겁 木氣가 많아 일간을 강력하게 생조함에 따라 일간 庚金의 힘이 신왕으로 귀착하고 있다며 설명하고 있다",!

"그러나 저희 학자들의 견해로는 이와 같은 성질이 한편으로 볼 때 사주월지에 卯木 정재와 일지 戌土 편인간에 卯-戌合火로 둔갑하면서 또한 사주년지 寅木 편재까지도 일지 戌土와 寅-戌合火로 전부 관성 火氣로 돌변하니 단편적으로 보아도 관성 火氣가 강력하게 작용하는 것은 기정사실이다",!

"그렇다면 사주일지 戌土 편인의 기운이 일간 庚金에 대해 득지(得地)하여 그 힘을 일간 庚金에게 보태어 준다는 생각은 말도 되지 않는 성질이고 아울러 일지 戌土 편인은 그 오행상 성질로 보면 火氣를 가지고 있는 조토(操土)이니 완벽한 생금(生金)을 할 수가 없는 이치를 생각한다면 더욱 더 이상의 부분에 부합하지 않겠는가",?

"따라서 이상의 성질에 비추어 보면 완전히 일간 庚金이 신약으로 귀착하는 것은 기정사실일 텐데 어찌하여 운정선생은 이와 같은 현상을 완전히 무시하고 막연히 합의 기운을 취용도 하지 않은 채 무조건 일간 庚金에 일지 戌土 편인이 득지(得地)한다고 하여 신왕하다는 논리는 이해되지 않으니 이 부분에 대하여 명쾌한 답변을 하여 달라",!

라며 상당히 논리적인 반박과 함께 구체적인 설명을 요구하고 있다.

***. 일부학자들의 의문에 대한 본 저자판단,!**

이와 같은 일부학자들의 의문에 대하여 본 저자의 견해는 일면 학자들의 생각이 일리가 있다고 생각되나 하지만 본 사주팔자의 오행상 합의 기운을 좀 더 구체적으로 세밀히 판단하여 간명하여 볼 경우 방금 본 저자가 설명한 부분에 모두 공감을 표시할 것이다.

또한 방금 의문한 성질은 사주추명학상 상당히 중요한 부분이 되는 것은 두말할 필요가 없으므로 일간의 왕쇠(旺衰)나 용신을 선택하는 과정에 대단한 착오를 불러들일 수 있는 소지를 다분히 안고 있기 때문에 그동안 본 저자가 전국을 떠돌며 실제인물에 준하여 간명한 경험상 비법(秘法)을 기술하고자 한다.

***. 본 저자가 실제인물에 준하여 약 23년동안 경험상 터득한 비법(秘法),!**

그렇다면 일부학자들이 의문을 제기한 본 사주팔자에서 지지합의 변화를 면밀히 관찰하여 볼 필요가 있겠는데 우선 사주일지 戊土 편인의 기운이 조토(操土)라는 개념을 두고 사주일간 庚金을 완벽히 생금(生金) 할 수가 없다는 논리에 대하여 하나의 이론상 정립을 세워보기로 한다.

우선 그 첫째로,!

"사주일지 戌土 편인은 조토(操土)라도 일지에 자리를 잡고 있는 이상 득지(得地)의 기운으로 행사한다".!

무슨말인지 좀 더 구체적으로 기술하자면 이와 같은 현상이 아무리 일간 庚金에 대한 인성 土氣가 습토(濕土)이던 조토(操土)이던 불문하고 일간에 대한 생조의 기운이 되는 점으로 판단하여야 될 것을 대단히 강조하고 있다.

따라서 사주내 내격(內格)의 억부법이나 조후법상 조토(操土)가 많으면 대단히 난조하고 메마르기 때문에 일간에 대한 용신법이 조후법상 水氣나 金氣를 용신으로 선택하는 것처럼 조후법상 비록 건조하더라도 사주일간에 대한 힘을 가지는 점으로 판단하는 것이 정석이다.

더 자세하게 설명할 경우 보통 사주격국을 가상하여 예를 들면 일간이 신왕한 것이 조토(操土)가 많아 신왕하다 해도 사주가 土氣가 많아 왕신(旺神)을 따르는 외격(外格)의 종격(從格)이나 가종격(假從格)으로 귀착하지 않는 이상 내격(內格)의 원리상 조후법의 용신이 선택될 수밖에 없다.

그렇다면 이것은 사실상 본 사주팔자에 준하여 인용한다면 일간 庚金이 조토(操土)가 많다면 신강이 되는 것이지 이것이 결코 신약으로 귀착할 수가 없는 것이고 아울러 이 때는 사주원국이 너무 건조하기 때문에 일간의 용신을 억부법상 용신을 선택하지 않고 조후법상 용신을 선택할 수 있는 차이만 나타난다고 보는 것이다.

다음 둘째로,!

"일부학자들이 언급하고 있는 사주일지 戌土 편인이 일간 庚金에 대한 득지(得地)의 기운이나 사주월지 卯木 정재와 년지 寅木 편재가 각각 卯-戌合火, 寅-戌合火하여 모두 관성 火氣로 돌변하는 것이니 일간 庚金이 신약이라고 판단하고 있다".!

이상의 부분에 대하여 본 저자는 일면 일부학자들의 견해는 타당성이 있다고 생각하나 여기서 지지합의 성질을 세밀하게 살펴보면 일지 戌土 편인은 비록 강력한 월지 卯木 정재와 卯-戌合火로 돌변한다고 생각하기 쉽다.

하지만 이 때 사주년지 寅木 편재가 역시 일지 戌土 편인과 재차 寅-戌合火로 합을 하자고 투합(鬪合)의 성질이 또한 되고 있으니 이렇게 卯-戌합과 寅-戌합을 하려는 양자의 세력 다툼 속에서 제대로 안정된 가운데 완벽한 합을 할 수가 없게 된다.

상황이 이럴진데 다시 사주시지에 申金 비견이 자리를 잡고 비록 원격(遠隔)하게 작용하지만 년지 寅木 편재를 寅-申 상충으로 파극하여 합의 성질을 제대로 할 수가 없게 방해를 하고 있겠으며 그러나 이보다 더욱 더 중요한 점은 사실상 시지 申金이 월지 卯木 정재와 년지 寅木 편재를 모두 金剋木으로 오행상 상극을 하고 있다는 것을 중시 볼 필요가 있다.

이와 같은 현상은 전 장의 命理秘典 上권인 육친통변법상 비견의 기운이나 정재 및 편재의 성질에 준하여 그 실체를 완벽하게 기술하고 있는데 비록 비견의 기운이 정재 卯木이나 편재 寅木을 천간지지 동주(同柱)의 성질이 되지 않을 지라도 이렇게 나란히 근접하여 모두 비견+정재, 비견+편재의 형상이 되고 있다면 아무리 합의 기운이 있다해도 합의 성질이 방해를 받는 것은 모면할 수가 없다.

그렇다면 본 사주팔자에 대한 일지 戊土 편인에 대한 일간이 신강, 신약을 결정하는 과정에서 일부학자들이 언급하는 부분은 완전히 배척할 수밖에 없다는 것은 결론이 나고 있는 것이며 따라서 이상의 부분을 본 저자가 사실상 부합시켜 본 사주팔자에 대한 일간 庚金을 신왕으로 간명하는 이유가 여기에 있다해도 과언이 아니다.

이상의 부분은 대단히 중요한 성질이 되는 것은 두말할 이유가 없겠으며 이것은 사주추명학의 비조인 고서(古書)나 원서에 이렇다할 세밀한 합, 충의 변화를 기술하지 않고 막연히 뜬구름식으로 언급하고 있기 때문에 부득히 본 저자는 약 23년동안 실존인물을 찾아 지금의 부분에 적용시켜 운로인 대운이나 세운에서 변화되는 하나의 법칙을 낱낱이 경험상 비법(秘法)으로 정리하였던 것이다.

결국 이러한 경험상 비법(秘法)을 알게 되는 본 命理大要를 가지는 전국 역학자는 방금 설명한 성질에 준하여 실존인물이 나타나게 되면 모두 지금까지 기술한 부분에 적용시켜 간명한다면 대단한 적중률을 나타내게 되는 것은 두말할 이유가 없겠으며 아울러 이러한 성질은 마땅히 아주 소중하게 취급하여야 됨을 본 저자는 첨언하는 바이다.

*. 격국(格局)과 용신,!

본 사주팔자에 대한 격국(格局)과 용신을 판별하여 보면 우선 일간 庚金이 사주내 인성 土氣와 비겁 金氣가 많아 신왕한 중에 사주월지에 卯木 정재가 자리를 잡고 다시 시상에 甲木 편재가 투출되어 있으니 "신왕월지정재격(身旺月支正財格)이 성격(成格)된다.

고로 용신은 **"인중용재격(印重用財格)"**이 됨에 따라 일간 庚金을 생조하는 왕성한 인성 土氣와 비겁 金氣를 바로 억제하는 재성 木氣를 용신하고 재성 木氣를 생조하는 식상 水氣를 희신으로 삼는 것이 마땅하니 그렇다면 원칙적으로 **"식상생재격(食傷生財格)"**을 같이 구성한다.

이렇게 사주상의 용신과 희신을 선택하여 놓고 사주격국을 면밀히 관찰하여 보니 일간 庚金에 대한 용신의 기운으로 자리매김하고 있는 재성 木氣가 사주월지에 卯木과 년지 寅木 편재가 나란히 근접하여 있는 중에 그 세력에 뿌리를 두고 십이운성 제왕지와 건록지에 앉은 시상 甲木 편재가 투출되어 있어 단편적으로 보면 용신이 강령함을 판단 할 수가 있을 것이다.

그렇지만 이와 같은 현상은 사실상 용신의 기운이 같은 동질성이 되더라도 이렇게 각각에 분산되어 세력다툼을 하고 있다면 복록이 한곳으로 모여지지 않아 재복(財福)이 형성되는 과정이 대단히 힘들게 되는 점을 피할 수가 없다.

또한 비록 사주내 재성 木氣가 자리잡고 있어 일면 그 세력이 진신(眞神)의 성질이 되겠으나 진신(眞神)인 재성 木氣를 받쳐주고 생조하는 식상 水氣가 사주내 없음에 따라 직, 간접적으로 재성 木氣와 비겁 金氣간 金剋木으로 상극하고 다시 인성 土氣와 木剋土로 상극하고 있으니 이것이야말로 대단한 전극(戰剋)이 형성될 수 있는 요건이 발생하므로 격국이 아주 나쁘게 작용하고 있다.

결국 이와 같은 성질은 비록 본 사주팔자가 일간 庚金이 신왕하여 **"신왕월지정재격(身旺月支正財格)"** 및 **"식상생재격(食傷生財格)"**을 성격(成格)한다고 하지만 왕성한 인성 土氣를 억제하면서 재성 木氣를 생조하고 아울러 왕성한 비겁의 기운을 수기(秀氣)유행시킬 수 있는 식상 水氣가 없음에 따라 대단히 격국(格局)에 전극(戰剋)이 형성되고 있으니 이것은 곧 숙명적인 운로가 불길함을 단적으로 보여주고 있다해도 과언이 아니다.

***. 격국(格局)에 대한 청탁(淸濁)판별,!**

위 사주원국에 대한 격국(格局)의 청탁(淸濁)판별을 하여 보면 제일먼저 오행상 균등을 가지고 용신이 강령한지 그리고 형, 충, 파, 해가 없는지 또한 오행이 편중(偏重)으로 치우쳐져 있는지 등을 관찰하고 그에 대한 복수적 판단으로 오행상 물결이 흘러가듯한 주류무체(周流無滯)등을 중점적으로 관찰하여 결정을 내리는 것이 타당하다.

따라서 본 사주팔자는 비록 일간 庚金이 신왕하여 격국(格局)이 **"신왕월지정재격(身旺月支正財格)"** 및 **"식상생재격(食傷生財**

格)"을 성격(成格)하고 있겠으나 사실상 오행이 편중(偏重)되어 일간 및 일간의 동기인 비겁 金氣를 재성 木氣와 연결을 도모할 수 있는 식상 水氣가 사주내 보이지 않고 있다.

이러한 사항은 가장 중요하게 판단하여야 될 문제로서 이것은 곧 용신의 성질로 자리매김하고 있는 재성 木氣를 직, 간접적으로 비겁 金氣가 金剋木이 되어 파극하는 절대적인 요인으로 간명할 수가 있겠는데 더하여 인성 土氣마저 재성 木氣를 木剋土로 상극하고 있으니 이래저래 식상 水氣가 없음에 따라 용신을 생조할 수 있는 힘을 상실하면서 재성 木氣가 그대로 노출되어 힘이 쇠약해지는 것을 모면할 수가 없겠다.

더하여 이상의 현상은 비록 용신인 재성 木氣가 사주월지에 하나의 기운으로 그 역할을 할 수만 있다면 일위(一位)의 기운이 되어 그나마 복록이 한곳으로 모여질 수가 있겠지만 월지에 卯木 정재가 자리를 잡고 있는데 사주년지 寅木 편재와 다시 시상에 투출되어 있는 甲木 편재가 재차 투출되어 있음이 아주 좋지 않게 되어 있다.

이것은 곧 사주팔자에 일간에 대한 용신의 기운이 여러개 모여있으면 모여있는 것만큼 상당한 세력다툼을 하는 것이 되어 복록이 한곳으로 집중되지않고 같은 용신끼리 밥그릇싸움이 발생하는 현상마져 나타나고 있다해도 과언이 아니다.

또한 탁기(濁氣)를 구성할 수 있는 절대적인 요인으로 판단하는 사주지지에 년지 寅木 편재와 시지 申金 비견이 寅-申 상충이 되어 있고 다시 사주천간에는 일간 庚金을 주동하여 시상에 투출되어 있는 甲木 편재가 甲-庚 상충이 되고 있으니 이러한 것은 년간 庚金 비견도 똑같이 성립되어 사주천간지지 모두 상충의 작용이 도사리고 있음에 따라 근본적으로 운명상 불길함을 모면할 수가 없게 되었다.

결국 본 사주팔자는 본 장에 언급하는 청탁(淸濁)의 법칙에 대단한 탁기(濁氣)를 남기는 사주팔자가 되고 있음을 알 수가 있겠는데 이것은 사실상 운로인 대운이나 세운이 비록 용신이나 희신의 기운으로 치달리고 있다해도 근본적인 사주얼굴이 좋지 못하기 때문에 큰 복록을 애시당초 기대하기는 틀린 것이라고 판단하는 것이 정석이다.

***. 본 사주주인공의 성격,!**

본 사주팔자의 주인공은 최 모씨로서 남자사주인데 지금까지 사주격국에 대한 일간의 왕쇠(旺衰) 및 용신, 그리고 격국의 청탁(淸濁)판별을 하여 본 결과 비록 일간 庚金이 신왕하여 **"식상생재격(食傷生財格)"**을 성격(成格)하지만 격국이 탁기(濁氣)를 남기고 있으니 큰 복록을 누리지는 못하는 것을 알 수가 있었다.

본 장에 언급하는 사주주인공인 최 모씨의 성격을 간명하여 보면 일간이 신왕한 중에 월지 정재 卯木이 자리를 잡고 있으니 근면 성실하다고 판단할 지 모르지만 이렇게 재성의 기운이 정재와 편재가 혼잡(混雜)되어 자리잡고 있음에 따라 사람됨이 욕심 많는 성격임을 알 수가 있다.

더구나 사주내 왕성한 비겁 金氣와 인성 土氣를 억제할 수 있는 식상 水氣가 사주내 보이지 않고 오로지 시지 申金 비견의 지장간 중기(中氣)에 암장되어 있어 암장된 기운은 그 역할이 미미하기 짝이 없으므로 제대로 그 역할을 수행할 수가 없는 중에 재성 木氣와 비겁 金氣와 전극(戰剋)이 형성되어 있으니 격국이 대단히 불안한데 이것은 또한 사실상 인성 土氣와도 木剋土로 이중 상극하고 있는 것이 되어 설상가상이라 하겠다.

따라서 일지에 편인 戌土가 자리를 잡고 인성 土氣가 강력하여 일간이 신왕하니 매사에 시작은 잘하나 용두사미(龍頭蛇尾)의 형태로 2년이나 3년간이 고비가 됨에 따라 곧 좌절하여 다른 직종으로 종종 바뀌는 형상이 자주 나타날 것이며 아울러 자존심 고집이 대단히 강력한 사람이 되어 타의추종을 불허하므로 남에게 적을 잘 사는 타입이라 할 것이다.

또한 사주내 인수+비견이 월상과 년간에 투출되어 나란히 자리를 잡고 있으므로 형제나 친구를 위하여 보증이나 금전거래를 하여 실패하는 형상이 많을 것인데 이와 같은 현상은 일간 庚金 및 년간 비견 庚金이 동시에 시상에 투출되어 있는 甲木 편재를 甲-庚 상충으로 파극하여 재성과 비겁이 충돌이 발생하고 있으니 더욱 더 확실하게 작용한다.

한편으로 볼 때 사주주인공인 최 모씨는 여자관계로 호색다음(好色多淫)하여 음란성이 극치에 도달하는 것을 발견할 수가 있겠는데 이것은 사주원국내 인성 土氣를 억제하고 아울러 용신인 재성 木氣를 생조할 수 있는 식상 水氣가 보이지 않고 있음에 따라 인성과 재성이 혼잡(混雜)되어 있을 경우 방탕한 생활로 주색잡기(酒色雜技)에 능하여 가정을 등한시하니 평생을 통하여 여자관계로 고통을 당하는 운명이다.

이와 같은 현상은 더욱이나 사주내 일간 庚金을 주동하여 재성 木氣는 여자의 기운으로 대변하고 있는데 재성 木氣가 정오행이 이미 사주월지 卯木 정재, 그리고 년지 寅木 편재가 있는데 다시 시상에 甲木 편재가 재차 투출되어 있으므로 여자로 표시하는 재성이 벌써 3개가 발견되고 있는 상황이다.

그런데도 불구하고 사주월상에 투출되어 있는 己土 인수와 시상에 투출되어 있는 甲木 편재간 甲-己합이 있는 중에 다시 지지에 일지 戌土 편인을 주동하여 월지 卯木 정재와 卯-戌합, 그리고 년지 寅木 편재와 寅-戌합이 되고 있으니 이렇게 합의 기운이 많게 되는 것은 더욱 더 음란성이 강력하게 작용한다고 판단하는 것이 정석이다.

＊. 일부학자들의 방금 설명한 성질에 대한 의문,!

여기서 일부학자들 중에서 방금 본 저자가 설명한 부분에 대하여 상당히 의문을 가지면서 질문을 하고 있다.

그것은 **"운정선생은 본 사주팔자에 대한 사주주인공인 최 모씨의 성격을 간명하는 자리에서 최 모씨가 음란성을 가지고 있는 성질이 사주내 인성과 재성이 혼잡(混雜)되고 또한 정재**

나 편재가 많다는 것에 대하여는 저희 학자들도 공감을 표시한다",!

"하지만 본 사주팔자에 대한 천간합인 甲-己합이나 지지에 卯-戌합 및 寅-戌합을 놓고 상당한 의문을 제기하지 않을 수가 없는데 그 중에 천간합인 甲-己합은 이미 사주일간과 년간 庚金이 시상에 투출되어 있는 甲木편재를 甲-庚 상충으로 파극하여 완전히 합의 기운을 분산시키고 있음을 알 수가 있다",!

"또한 이와 같은 현상은 지지합인 卯-戌합이나 寅-戌합은 이미 운정선생이 전자에 일간의 강약(强弱)을 기술하는 자리에서 시지 申金 비견이 재성을 金剋木하고 또한 寅-申 상충으로 합을 파극하여 제대로 합을 성립할 수가 없다며 결론을 내리고 있는 것은 부인할 수가 없는 대목이라 할 것이다",!

"그런데도 불구하고 운정선생은 방금 본 사주팔자에 대하여 이와 같은 합의 기운이 상극의 작용으로 인하여 완전히 분산하고 있는데 이것을 완전히 배척하면서 합의 기운을 취용하는 절차는 전자에 이미 합을 취용하지 못한다는 원리와 정면으로 배치되고 있음을 모면할 수가 없다",!

"그렇다면 이상의 실체를 놓고 저희 학자들의 의문에 대해 사주추명학에 비추어 구체적으로 해명하여 주기 바란다",!라며 상당한 논리적인 비판과 더불어 자세한 답변을 요구하고 있다.

＊. 일부학자들의 의문에 대한 본 저자판단,!

이와 같은 일부학자들이 의문을 표시하는 성질은 대단한 논리적인 반박이 나타나고 있는 것으로 아마도 상당한 사주추명학을 연구하는 역학의 대가(大家)의 경지에 도달하고 있는 원로님이 아닌가하고 본 저자는 문득 생각을 하고 있다.

그렇다면 일부학자들이 상당한 논리적 배척을 하고 있는 성질은 본 저자가 고서(古書)나 원서에 기록하지 않는 성질이 되고 있음에 따라 부득히 약 23년동안 실제인물을 찾아서 이상의 성질에 해당되어 있는 것을 오랜 세월을 통하여 경험상 터득한 비법(秘法)을 기술하기로 하겠다.

＊. 본 저자가 약 23년동안 경험상 터득한 비법(秘法),!

따라서 이상의 부분에 대하여 좀 더 자세하고 신중한 답변을 하여야 만이 학자들의 의문을 해소시킬 수가 있음을 감히 짐작하는데 그렇다면 그동안 이와 같은 성질에 해당되어 있는 실제인물을 놓고 추명법에 비추어 경험상 터득한 간명의 원리를 부합시켜 우선 학자들이 반박을 하고 있는 사주지지 합의 성질부터 판단하여 보기로 하겠다.

우선 일부학자들이 의견을 제시한 일지 戊土 편인을 중심으로 해서 월지 卯木 정재와 卯-戌합, 그리고 년지 寅木 편재와 寅-戌합등은 이미 본 저자가 학자들의 의견대로 전자에 일간의 왕쇠(旺衰)를 간명하는 자리에서 합의 기운을 취용하지 못한다고 못을 박고 있는데 그렇다면 지금에 와서 합의 성질을 취용하는데는 약 2가지 종류로 구별하여 나열하기로 한다.

그 첫째로,!

"일간의 강약과 용신의 왕쇠(旺衰)를 따지는 것은 사주내 조금의 상극인 형, 충이나 합의 성질을 양쪽에서 하려는 쟁합(爭合) 및 투합(鬪合)의 성질이 있다면 완벽한 합을 이루지 못하는 형상이 되어 잔여기운을 남기면서 제대로 합을 성립할 수가 없다".!

이것은 상당히 중요한 부분으로서 보통 사주원국에 합을 취용하거나 배척하는 성질을 두고 일간의 강약이나 용신의 왕쇠(旺衰)를 결정하는 절차에 완벽한 합의 기운을 성립하는 조건이 합을 상극하는 형, 충, 파, 해등으로 합의 기운을 방해하는 형상이 되어 있을 경우 일간이 신강이나 신약으로 돌아가는 완벽한 현상이 나타나고 있으니 합의 기운을 세밀히 관찰하여 이상의 성질에 판단상 기준을 두어야 될 것이다.

따라서 이와 같은 현상은 본 장 첫 번째 항목에서 언급하고 있듯이 합의 기운을 서로간 먼저하려고 양쪽에서 쟁합(爭合)이나 투합(鬪合)의 성질이 되는 것도 하나의 오행을 두고 두 개나 세 개의 오행이 모두 동시에 합을 탐한 나머지 싸움을 하는 형상이므로 이것 역시 완벽한 합을 이루지 못하는 절대적인 이유가 성립한다해도 과언이 아니다.

그렇다면 본 저자가 언급하는 합의 기운은 용신의 선택을 판가름하는 일간의 왕쇠(旺衰)나 용신의 강약을 구분하는 절차에서는 세밀한 합의 기운을 선택하여야 되는 절대적으로 중요한 부분을 강조하고 있는 것이니 합이 되어도 얼마나 합의 기운이 강력하게 결합하고 있는지, 그렇지 않으면 미약한 합의 기운이 되고 있는지, 등을 세밀하게 따져야 됨을 본 장에서 강조하고 있다.

다음 둘째로,!

"용신의 강약(强弱)이나 일간의 왕쇠(旺衰)를 구분하는데는 합의 성질을 조목조목 따져 그 힘의 결합여부를 판가름하라고 하였으나 육친의 운명상 하나의 오행이 합을 하는 절차에서 오행상 상극인 형, 충, 파, 해등으로 방해하거나 합의 기운을 서로간 먼저하려고 싸움을 하는 쟁합(爭合)이나 투합(鬪合)이 된다해도 육친의 통변법상 합의 기운으로 취용하여야 된다".!

이상의 성질 역시 상당히 중요한 부분으로서 좀 더 구체적으로 설명한다면 전자에 언급한 합의 기운을 취용하는 절차가 용신의 강약(强弱)이나 일간의 왕쇠(旺衰)등을 따져 볼 때는 세밀하게 판단하여야 됨을 본 저자는 대단히 강조하고 있다.

그러나 이와 같은 합의 성질이 육친통변법을 적용하는 절차에서 해당하는 육친이 합을 구성하는 현상이 되고 있는데 이 때 비록 형, 충, 파, 해로 상극하고 있을 경우 합의 성질이 분산된다며 판단하지 말고 그대로 육친의 성정은 합을 하는 성질이라고 간명하라는 취지이다.

무슨말인지 예를 들어 설명하자면 가상하여 사주원국에 편재가 존재하여 있는데 이 편재가 戊土가 되어 사주천간에 어느 오행과 戊-癸합을 구성하는 절차에서 戊-癸합에 근접하여 甲木이나 己土가 존재하여 甲-戊 상충이나 癸-己 상충이 되어 합의 기운을 분산시키고 있다고 해도 합의 성질로 취용하라는 취지이다.

왜냐하면 그에 대한 이유로 戊土 편재인 부친은 끊임없이 癸水와 합을 하자고 구애(求愛)하는 성질을 무시할 수가 없으니 곧 합을 탐한 나머지 기반(羈絆)의 역할이 될 수밖에 없음에 따라 이 때는 부친은 상대적인 癸水가 사주내 많던지 그렇지 않으면 지장간과 암합(暗合)을 중첩하고 있을 경우 부친은 합으로 인한 바람을 피운다고 간명하는 한 일례와 같은 것이다.

그렇다면 이와 같은 성질이 전자의 일간의 강약이나 용신의 왕쇠(旺衰)등을 판단하는 절차에서 양쪽에서 합을 다투는 쟁합(爭合)이나 투합(鬪合)의 성질이 되고 있을 경우도 모두 오행상 잔여기운을 남기는 형상이라고 판단하여 제대로된 합의 기운에 미약하거나 그렇지 않으면 강력하게 합을 결합할 수가 없다고 판단하는 성질에 정면으로 배치되는 사항이다.

그렇지만 육친의 통변법상 이렇게 합을 먼저하려고 싸움을 하는 쟁합(爭合)이나 투합(鬪合)의 성질은 완벽한 양자가 끊임없이 구애(求愛)하는 성질이 되므로 이 때에는 방해이고 뭐고 필요없이 각각에 중첩하여 합을 성립하여 완전히 재혼팔자(再婚八字)나 주색잡기(酒色雜技)로 가정을 등한시한다고 판단하여야 되는 것을 일간의 왕쇠(旺衰)나 용신의 강약과는 별개의 문제로 생각하여야 되는 이유가 여기에 있다.

따라서 이상과 같은 맥락에 준하여 일부학자들이 대단히 의문시하고 반박을 표시한 성질이 적나라하게 파헤쳐지고 있음을 알 수가 있겠는데 비록 전자의 일간의 왕쇠(旺衰)를 간명하는 절차에서 본 저자가 합의 기운을 취용할 수가 없다는 논리가 지금에 와서는 합의 기운을 취용하는 절차는 모두 육친통변법상 적용해서 판단하는 것을 알 수가 있겠다.

지금까지 기술하는 부분은 대단히 중요한 성질로서 이런 부분 하나하나가 사주추명학상 상당한 고난도의 성질이 되고 있음에 따라 역학의 대가(大家)들도 이와 같은 성질에 당면되게 될 때 대단히 곤욕스러움을 면치 못하는 것을 본 저자는 많이 보고 있다.

결국 실제인물이 지금의 성질에 당면되고 있을 경우 모두 전자의 기술한데로 차근차근 부합시키고 있다면 대단한 적중률을 보이게 됨은 두말할 이유가 없겠으며 이상의 성질을 터득하고자 실제인물을 찾아 본 저자가 약 23년동안 숙명적인 사주격국을 추적 검토하여 하나의 경험상 비법(秘法)을 완성 정리 하였던 것이다.

***. 제 6장 재혼팔자(再婚八字)에 준한판단,!**

다시 본 장에 준하여 재혼팔자(再婚八字)에 적용시켜 그 실체를 인용하여 보면,!

●일간이 신강, 신약을 불문하고 사주내 정재나 편재가 많으면 첩이 있으며 재혼(再婚)한다.!

●일간이 신강, 신약을 불문하고 사흉성(겁재, 상관, 편관, 편인)이 자리를 잡고 있는 중에 다시 일지를 형, 충, 파, 해를 하면 재혼(再婚)한다.!

●일간이 신강, 신약을 불문하고 천간합(天干合)과 지지합(地支合)이 많아도 첩이 있거나 재혼(再婚)한다.!

라며 재혼팔자(再婚八字)에 당면되는 사주격국을 자세히 기술하고 있음을 엿볼 수가 있다.

따라서 사주주인공인 최 모씨는 방금 재혼팔자(再婚八字)에 적용시켜 그에 대한 성질을 판단하여 볼 경우 완전히 일치하고 있음을 알 수가 있겠는데 우선 일간 庚金이 사주내 인성 土氣와 비겁 金氣가 왕성하여 신왕한 중에 육친통변법상 남자사주에서 여자의 기운으로 대변되고 있는 정재나 편재가 많이 나타나고 있음을 알 수가 있다.

또한 사주원국에 간합이나 지합의 기운으로 사주천간에 甲-己합이 있고 다시 지지에 卯-戌합과 寅-戌합이 중첩되어 나타나고 있는 중에 사주일주 戊土 편인을 주동하여 월지 卯木 정재가 도화살(桃花殺)이 되는데 다시 년주 寅木 편재도 월지 卯木이 재차 도화살(桃花殺)이 되고 있으니 더욱 더 확실하게 작용한다.

더구나 상황이 이럴진데 사주팔자가 인성 土氣와 재성 木氣가 상호간 교집(交集)되어 있으니 사주원국에 인성+재성이 혼잡되어 있을 경우 음란성이 극도로 달해 주색(酒色)으로 방탕(放蕩)한 생활을 즐기는 것을 알 수가 있음에 따라 이미 전자에 본 저자가 언급하였듯이 더 이상 무슨 말이 필요 없을 정도로 완전한 재혼팔자(再婚八字)로 귀착하는 것을 알 수가 있다.

실제로 사주주인공인 최 모씨는 지금은 중년 후반기를 달리는 1950년생이나 초년부터 중년까지 대단히 주색잡기(酒色雜技)에 능하니 본 처와 이별을 한 후 재차 재혼팔자로 둔갑하는 것을 모면할 수가 없고 더구나 상황은 여기에서 끝나는 것이 아니고 순간순간 여자관계가 복잡할 수 있는 성질을 다분히 안고 있어 방금 본 저자가 언급한 재혼팔자(再婚八字)에 일치하는 것이 되었다.

***. 격국(格局)에 대한 대운흐름,!**

지금까지 사주주인공인 최 모씨에 대해 일간의 왕쇠(旺衰) 및 용신, 그리고 격국에 준하는 청탁판별을 통하여 재혼팔자(再婚八字)에 이르기까지 종합적으로 본인의 사주팔자를 사주추명학에 비추어 자세하게 간명하여 보았다.

따라서 사실상 격국(格局)이 순수하지 못하고 일부 사주에 탁기(濁氣)를 남기고 있으니 숙명적인 번뇌와 고통이 불을 보듯 뻔한 일이 아닐 수가 없겠는데 본 장에는 후천성인 대운을 거론하는 자리가 되므로 사주주인공인 최 모씨가 유년부터 성장하는 과정을 후천성인 대운을 통하여 세세하게 판별하여 보기로 한다.

유년 7세는 庚辰대운이다.

이 때 대운천간 庚金은 사주일간 庚金에 대한 비견으로서 신왕한 일간을 더욱 더 신왕하게 만들고 있으니 불운이 되겠는데 설상가상으로 사주시상에 투출되어 있는 甲木 편재를 甲-庚 상충으로 파극하고 있는 점은 용신이 쟁탈(爭奪)을 당하는 성질이 되어 대단히 큰 흉을 동반하는 것으로 판단한다.

이와 같은 현상은 대운지지가 辰土가 되어 역시 신왕한 일간 庚金에게는 편인이 되니 대운천간 庚金과 더불어 흉함을 더욱 더 부채질하고 있는데 이 상황이 사주일지에 자리잡고 있는 戌土 편인을 辰-戌 상충으로 파극하는 성질이 됨에 따라 일지는 자신의 몸을 의미하고 있으므로 육친통변법상 신체상 사고나 질병의 위험이 극도로 닥쳐오는 것을 모면할 수가 없다.

그러나 절묘하게 사주시지 申金 비견이 자리를 잡고 대운지지 辰土 편인의 기운을 申-辰合水로 신왕한 일간 庚金의 기운을 자연스럽게 수기(秀氣)유행을 도모할 수 있는 식상 水氣로 변화되면서 일지 戌土와 辰-戌 상충을 합으로 많이 완화시키고 있으니 대흉함을 모면할 수 있는 절대적인 계기가 되고 있음을 간파하여야 될 것이다.

하지만 육친의 운명상으로 이렇게 대운천간 庚金이 시상에 투출되어 있는 편재 甲木을 甲-庚 상충으로 파극하는 것은 이미 사주명조내 년간 비견 庚金과 일간이 동시에 시상 甲木을 甲-庚 상충을 하고 있는 중에 다시 대운에서 甲-庚 상충이 중첩되는 성질로 강도가 대단히 강력하게 발생하는 것을 피할 수가 없다.

이것을 육친통변법으로 기술하자면 이미 사주원국에 일간 庚金에 대한 용신의 기운으로 자리매김하고 있는 재성 木氣가 정재나 편재가 혼잡(混雜)되어 있으니 남자사주에서 편재는 부친을 나타내고 있으므로 이렇게 선천성인 사주상 편재가 많음에 따라 벌써 부친이 많다는 현상은 반대로 부친이 없다는 것에 일치하는 성질이 된다.

따라서 이와 같은 점을 종합해서 분석하여 볼 때 선천성인 사주명조에 일간 庚金이 신왕하고 있는 현상이 비겁 金氣와 인성 土氣가 많은 것을 감안하여 판단하면 왕성한 인성 土氣를 土剋水로 억제하고 다시 비겁 金氣를 金生水로 누출시키면서 재성 木氣를 연결하는 식상 水氣가 없음에 따라 반대급부현상으로 상극되는 재성 木氣는 완전히 인성 土氣와 비겁 金氣에 파극을 당할 수 가 있는 것은 자명한 일이 되었다.

실제로 사주주인공인 최 모씨는 이 때 초등학교를 다니는 시점이 되겠는데 유년 만 8세 戊戌년에 부친이 지병인 간암으로 별세하였으며 본인 또한 신체상 질병을 계속하여 잔병치례로 고생하였고 급기야는 13세 때에 즈음하여 교통사고까지 있었다고 하니 방금 본 저자가 간명한 것에 모두 적중되었다해도 과언이 아니다.

다시 17세는 辛巳대운이다.

이 때 대운천간 辛金은 일간 庚金에 대한 겁재로서 역시 신왕한 일간을 더욱 더 생조하여 불리하겠으나 사실상 대운지지 巳火가 일간에 대한 정관이 되어 이것이 대운천간지지가 상극의 작용인 火剋金이 성립하므로 완전한 개두(蓋頭)의 법칙에 적용되어 있다고 할 것이다.

따라서 대운천간 辛金의 기운을 억제할 수 있는 현상을 도모하면서 다시 사주원국 시지 申金 비견과 巳-申合水로 변화되어 식상 水氣를 보충시키고 있으므로 대흉함을 억제시키고 있다해도 과언이 아니다.

하지만 근본적으로 흉함을 모면할 수가 없다고 판단하는 것이 원칙인데 이것은 사주년지 寅木 편재를 대운지지 巳火가 寅-巳 삼형을 하고 있으니 巳火가 완전히 巳-申합을 구성하는 것이 완벽하게 될 수가 없겠으며 이것은 한편으로 생각하면 巳-申까지도 합을 의미하기 이전에 삼형을 동반하는 처사가 됨에 따라 그 소용돌이로 인하여 흉을 동반하는 절대적인 조건이 성립된다.

실제로 이 17세 辛巳대운이 지배되는 시점에서 사주주인공인 최모씨는 우연히 고등학교를 다니다가 학업을 중단하고 또래의 친구들과 어울려 싸움등으로 경찰서를 수없이 드나들었으니 이것은 비록 극단적인 신체상 구속이나 교통사고는 당하지 않더라도 巳-申 삼형의 의미가 대단히 강력하게 작용하였다고 판단하는 것이 정석이라 하겠다.

다시 27세는 壬午대운이다.

이 때 대운천간 壬水는 일간 庚金에 대한 식신의 운로여서 신왕한 일간 庚金의 기운을 자연스럽게 누출시키는 수기(秀氣)유행을 도모하고 아울러 선천성인 사주명조내 재성 木氣와 비겁 金氣간 金剋

木으로 전극(戰剋)을 형성하여 충돌하는 것을 식신 水氣가 양자의 기운을 金生水, 水生木으로 통관(通關)을 시켜주고 있으니 대길한 운로이다.

따라서 용신을 생조하는 희신의 기운인 식신 水氣의 운로가 지배되는 시점이 되니 대단히 승승장구하겠으나 다시 대운지지 午火가 정관의 기운이 되고 있는데 이것이 사주일지 戌土 편인과 년지 寅木 편재를 동시에 寅-午-戌 삼합 火局이 결합되고 있으니 비록 인성 土氣가 왕성하나 일간 庚金의 기운을 줄여 줄 수 있는 일면이 있으므로 길운이라고 판단하는 것이 타당하다.

하지만 여기서 한가지 중요한 성질이 나타나고 있는데 그것은 이렇게 대운천간이 壬水가 되어 일간에 대한 식신의 성질로서 희신이 되니 길함을 엿볼 수가 있겠으나 사실상 대운지지가 사왕지지(子, 午, 卯, 酉)로서 이것이 사주원국과 寅-午-戌 삼합 火局이 결성되는 성질하고 대운천간 壬水가 水剋火로 전극(戰剋)이 형성되고 있음에 따라 그에 대한 소용돌이로 인하여 식신 水氣나 관성 火氣가 서로간 상쇠되어 어느 한쪽이라도 기운이 쇠약해짐은 자명한 일이 되었다.

따라서 비록 소길은 형성되겠으나 사실상 고난과 번민을 완전하게 모면할 수가 없다고 판단하는 것이 정석이며 그렇다면 길(吉)속에 변동으로 인한 소용돌이는 나타날 수가 있다고 간명하여야 될 것이다.

이와 같은 부분을 육친통변법으로 좀 더 자세하게 기술하자면 대운천간 壬水는 식신의 기운이 되어 희신의 성질이 되겠지만 대운지지 午火가 사주일지 戌土와 합을 하는 寅-午-戌 삼합이 되고 있으니 일지는 자신의 몸을 나타내고 있기 때문에 곧 결혼을 의미하고 있는 것이다.

실제로 사주주인공인 최 모씨는 이 때의 시점에서 본 처와 결혼을 하였는데 그렇지만 근본적으로 사주상에 정재, 편재가 많은 중에 일지 戌土 편인과 역마살(驛馬殺)을 가지고 있으니 지금의 본 처는 대운이나 세운이 일지를 상극하는 기운이 되고 있을 경우 언제라도 이혼내지는 별거하는 숙명적인 운로를 가지고 있다고 판단하여도 별 무리가 없을 것이다.

37세는 사주주인공인 최 모씨가 본 처와 이별을 하고 재혼팔자(再婚八字)로 연결되는 癸未대운이다.

따라서 본 장에 적용해서 재혼팔자(再婚八字)에 언급하는 성질이 되므로 대단히 중요한 부분이니 사주주인공인 최 모씨의 선천성인 사주명조와 후천성인 대운의 흐름이 지배되는 시점을 사주도표로서 그 실체를 사주추명학에 비추어 낱낱이 기술하고자 한다.

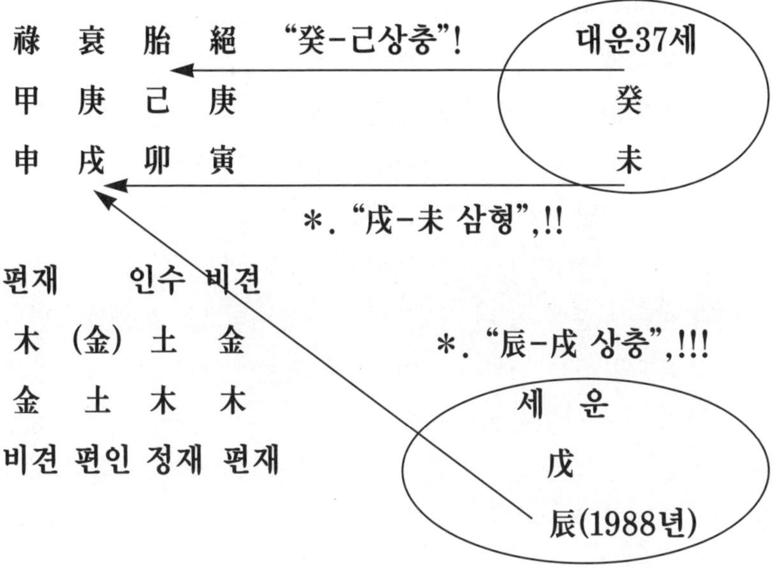

이상의 도표에서 나타나고 있듯이 사주주인공인 최 모씨의 선천성인 사주명조와 후천성인 37세 癸未대운이 지배되는 시점에 일년 군주로 그 영향력을 행사하고 있는 1988년 戊辰세운이 접목되어 나타나고 있음을 엿볼 수가 있다.

이 때 대운천간 癸水는 일간 庚金에 대한 상관의 운로로서 이미 사주원국에 재성 木氣와 비겁 金氣를 소통 연결시키는 식상 水氣가 없음에 따라 이렇게 식상 水氣가 대운에서 들어오게 되니 아주 대길하게 작용하는데 문제는 사주월상에 투출되어 있는 己土 인수를 癸-己 상충이 되어 파극하고 있으므로 그에 대한 흉의가 걱정된다.

또한 대운지지 未土가 사실상 일간 庚金에 대한 인수가 되는데 이것이 오행별 성질로 볼 때 메마르고 건조한 조토(操土)가 되어 일간에 대한 조후법을 상반되게 만들면서 일지 戊土 편인을 戊-未 삼형으로 가격하니 이렇게 일지를 충격하는 것은 곧 자신의 몸이며 배우자 궁이 되므로 이것은 곧 단편적으로 보아도 처궁이 흔들리는 것이 되어 부부이별을 표시하고 있다해도 과언이 아니다.

이와 같은 부분을 좀 더 자세하게 육친통변법으로 적용시켜 판별하여 보면 대운천간 癸水는 신왕한 일간 庚金에 대한 희신의 작용으로 상관이 되나 사주월상에 투출되어 있는 己土 인수를 癸-己 상충으로 파극하는 것은 문서상 불미스러운 일이 발생되는 점을 암시하고 있다고 판단하는 것이 정석이다.

그런데 대운지지 未土가 신왕한 일간 庚金에 대한 역시 인수로서 이것이 사주일지 戊土 편인을 戊-未 삼형으로 파극하니 부부궁이 흔들리는 현상이 자명한데 문제는 다시 월지 卯木 정재와 卯-未合木을 하는 것을 중시 볼 필요가 있다.

이것은 곧 남자사주에서는 木의 기운은 재성을 의미하고 있으므로 사주월지 卯木 정재가 대운지지 未土와 卯-未合木을 하여 재차 여자의 기운인 재성 木氣가 또다시 나오고 있으니 더 이상 무엇을 판단할 필요도 없이 여자관계인첩과 동거를 하다가 부부간 풍파가 발생되어 이혼으로 귀착하는 점을 알 수가 있는 것이다.

***. 1988년 戊辰세운을 접목하여 결론적인 판단,!**

이렇게 사주주인공인 최 모씨의 사주격국과 대운인 37세 癸未대운을 판별하여 본 결과 완전히 부부풍파를 모면할 수가 없겠으며 더하여 이것은 사주주인공이 곧 재혼팔자(再婚八字)에 해당되는 시점을 적나라하게 나타내고 있다해도 과언이 아니다.

그렇다면 막연히 대운의 시점이 10년을 좌우하고 있기 때문에 10년동안에 언제, 어느 시점에서 이혼으로 결론이 나고 있는가를 분명하게 밝혀볼 필요가 있으니 이것은 일년군주가 지배되는 세운을 보고 재차 판단해야 만이 타당할 것이다.

이 때 세운천간 戊土는 일간 庚金에 대한 편인의 운로로서 신왕한 일간 庚金을 土生金으로 더욱 더 생조하니 대단히 흉함을 좌초하고 있는데 설상가상으로 사주시상에 투출되어 있는 甲木 편재를 甲-戊 상충으로 파극하고 있음에 따라 이것은 사주원국이 무언중에 여자와 이별을 암시하고 있는 것이다.

또한 세운천간만 보더라도 그럴진데 세운지지 辰土가 역시 일간 庚金에 대한 편인의 운로로서 일간을 재차 생조하여 신왕을 극심하게 만들고 있는 중에 다시 사주일지 戌土 편인이 조토(操土)가 되고 있는 것을 습토(濕土)로서 辰-戌 상충을 하고 있으니 이미 전자에 대운이 戌-未 삼형으로 파극하고 있는데 이렇게 재차 상충까지 되고 있으니 이것은 정말 가망이 없다고 판단하는 것이 정석이다.

이와 같은 현상은 전편인 命理秘典 上권인 지지의 상충편에 辰, 戌, 丑, 未의 기운을 놓고 그 실체를 사주추명학에 비추어 자세히 기술하고 있는데 이렇게 상충의 작용이 일반적인 子-午, 寅-申 등의 상충으로 파극하는 것보다 습토(濕土)와 조토(操土)인 충돌로 발생되고 있는 丑-未 상충이나 辰-戌 상충이 대단히 강력하며 그것도 양(陽)의 충돌로 이어지는 辰-戌 상충이 더욱 더 강력하게 성립된다고 이미 기술한바가 있다.

따라서 사주주인공인 최 모씨는 이 때 1988년 戊辰년 음력 3월에 그동안 내연관계의 여자와 동거를 하다가 본 처에게 꼬리가 잡혀 그것이 법정이혼으로 이어지고 말았으니 사실상 음력 3월도 월운을 판별하여 볼 때 辰월이 되므로 역시 재차 사주일지 戌土 편인을 辰-戌 상충으로 파극하고 있으므로 월운까지 일치되는 현상을 엿볼 수가 있겠다.

결국 대운 37세 癸未대운이 지배되는 운로에 세운을 판별하여 보고 1988년 戊辰년이 대단히 부부풍파가 절정에 달해 그 때 이혼을 하는 시점을 판단하였으니 본 장에 준하는 재혼팔자(再婚八字)에 부합하여 있음을 알수가 있으므로 월운까지 일치되는 현상을 엿볼 수가 있겠다.

따라서 실제로 사주주인공인 최 모씨가 사실상 본인에 대한 운명감정을 받으러 왔을 즈음 느닷없이 본 저자가 1988년 戊辰년 음력 3월까지 꼭 집어 이혼시점을 간명한 결과 깜짝 놀라며 당황한 기색이 역력하였음을 이 자리를 빌어 밝혀두는 바이다.

(2). 재혼팔자(再婚八字)의 여자

●일간이 신왕하고 식상이 왕성한 중에 관성이 쇠약하면 부

부풍파로 재혼한다.!

※ 참고로 식상이 관성을 파극하기 때문이다,!

●사주내 비겁이 대부분을 차지하여 신왕이 태왕(太旺)할 경우 재혼한다.!

●사주내 인성이 대부분을 차지하여 신강이 태강(太强)해도 재혼팔자이다.!

※ 참고로 외격(外格)의 종강격(從强格)으로 돌아가지 않고 내격(內格)에 준하는데 인성이 태강(太强)할 경우 반대의 오행인 관성의 기운이 심하게 누출당하기 때문이다.!

●재중용비격(財重用比格)으로 재성이 태왕(太旺)하여 신약이 극심하면 재혼팔자이다.!

※ 참고로 재중용비격(財重用比格)은 재성이 왕성하여 비겁을 용신으로 삼는 격국인데 이 때 일간이 신약함이 극심하면 재혼팔자이다.!

●살중용인격(殺重用印格)으로 관성이 태왕(太旺)한 중에 용신인 인성이 미약하면 재혼팔자이다.!

※ 참고로 일간이 신약하여 살인상생(殺印相生)의 법칙을 도모하는 인성을 용신으로 삼는데 이 때 관성이 태왕(太旺)할 경우 인성이

미약하면 강력한 관성의 기운을 받아들이지 못하여 일부 관성의 기운이 일간으로 치고 들어오니 재혼팔자가 된다.!

●비겁과 인성이 혼잡(混雜)되어 일간이 신왕한데 관성이 없거나 식상이 미약해도 재혼팔자이다.!

●일간이 신강, 신약을 불문하고 관성이 쇠약한데 식상이 왕성하여 관성을 파극하면 재혼팔자이다.!

●일간이 신강, 신약을 불문하고 일지에 관성이 있는 것을 형, 충해도 재혼팔자이다.!

※ 참고로 일지는 남, 녀를 불문하고 배우자궁이 되기 때문에 여자 사주에 일지에 관성은 완전한 남편궁이 되므로 이 때 형, 충으로 파극하면 재혼팔자가 된다.!

●일간이 신강, 신약을 불문하고 辰, 戌, 丑, 未가 많거나 일지를 형, 충, 파, 해하면 재혼팔자이다.!

※ 참고로 辰, 戌, 丑, 未는 고장(庫藏)이라 하며 화개(華蓋)를 나타내는데 부부간에 해롭고 사주내 화개(華蓋)가 많거나 일지를 형, 충하면 재혼팔자가 된다.!

●일간이 신강, 신약을 불문하고 비겁이나 양인살(羊刃殺)이 여러개 있으면 재혼팔자이다.!

●일간이 신강, 신약을 불문하고 간합(干合)이나 지합(支合)이 많아도 재혼팔자이다.!

●일간이 신강, 신약을 불문하고 년주와 일주가 같은 천간지지로 되면 재혼팔자인데 辰, 戌, 丑, 未등이 되면 더욱 확실하다.!

※ 참고로 년주와 일주가 같다는 것은 예를 들면 년주가 戊辰이고 다시 일주가 재차 戊辰이 되는 현상을 말하는데 이것이 辰-辰, 戌-戌 등으로 고장(庫藏)으로 중첩되어 나타나면 재혼팔자이다.!

●일간이 신강, 신약을 불문하고 고신살(孤神殺)이나 과숙살(寡宿殺)이 많거나 일지에 있어도 재혼팔자이다.!

●사주일주가 백호대살(白虎大殺)이나 괴강살(魁罡殺)이고 십이운성의 쇠, 병, 사, 묘, 절에 해당할 경우 재혼팔자이다.!

※ 참고로 이 경우 백호대살이나 괴강살등은 폭열한 살(殺)로서 이 때 십이운성의 쇠약한 쇠, 병, 사, 묘, 절에 해당할 경우 남편이 비명횡사나 암등으로 사별(死別)하는 수가 있는데 다시 형, 충으로 일주를 거듭 파극하면 더욱 더 확실하다.!

●비겁이 여러개 있고 관성이 있을 경우 남편이 바람을 피우는데 이 때 관성이 비겁과 합을 하고 있을 때 남편이 첩을 들이거나 자신이 첩지명(妾之命)이다.!

●관살혼잡(官殺混雜)되거나, 혹은 식상이 태왕(太旺)하거나, 또는 비겁이 태왕하여 관성이 미약할 경우 모두 자신이 첩지명(妾之命)이니 재혼팔자이다.!

●사주내 도화살(桃花殺)이 십이운성의 사, 절에 해당하거나 혹은 역마살(驛馬殺)이 있을 때 재혼팔자이다.!

※ 참고로 도화살은 바람이고 주색을 나타내고 있기 때문에 이 때 십이운성의 사, 절과 같은 쇠약한 십이운성에 해당되고 있을 경우 주색으로 패가망신하고 다시 역마살(驛馬殺)이 중첩되어 있다면 간부를 따라 천리를 도주한다.!

●일간이 신강, 신약을 불문하고 편관+도화가 동주하거나 혹은 편관+목욕이 동주(同柱)하여도 남편이 외도하여 재혼팔자이다.!

●일간이 신강, 신약을 불문하고 양팔통(陽八通)이나 음팔통(陰八通)이 되면 재혼팔자이다.!

※ 지금까지 여자사주에서 재혼팔자(再婚八字)가 되는 격국(格局)을 모두 판별하여 보았는데 사실상 이와 같은 성질이외에도 사주원국이 청탁(淸濁)의 부분에 탁기(濁氣)를 남기고 있거나, 용신이 대단히 쇠약할 경우 모두 재혼팔자(再婚八字)로 일생을 살아가는 사람을 본 저자는 많이 보고 있다.

이와 같은 현상은 보통 여자사주에는 남편을 정관이나 편관을 취용하여 판별할 수가 있겠지만 그보다 용신의 기운이 사주추명학상 남편을 의미하기도 하니 용신이 미약할 경우 의식주에 당장 타격을 입을 수가 있으므로 여자는 남자에 부수되어 생활을 하는 역할이 되고 있는 성질임에 따라 완전히 부합하고 있는 것이다.

또한 이상의 격국을 가지고 재혼팔자(再婚八字)로 연결하는 시점은 대운과 세운의 흐름이 모두 관성운을 보고 있던지, 일지와 합을 하거나, 혹은 여자 사주에서는 식상은 자식을 나타내고 있기 때문에 식상과 합을 하는 세운이나 대운에서 재혼으로 결혼하는 성질을 판별해 내는 것이 정석이다.

***. 본 장에 기술하고 있는 재혼팔자(再婚八字)에 해당되어 첫 결혼에 실패한 후 거듭 재혼과 삼혼을 하여 끝내는 술집접대부로 진출한 실제인물의 강 모씨 사주팔자이다.!**

(예1). 여자, 강 모씨(경남 사천) 1963년 음력 10월 25일 巳시

(대 운)

浴	胎	絕	病	겁재,!	69	59	49	39	29	19	9
戊	丁	甲	癸		辛	庚	己	戊	丁	丙	乙
申	亥	子	卯		未	午	巳	辰	卯	寅	丑

*. "寅-亥合木",! "寅-巳 삼형",!

상관		인수	편관
土	(火)	木	水
金	水	水	木
정재	정관	편관	편인

*. "寅-亥合木",!

세 운

丙

寅(1986년)

●일간이 신약하여 "신약월지편관격(身弱月支偏官格)"을 성격(成格)하고 있으니 강력한 관성 水氣를 억제하고 아

울러 조후법에도 충족할 수 있는 비겁 火氣를 용신으로 삼는 격국임을 알 수가 있겠다.!
하지만 용신으로 대변할 수 있는 비겁 火氣가 사주내 정 오행이 없는 중에 정재 金氣와 관성 水氣가 무리를 이루고 있으니 단편적으로 조후법을 충족할 수가 없으니 사주가 탁기(濁氣)를 구성하고 있다해도 과언이 아니다.!

하지만 그나마 다행인 것은 사주년지 卯木 편인이 자리를 잡고 있는 중에 그 세력의 십이운성 제왕지에 앉은 월상 甲木이 투출되어 일간 丁火와 근접하여 있으므로 강력한 관성 水氣를 水生木, 木生火로 연결하고 있으니 이것은 아주 좋은 의미를 부여할 수가 있다.!

그러나 사주원국이 관살혼잡(官殺混雜)이 되고 있으니 재혼팔자인데 이것은 곧 여자사주에서는 남자가 많은 것이 되고 또한 월지 子水가 일지 亥水와 년지 卯木을 주동하여 양쪽으로 도화살(桃花殺)이며 시상에 戊土가 상관이 되어 투출되어 있어 사주내 관성을 보고 있으니 남편을 극부(剋夫)하는 운명임을 사주원국이 무언중에 암시를 하고 있다.!

대운의 흐름이 19세 丙寅대운이 지배되는 만 23세 丙寅세운이 되자 사주일지 정관 亥水를 寅-亥合木으로 구성하니 이렇게 일지와 합을 하는 것은 남자관계이고 아울러 시지 申金 정재를 寅-申 상충으로 가격하는 것은 유산을 의미하고 있다.!

결국 사주주인공인 박 씨는 남자와 내연의 관계를 맺다가 자식을 유산을 시키면서 이것이 본 남편에게 들통이나 간통죄로 구속된 뒤 이혼을 하면서 후일 재차 결혼하였으나 다시 이혼 및 삼혼을 거치면서 그 길로 술집접대부로 전락하고 말았다.!!

***. 일간의 왕쇠(旺衰),!**

丁일간 子월에 출생해서 실령(失令)하였으며 사주원국 월지 편관 子水를 중심으로 하여 일지 亥水 정관과 그 세력에 뿌리를 두고 십이운성 건록지와 제왕지에 앉은 년간 癸水 편관이 투출되어 일간 丁火를 강력하게 극설(剋泄)하고 있으니 신약이다.

더구나 이와 같은 상황은 사주시지 申金 정재가 자리를 잡고 다시 시상에 戊土 상관까지 투출되어 있으므로 완전히 일간 丁火의 기운을 대단히 소진시키는 현상은 두말할 이유도 없는데 따라서 무엇보다도 시급히 신약한 일간을 생조하는 기운이 필요할 것임은 두말할 이유가 없다.

한편으로 볼 경우 사주일간이 추운겨울인 子월에 출생하여 만물이 꽁꽁 얼어 붙어 있으므로 이것은 곧 내격(內格)의 억부법의 원칙보다 조후법을 더욱 더 중요시 생각하여야 될 필요성이 있다해도 과언이 아니다.

따라서 사주원국을 자세히 관찰하여 보니 일간 丁火에 대한 조후법을 충족하면서 아울러 신약한 일간 丁火를 생조하는 편인 卯木이 사주년지에 자리를 잡고 그 세력에 십이운성 제왕지에 앉은 월상에 甲木 인수가 재차 투출되어 있음을 엿볼 수가 있겠다.

그렇다면 왕성한 관성 水氣가 인성 木氣에 水生木, 그리고 인성 木氣는 다시 일간에게 木生火로 살인상생(殺印相生)의 이치를 실현하고 있으므로 신약한 일간 丁火가 힘을 얻고 있으니 그나마 다행이라 할 것이다.

하지만 무엇보다 중요한 것은 본 사주팔자에 대한 인성 木氣는 비록 존재하여 있다고 하지만 완전한 인성 木氣를 흡수할 수 있는 비겁 火氣가 일간 丁火를 제외한 정오행이 사주지지내 지장간조차도 보이지 않고 있으므로 이것은 생식불식(生息不息)에 막힘이 많아 사주원국이 아쉬운 단점을 노출시키고 있다해도 과언이 아니다.

***. 일부학자들의 의문,!**

여기서 일부학자들 중에 방금 본 저자가 설명한 본 사주팔자에 대한 일간의 강약(强弱)을 구분하는 절차에서 지지의 합에 대한 의문을 표시하며 질문을 하고 있다.!

그것은 **"운정선생은 본 사주팔자에 대한 일간의 왕쇠(旺衰)를 판단하는 과정에서 막연히 일간 丁火가 사주내 관성 水氣가 왕성하여 일간이 신약하다며 설명하고 있는데 이 부분에 대하여 저희 학자들도 공감을 표시하고 있다",!**

“하지만 일간의 왕쇠(旺衰)나 용신의 강령함을 따지는 절차에서 하나의 합의 변화나 합의 기운을 상극하는 형, 충 등을 조목조목 따져 간명한 용신의 힘이나 일간에 대한 힘의 여력이 얼마나 차이를 보이고 있는 과정을 중점하여 설명을 하여야 될 것인데 이러한 과정에서 운정선생은 조금 소홀히 취급하여 간명을 하고 있는것이 아닌가!

“그 예로 본 사주팔자는 사실상 일간 丁火가 사주내 관성 水氣와 정재 金氣 및 상관 土氣가 투출되어 있으니 더 이상 합, 충의 변화를 언급할 필요도 없이 일간이 신약함은 자명한 일이나 용신의 성질에 대한 왕쇠(旺衰)을 측정하는 과정에서는 달리 보아야 되는 필요성이 있다”,!

“그렇다면 이와 같은 현상은 진신(眞神)의 성질인 비겁 火氣는 비록 없겠으나 반대인 용신을 생조하는 희신인 인수 木氣가 사주일지 亥水 정관과 년지 卯木 편인이 서로 亥-卯合木을 구성하여 월상에 甲木이 투출되어 있으니 희신의 성질이 왕성함을 엿보이고 있다”,!

“또한 이상의 성질을 제쳐두고라도 또 다른 합의 기운인 사주월지 子水 편관을 중심기운으로 대변하는 사왕지지(子, 午, 卯, 酉)로서 사주월지에 정상적으로 자리를 잡고 있는 중에 시지 申金 정재와 申-子合水를 구성하여 그 세력을 대표하는 사주년간 癸水 편관이 투출되어 있으니 이것은 완전한 水局을 형성하는 절대적인 사안이 되고 있다”,!

"따라서 상황이 이럴진데 운정선생은 이상의 합의 성질을 언급도 하지 않는채 막연히 사주일간 丁火가 신약하다는 설명만 한 채 끝마무리를 지우는 것은 합의 성질을 공부하는 저희 학자들의 의문을 표시하게 하지 않을 수가 없다",!

"그러니 운정선생은 이 부분에 대하여 학자들의 의문에 충족이 갈 수가 있겠금 자세한 답변을 하여달라",! 라며 구체적인 질문을 하면서 그 성질에 대한 대답을 요구하고 있다.

***. 일부학자들의 의문에 대한 본 저자판단,!**

이러한 일부학자들의 의문에 대하여 본 저자는 일부학자들의 견해는 지극히 당연한 결과로서 비록 대수롭지 않게 합의 기운을 언급하지 않았다는 부분에 질책을 피할 수가 없다는 점을 통감하며 다시 이상의 성질을 학자들의 의문에 적용하여 그 실체를 자세히 설명을 하기로 하겠다.

우선 본 사주팔자에 대한 일간 丁火에 대한 신강이냐, 신약의 구분 절차에는 합의 기운을 따질 필요가 없이 본 저자의 견해대로 신약함으로 판단하는 것은 그대로 취용하기로 한다.

따라서 본 사주팔자 지지합의 성질에 대하여 지지에 월지 子水 편관 및 시지 申金 정재간 申-子合水와 일지 亥水 정관과 년지 卯木 편인간 亥-卯合木을 두고 그 실체를 사주추명학에 비추어 합, 충의 변화를 면밀히 관찰하여 볼때,!

일면 본 사주팔자의 지지에 사주월지 子水 편관을 중심으로 해서 시지 申金 정재와 申-子合水를 구성하고 있는 중에 사주년간에 癸水 편관이 투출되어 있고 또한 사주일지 亥水 정관과 년지 卯木 편인이 역시 亥-卯合木을 구성하면서 월상에 甲木 인수가 투출되어 있으니 단편적으로 판단할 경우 완전한 합의 성질로 간명하기 쉽게 되어 있다.

그러나 사실상 이와 같은 합들은 모두 삼합(三合)의 성질이라 할지라도 하나의 오행이 빠진 두 개의 오행이 되어 구성되는 준삼합(準三合)의 기운이 되고 있겠으며 이렇게 될 경우 아무리 중심오행으로 구성되는 두 개의 합이 된다손 치더라도 완벽한 하나의 합국으로 변화되는 것은 무리이니 강력한 합을 구성할 수가 없다고 판단하여야 된다.

더구나 상황이 이럴진데 각각의 申-子合水나 亥-卯合木의 기운을 서로간 도모하는 양쪽의 오행중에 하나인 申-子합을 가로막는 일지 亥水 정관이 사이에 존재하여 있고 다시 亥-卯합을 구성하는 성질을 면밀히 관찰하여 볼 필요가 있다.

따라서 亥-卯合木을 구성하는 절차 역시 사주월지 子水 편관이 합의 사이에 가로막아 있으니 이렇게 각각에 합의 성질을 근접하게 만들지 못하게 하고 있으므로 완벽한 하나의 합국을 강력하게 결성하지 못하게 되는 절대적인 이유가 성립된다.

결국 일부학자들이 의문을 표시하는 본 사주팔자의 申-子合水나 亥-卯合木은 각각에 합의 기운을 취용하는 성질이 모두 하나의 오행이 빠진 준삼합(準三合)의 기운이 되는 중에 서로 하나씩 오행이 가로막아 원격(遠隔)하여 있으므로 비록 합의 기운은 취용하더라도 합의 기운이 미약하여 잔여기운을 남기는 성질이라 판단하는 것이 정석이다.

*. 격국(格局)과 용신,!

다시 본 사주팔자에 대한 격국(格局)과 용신을 판별하여 보면 우선 사주일간 丁火가 신약한 중에 지지에 관성 水氣가 태왕하여 있으니 단편적으로 관성이 강력함을 엿볼 수가 있겠다.

따라서 사주월지 子水 편관이 자리를 잡고 다시 사주시지 申金 정재와 申-子合水를 구성하면서 년간에 癸水 편관이 투출되어 있으니 **"신약월지편관격(身弱月支偏官格)"**과 일면 일간 丁火가 신약한 중에 정관과 편관이 혼잡(混雜)하여 그 세력이 대단히 왕성하므로 **"관살혼잡격(官殺混雜格)"**이 같이 성격(成格)된다.

한편으로 볼 때 사주일주가 丁亥일주가 되니 이것은 전편인 命理秘典 下권에 특수내격(特殊內格)에 준하여 사주일간 丁火를 기준하여 일지 亥水가 천을귀인(天乙貴人)에 해당함에 따라 **"일귀격(日貴格)"**이 성격(成格)되겠으나 근본적으로 일간 丁火가 신약하여 관성 水氣를 용신으로 삼지 못하고 있으니 특수내격(特殊內格)의 **"일귀격(日貴格)"**의 장점을 살리지 못한다.

고로 용신은 **"살중용인격(殺重用印格)"**으로 강력한 관살혼잡

(官殺混雜)을 구성하는 관성 水氣를 살인상생(殺印相生) 및 관인상생(官印相生)의 법칙을 도모할 수 있는 인성 木氣를 용신하여야 되나 제일로 계절이 子월에 출생하여 만물이 모두 꽁꽁 얼어붙어 있으니 시급히 조후법을 충족할 수 있는 비겁 火氣를 용신하고 아울러 신약한 일간 丁火를 생조하는 인성 木氣를 희신으로 삼는 것이 마땅하다.

이와 같은 현상은 일면 일간 丁火가 신(神)의 기운인 식상, 재성, 관성의 기운에 의하여 신약한 중에 이렇게 관성 水의 기운이 태과하면 일간의 극루함은 대단히 괴로운 것이므로 위의 사주는 신강 신약을 불문하고 관성이 태과하면 식상으로 제살(制殺)의 원칙을 먼저 적용하게 된다.

따라서 본 사주팔자는 그나마 일간 丁火가 신약함이 일지 亥水 정관과 년지 卯木 편인이 亥-卯合木을 구성하면서 월상에 甲木 인수가 투출되어 있으니 그리 극심한 신약함에 일간이 해당하지 않음에 따라 강력한 관성 水氣를 土剋水로 억제하면서 그 반대급부로 일간이 구조되는 식상 土氣는 길신으로 삼는 점에 부합한다고 볼 수가 있는 것이다.

하지만 그 중에 식상 土氣가 조후법을 거슬리는 습토인 辰, 丑 土氣는 아주 불리하며 그렇다면 조후법을 충족하면서 아울러 강력한 관성 水氣를 제살(制殺)할 수 있는 조토인 未, 戌 土氣가 대길하게 되는 성질도 판단하여야 될 것이다.

여기서 본 사주팔자에 대한 용신과 희신을 판별하는 과정에 중요한 성질이 하나 발견되고 있는데 그것은 방금 본 저자가 설명한 식상제살(食傷制殺)의 법칙에 준하여 관성 水氣가 대단히 강력하게 작용하고 있으니 식상 土氣로 용신을 삼는 것이 마땅하겠으나 왜, 길신의 역할로 밀려날 수밖에 없는가,?라고 일부학자들 중에서 상당한 의문을 가질 수가 있겠다.

그것은 사실상 본 사주팔자 일간 丁火가 계절인 子월에 출생하지 않았다면 관성이 강력하니 식상제살(食傷制살)의 법칙에 적용하여 식상 土氣를 제일 주된 용신으로 선택할 수가 있다.

하지만 지금 위 사주원국은 일간 丁火가 子월에 태어나 시급히 조후법상 비겁 火氣를 선택하여야 되는 절박함이 먼저 앞서고 있으므로 비겁 火氣를 주된 용신으로 선택하면서 그에 대한 식상 土氣는 뒷전에 밀려나는 이유가 여기에 있다해도 과언이 아니다.

***. 일부학자들의 재차 의문,!**

여기서 일부학자들 중에서 전자에 본 저자가 언급한 위 사주팔자에 대한 관살혼잡(官殺混雜)의 성질을 놓고 한가지 의문을 가지면서 질문을 하고 있다.

그것은 **"운정선생은 본 사주주인공이 사주일간 丁火가 신약한 중에 신약월지편관격(身弱月支偏官格) 및 "관살혼잡격(官殺混雜格)"을 성격(成格)한다며 기술하고 있다.**

"그러나 저희 학자들은 운정선생의 견해와 조금 성질을 달리 판단하고 있는데 그 부분을 자세하게 언급하자면 우선 선생이 이미 집필한 命理秘典 上권인 육친의 관성편에 기술한 것을 보면" "사주원국에 정관이나 편관이 모여 있는 것을 관살혼잡(官殺混雜)이라고 말하는데 이렇게 되면 사람됨이 잔꾀에 능하고 호색다음(好色多淫)하여 의외로 잔근심과 재화가 끊어지지 아니한다",!

"따라서 그렇게 될 경우 반드시 정관이나 편관중에서 하나를 합을 도모하는 합관유살(合官有殺)이나 합살유관(合殺有官)의 법칙에 실현되어야 만이 귀격(貴格)이 될 수가 있다",!

라고 그 실체를 자세하게 기술하고 있음을 엿볼 수가 있다",!

"그런데 이상의 命理秘典 上권인 육친의 관성편에 기술하고 있는 성질을 본 사주팔자에 적용시켜 간명하여 보자면 이미 사주내 정관이나 편관이 혼잡(混雜)되어 있지만 사실상 일지 亥水 정관은 년지 卯木 편인과 亥-卯합을 하고 있음을 알 수가 있다",!

"또한 나머지 월지 子水 편관은 시지 申金 정재와 申-子합을 성립하고 있으니 이렇게 합을 하고 있는 성질이 일지 亥水 정관은 년지 卯木 편인과 亥-卯合木을 구성하여 나오는 오행이 신약한 일간 丁火를 도와주는 인성 木氣가 재차 나오고 있음에 따라 오히려 귀격(貴格)이 될 수가 있지 않겠느냐",!

"그렇다면 운정선생은 본 사주팔자가 막연히 일간 丁火가 신약하다는 하나의 이유만으로 관살혼잡(官殺混雜)의 법칙을 적용하여 생식불식(生息不息)에 막힘이 많다는 등을 운운(云云)하는 처사는 명리를 연구하는 세상의 역학자들에게 추명의 오류를 불러들일 수 있는 단적인 요인으로도 작용할 수가 있는 성질을 다분히 안고 있다해도 과언이 아니다",!

"따라서 저희 학자들은 이에 대하여 그 실체를 사주추명학에 비추어 구체적으로 답변을 하여달라",! 라며 날카로운 질문과 함께 자세한 답변을 요구하고 있다.

***. 일부학자들의 의문에 대한 본 저자판단,!**

이와 같은 일부역학자의 질문은 상당한 논리적인 반박이 포함된 것으로 과히 강도높은 비판이라 아니할 수 없고, 본 저자 역시 더욱 정치한 논리로 답변을 할 수 밖에 없다.

그렇다면 일부학자들이 의문을 표시한 지금의 성질을 막연히 단순즉흥식으로 설명하였다가는 역시 재차 논리적 반박을 받을 수가 있는 소지를 다분히 안고 있으므로 지금부터 본 저자가 이상의 성질에 적용되었던 사주를 약 23년동안 실제인물에 준하여 경험상 터득한 비법(秘法)을 본 장에 기술하기로 한다.

***. 본 저자가 약 23년동안 실제인물에 준한 경험상 터득한 비법(秘法),!**

우선 일부학자들이 지적한 정관이나 편관이 혼잡(混雜)되어 관살혼잡(官殺混雜)의 특징을 합을 하여 있다는 성질에 대하여 약 2가지로 구별하여 설명하기로 하겠다.

그 첫째로,!

"본 사주팔자에 대한 정관이나 편관이 혼잡(混雜)되어 일간 丁火가 신약하니 관살혼잡(官殺混雜)이 되어 있는데 사주월지 子水 편관은 시지 申金 정재와 申-子合水하였고 또한 일지 亥水 정관은 년지 卯木 편인이 역시 亥-卯合木으로 변화되는 점을 면밀히 관찰하여야 된다".!

그런데 이와 같은 성질은 일부학자들이 언급한데로 본 저자가 이미 편찬한 命理秘典 上권인 육친의 관성편에 적용하여 관살혼잡(官殺混雜)이 되면 반드시 어느 한쪽을 합을 하고 하나를 남겨야 만이 귀격(貴格)이 될 수가 있다고 명시한바가 있다.

따라서 본 사주팔자는 사주상에 정관이나 편관이 모여 있는 중에 이것을 적절히 합을 할 수 있는 여건은 되고 있으나 하나의 기운을 남기지 않는 채 정관인 亥水는 년지 卯木과 亥-卯合木하였으며 또한 월지 子水 편관은 시지 申金과 申-子合水로 변화되고 있으니 양쪽이 모두 합으로 구성되어 사실상 합살유관(合殺有官)이나 합관유살(合官有殺)의 법칙에 해당되지 않음을 알 수가 있다.

그렇다면 이와 같은 현상은 사실상 관성의 기운을 합을 도모하여 일간에 대한 길신의 역할로 유도하면서 육친의 특성을 순화시키는 특징을 부여할 수가 있겠지만 이렇게 양자의 모두가 합을 하고 있다면 어느 한쪽을 남기는 현상이 될 수가 없으니 재차 완전한 관살혼잡(官殺混雜)의 특성을 모면할 수가 없게 된다.

더구나 일부학자들이 본 사주일지 亥水 정관이 년지 卯木 편인과 亥-卯合木을 하여 길신의 역할로 변화되었다는 성질에 대해서도 일부 장점의 특성은 지녔다고 하나 상대적인 사주월지 子水 편관이 시지 申金 정재와 申-子合水를 하여 재차 관성 水氣의 기운이 돌출되고 있는 성질 역시 면밀히 관찰할 필요가 있다.

그런데 이상의 성질은 여기에서만 끝나는 것이 아니고 이렇게 지지에 관성 水氣가 합을 하여 재차 관성이 나오고 있는 중에 그 세력을 대표하고 있는 사주년간에 癸水 편관까지 투출되어 있음에 따라 더욱 더 관성 水氣의 성질이 강력하게 작용하고 있으니 이 또한 관살혼잡(官殺混雜)의 특성을 대단히 강력하게 만들게 되어 합의 기운으로 장점을 살릴 수가 없는 이유가 여기에 있다해도 과언이 아니다.

다음 둘째로,!

"본 사주일간 丁火는 관살혼잡(官殺混雜)되어 그 세력이 대단히 강력한 중에 근본적으로 정관이나 편관의 기운을 용신이나 희신으로 삼을 수가 없는 신약사주이니 관성의 장점을 살릴 수가 없는 사주격국임을 중시 판단할 필요가 있다".!

무슨말인지 좀 더 구체적으로 기술하자면 위 사주원국은 선천성으로 관성 水氣를 용신이나 희신으로 삼을 수가 있는 신강사주가 되지 못하고 오히려 관성 水氣가 많아 **"신약편관격(身弱偏官格)"**을 성격(成格)하는 사주가 됨에 따라 아무리 관살혼잡(官殺混雜)의 불리한 특성을 합관유살(合官有殺)이나 합살유관(合殺有官)의 법칙을 도모하더라도 근본적으로 관성의 장점을 살리지 못하고 오히려 재화를 당할 수밖에 없을 것이다.

따라서 이와 같은 현상은 본 장에서 언급하는 성질에 대하여 아주 중요시 판단할 필요가 있겠는데 이것은 사주팔자의 특성상 일간이 신약하고 있을 때는 관성은 일간을 극루(剋漏)하는 기운이 됨에 따라 관성은 기신(忌神)으로 돌변하니 오히려 흉을 좌초하는 특성 때문이라 할 수가 있다.

그러나 이 경우에도 한가지 명시할 부분이 있는데 그것은 비록 일간이 신약하여 관성이 기신(忌神)이라 할지라도 이렇게 강력한 관성의 기운이 합을 도모하고 있다면 관살(官殺)의 성질이 합으로 인하여 그 성정이 온순하여 지는 것은 기정사실이다.

이렇게 될 경우 비록 일간이 신약하더라도 강력한 관성의 기운이 순화가 되어 사람됨이 순리를 존중하고 인격자는 될 수가 있겠으나 본 사주팔자와 같이 관성이 합을 하여 재차 관성 水氣가 돌출되고 있을 경우는 그렇지 않아도 관성의 기운이 강력한데 더욱 더 호랑이에게 날개를 달아주어 그것이 일간을 물고 들어오는 형국이 될 것이니 더욱 더 불리하게 될 수가 있다.

그렇다면 이상의 부분을 감안하여 여기서 가장 좋은 방법이 한가지가 나오고 있는데 그것은 비록 일간이 신약할 경우 관성의 기운이 기신(忌神)으로 돌변하고 있지만 관성이 합을 하여 신약한 일간을 생조하는 용신이나 희신의 기운이 나오게 된다면 이럴 때는 오히려 관성의 흉폭성을 제화하면서 일간에 도움을 주는 오행으로 변화되고 있으니 전화위복이 되어 아주 길하게 되는 성질이라 말할 수가 있다.

지금까지 기술한 성질을 부합시켜 본 사주팔자를 간명하여 보면 일부학자들이 의문을 표시한 관살혼잡(官殺混雜)의 불리함이 정관이나 편관이 합을 하는 성질을 합관유살(合官有殺)이나 합살유관(合殺有官)의 법칙에 해당하지 않는다는 점에 완벽히 수긍이 갈 것이며 이러한 것을 간파하여 본 저자는 위 사주팔자를 **"관살혼잡격(官殺混雜格)"**이라고 설명하는 이유가 여기에 있다해도 과언이 아니다.

결국 이와 같은 성질은 그동안 고서(古書)나 원서에 관살혼잡(官殺混雜)과 합의 성질에 대하여 자세하게 언급하지 않았으니 부득이 이상의 성질에 해당하고 있는 실제인물을 찾아서 그 특성을 면밀히 관찰하고 다시 운로인 대운이나 세운등에서 어떠한 기운을 받고 있는 점을 간추려 약 23년동안 경험상 터득한 비법(秘法)으로 자리매김하고 있는 것이다.

따라서 지금의 역학자들은 마땅히 본 저자가 이렇게 경험상의 비법(秘法)을 표출하여 세상에 알리는 이론은 사주추명학상의 하나의 혁신적인 발전의 깃털이 되기를 기대하면서 더욱 더 명리에 증진하여 세상 사람들에게 추앙을 받은 역학자가 될 것을 본 저자는 간절히 바란다.

***. 격국에 대한 청탁(淸濁)판별,!**

다시 본 사주팔자에 대한 격국(格局)의 청탁(淸濁)판별을 하여 보면 우선 일간 丁火가 사주내 관성 水氣가 많아 신약한 중에 **"신약편관격(身弱偏官格)"** 및 **"관살혼잡격(官殺混雜格)"**을 성격(成格)하고 있음을 엿볼 수가 있다.

이와 같은 현상은 사실상 일간 丁火가 신약하니 정관이나 편관이 무리를 지워 관살혼잡(官殺混雜)이 되는 성질을 단편적으로 보여주는 현상이 되고 있으므로 사주원국이 대단히 좋지 못함을 미루어 짐작할 수가 있는 대목이다.

더구나 상황이 이럴진데 신약한 일간 丁火에 대한 중요한 의지처인 사주상의 용신으로 선택되는 비겁 火氣가 사주내 정오행이 없고 오로지 인성 木氣가 그 역할을 대신하고 있으니 진신(眞神)의 역할을 할 수가 없음에 따라 가신(假神)이 용신대용으로 선택되고 있음으로 격국이 대단히 답답하게 되어 있음을 알 수가 있다.

또한 오행상 균등을 도모할 수 있는 木, 火, 土, 金, 水가 단편적으로 볼 때 일간 丁火와 같이 모두 갖춰져 있다고 판단하기 쉬우나 사실상 일간 丁火를 제외한 사주팔자 어디에도 비겁 火氣가 존재하고 있지 않는 중에 인성 木氣가 사주년지 卯木 편인과 일지 亥水 정관이 亥-卯合木을 하여 그 세력에 중심의 기운으로 자리매김하고 있는 월상 甲木이 투출되어 있음을 눈 여겨 볼 필요가 있다.

따라서 이것은 사실상 왕성한 인성 木氣를 일간 丁火 혼자 木生火로 받아 들이기가 역부족이 되고 있음에 따라 생식불식(生息不息) 및 생화불식(生化不息)에 절대적으로 막힘이 되는 이유가 성립되고 아울러 사주천간 일간 丁火를 기점하여 년간 癸水 편관과 丁-癸 상충, 그리고 월상에 투출되어 있는 甲木 인수와 시상에 투출되어 있는 戊土 상관과 甲-戊 상충까지 형성되고 있으니 설상가상이다.

더하여 이상에 상충의 작용은 여기에만 끝나는 것이 아니고 사주지지에 월지 子水 편관과 년지 卯木 편인간 子-卯 형이 성립되고 있으며 또한 무엇보다 중요한 것은 일간이 신약한데 정관과 편관이 무리를 지어 관살혼잡(官殺混雜)하고 있으니 이것만 보더라도 사실상 숙명적인 운로가 대단히 불안하기 그지없다.

결국 본 사주팔자는 이와 같은 현상을 두고라도 생화불식(生化不息)에 부합하지 못하여 더욱 좋지 못한 중에 계절까지 子월에 출생하여 시급히 조후법을 충족할 수 있는 비겁 火氣가 보이지 않고 있으니 이것은 더 이상 무엇을 논할 필요가 없이 사주상에 대단한 탁기(濁氣)를 구성하는 절대적인 요인이 되는 것으로 판단한다.

***. 사주주인공에 대한 성격판단,!**

위 사주주인공은 강 모씨로서 여자사주인데 지금까지 일간의 왕쇠(旺衰) 및 용신의 판단과 더불어 격국의 청탁(淸濁)부분까지 모두 간명하여 보았으나 사실상 사주상에 청탁(淸濁)의 성질에 비추어 보면 근본적인 탁기(濁氣)를 가지고 있으므로 격국이 그리 좋지 못함을 알 수가 있었다.

또한 여자사주에서 남편을 나타내고 있는 정관이나 편관이 교집(交集)되어 관살혼잡(官殺混雜)을 이루고 있으므로 이것은 더 이상 볼 것도 없이 첫눈에 재혼팔자(再婚八字)로서 이별의 아픔과 재혼을 거듭하는 성질이 되는데 그렇다면 숙명적인 운로가 대단히 염려되는 점은 두말할 이유가 없다.

따라서 본 장에 비추어 사주주인공인 강 모씨의 성격판단을 하여 보면 우선 사주월지에 子水 편관이 자리를 잡고 일간 丁火가 신약하여 **"신약편관격(身弱偏官格)"**을 성격(成格)하고 있으므로 그 성격이 대단히 자존심, 고집이 강대한 여자라는 것을 알 수가 있다.

이와 같은 현상은 일면 子水 편관이 사실상 년지 卯木 편인과 월상에 투출되어 있는 甲木 인수가 없을 경우 강력한 편관의 기운이 살인상생(殺印相生) 및 관인상생(官印相生)의 법칙을 도모하지 못한 중에 신약한 일간 丁火를 水剋火로 상극해서 들어오니 이 때는 사람됨이 완전히 안아무인식으로 성격이 황폭하여 타인에게 불쾌감과 함께 성급한 성질로 돌변할 수가 있다.

그러나 이렇게 년지에 편인 卯木과 월상에 투출되어 있는 甲木 인수가 일간 丁火와 근접하여 서로간 木生火로 유정(有情)한 성질이 되고 있으니 감히 편관 子水가 일간을 바로 상극하지 못하는 장점을 발휘하고 있음에 따라 이것은 대단히 좋은 현상으로 판단한다.

더하여 이상의 성질이 이렇게 월상에 인수 甲木이 투출되어 편관의 기운에 화살(化殺)을 도모하고 있으므로 비록 자존심이나 고집이 강대한 점은 발생하겠으나 그나마 불의를 보고는 정도(正道)를 행사하는 인격도 있으며 때로는 불쌍한 사람을 보고는 내 일같이 보살피는 자비로운 미덕도 갖추었다고 간명할 수가 있다.

또한 사실상 월지에 일간 丁火에 대한 기신(忌神)인 편관이 자리를 잡고 있으므로 부모덕이 좋지 못하여 초년에 대단히 고생을 많이 하였음을 엿볼 수가 있겠는데 이것은 사주주인공인 강 모씨의 초년 대운을 판별하여 보니 정히 조후법상 상극하는 북방 亥-子-丑 水局으로 치달리고 있음에 따라 완전히 부합하고 있다할 것이다.

이상과 같은 맥락에 비추어 사주주인공인 강 모씨의 사주원국에 존재하여 있는 육친의 기운을 보고 본인의 성격을 판별하여 본 결과 여자사주로서는 삶을 살아가는데 있어 기복과 잔잔한 굴곡이 많이 도사리고 있다는 것을 간명할 수가 있겠다.

결국 그렇다면 강 모씨는 비록 인정과 정도에 입각한 성질이 되더라도 여자사주에서 가장 중요한 남편덕이 없음에 따라 정작가져야 할 것을 가지지 못한 사주가 되니 대단히 안타까운 심정을 금할 길이 없다.

***. 본 장 재혼팔자(再婚八字)에 준한 판단,!**

본 장에 준하여 위 사주원국을 재혼팔자(再婚八字)에 적용시켜 그 실체를 판단하여 보면,!

●일간이 신강, 신약을 불문하고 간합(干合)이나 지합(支合)이 많아도 재혼팔자이다.!

●관살혼잡(官殺混雜)되거나, 혹은 식상이 태왕(太旺)하거나, 또는 비겁이 태왕하여 관성이 미약할 경우 모두 자신이 첩지명(妾之命)이니 재혼팔자이다.!

●사주내 도화살(桃花殺)이 십이운성의 사, 절에 해당하거나 혹은 역마살(驛馬殺)이 있을 때 재혼팔자이다.!

※ 참고로 도화살은 바람이고 주색을 나타내고 있기 때문에 이 때 십이운성의 사, 절과 같은 쇠약한 십이운성에 해당되고 있을 경우 주색으로 패가망신하고 다시 역마살(驛馬殺)이 중첩되어 있다면 간부를 따라 천리를 도주한다.!

●일간이 신강, 신약을 불문하고 편관+도화가 동주하거나 혹은 편관+목욕이 동주(同柱)하여도 남편이 외도하여 재혼팔자이다.!

라며 여자사주에서 재혼팔자(再婚八字)되는 격국을 사주추명학에 비추어 적나라하게 파헤치고 있음을 엿볼 수가 있다.

따라서 사주주인공인 강 모씨는 방금 언급한 재혼팔자(再婚八字)의 격국에 본인의 사주원국을 대조하여 적용시켜 본 결과 완전히 일치하고 있음을 알 수가 있겠는데 그것은 강 모씨의 사주팔자내 지지에 남편의 육신인 정관과 편관이 혼잡되어 관살혼잡(官殺混雜)이 되어 있으므로 여자사주에 관살혼잡(官殺混雜)이 되면 남편이 많다는 의미를 부여함에 따라 남편이 많다는 의미는 그만큼 남편궁이 불리한 것을 알 수 있다.

또한 일주 丁亥와 년주 癸卯를 동시 주동하여 사주월지 子水 편관이 양쪽으로 도화살(桃花殺)이 되고 있으니 더욱 더 재혼팔자(再婚八字)에 일치하는데 도화살(桃花殺)이 있는 주(柱)에 십이운성 절에 해당하고 있으므로 일면 사람됨이 욕심에 눈이 어두워 교활하여 배은망덕한 일을 서슴치 않는 일면도 생각할 수가 있다.

더구나 사주월지 子水 편관이 바로 근접하여 년지 卯木 편인을 보고 子-卯형이 있으니 이상의 특성은 더욱 더 강력하게 발생하는데 비록 申-子합이나 亥-卯합으로 해극을 한다손 치더라도 근본적으로 사주팔자가 水氣가 왕성하여 있으므로 완전히 재혼팔자(再婚八字)를 벗어날 수가 없고 아울러 남자로 인하여 평생동안 근심과 고생을 할 수가 있음을 사주원국이 무언중에 암시를 하고 있다해도 과언이 아니다.

실제로 사주주인공인 강 모씨는 인생을 살아오는 과정에 이혼과 재혼을 반복하였으며 후일 남자로 인한 근심이 끊어지지 않음에 따라 결국은 술집접대부로 직업을 삼는 천부(賤婦)가 되었으니 정말 안타깝다고 말할 수가 있겠는데 이러한 부분은 대운과 세운을 판별할 때 더욱 더 자세하게 간명하기로 한다.

＊. 격국(格局)에 대한 대운흐름,!

지금까지 사주주인공인 강 모씨의 사주팔자에 대한 운명의 모든 것을 선천성인 사주명조를 통하여 그 실체를 조목조목 파헤쳐 보았었다.

하지만 여자사주로서 일간 丁火가 신약하여 관성 水氣를 용신으로 선택하지 못하고 있는 중에 격국이 탁기(濁氣)를 남기면서 관살혼잡격(官殺混雜格)까지 되고 있으니 참으로 불행한 운명을 살아가는 여자라는 것을 첫눈에 알 수가 있다.

따라서 본 장에 준하여 재혼팔자(再婚八字)에 강 모씨 본인 자신이 언급되는 것 자체가 덮어두고 싶은 한 개인의 불운을 이중 삼중으로 거론하는것 같아 본 저자는 대단히 미안하고 안스럽기 짝이 없는 심정이라 하겠다.

그러나 사주추명학의 체계를 세우고 나아가서는 숙명적인 운기의 불길함을 조금이라도 대처하여 보다나은 명리발전을 이룩하면서 추명학의 정립에 조금이라도 도움이 되는 것으로 위안을 삼고 지금부터 사주주인공인 강 모씨의 살아왔던 과거와 현재 등을 후천성인 대운을 통하여 그 부분을 집중적으로 간명해보기로 한다.

유년 9세는 乙丑대운이다.

이 때 대운천간 乙木이 신약한 일간 丁火를 木生火로 생조하고 아울러 본 사주팔자가 계절이 子월에 출생하여 조후법상 비겁 火氣

를 선택하는 마당에 완전한 용신의 기운인 비겁 火기의 불기를 지피우는 편인의 기운이 되므로 대단히 길함을 얻을 수 있다.

그러나 일면 사주년간에 투출되어 있는 癸水 편관을 丁-癸 상충으로 파극하고 있으니 상충의 작용으로 인한 흉함이 돌출 될 수 있는 염려가 있겠으나 일간 丁火에 대한 기신(忌神)의 성질을 제거하는 것이고 아울러 일간이 비록 신약하나 중화(中和)의 기점에 안정된 힘을 보이고 있어 그리 신약한 것이 아니기 때문에 별 탈이 없다고 판단하는 것이 정석이다.

그러나 대운지지 丑土가 습토로서 일간 丁火에 대한 식신의 기운이 되고 있으니 신약한 일간을 더욱 더 기운을 빼게 되므로 상당히 누기(漏氣)가 심화되어 불리하게 될 수가 있는데 설상가상으로 사주월지 子水 편관과 子-丑合土로 변화하여 더욱 더 식상 土氣의 기운이 강력하게 작용하고 있음을 엿볼 수가 있다.

실제로 사주주인공인 강 모씨는 이 때 대운천간이 지배되는 시점에서는 부모님의 가업도 좋았으니 별탈이 없이 부모님의 비호 속에 성장할 수가 있었지만 대운지지 丑土가 지배되는 상황에서는 상당한 질병으로 인해 병원마당을 끊이지 않았으며 아울러 부친의 조업이 파산되는 운로에서는 부모님과 이별을 하여 외할머니 품속에서 성장하였다고 본인은 회고를 하고 있다.

따라서 이것은 육친통변법으로 설명하자면 식상 土氣의 성질이 일간 丁火에 대한 기신(忌神)이 되는 점은 질병이나 교통사고를 의미하고 있으므로 완전히 부합하고 있으며 아울러 사주상의 용신의 기운을 거슬리게 될 때 가업이 기울어지는 현상도 나타나고 있음을 간명할 수가 있는 것이다.

다시 19세는 사주주인공인 강 모씨가 결혼과 이혼을 거듭하고 재혼팔자(再婚八字)로 연결되면서 급기야는 술집접대부로 진출하였던 파란만장한 丙寅대운이다.

따라서 운로의 실체를 집중적으로 판단하여야 되는 고난도의 성질이 되고 있으므로 사주주인공인 강 모씨의 사주명조와 19세 丙寅대운이 접목되는 시점인 세운인 1986년 丙寅년까지 나타나고 있은 사주도표를 보면서 사주추명학에 비추어 자세한 간명을 하기로 한다.

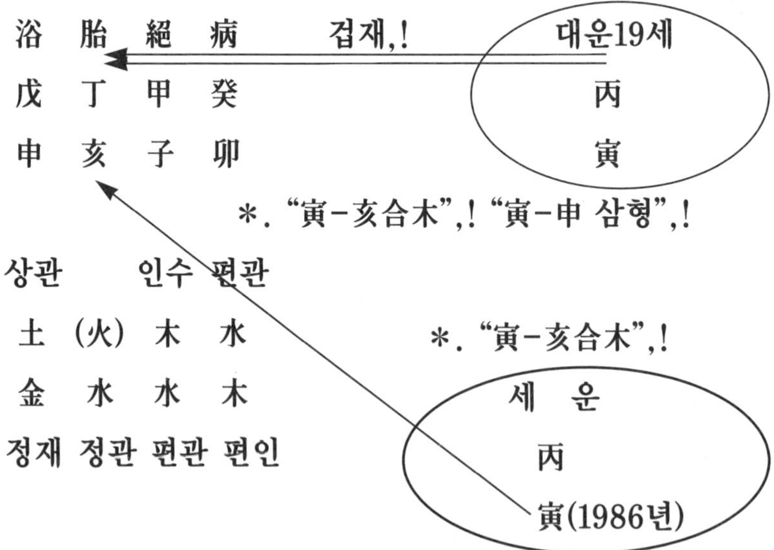

이상과 같이 사주도표에서 나타나고 있듯이 이 때 대운천간 丙火는 신약한 일간 丁火에 대한 겁재로서 신약한 일간을 생조하는 성질임에 따라 정히 용신의 성질이 되고 있으니 대단한 길운임을 알 수가 있다.

그런데 대운지지 寅木이 신약한 일간 丁火를 생조하는 인수가 되어 역시 길한 것은 사실이나 사주원국 일지 亥水 정관과 寅-亥合木을 성립하면서 다시 시지 申金 겁재를 寅-申 상충으로 파극하고 있음을 세밀히 관찰하여 볼 필요가 있다.

이와 같은 현상은 사실상 대운천간지지 모두 신약한 일간 丁火에게는 도움을 주는 용신과 희신의 성질로서 대단히 길함을 얻을 수 있는 장점과 동시에 승승장구로 이어지는 현상은 필연성이라 할 수가 있겠다.

그러나 문제는 근본적으로 본 사주팔자에 대한 주인공의 성정이 호색다음(好色多淫)을 가지고 관살혼잡(官殺混雜)의 격국이 되고 있으니 조금이라도 남자들이 본인을 충동질을 하거나 유혹을 할 때 오히려 강 모씨 본인이 적극적으로 구애(求愛)를 하는 성질을 미루어 짐작해볼 수가 있다.

***. 命理秘典 上권인 천간합편에 남자 및 여자관계가 들어오는 시점에 대하여,!**

따라서 이상의 기운을 놓고 본 저자는 전편인 命理秘典 上권인 천간합편에 그 성질을 세밀하게 언급한 바가 있는데 그 부분을 자세하게 인용하여 보면,!

※ 참고로 모든 천간합은 사주원국에 일간 외 있으면 합의 의미만 설명하고 일간과 더불어 합이 결성되면 세밀히 보아야 하는데 위에 설명한 바와 같이 한 번 이상 있을 때 남자는 주색으로 재혼하며 여자도 재가한다.

또한 중요한 것은 일간을 중심으로 하여 지지의 지장간에 일간과 암합이 결합되어 나오는 오행이 남자는 재성이나 여자는 관성이 나오면 역시 작첩, 간부와 인연을 맺게된다.

더하여 세운, 대운에서도 세운, 대운지지의 지장간을 일간과 대조하여 대운, 세운의 지장간속에 여자는 관성이나 남자는 재성이 일간과 암합되면 거기에 따라나오는 오행을 불문하고 남자 및 여자관계가 발생한다.

언제 들어오는가,? 대운 세운이 암합된 오행과 일치하고 월운 역시 여자는 관성, 남자는 재성월에 들어온다.

이상과 같이 남, 녀의 관계가 들어오는 성질에 대하여 자세하게 기술하고 있음을 엿볼 수가 있겠는데 그렇다면 사주주인공인 강 모씨는 이렇게 사주일지 亥水 정관이 寅-亥合木을 구성하고 있으므로 새로운 남자와 결합되는 현상이 나타나고 있다고 볼 수가 있다.

또한 사주시지 申金 정재를 대운지지 寅木이 寅-申 상충으로 파극하고 있으니 시주는 육친의 통변법상 육친과 상관없이 시주만으로도 자식을 의미하고 있음에 따라 이것 역시 무언중에 자식으로 인한 흉함이 돌출되고 있음을 사주원국은 암시를 하고 있다.

*. 19세 丙寅대운이 지배되는 시점에서 1986년 丙寅세운을 접목,!

그렇다면 사실상 19세 丙寅대운은 10년을 나타내고 있으니 과연 어느 시점에서 이상의 본 남편과 이별을 한 후 재혼팔자(再婚八字)로 연결되고 있는 가는 세운을 판별하여야 만이 제대로 그 실체를 밝혀낼 수가 있으므로 그 부분에 대해 운로를 추적하여 본 결과 1986년 丙寅세운이 대운과 일치되고 있음을 알 수가 있다.

따라서 세운천간 丙火가 역시 대운천간과 마찬가지로 일간 丁火에 대한 겁재로서 용신의 기운이고 다시 세운지지 寅木이 역시 똑같은 대운지지와 같은 화(和)가 됨에 따라 완전히 이 때의 시점에서 사건이 발생되고 있음을 판단하고 있는데 월운이 정월은 寅월이 되므로 정월달을 그 적용되는 시점으로 판단할 수가 있는 것이다.

이와 같은 맥락에 비추어 간명하여 볼 경우 사주주인공인 강 모씨는 이 때의 대운인 丙寅대운이 지배되는 1986년 丙寅년 음력 정월달에 새로운 남자를 알아 이것이 임신까지 되어 이 사실을 남편이 알아 결국 본 남편과 이혼을 하고 재혼팔자(再婚八字)로 둔갑하는 현상이 된다할 것이다.

＊. 일부학자들의 의문,!

여기서 일부학자들 중에서 방금 본 저자가 설명한 부분에 대하여 2가지 사항을 예를 들면서 상당히 의문을 가진채 질문을 하고 있다.

"그 첫째로",!

"운정선생은 본 사주주인공인 강 모씨가 19세 丙寅대운이 지배되는 시점에서 세운이 1986년 丙寅년 음력 정월달에 본 남편과 이별을 하고 재혼팔자(再婚八字)로 되었다는 설명에 대하여 대단히 의문시 하지 않을 수가 없는데 그 이유로서 일단 대운천간이나 지지 모두 일간 丁火에 대한 용신과 희신의 성질이 되고 있음을 예로 들 수가 있다",!

"이와 같은 현상은 신약한 일간 丁火에 대해 대단한 길함을 안겨줄 수가 있는 성질이 되는 점은 두말할 이유가 없는데 그렇다면 길함은 고사하고 이상의 고통과 근심이 나타나는 것은 사주추명학상 도저히 납득할 수가 없는 처사가 될 수밖에 없지 않겠는가",!

"다음 둘째로",!

"본 사주팔자의 남자와 여자의 관계가 들어오는 시점을 命理秘典 上권인 천간합의 통변법에 준하여 인용하였는데 사실상 대운천간 丙火는 제쳐두고라도 대운지지 寅木이나 세운지지 寅木이 사주일지 亥水 정관과 寅-亥合木을 하는 절차를 우선 면밀히 관찰하여 본다",!

"따라서 그 성질을 자세히 관찰할 경우 운로에서 들어오는 대운지지 寅木이 지장간조차 관성인 水氣가 암장되거나 정오행이 나타나지 않고 있는데 막연히 사주일지와 합을 하는 절차에서 남자관계가 발생한다는 논리는 간명상 오류를 나타내는 자명한 일이 아닐 수가 없다",!

"무슨말인지 좀 더 구체적으로 설명할 경우 본 사주팔자가 사실상 19세 丙寅 대운중 대운지지 寅木이 비록 사주일지 亥水와 寅-亥合木을 구성하는 점이 나타나고 있지만 대운지지 寅木 및 寅木의 지장간 여기(餘氣), 중기(中氣), 정기(正氣)에 어느 곳에도 남자의 기운인 관성 水氣가 암장되어 있지 않고 있는 중에 합을 하는 경우가 되므로 이 때는 남자관계가 성립된다는 논리를 놓고 대단히 의문을 표시하지 않을 수가 없음이다",!

"그렇다면 이상의 2가지 원칙에 대하여 운정선생은 그 실체를 자세하게 언급하지 않고 막연히 사주간명을 하였다는 것으로 귀착하는 것이 타당하며 이와 같은 현상을 사주추명학에 비추어 그 의문내용을 자세히 밝혀주기 바란다",! 라며 상당한 날카로운 지적과 함께 의문사항에 대한 답변을 요구하고 있다.

***. 본 저자가 약 26년동안 실제인물에 준하여 경험상 터득한 비법(秘法),!**

이러한 성질에 대하여 본 저자는 일부학자들이 의문을 표시하는 성질이 상당히 어려운 부분이라 사료되고 그것을 질문하는 과정이 날카롭기 짝이 없는 대목이라 생각하며 아마도 이와 같은 성질을 질문할 정도의 실력이라면 사주추명학의 고수인 원로님이 아닌가, 하고 문득 생각이 들고 있다.

따라서 일부학자들이 지적한 의문을 답변하려고 할 때 상당히 학문적으로나 논리적으로나 그에 대한 이유를 들어야 하므로 그동안 본 저자가 실제인물에 준해 약 26년 동안 실제인물을 간명한 후 경험상 터득한 비법(秘法)을 적용하여 그 실체를 적나라하게 밝혀보기로 하겠다.

우선 일부학자들이 의문한 2가지 이유중에서 첫 번째 질문인 대운천간지지 모두 신약한 일간 丁火에 대한 용신이나 희신의 기운인데도 불구하고 왜, 남자로 인하여 길함은 고사하고 흉함을 나타내고 있는지에 대하여 집중적으로 거론하여 본다.

우선 첫째로,!

"본 사주원국이 근본적으로 격국이 "신약편관격(身弱偏官格)" 및 "관살혼잡격(官殺混雜)"을 성격(成格)한 중에 음란성을 더욱 재촉하는 도화살(桃花殺)과 십이운성의 목욕지를 같이 가지고 있음을 눈여겨보아야 된다",!

이러한 현상은 선천성인 사주격국이 정관이나 편관이 여자사주에서는 남자를 나타내고 있기 때문에 주위에 늘 남자의 유혹이 많다는 것을 단적으로 나타내는 현상을 생각해볼 수가 있겠으며 더구나 사주내 월지 子水 편관이 도화살(桃花殺)과 십이운성 절지에 해당하고 있으니 더욱 더 음란성을 가중하는 결론을 불러일으키게 된다.

더구나 상황이 이럴진데 시지 卯木 정재가 음란성(淫亂性)을 재촉하는 십이운성 목욕지에 해당하고 있으니 완전히 호색다음(好色多淫)하다는 것은 피할 수가 없음을 알 수가 있는데 이럴 경우 사실상 대운이나 세운등에서 용신이나 희신의 기운이 될 때 금전적인 재수와 남자는 여자관계 및 여자는 남자관계가 동시에 들어오는 현상도 일면 생각하여야 될 것이다.

무슨말인지 좀 더 구체적으로 언급하자면 무릇 모든 사주 격국 주인공의 운명을 간명할 때 보통 운로인 대운이나 세운에서 용신이나 희신의 기운이 들어오게 될 경우 사업이나 직장 등에 재수를 취득하므로 길하다고 판단하는 것이 정석이다.

그러나 이와 같은 성질을 엄밀히 따져보면 같은 운로이라 할지라도 남, 녀를 불문하고 길운이면 금전적이나 직업적인 성취는 기정사실이고 그에 따른 부수적인 또 다른 하나의 기운이 부합하고 있다는 것을 강조하는데 이것이 남자라 가정하면 여자의 기운이며 만약 여자라면 남자의 기운을 맛볼 수가 있는 현상을 간명하여 판단하여야 된다는 취지이다.

따라서 본 사주팔자는 이와 같은 현상에 부합시켜 간명하여 볼 때 이미 선천성인 관살혼잡(官殺混雜)과 도화살(桃花殺) 및 십이운성 목욕지를 모두 가지고 있으므로 시도 때도 없이 수많은 남자들이 접근을 할 수가 있는 성질이 되고 있는데 이것이 사실상 운로가 용신이나 희신의 기운이 되고 있음에 따라 더욱 더 남자관계가 발생할 수밖에 없는 이유가 여기에 있다해도 과언이 아니다.

다음 일부학자들의 두 번째 질문에 대하여,!

"본 사주팔자의 남자와 여자의 관계가 들어오는 시점을 命理秘典 上권인 천간합의 통변법에 준하여 인용하였는데 사실상 대운천간 丙火는 제쳐두고라도 대운지지 寅木이나 세운지지 寅木이 사주일지 亥水 정관과 寅-亥合木을 하는 절차를 우선 면밀히 관찰하여 본다",!

"따라서 그 성질을 면밀히 관찰할 경우 운로에서 들어오는 대운지지 寅木이 지장간조차 관성인 水氣가 암장되거나 정오행이 나타나지 않고 있는데 막연히 사주일지와 합을 하는 절차에서 남자관계가 발생한다는 원리는 간명상의 오류를 나타내는 것이라 아니할 수가 없다",!

"무슨말인지 좀 더 구체적으로 설명할 경우 본 사주팔자가 사실상 19세 丙寅 대운중 대운지지 寅木이 비록 사주일지 亥水와 寅-亥合木을 구성하는 것은 나타나고 있지만 대운지지 寅木 및 寅木의 지장간 여기(餘氣), 중기(中氣), 정기(正氣)에 어느 곳에도 남자의 기운인 관성 水氣가 암장되어 있지 않고 있는 중에 합을 하는 경우가 되므로 이 때는 남자관계가 성립된다는 논리를 놓고 대단히 의문을 표시하지 않을 수가 없음이다",! 라고 의문을 표시하고 있다.

이상의 두 번째 일부학자들의 질문에 대하여 본 저자는,!

"우선 첫 번째로",!

"본 사주팔자의 일간 丁火의 기운을 주동하여 선천성인 천간이나 지지 및 지지의 지장간속에 여기(餘氣), 중기(中氣), 정기(正氣)의 기운과 암합(暗合)을 하고 있는지를 중시 볼 필요가 있다.!

상당히 중요하고 고난도의 성질이 되므로 대단히 정신을 한곳에 모아서 집중력을 발휘하여야 될 것인데 우선 위 사주팔자 일간 丁火를 기준하여 사주천간에는 壬水가 없으니 丁-壬合木을 이루고 있지 않음을 엿볼 수가 있다.

그러나 사주지지에 월지 子水 편관의 여기(餘氣)에 壬水가 있고 다시 일지 亥水 정관의 지장간 정기(正氣)에 壬水, 그리고 마지막 시지 申金 정재의 지장간 중기(中氣)에 壬水가 들어 있으니 완전히 일간 丁火와 丁-壬 암합(暗合)을 구성하는 성질이 3번이나 되고 있음을 나타내고 있다.

따라서 이와 같은 현상은 근본적으로 남자관계에서 호색다음(好色多淫)을 나타내고 있으므로 이 때 운로인 대운이나 세운에서 희신, 기신(忌神)을 막론하고 사주일지와 육합, 삼합, 준삼합을 하게 될 경우 비록 관성 水氣가 정오행이나 지지에 암장된 관성을 불문하고 사주일지와 합을 하는 자체만으로도 남자관계가 발생하는 중요한 원인제공을 하게 된다.

그렇다면 일부학자들이 의문을 표시한 운로인 대운이나 세운에서 막연히 일지와 합을 하게 될 때 비록 관성 水氣를 가지고 들어오지 않더라도 남자관계가 성립되는 현상이 모두 이상의 부분에 적용되는 결론이라는 것을 알 수가 있으며 이와 같은 현상을 보고서 본 저자는 남자관계로 인하여 재혼팔자(再婚八字)로 판단하는 것이 모두 여기에 해당되어 있다해도 과언이 아니다.

다음 두 번째로,!

"사주일지는 여자사주에서 남편궁을 나타내고 있으므로 이때 본 사주일지에 亥水가 정관이 자리를 잡고 있으니 완전히 남편이 존재하는 것이 되며 이미 사주일지 亥水와 년지 卯木 편인과 亥-卯合木을 하고 있는데 다시 운로인 대운이나 세운에서 寅木이 들어와서 寅-亥合木을 성립하는 것은 남편 또한 바람을 피워 여자관계를 발생하는 것이라 간명하여야 된다.!

이 부분에 대하여 좀 더 구체적으로 자세하게 기술하자면 우선 여자이던 남자이던 불문하고 모든 사주일지는 배우자궁을 표시하고 있음에 따라 본 사주 주인공인 강 모씨는 일지를 남편궁으로 판단하여 간명하는 것이 타당하다.

그런데 절묘하게도 이렇게 사주일지에 亥水 정관이 존재하여 있으니 더욱 더 완전히 남편이 제자리에 자리를 잡고 있는 현상이 되고 있는데 이미 선천성인 사주명조에 일지 亥水와 년지 卯木간 亥-卯合木을 하지 않을 경우라 가정해도 운로인 대운이나 세운에서 일지 관성과 합을 한다면 남편이 바람을 피우는 현상이 종종 경험상 발견되고 있다.

상황이 이럴진데 선천성인 사주명조에 이렇게 일지 亥水 정관과 년지 卯木 편인이 서로간 亥-卯合木을 하여 다시 월상에 甲木 인수가 투출되어 있음에 따라 합을 하는 것 자체만으로도 이미 사주팔자는 무언중에 남편이 바람둥이라는 것을 예고하고 있음은 자명한 일이 되었다.

따라서 이 때 일지 亥水 정관을 지배하는 운로인 대운이나 세운에서 寅木이 들어오게 될 경우 자연스럽게 寅-亥合木을 하는 처사가 동반될 수밖에 없으니 이미 선천성인 사주명조에 寅-亥합을 하고 있는데 재차 합을 하여 더욱 더 강력하게 합의 성질이 됨에 따라 이것은 더 이상 무엇을 논할 필요가 없이 남편이 바람이 나는 것에 완전히 적중된다.

그렇다면 지금의 상황에 종합적으로 검토하면 사실상 사주주인공인 강 모씨도 바람이 나서 새로운 남자관계로 귀착한 상황과 동시 상대인 본 남편도 역시 첩의 기운과 몸을 합방하여 양자 모두 이혼으로 판결나는 절대적인 이유가 성립되겠는데 그렇다면 운수가 나쁘게 먼저 사주주인공인 강 모씨가 내연의 관계로 본 남편에게 들통이 났다는 것을 알 수가 있다.

이상과 같은 맥락에 비추어 일부학자들의 두 가지 의문을 본 저자가 완벽하게 논리적인 성질에 비추어 자세하게 설명하였다고 사료되는데 지금 설명한 성질은 사주추명학의 비조인 고서(古書)나 원서에 기록되지 않고 있음에 따라 불투명한 성질을 찾아서 대단히 그 부분을 간파하고자 끊질긴 열의와 노력을 게을리 하지 않았다.

그래서 본 저자는 이상의 고서(古書)나 원서에 매달리지 않고 부득히 지금에 적용되는 성질에 해당되어 있는 실제인물을 찾아 약 26년 동안 대단한 의문과 괴뇌를 짊어지고 선천성인 사주명조와 그에 따른 후천성인 대운과 세운에서 어떠한 운로를 받는 점을 과거, 현재, 미래를 역추적하여 오늘날 하나의 간명상 얻은 경험상 비법(秘法)을 정리하였던 것이다.

결국 이와 같은 경험상 비법(秘法)을 적용하여 본 사주팔자는 재혼팔자(再婚八字)로 간명하고 그 시기를 완벽하게 판단하였던 것이니 지금 이러한 본 저자의 경험상 비법(秘法)을 터득한 후대의 역학자는 마땅히 지금의 수준에 만족하지 말고 더욱 더 역학에 증진하여 새로운 역학의 발전이 이룩될 수 있도록 노력과 증진을 게을리 하지 말아야 하겠음을 본 저자는 첨언하는 바이다.

제7장

자 식(子 息)

제7장

자 식(子 息)

1. 자 식(子 息)

인생은 태어나서부터 부모님의 비호속에 성장한 후 다시 성년이 되면 결혼을 하여 2세를 출산하는 것이 어쩌면 필연적인 숙명이고 더러 예외가 있긴 하지만 보편적으로 절대적 운명이라 할 수가 있다.

이것은 한편으로 볼 때 본인 자신이 늙어지면 자식의 효양을 받으면서 살아 가다가 자신의 운명 선상에서 죽음을 맞이하더라도 하나의 씨앗을 남기므로 인하여 종속적인 인연을 이어나가는 종족보전의 본능적 순리이고 이는 곧 조상의 뿌리를 전해 내려가는 하나의 생명의 연장선이라 해도 과언이 아니다.

고로 이와 같은 종족의 혈통을 유지 계승하여 나가는 2세를 두고 우리를 곧 자식(子息)이라고 명칭하고 있으며 이 자식(子息)이 과연 얼마나 훌륭하게 성장하여 부모에게 효도를 하고 있는가, 그렇지 않고 오히려 자식(子息)이 불효를 함에 따라 말년이 자식으로 인한 근심과 고통을 받으면서 삶을 마감하는 등의 차이를 논할 수가 있다.

따라서 사람은 누구나 남, 녀를 불문하고 좋은 자식이 태어나기를 원하며 또한 그 바램은 자식이 진학하는 입시 때가 되면 정말 그 자식을 가진 부모의 간절한 기도는 어느 누가 보아도 치열하기 앞서 때로는 처절한 인생의 몸부림까지 연상하기도 한다.

본 장에 언급하는 자식(子息)은 남, 녀의 구분에 따라 육친별로 그 원칙을 달리 적용하고 있는데 이것은 남자라면 정관이나 편관을 의미하고 여자라면 식신이나 상관을 자식(子息)으로 대변하고 있으며 또한 필수적으로 사주시주의 동태를 면밀히 관찰하여 그 실체를 판단하여야 된다.

그리고 자식을 나타내는 육친에 십이운성의 강약(强弱)과 각종 살성(殺星) 및 귀인(貴人)을 복합적으로 육친의 성정과 대조하여 같이 간명하는 것이 타당한데 만약 사주팔자에 자식을 나타내는 남자의 경우 육친의 정관이나 편관, 그리고 여자라면 식신이나 상관이 없을 때는 사주상에 용신의 기운으로 자식(子息)을 보고 판단할 수도 있다.

결국 본 장에 기술하고 있는 자식(子息)은 우선 남자와 여자의 사주팔자를 구분한 뒤 다시 육친별로 관성과 식상의 기운을 분류하여 사주주인공에 대한 이상의 관성이나 식상이 길신이 되는지를 면밀히 관찰하여 보고 그에 대한 간명상의 실체를 사주추명학에 비추어 적나라하게 파헤치고 있음을 엿볼 수 가 있다.

(1). 남자가 자식복이 있는 사주

●일간이 신왕하여 관성이 길신인데 관성이 십이운성에 장생, 건록, 제왕에 앉아 있고 식상에 의해 파극 및 형, 충, 파, 해가 되지 않는 사주,!

※ 참고로 이 경우는 자식이 부모에게 효도하며 자식이 관록등으로 크게 발달한다.

●일간이 신왕하여 식상이 관성을 보고 있는데 이 때 재성이 있어 식상과 관성을 통관(通關)시키는 사주,!

●일간이 신왕하고 인성이 없는데 식상이 미약하고 반대인 관성이 많거나 왕성하면 자식이 많다.!

※ 참고로 이 경우에는 비록 자식이 많거나 자식이 발달하더라도 자식중 일부가 부모에게 근심을 주는 경우가 있다.!

●일간이 신왕하고 관성이 사주에 없으나 인성 역시 없는 중에 식상이 용신이나 희신이면 자식이 많다.!

※ 참고로 일간이 신왕하다는 것은 비겁이 왕성하여 신왕할 것인데 관성과 인성이 사주내 보이지 않고 식상이 있다면 식상이 용신이 되기 때문에 용신으로 자식을 대변할 수가 있다.!

●일간이 신왕하고 인성이 있더라도 식상이 미약한 중에 재성이 왕성하면 자식이 많고 부귀한다.!

※ 참고로 이 경우 사주내 자식을 대변하는 관성이 없겠으나 관성을 생조하는 재성이 용신이 되기 때문에 재성은 곧 관성을 생조하는 육친이니 자식이 많고 부귀한다는 점에 일치한다.!

●일간이 신약하나 관성이 없고 식상이 있을 경우 아들이 있다.!

※ 이 경우 일간이 신약하다면 관성은 기신(忌神)이 되어 오히려 자식이 없을 수가 있는데 이 때 관성이 없고 식상이 있다면 일간과 식상은 서로간 유정(有情)하기 때문에 오행상생법상 아들이 있다고 판단한다.! (단, 이때는 극심한 신약이 되지 않아야 한다)

●일간이 신약하여 식상이 중첩되어 있는데 일간을 생조하는 인성이 있고 인성을 파극하는 재성이 없을 경우 아들이 있다.!

●신왕하고 시주에 재성이 있으면 자녀가 온순 효도하며 역시 정관이 있어도 용모가 단정하고 성질이 화평하고 효도한다.!

●일간이 중화(中和)의 기점에 안정되고 시주에 식신이 있는데 편인을 보고 있지 않으면 자녀의 신체가 풍만하고 성실하며 천, 월덕귀인과 동주(同柱)하면 자비심과 부모에게 효도한다.!

●일간이 신약하여 비겁이 용신인데 시주에 비겁이 자리를 잡고 있으면 자식복이 있다.!

●일간이 신왕하고 월주에 재성이 있는 중에 다시 시주에 관성을 보고 있으면 자식이 효자이다.!

※ 이상으로 남자사주에서 자식복이 있는 격국을 간명하여 보았는데 그렇다면 언제 자식을 생산할 수가 있는 성질이 있는가에 의문을 가지게 된다.

이에 대하여 본 저자는 실제 경험상 사주주인공의 격국이 일간이 신왕하다면 사주내 재성이 주된 용신이면 재성, 관성이 사주에 들어있어 관성이 주된 용신이면 관성, 식상이 주된 용신이면 식상 대운, 세운에 자식이 생기는 것을 원칙으로 삼으나 혹자 중에는 용신을 생조하는 희신의 기운에도 자식을 가지는 것을 많이 보고 있다.

더하여 일간이 신약하다면 원칙적으로 신약한 일간을 생조하는 인성이나 비겁 대운 세운에 자식을 가지는 것을 정석으로 판단한다.

***. 본 장에 준해서 자식복이 있는 사주에 해당하여 아들이 현재 서울 모처 명문법대에 수석 합격한 실존인물인 정 모씨의 사주팔자이다.!**

(예1). 남자, 정 모씨(경기 부천) 1962년 음력 2월 3일 辰 시

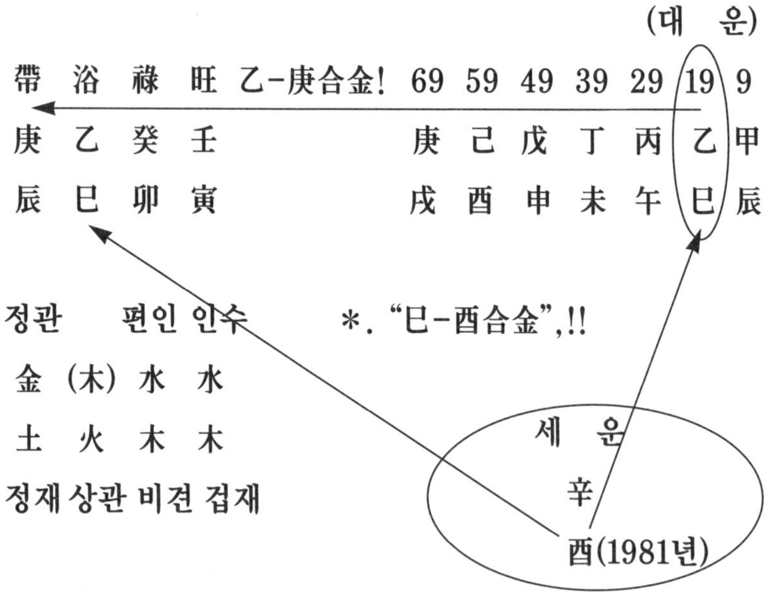

●일간 乙木이 신왕하여 "비중용관격(比重用官格)"으로서 시상 정관 庚金을 용신으로 선택하고 있는 중에 사주내 타주에 거듭 정관이나 편관을 보고 있지 않고 일위(一位)로 자리를 잡고 있으니 "시상정관일위귀격(時上正官一位

貴格)"이 성격(成格)되는 격국이다.!

따라서 용신을 정관 庚金을 선택하고 있는데 일지 巳火 상관이 근접하고 다시 시지 정재 辰土와 전부 오행별 주류무체(周流無滯)로 생화불식(生化不息)의 법칙에 부합하며 사실상 火, 土, 金을 전부 길신으로 선택하고 있으니 절묘하다.!

또한 시상에 이렇게 정관이 일위(一位)에 용신이 자리를 잡고 있는 것은 벌써 첫눈에 자식이 대부대귀한 것을 알 수가 있겠으며 사주주인공은 자식복이 많은 사람이라는 것으로 판단한다.!

그런데 젊은 나이인 62년생인 정 씨가 1998년 12월경 장남이 서울 모처 명문법대에 수석으로 합격을 하였는데 아들 나이로보나 정 씨 나이로 보나 너무 일찍(?)자식을 가졌는 것을 의심하지(?)않을 수가 없다.!

대운의 흐름을 추적하여 보니 19세 乙巳대운이 지배하는 천간 乙未의 나이인 1981년 음력 4월에 결혼을 하였는데 세운을 보고 나이를 조사해 보면 19세이라 음...이미 고등학교를 졸업한 시점인 만 18세에 같은 동갑인 지금의 처에게 장남을 잉태하게 만들었으니....!!!

이 때 정 씨의 부모님은 황당하여 시급히 결혼식을 올리고 말았는데 주위 사람들이 쑥떡공론(?)이 자자하였으나

2대독자인 정 씨가 천금같은 아들을 낳자 정작 정 씨 부모님은 어깨춤을 추고 있다....!!???

*. 일간의 왕쇠(旺衰),!

乙일간 卯월에 출생해서 득령(得令)하였으며 사주원국 월지 卯木 비견에 일간이 십이운성 건록지에 해당하고 있는 중에 다시 년지 寅木 겁재와 년간 및 월상 壬, 癸水 인성이 일간 乙木을 강력하게 생조하고 있으므로 신왕이다.

이와 같은 현상은 사실상 년주 壬寅의 기운과 월주 癸卯의 기운이 동시에 일간을 생조하는 것이 되어 그 힘이 매우 왕성하게 작용하는 것은 두말할 이유가 없겠는데 따라서 이렇게 일간 乙木이 신왕이 강력하면 마땅히 일간의 기운을 억제할 수 있는 오행이 필요하게 될 것이다.

따라서 사주원국을 면밀히 관찰하여 보니 일간 乙木에 바로 근접하여 일지 巳火 상관이 자리를 잡고 왕성한 일간 乙木의 기운을 木生火로 자연스럽게 수기(秀氣)유행을 도모하면서 다시 상관 巳火는 시지 辰土 정재에게 火生土 한 중에 시상에 庚金 정관이 투출되어 있음에 따라 이것은 일간 乙木의 기운을 적절히 억제할 수 있는 오행이 제자리에 자리를 잡고 있으니 아주 좋게 되어 있다.

더구나 이와 같은 현상은 같은 사주팔자라도 일간의 기운을 억제할 수 있는 오행이 사주내 멀리 떨어져 있는 성질과 가까이 있는 점과 비교 분석하여 볼때 가까이 일간과 근접하여 그 영향력을 행사하는 것이 대단히 길하게 작용하는 장점을 기대할 수가 있음은 두말할 여지가 없다.

그렇다면 이상의 맥락에 준하여 본 사주팔자는 비록 일간 乙木이 신왕하다손 치더라도 이상의 일간을 억제하는 기운이 왕성함에 따라 왕신(旺神)의 성질을 따르게 되는 외격(外格)의 용신법에 적용할 수가 없고 내격(內格)의 억부법이나 조후법상 용신이 선택되는 것을 알 수가 있다.

***. 격국(格局)과 용신,!**

위 사주팔자에 대한 격국(格局)과 용신을 판별하여 보면 우선 일간 乙木이 사주내 비겁 木氣와 인성 水氣가 많아 신왕한 중에 사주 월지에 卯木 비견이 일간에 대해서 십이운성 건록지에 앉아 있으니 원칙적으로 **"신왕월지건록격(身旺月支建祿格)"**이 성격(成格)된다.

고로 용신은 **"비중용관격(比重用官格)"**으로 왕성한 비겁 木氣를 억제하는 관성 金氣를 용신하고 관성 金氣를 생조하는 재성 土氣를 희신으로 삼는 것이 정석이며 상관 巳火가 사주일지에 유정(有情)하여 있는 중에 정재 辰土를 火生土로 생조하고 있으므로 식상 火氣도 대단히 길하게 작용하니 길신으로 선택되는 것이 마땅하다.

이렇게 사주상의 용신과 희신 그리고 길신의 성질을 선택하여 놓고 사주격국을 면밀히 관찰하여 보니 일간 乙木에 대한 용신의 기운으로 자리매김하고 있는 시상에 정관 庚金이 투출되어 있는 중에 사주타주에 거듭 정관이나 편관을 보고 있지 않고 정관이 일위(一位)에 존재하여 용신의 성질이 되고 있음을 엿볼 수가 있다.

따라서 용신인 정관 金氣에 기운이 흩어지지 않고 한곳으로 집중되어 그 세력을 마음껏 발휘하게 되므로 또 다른 하나의 격국인 **"시상정관일위귀격(時上正官一位貴格)"**을 성격(成格)하고 있음에 따라 사주격국이 대단히 좋게 되는 장점을 가지고 있다.

또한 이와 같은 현상은 더 나아가서 사주일지 巳火 상관과 시지 辰土 정재가 모두 火生土, 土生金, 마지막 정관 庚金에게 金生水로 연결하고 있으므로 용신과 희신 그리고 길신의 성질이 서로간 유정(有情)한 결과로 말미암아 완전한 천복지재(天覆地載)의 법칙에 부합하고 있다해도 과언이 아니다.

더구나 위 사주팔자는 같은 사주격국이라도 용신과 희신 및 길신의 성질인 火, 土, 金 삼자를 모두 취용하고 있는 중에 용신과 희신 및 길신이 모두 제자리에 앉아 정히 진신(眞神)의 성질과 억부법이나 조후법상 용신이 일치를 하는 것이 되어 복록이 깊은 성질이라 할 수가 있다.

결국 본 사주팔자는 사주간명상 어느 사주팔자보다 좋은 장점을 발휘하는 것은 두말할 필요가 없음에 따라 이것은 정말 대단한 복록을 가질 수가 있으므로 곧 일청도저유정신(一淸到底有精神)이며 격국의 절묘한 배합이 너무 아름답다.

*. 격국(格局)에 대한 청탁(淸濁)판별,!

다시 본 사주팔자에 대한 격국(格局)의 청탁(淸濁)판별을 하여 보면 우선 사주상에 오행이 서로 균등을 가지고 있는지, 그리고 용신과 희신의 왕쇠(旺衰)와 탁기(濁氣)를 구성할 수 있는 형, 충, 파, 해와 극단적인 살성(殺星)인 괴강살(魁罡殺)이나 백호대살(白虎大殺) 및 양인살(羊刃殺)등을 중점하여 판단한 뒤 결정을 내려야 될 것이다.

따라서 본 사주원국은 일간 乙木이 사주내 비겁 木氣와 인성 水氣가 많아 신왕한 중에 격국이 **"신왕월지건록격(身旺月支建祿格)"**을 성격(成格)하면서 시상에 용신으로 자리매김하고 있는 庚金 정관이 일위(一位)에 투출되어 있으므로 **"시상정관일위귀격(時上正官一位貴格)"**을 같이 구성하고 있다.

이와 같은 현상은 용신의 기운이 진신(眞神)이 되면서 그 세력이 대단히 왕성함을 나타내고 있는데 무엇보다도 사주일지 巳火 상관이 신왕한 일간 乙木의 기운을 자연스럽게 수기(秀氣)유행을 도모하면서 그 힘을 누출시키고 있는 점을 중시 볼 필요가 있다.

이러한 성질은 더 나아가서 일간 乙木의 기운을 흡수받은 巳火 상관은 다시 시지 辰土 정재에게 火生土로 생조하고 역시 辰土 정재는 시상에 투출되어 있는 庚金 정관에게 土生金으로 생조하고 있음에 따라 이것은 용신과 희신 및 길신이 서로간 천복지재(天覆地載)로 짜여져 있음은 최묘(最妙)로 판단하여야 될 것이다.

한편으로 지지에 극단적인 살성(殺星)인 시주가 괴강살(魁罡殺)과 양인(羊刃)이 되어 동주(同柱)로 짜여져 년지 寅木 겁재와 일지 巳火 상관과 寅-巳삼형까지 존재하여 있으니 보기에는 좋지 않다고 생각될 지 모르지만 본 사주팔자가 근본적으로 일간이 신왕한 중에 寅-巳 삼형은 호랑이를 두들겨 개와 같이 써먹을 팔자가 된다는 점을 이미 전편인 命理秘典 上권인 삼형편에서 본 저자가 언급한바가 있다.

그렇다면 寅-巳 삼형은 오히려 본 사주원국에서는 대단히 좋은 작용을 하는 것을 기대할 수가 있겠으나 절묘하게 사주월지 卯木 비견이 가로막아 양자의 寅-巳 삼형의 기운을 木生火로 서로간 생조를 하고 있으니 더욱 더 사주가 좋게 되고 있음을 간명하여야 된다.

하지만 하나가 염려스러운 점은 시주의 庚辰이 괴강살(魁罡殺)이 존재하여 있지만 극단적인 괴강살(魁罡殺)을 형, 충으로 하는 상충이나 삼형이 직접 괴강을 충격하지 않고 있는 중에 사실상 모두 용신과 희신 및 길신으로 오행상 유통을 도모하면서 유정(有情)하고 있으니 오히려 괴강의 특유한 힘을 발휘함에 따라 권력과 대부대귀를 쟁취할 수가 있다고 볼 수가 있다.

***. 命理秘典 上권인 양인살(羊刃殺)편에 인용하여,!**

이와 같은 부분은 본 저자가 이미 편찬한 命理秘典 上권인 양인살(羊刃殺)의 통변법에 기술하고 있기를 **"양인은 형벌을 맡은 살(殺)로서 그 특성이 강렬, 황폭, 성급을 나타내며 사주내 양인**

이 있으면 인생행로에 장애가 많다".!

"그러나 강렬, 황폭을 나타내는 기운이므로 군인, 경찰, 법조인등으로 크게 출세할 수가 있으며 때로는 불세출의 괴걸(怪傑), 열사(烈士)되는 수도 있다".!

"더하여 양인은 편관과 양인 그리고 괴강살(魁罡殺)을 함께 가지고 있을 경우 더욱 더 발전할 수가 있는데 이것은 곧 군인이나 권력을 의미하기도 한다".! 라며 그 특성을 구체적으로 기술하고 있다.

이상의 부분을 본 사주팔자에 적용하여 볼 때 비록 시상에 투출되어 있는 庚金이 편관이 아니고 정관이 되나 정관이 용신이면서 다시 시지 辰土가 정재가 되어 서로간 土生金으로 유정(有情)한 법칙이 되고 있으니 완전한 권력을 행사할 수 있는 직위에 종사하는 것을 판단할 수가 있으므로 대부대귀한 운명이 되는 것은 두말할 필요가 없다.

따라서 사주주인공은 본 장에 청탁(淸濁)의 법칙에 부합하여 볼 때 한가지 선뜻 눈에 들어오는 것이 있는데 그것은 사주년간과 월상 壬, 癸水 인성이 년, 월지 및 일간 乙木을 水生木으로 생조하고 다시 일간 乙木과 년지 및 월지 비겁 木氣는 일지 巳火 상관에게 木生火하며 상관 巳火는 시지 辰土 정재에게 火生土로 생조하고 있음을 엿볼 수가 있다.

더구나 이와 같은 성질은 여기에만 끝나는 것이 아니고 시지 辰

土 정재는 마지막 시상에 투출되어 있는 庚金 정관에게 土生金으로 생조하고 있는 현상은 오행상 균등을 가지면서 오행상생의 법칙에 적용하여 물결이 높은데서 낮은 데로 순리에 따라 흘러가는 형상으로 곧 주류무체(周流無滯)가 된다.

결국 이와 같은 성질은 고서(古書)나 원서에 제일 으뜸으로 취급하는 생화불식(生化不息) 및 생식불식(生息不息)에 의존하는 사주격국이 되고 있으니 이것은 더 이상 무엇을 거론할 필요도 없이 대단한 청기(淸氣)를 가지는 명조로서 정말 절묘한 배합을 구성하고 있다해도 과언이 아니다.

***. 사주주인공의 운명과 성격,!**

본 사주팔자에 대한 주인공은 남자사주인 정 모씨로서 지금까지 사주상의 일간의 왕쇠(旺衰) 및 격국과 용신, 그리고 격국의 청탁(淸濁)판별을 하여 본 결과 용신이 왕성하고 격국이 순수하면서 대단한 청기(淸氣)를 가지고 있으니 벌써 첫눈에 대부대귀한 팔자라는 것을 알 수가 있었다.

이러한 현상은 命理秘典 上권인 정재의 육친통변법에 기술하고 있기를 **"사주팔자의 천간이 정관이 있고 지지에 정재가 동주(同柱)하고 있을 경우 매우 고귀(高貴)한 운명이다",!** 라며 기술하고 있음을 눈여겨보아야 될 것이다.

이상의 성질에 부합시켜 판단하여 볼 때 지금 사주주인공인 정 모씨는 시주가 정관과 정재가 동주(同柱)가 되어 있는 중에 그것이 용신과 희신의 성질이 일치하고 있으므로 더욱 더 완전히 적중되고 있겠다.

따라서 사주주인공인 정 모씨는 과거 국가에서 치루는 행정고시에 합격하여 지금 현재 국가정부 모 처의 서기관인 국장으로 근무하고 있는데 이미 전자의 격국이 寅-巳 삼형을 가지면서 괴강과 양인을 동주(同柱)한 중에 정관을 용신으로 삼고 **"시상정관일위귀격(時上正官一位貴格)"**이 성격(成格)되고 있으니 어쩌면 고위직으로 나가는 것은 당연한 일인지도 모른다.

그렇다면 본 장 사주주인공의 운명과 성격에 대하여 그 실체를 파악하여 보면 우선 일간 乙木이 신왕한 중에 일간의 기운을 수기(秀氣)유행을 도모하고 있는 일지 巳火 상관이 근접하여 자리를 잡고 있으므로 매사에 성실 근면하고 온후한 성격을 겸비하고 있는데 하지만 사주월지에 卯木 비견이 십이운성 건록지에 앉아 있으므로 자존심과 고집이 대단하다.

또한 사주팔자내 오행의 유무가 천간 인성 水氣가 년, 월지 비겁 木氣에 생조하고 있는 중에 일간 乙木이 되므로 木氣가 강력하므로 만약 왕성한 木氣를 억제하거나 견제하지 못할 경우 그 성격이 대단히 질투심과 편굴(偏屈)하기 짝이 없음은 자명한 일이다.

하지만 이렇게 시상에 투출되어 있는 庚金 정관이 일간 乙木을 억제하고 있으며 다시 일지 巳火 상관이 자연스럽게 수기(秀氣)유행을 도모하면서 그 힘을 누출시키고 다시 일간 乙木을 주동하여 일지

巳火가 금여살(金輿殺)이 되고 있으니 그 성격이 자비롭고 불쌍한 사람을 보고는 그냥 지나치지 않는 인격자임을 알 수가 있다.

한편으로 볼 때 사주일주 乙巳가 십이운성의 목욕지에 앉아 있으니 약간의 풍류호색으로 주색(酒色)을 탐하는 일면이 있겠는데 일주를 주동하여 성립은 안되지만 사주년지 寅木 겁재를 주동하여 월지 卯木 비견이 도화살(桃花殺)까지 해당하고 있으니 이것 역시 이상의 부분에 더욱 더 성질이 강력하게 작용하는 하나의 원인이 된다고 볼 수 있다.

***. 조상의 부분을 언급하여 판단,!**

본 사주주인공인 정 모씨는 조상의 기운을 판단한다면 년간에 인수가 자리를 잡고 있는 중에 년 월주가 모두 십이운성에 제왕지와 건록지에 앉아 있으니 조상이 부귀공명을 누렸으며 명문집안의 자손임을 알 수가 있는데 그리고 대단한 학자가 있을 것으로 판단한다.

이와 같은 점은 사주년간에 인수가 자리를 잡고 십이운성 제왕지에 해당하고 있으니 육친통변법상 인수는 학자이며 명문가문을 나타내고 있는 중에 더구나 인수의 기운을 사길성(四吉星)으로 대단히 길하게 작용하고 있는데 년간 및 월상 인성 水氣가 일간과 년지 및 월지 비겁 木氣를 水生木으로 생조하고 있으니 더욱 더 확실하게 부합하고 있는 것이다.

결국 이상의 맥락에 비추어 사주주인공인 정 모씨는 윗대부터 명문대의 자손으로 뿌리깊은 가문을 가지고 있는 자손이며 아울러 본인 또한 사실상 오행상 木, 火, 土, 金, 水를 모두 가지고 오행상 상생의 법칙으로 이어지는 주류무체(周流無滯)가 되어 생화불식(生化不息)에 의존하고 있으니 성격이나 육친의 운명등이 모두 길함을 가질 수가 있음을 더 이상 논할 필요가 없다.

***. 본 장 남자사주에서 자식복이 있는 격국에 적용하여,!**

다시 본 장 남자사주에서 자식복이 있는 격국에 준하여 그 실체를 인용하여보면,!

●일간이 신왕하여 관성이 길신인데 관성이 십이운성의 장생, 건록, 제왕에 앉아 있고 식상에 의해 파극 및 형, 충, 파, 해가 되지 않는 사주,!

※ 참고로 이 경우는 자식이 부모에게 효도하며 자식이 관록등으로 크게 발달한다.!

●신왕하고 시주에 재성이 있으면 자녀가 온순 효도하며 역시 정관이 있어도 용모가 단정하고 성질이 화평하고 효도한다.!

라며 남자사주에 자식복이 있는 사주를 나열하면서 그에 대한 성질을 구체적으로 기술하고 있다.

이상의 부분에 대해 사주주인공인 정 모씨의 사주팔자는 본 장에 준하여 그 성질을 적용시켜 볼 때 완전히 일치하는 경향을 엿볼 수가 있겠는데 그것은 일간 乙木이 신왕한 중에 시상에 투출되어 있는 관성이 용신이 되어 **"시상정관일위귀격(時上正官一位貴格)"**을 성격(成格)하고 다시 시지에 정재 辰土가 정관 庚金과 동주(同柱)하면서 끊임없이 土生金으로 생조하고 있으니 완전히 부합하고 있다.

더구나 이상과 같은 성질에 보더라도 사주주인공인 정 모씨는 자식이 훌륭하고 효자라는 것을 알 수가 있는 중에 자식의 기운인 정관 庚金이 일간 乙木과 乙-庚合金으로 자식과 일간이 합을 하고 있으니 이것은 자식의 기운과 부친의 기운이 합을 한다는 자체가 그만큼 자식과 정이 많다는 점을 단적으로 보여주는 현상이라 말할 수가 있다.

***. 사주주인공인 정 모씨의 자식에 대한 판단,!**

이와 같은 현상을 두고 실제로 사주주인공인 자식이 얼마나 훌륭한 자식을 가질 수가 있는지와 또한 자식의 사주를 보지 않더라도 부모의 사주명조내 자식의 기운을 판단하는 절차에 준하여 그 실체를 사주추명학에 비추어 구체적으로 기술하여 보기로 한다.

보통 자식의 기운은 남자사주에서는 육친통변법상 정관이나 편관을 나타내고 있으며 자식궁은 시주를 나타내고 있으니 이상의 육친에 관성의 기운과 시주의 동태 여부를 복수적으로 간명한 뒤 각종 살성(殺星)과 귀인(貴人), 그리고 십이운성의 왕쇠(旺衰)를 종합적으로 접목하여 결정을 내리는 것이 타당하다.

따라서 정 씨의 자식은 전자에도 언급한 시상 庚金 정관이 시지 辰土 정재에 생조를 받아 정관과 정재가 동주(同柱)의 기운이 되면서 천복지재(天覆地載)의 법칙에 부합하고 있음에 따라 대귀한 자식을 가질 수가 있다고 사주원국에 무언중 암시하고 있다해도 과언이 아니다.

상황이 이럴진데 이러한 현상이 사주격국에 오행상 균등을 모두 갖추고 오행상생의 법칙으로 이어지는 水生木, 木生火, 火生土, 土生金으로 주류무체(周流無滯)가 되어 생화불식(生化不息)이 되는 중에 더 나아가서는 괴강살(魁罡殺)과 양인(羊刃)에 해당하고 있으니 더욱 더 완전히 자식이 관록을 쥐는 것으로 판단할 수가 있다.

***. 본 저자가 약 26년동안 경험상 터득한 비법(秘法),!**

실제로 사주주인공인 정 모씨에게 자식이 아들 1명과 딸이 2명등 모두 3명이 있는데 이와 같은 간명법은 육친통변법에 준하여 사주원국내 남자사주에서 자식을 대변하고 있는 관성이 우선 정오행인 시상에 庚金 정관 그리고 巳중의 지장간 중기(中氣)에 庚金 정관이 하나가 있으니 모두 2개의 기운이 발견되고 있음을 엿볼 수가 있다.

그렇다면 사실상 자식의 기운은 2명이 될 수밖에 없는 중에 남자사주에서 정관은 아들이 아니고 딸을 의미하고 있으므로 아들인 편관이 없음에 따라 아들의 기운을 판단하기가 곤란하게 되어 있다해도 과언이 아니다.

하지만 그 중에 시상에 庚金 정관이 일간 乙木과 乙-庚合金을 하여 또다시 하나의 관성이 나오고 있으므로 이것이 아들이 되는 것을 알 수가 있는데 만약 이와 같은 자식의 숫자를 판별하는 과정에서 이렇게 시상에 庚金 정관이 일간 乙木과 乙-庚간합하여 金氣가 나오지 않는다면 시주는 자식궁을 표시하는 원천적인 성질이 되므로 정관 金氣를 아들로 표시할 수가 있다는 점도 알아야 할 것이다.

실제로 이와 같은 맥락에 비추어 그 중에 장남이 그동안 서울 모처 고등학교를 1,2등을 번갈아 가는 수재로서 1999년 음력 11월에 일약 대한민국에서 손꼽히는 서울 모 처 명문법대 수석으로 합격을 하는 영광을 안았으니 전국의 매스컴과 신문에서 온통 떠들썩함에 따라 과히 천하를 진동하고도 남음이 있다할 것이다.

앞으로 사주주인공인 정 모씨의 아들의 사주명조를 보지 않아도 아버지인 정 모씨의 사주팔자를 보고 자식의 기운을 판별하여 볼 때 지금의 아들은 사법 고시에 합격을 하여 검사나 판사의 법관으로 대부귀를 누리는 것으로 본 저자는 판단하고 있다.

이와 같은 성질을 놓고 왜, 아들이 사법고시에 합격하여 판사나 검사가 되는 점을 단적으로 결론하였는지는 우선 부친의 정 모씨 사주원국도 자식의 기운이 그렇게 되어 있으나 그것을 믿지 못하여 본 저자가 의심하여 아들의 사주원국을 간명해 보았었다.

그런데 아들의 사주격국이 일간이 신왕하고 寅-巳-申 삼형을 완전히 갖추고 있는 중에 대운의 흐름을 판별하니 정히 초년부터 용신의 기운으로 치달리고 있으므로 완전히 아버지와 아들의 사주상 운명이 일치함에 따라 이 얼마나 사주추명학이 신(神)의 기운으로 무서운 학문인가,?

결국 이와 같은 고난도의 성질은 그동안 본 저자가 사주추명학의 비조인 고서(古書)나 원서에 이상의 성질에 적용하여 이렇다할 실체가 없음에 따라 부득이 실제인물이 지금의 부분에 적용되어 있는 사주격국만을 골라서 약 26년 동안 과거, 현재, 미래의 운로를 역추적하여 오늘날 하나의 경험상 터득한 비법(秘法)으로 정리하였던 것이다.

따라서 지금의 고난도의 비법(秘法)을 알게되는 역학자는 참으로 소중하게 간직해야 될 것은 물론이며 아울러 모두 이상의 성질에 당면되는 실제인물이 나타나거든 모두 지금과 같이 간명을 하게 될 때 대단한 적중률을 나타내게 될 것임을 본 저자는 첨언하는 바이다.

***. 격국에 대한 대운의 흐름,!**

지금까지 사주주인공인 정 모씨의 격국에 대한 용신 및 청탁(淸濁)부분과 본 장에 기술하고 있는 자식복이 있는 운명에 대하여 모두 사주추명학에 비추어 그 실체가 완전히 부합하고 있음을 엿볼 수가 있었다.

더하여 이상의 격국을 가진 사주주인공인 정 모씨는 아마도 전생에 많은 복을 지은 사람이라는 것은 본 저자를 비롯하여 세상의 역학자들 모두 인정하는 점이 되니 정말 절대적인 부러움을 아끼지 않는 사주명조가 됨을 판단한다.

따라서 지금부터는 사주주인공인 정 모씨가 과연 어떡해 부모님의 슬하에서 성장하여 행정고시에 합격한 후 이렇게 좋은 아들까지 두게 된 성질을 선천성인 사주명조와 후천성인 대운을 판단하여 그 실체를 조목조목 나열하기로 하겠다.

유년 9세는 甲辰대운이다.

이 때 대운천간 甲木은 신왕한 일간 乙木에 대한 겁재로서 이렇게 일간이 신왕한데 더욱 더 신왕을 부채질하고 있으니 그 흉함이 강력하게 나타날 수가 있음을 다분히 안고 있다해도 과언이 아니다.

더구나 대운지지 辰土가 사실상 신왕한 일간 乙木에 대한 정재의 운로로서 일면 길하게 될 수가 있겠으나 근본적으로 辰土가 오행별 성질로 판단할 때 습토이니 왕성한 일간 乙木을 완벽하게 억제할 수 있는 처지가 되지 못하는 점을 감안한다면 결코 길함을 얻을 수가 없다고 판단하는 것이 정석이다.

하지만 본 사주팔자가 오행상 균등을 가지고 있는 중에 오행상생의 법칙에 적용해서 주류무체(周流無滯)가 되어 생화불식(生化不息)에 의존하는 격국이 되고 있으니 비록 이렇게 흉함이 나타나더라도 그 강도가 빙산의 일각이 되고 때에 따라서는 흉이 평길로 전환되는 이점을 생각하여야 된다.

그런데 여기서 한가지 특이한 점이 발견되고 있는데 그것은 본 사주주인공인 정 모씨가 일찍이도 여자를 밝히었다(?)는 것을 알 수가 있으며 이것은 대운의 성질이 대운천간 甲木이 지배되는 시점은 너무 나이가 어렸다는 부분이 되겠지만 대운지지 辰土가 지배되는 시점에서는 수시로 여자가 들어왔다는 것을 판단할 수가 있다.

그렇다면 이와 같은 현상을 육친통변법상 좀 더 구체적으로 기술하여 보면 남자사주에서는 대운지지 辰土는 정재의 기운이 되므로 곧 여자이며 금전으로 통변이 되고 대운지지 辰土가 지배되는 시점이 만 14세부터 적용되고 있으니 우리가 일상적으로 나이를 계산하자면 15세가 된다.

따라서 나이별로 판단하자면 중학교 2학년시절이라 하겠는데 이때부터 약 5년간인 18세까지 계속하여 또래 여학생의 유혹을 받는 것을 예상할 수 있겠으며 이것은 본 사주팔자가 정재나 편재가 모두 일간에 대한 희신의 기운이 되니 더욱 더 확실하게 적중된다.

***. 대운과 세운을 접목하여,!**

그렇다면 대운이 지배되는 시점에서 또 다른 후천성인 일년군주인 세운이 있으므로 이상의 운로를 사주명조와 접목하여 간명하여야 될 필요성이 있으니 상당한 이해력과 집중력이 요구되는 현상이 됨에 따라 사주주인공인 정 모씨의 사주명조와 대운과 세운이 나타나고 있는 사주도표를 보면서 그 실체를 적나라하게 파 헤쳐보기로 하겠다.

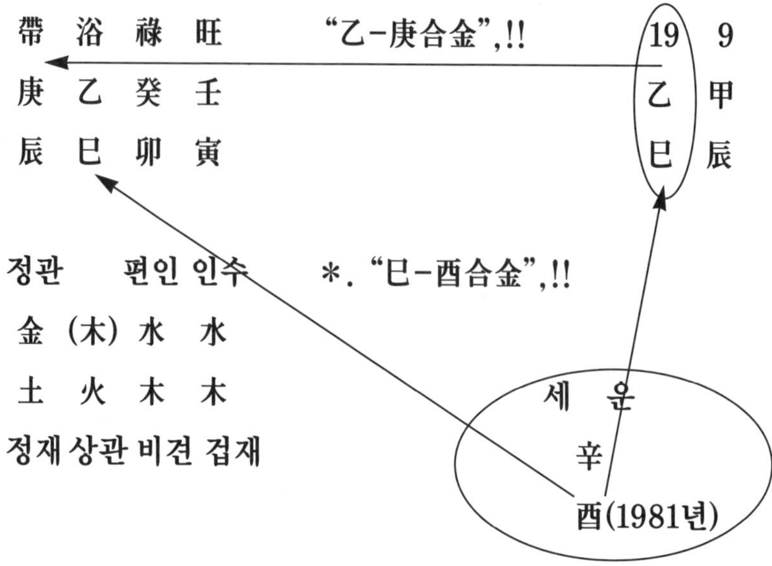

이상과 같이 사주도표에서 나타나고 있듯이 이 때 9세대운은 甲辰대운이 되는데 대운지지 辰土가 완전하게 사주원국에 영향력을 미치고 있음을 엿볼 수가 있다.

하지만 전자에도 언급하였듯이 대운천간 甲木이 신왕한 일간 乙木에 대한 겁재로서 신왕함을 더욱 더 신왕하게 만들고 있는 중에 사주시상에 투출되어 있는 庚金 정관을 甲-庚 상충으로 파극하고 있음에 따라 이것은 정관이 발동하면 관재나 구설 및 시비수가 발생하고 있으니 그에 대한 흉의를 예상할 수가 있는 것이다.

실제로 사주주인공인 정 모씨는 그동안 학업에 열중하다가 여학생과 교제를 하던 중에 만 18세에 지금의 처인 동갑인 여고생을 임신 시켜 이것이 동네방네 소문이 꼬리를 물고 온 동네가 시끌벅적 하였던 것인데 마침 몇 달 후가 졸업시기가 되므로 임신모양을 감추려고 배를 풍대로 칭칭감아 별 다른 표시가 나타나지 않자 그냥 무사히 졸업을 하게 되었다.

그런데 이 사실이 고등학교 졸업시점에서는 별 탈이 없이 무사하게 넘어갔지만 급기야는 점점 배가 불러져 이일을 정 모씨 자신이 처리를 하지 못하자 사주주인공인 정 모씨의 부모님이 임신사실을 알게 되면서 급기야 부랴부랴 상대편의 양가부모를 만나 청혼을 하여 사주단자를 보내는 등 온갖 법석을 하였다.

이 때 대운의 흐름이 9세 甲辰대운을 넘어서 19세 乙巳대운이 막 지배되는 시점이 되겠는데 대운천간 乙木이 일간 乙木에 대한 비견이 되니 비견은 육친통변법상 분가, 이별, 분리 및 독립적인 신규사업등을 의미하고 있음에 따라 완전히 결혼을 나타내고 있다.

더구나 대운지지 巳火가 재성을 생조하는 길신인 상관이 되는데 신왕한 일간 乙木의 기운을 자연스럽게 수기(秀氣)유행을 도모하면서 그 힘을 누출시키는 현상은 대단한 길함을 맛볼 수가 있으며 또한 사주년지 寅木 겁재를 寅-巳삼형을 하고 있으므로 년지를 삼형이나 상충을 할 때 이사, 이동이 생긴다는 육친통변법상 모두 일치되는 현상이라 판단한다.

또한 상황이 이럴진데 19세 乙巳대운이 지배되는 시점에 또 다른 하나의 후천성인 일년군주인 1981년 辛酉년이 되고 있으므로 세운천간 辛金이나 세운 지지 酉金이 모두 일간 乙木에 대한 편관이 되는 중에 세운지지 酉金이 사주 일지 巳火 상관과 巳-酉合金을 하고 있으니 이것은 자신의 몸이 합방되는 것은 완전한 결혼을 의미하고 있는 성질에 완벽히 부합하고 있다해도 과언이 아니다.

결국 사주주인공인 정 모씨는 이 때 1981년 음력 4월에 지금의 아들을 낳은 처와 결혼식을 하였는데 정작 본인은 물론이고 정 씨의 부모님은 정 씨가 2대 독자이므로 득남(得男)하자 온 동네방네의 구설과 망신은 아랑곳 없이 절로 춤을 덩실덩실 추고(?)있었으니 수많은 사람들에게 사실상 비웃음을 사고도 남음이 있다해도 과언이 아니다.

(2). 남자가 자식복이 없는 사주

- **일간이 신약하고 관성과 일주가 형, 충, 파, 해가 되면 비록 자식이 있더라도 부모에게 덕이 되지 못한다.!**

- **일간이 신약함이 극심하고 관성이 기신(忌神)이 될 때 자식복이 없다.!**

- **신약하여 인성이 용신인데 관성이 왕성한 중에 재성이 미약하다면 아들은 적고 여식(女息)은 많다.!**

- **신약하여 편관이 왕성하고 식상이 미약하여 편관을 억제하지 못하고 있는 중에 비겁이 있을 때는 딸은 많고 아들은 적다.!**

●진상관용인격(眞傷官用印格)으로 인성이 있으나 다시 재성이 인성을 파극하고 있을 경우 자식이 불효한다.!

●일간이 신왕하고 식상이 쇠약한데 인성과 재성이 서로 전극(戰剋)을 형성하고 있을 경우 자식은 적고 손자는 많다.!

●일간이 신강, 신약을 불문하고 시주에 고신, 과숙살이 있거나 혹은 식상과 동주(同柱)하면 자녀가 고독한데 혹 자식이 없을 수도 있다.!

※ 참고로 남자사주에서는 식상을 자식으로 볼 수가 없으나 시주에 있는 식상은 자식을 대변할 수 있기 때문이다.!

●일간이 신강, 신약을 불문하고 정관 편관이 혼잡(混雜)되면 자식이 질병, 불효, 혹은 난치병으로 요사(夭死)하는 수가 있다.!

●일간이 신강, 신약을 불문하고 시지가 형, 충, 파, 해가 되면 자녀와 이별이나 별거하는 수가 있다.!

●일간이 신왕하여 시주에 편인이 있으면 자식의 성질이 나쁘거나 그렇지 않으면 부모가 자식을 극해한다.!

●신약하여 시주에 편관이 있을 경우 자식의 성질이 횡폭하고 부모에게 불효한다.!

●일간이 신강, 신약을 불문하고 시주에 도화살(桃花殺)이 있거나 식상과 동주(同柱)하면 자식이 호색다음(好色多淫)하다.!

●일간이 신강, 신약을 불문하고 시주에 관성이 간합이나 지합되면 여식의 품행이 방정치 못하다.!

●신왕하여 시주에 양인(羊刃)이 있으면 자식의 성질이 횡폭하고 불량하다.!

●신왕하여 시주에 겁재가 있으면 부모가 자식의 보증이나 금전으로 인해 패가망신(敗家亡身)할 수가 있다.!

●일간이 신강, 신약을 불문하고 시주의 식신이 편인에 의하여 파극되면 자녀의 신체가 건강하지 못하거나 왜소(矮小)하다.!

●일간이 신강, 신약을 불문하고 시주에 病, 墓, 絕, 死등의 십이운성이 있거나 혹은 식상과 동주(同柱)하면 자식이 질병으로 고생한다.!

※ 참고로 지금까지 남자사주에서 자식복이 없는 격국을 나열하여 보았는데 여기서 사실상 남자사주에서는 자식을 육친의 정관이나 편관을 취용하고 있지만 간혹 식상을 자식으로 대변하고 있음을 엿볼 수가 있다.

이것은 사주내 년주나 월주, 일주에 자리를 잡은 식상이 아니고 시주에 자리를 잡고 있는 식신이나 상관을 자식으로 표시하고 있는데 그 이유로 시주는 남자사주에서는 자식궁을 대변하고 있기 때문에 육친의 성정보다 자식궁으로 먼저 앞서 판단하고 있기 때문이다.

***. 본 장에 준하여 불효자식을 두어 늘 근심으로 살다가 급기야는 1998년 戊寅년에 아들이 아버지를 때려 존속 폭행으로 아들을 구속시키면서 매스컴에 알려져 세상을 발칵 뒤집히게 한 실제인물인 전 모씨의 사주팔자이다.!**

(예1). 남자, 전 모씨(서울 청량리) 1950년 음력 1월 26일 寅 시

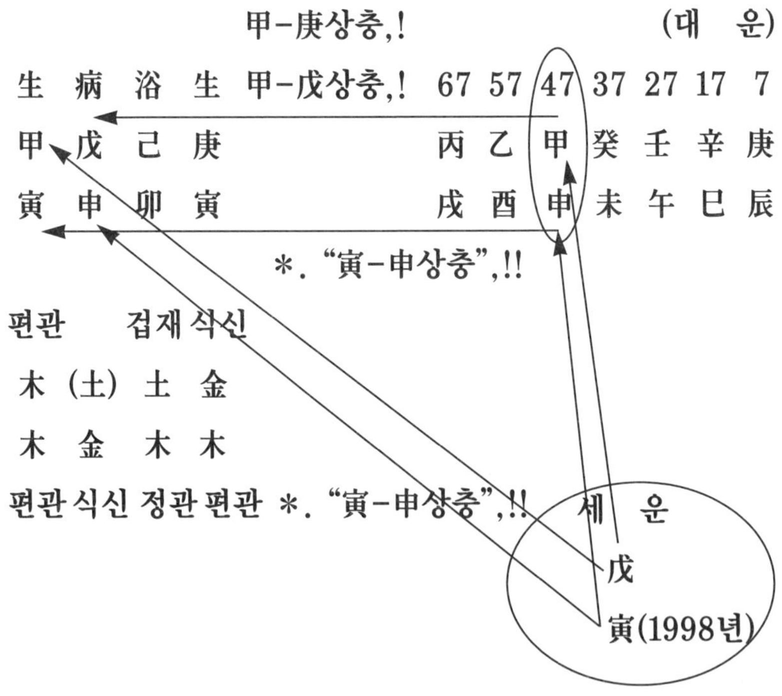

●일간 戊土가 신약이 극심하여 "제살태과격(制殺太過格)"을 성격(成格)하니 강력한 관성 金氣를 살인상생(殺印相

生)하는 인성 火氣를 용신으로 선택하고 있는데 사주원국에 인성 火氣가 정오행이 없고 지장간에 암장된 기운이므로 용신이 대단히 미약함을 알 수가 있다.!

따라서 본 장에 준하여 자식의 기운을 판별하여 보니 시주에 甲寅인 편관이 모여 강력하게 일간 戊土와 甲-戊 상충, 그리고 지지에는 寅-申 상충이 되고 있으니 자식의 성질이 흉폭하여 부모에게 불효를 하는 불효자를 두는 격국이 되고 있다.!

대운의 흐름이 47세 甲申대운이 되자 대운천간 甲木이 일간 戊土를 甲-戊 상충, 그리고 년간에 庚金 식신을 甲-庚 상충을 동반하면서 다시 대운지지 申金이 시지에 있는 寅木을 寅-申 상충으로 파극하고 있으니 자식으로 인한 봉변을 사주원국이 무언중에 암시를 하고 있다.

1998년 戊寅년이 지배되니 이 때 세운천간 戊土가 대운천간 甲木을 甲-戊 상충, 다시 세운지지 寅木이 대운지지 申金과 일지 申金을 동시에 寅-申 상충으로 파극하고 있음에 따라 음력 4월달에 자식으로부터 매를 맞아 그 울분으로 하늘을 향하여 서러운 한숨을 내쉬고 있다.

***. 일간의 왕쇠(旺衰),!**

戊일간 卯월에 출생하여 실령(失令)하였으며 사주원국 월지 卯木

정관을 중심으로 해서 지지에 관성 木氣와 그 세력에 십이운성 제왕지와 건록지에 앉은 시상 甲木 편관이 투출되어 있으니 일간 戊土의 기운이 극심한 신약함을 만들므로 완전히 관성의 나라로 만들고 있다해도 과언이 아니다.

더구나 이와 같은 현상은 사주일지 申金 식신이 일간 戊土의 기운을 강력하게 누출시키면서 그 세력에 십이운성 건록지에 해당하고 있는 년간 庚金 식신마저 투출되어 있으니 실로 일간 戊土는 이중삼중으로 관성의 극루함과 식신의 누기(漏氣)를 같이 감당하여야 되니 설상가상이라 하겠다.

이렇게 일간 戊土가 중화(中和)의 기점에 훨씬 멀어져 가는 극심한 신약함을 나타내고 있으니 사주격국이 단편적으로 판단할 경우 왕신(旺神)의 木氣를 따르게 되는 외격(外格)의 종격(從格)인 종살격(從殺格)으로 돌아갈 수가 있는 소지를 다분히 안고 있다해도 과언이 아니다.

더구나 사주격국을 면밀히 관찰하여 보니 일간 戊土의 기운을 생조할 수 있는 월상 己土 겁재가 투출되면서 년지 및 시지 寅木 편관의 지장간 중기(中氣)에 丙火 편인이 존재하여 있음에 따라 그 속에 일간 戊土가 의지를 하고 있음을 엿볼 수가 있겠는데 그렇다면 결코 일간의 기운이 외격(外格)의 종살격(從殺格)으로 돌아가지 못하고 내격(內格)의 억부법이나 조후법의 용신이 선정되는 것이 마땅하다.

한편으로 볼 경우 일간 戊土가 신약한 것이 완전히 관성 木氣가 사주상에 대부분을 차지하고 있으니 원칙적으로 일간의 신강, 신약을 불문하고 관성이 태과할 때는 식상 金氣를 용신으로 선택하여야 되는 식상제살(食傷制殺)의 법칙을 선택 할 수가 있을 것이다.

그러나 본 사주팔자는 일간의 기운이 중화(中和)의 기점에 훨씬 멀어져 가는 극심한 신약이 되고 있으므로 오히려 식상 金氣로 일간의 기운을 더욱 더 소진시키는 역할을 할 수밖에 없기 때문에 식상제살(食傷制殺)의 법칙을 적용하지 못하는 절대적인 성질이 여기에 있다해도 과언이 아니다.

***. 일부학자들의 의문,!**

일부학자들 중에 방금 본 저자가 설명한 부분중에서 한가지 의문을 가지고 질문을 하고 있겠는데 그것은 **"운정선생은 본 사주팔자에 대한 일간 왕쇠를 거론하는 자리에서 일간 戊土가 사주년지 및 시지 寅木 편관의 지장간 중기(中氣)에 편인 丙火가 존재하여 있으니 그곳에 일간 戊土가 뿌리를 둔다고 하였다",!**

"하지만 저희 학자들의 생각은 운정선생의 견해와 좀 달리 판단하고 싶은데 그것은 사실상 년지 및 시지 寅木 편관의 지장간 中氣인 丙火 편인에 뿌리를 둔다고 하나 시지 寅木 편관은 이미 일지 申金 식신에 의해서 寅-申 상충으로 파극을 하고 있으니 이와 같은 지장간 중기(中氣)의 丙火 편인은 완전히 파극되어 무용지물이 되는 것을 알 수가 있다",!

"그렇다면 시지 寅木은 되지 않고 년지에 寅木 편관의 지장

간 丙火에 뿌리를 두는 점을 거론할 수가 있겠는데 이것 또한 사실상 일간의 기운이 년지에 뿌리를 두는 점이 원격(遠隔)하고 아울러 사주상에 관성 木氣가 대단히 강력하게 존재하여 있음에 따라 일간이 의지할 수가 없는 것이 당연하다",!

"이상의 맥락에 비추어 본 사주팔자는 일간 戊土가 강력한 관성 木氣의 세력이 대단히 강력히 존재함에 불과분의 법칙으로 왕성한 관성 木氣를 따르는 외격(外格)인 종살격(從殺格)으로 귀착하는 것이 타당하지 않겠는가",!

"그런데도 불구하고 운정선생은 위 사주팔자가 년지와 시지 寅木 편관의 지장간 중기(中氣)에 丙火 편인에 뿌리를 둔다하여 막연히 일간 戊土가 왕신(旺神)의 세력에 따라가지 않고 내격(內格)의 억부법이나 조후법에 준해서 일간이 내격(內格)에 기준하여 판단하는 것은 사실상 저희 학자들로서는 납득이 가지 않으므로 이 부분에 대하여 명확한 답변을 하여달라",! 라며 구체적인 대답을 요구하고 있다.

***. 일부학자들의 의문에 대한 본 저자판단,!**

이와 같은 일부학자들의 의문에 대하여 본 저자는 일부학자들의 견해가 지극히 타당한 것으로서 일면 수용할 수가 있을 것 같으나 사주격국상 일간의 힘이 양간(陽干)인 점과 음간(陰干)인 점을 구분하여 지지에 뿌리를 두는 성질에 대해 그 현상을 면밀히 비교 분석할 필요가 있다.

이 부분에 대해서 본 저자는 일부학자들이 언급하는 성질에 적용시켜 사주추명학에 비추어 그에 대한 원리를 구체적으로 구분하여 기술하기로 한다면,!

그 첫째로,!

일부학자들이 의문하는 시지 寅木 편관의 지장간 중기(中氣)인 편인 丙火가 사주일지 申金 식신에 의해서 寅-申 상충으로 파극된다는 논리를 놓고 서로 근접하여 상충의 작용이 나타나고 있으므로 일면 그렇게 볼 수가 있다.

이것은 일지의 기운이 시지의 기운보다 강약을 구분하는 절차에서 그 힘이 20%가 되고 있음에 따라 월등히 시지의 힘을 눌러버리기 때문에 시지 寅木 지장간 중기 丙火는 파극되어 일간이 힘을 두지 못하는 것에는 본 저자도 학자들의 견해에 부합하고 있다.

그러나 일간 戊土가 오행상 성질로 보면 양간(陽干)인 점을 비추어 볼 때 년지 寅木 편관을 사실상 일지에 申金 식신이 寅-申 상충으로 파극한다는 논리가 월지 卯木 정관이 가로막아 있기 때문에 이렇게 강력한 월지의 기운이 방해하고 있을 경우 일지 申金 식신은 년지 寅木 편관을 寅-申 상충으로 파극한다는 성질이 매우 미약해지기 마련이다.

상황이 이럴진데 년지 寅木 편관은 월상에 투출되어 있는 己土 겁재와 일간이 동시에 년지 寅木 편관의 지장간 중기 丙火에 유정(有情)하게 작용하고 있는 기운이 되면서 양자의 기운이 년지 寅木

에 의지를 할 수 있는 현상을 아무도 방해할 수 있는 성질이 되고 있지 않음을 중시 볼 필요가 있겠다.

이와 같은 현상은 한편으로 판단하여 볼 때 사실상 일간이 양간(陽干)이 되고 있다면 사주지지에 조금의 의지처가 있을 경우 완벽하게 그 세력을 튼튼히 하는 것이 되고 만약 이것이 일간이 음간(陰干)일 경우 주위의 세력에 동요되기 쉬우니 일부학자들의 견해가 일면 수용할 수 있는 현상이 되고도 남음이 있을 것이다.

결국 이상의 성질은 일간 戊土가 년지 寅木의 지장간 중기(中氣) 丙火에 뿌리를 두는 점이 완전하게 의지하는 것을 귀착하고 있으며 이것은 더 나아가서 사실상 일지 申金이나 시지 寅木 편관 및 년지 寅木 편관 모두 지장간 여기(餘氣)에 戊土가 있기 때문에 이것 또한 일간이 힘을 받을 수 있는 절대적인 요건이 되고 있음에 따라 더욱 더 일간이 종(從)하지 못하는 이유가 여기에 있다해도 과언이 아니다.

***. 격국(格局)과 용신,!**

본 사주팔자에 대한 격국(格局)과 용신을 판별하여 보면 우선 일간 戊土가 사주내 왕성한 관성 木氣에 의하여 극심한 신약함을 유지하고 있는 중에 사주월지 卯木 정관이 자리를 잡고 그 세력의 십이운성 제왕지에 앉은 시상 甲木 편관이 투출되어 있으니 **"신약월지 정관격(身弱月支正官格)"** 및 **"제살태과격(制殺太過格)"**이 성격(成格)된다.

고로 용신은 **"살중용인격(殺重用印格)"**이니 왕성한 관성 木氣를 신약한 일간 戊土에게 살인상생(殺印相生) 및 관인상생(官印相生)으로 연결할 수 있는 인성 火氣를 용신하고 아울러 신약한 일간 戊土를 부조하는 비겁 土氣는 길신으로 삼는 것이 마땅하다.

이렇게 사주팔자에 대한 용신을 선정하여 놓고 사주격국을 면밀히 관찰하여 보니 일간 戊土에 대한 용신의 기운으로 자리매김하고 있는 인성 火氣가 사주내 정오행이 없고 오로지 사주지지인 년지 및 시지 寅木 편관의 지장간 중기(中氣)에 암장되어 있음을 엿볼 수가 있다.

따라서 이와 같은 현상은 사실상 용신의 기운이 미약함을 나타내는 절대적인 요인으로 작용함에 따라 사주격국상 진신(眞神)을 선택할 수가 없고 가신(假神)이 용신대용을 취용하고 있으므로 이것은 숙명적인 운로가 심히 불안하기 그지없다.

결국 이러한 현상은 사주상의 용신이 쇠약함을 단적으로 나타내고 있으며 더구나 일간 戊土가 극심한 신약을 유지하고 있으므로 중화(中和)의 기점에 훨씬 멀어져 가는 현상까지 나타나고 있으니 더욱 더 사주명조가 좋지 못함을 알 수가 있다.

***. 격국(格局)에 대한 청탁(淸濁)판별,!**

다시 본 사주팔자에 대한 격국(格局)을 청탁(淸濁)판별에 준하여 그 실체를 언급하여 보자면 우선 일간 戊土가 극심한 신약함을 나타내고 있는 중에 **“신약정관격(身弱正官格)”** 및 **“제살태과격(制殺太過格)”**으로 성격(成格)됨을 판단할 수가 있다.

이것은 곧 단편적으로 판단하여 보아도 일간 戊土가 상당히 왕성한 관성 木氣의 기운에 의해서 그 세력에 대한 극루함이 극심한 정도를 나타내는 점을 단적으로 보여주는 대목이고 아울러 신약한 일간으로서는 왕성한 관성 木氣의 기운을 일간으로 연결 할 수 있는 인성 火氣를 시급히 보아야 관성 木氣의 흉폭성을 모면하면서 길함을 누릴 수가 있다.

상황이 이럴진데 사주원국이 더욱 더 불길한 것은 명조가 왕성한 관성 木氣가 강할 경우 원칙적으로 식상제살(食傷制殺)의 법칙을 도모하여야 만이 대길할 수가 있겠는데 본 사주팔자는 이미 사주명조에 일지 申金 식신과 그 세력에 뿌리를 두고 십이운성 건록지에 앉은 년간 庚金 식신이 투출되어 있음에 따라 왕성한 관성 木氣를 金剋木으로 제살(制殺)할 수가 있으니 일면 다행이라 생각하기 쉽다.

하지만 이것은 근본적으로 본 사주명조가 일간의 힘이 중화(中和)의 기점에 훨씬 멀어져 가는 극심한 신약함을 나타내고 있으니 오히려 식신 金氣마저 생조할 여력이 없고 설상가상으로 식신 金氣가 일간의 기운을 더욱 더 극루교가(剋漏交加)의 현상으로 몰아가고 만다.

그렇다면 본 사주팔자는 청탁(淸濁)의 부분에서 이렇게 식신제살(食神制殺)의 법칙에 준해서도 온전한 식신의 기운이 있다고 하지만 이것을 용신으로 사용할 수가 없는 격국(格局)이고 더구나 관성 木

氣가 호랑이로 돌변하여 일간을 물고 들어오는 형상이 되고 있으니 숙명적인 불길함을 모면할 수가 없다.

이와 같은 현상을 비추어 볼 때 더 이상 청탁(淸濁)의 부분을 거론할 필요도 없이 대단한 탁기(濁氣)를 남기는 절대적 현상이 되고 있겠으며 또한 사주천간에 일간 戊土와 시상에 투출되어 있는 甲木 편관과 甲-戊 상충, 그리고 비록 원격(遠隔)하지만 년간에 투출되어 있는 庚金 식신과 시상 甲木간 甲-庚상충이 되고 있으니 상충의 작용이 강력하게 존재하여 있다.

이상의 성질은 더 나아가서는 사주지지에 일지 申金 식신이 시지 및 년지 寅木 편관을 寅-申 상충을 하고 있음에 따라 완전히 본 사주팔자는 천간과 지지 어느 곳이라도 상충의 소용돌이와 함께 일간이 극심한 신약함까지 나타내고 있으므로 더욱 더 생식불식(生息不息)에 막힘이 많은 전형적인 탁기(濁氣)를 남기는 현상이라 말할 수가 있다.

***. 본 장 자식복이 없는 사주격국에 적용하여 판단,!**

본 사주팔자의 주인공은 전 모씨로서 남자사주인데 지금까지 사주주인공에 대한 일간의 왕쇠(旺衰) 및 격국(格局)의 용신과 청탁(淸濁)의 부분에 적용하여 그 실체를 파악하여 본 결과 격국이 일간이 신약함이 중화(中和)의 기점에 훨씬 멀어져 가는 중에 용신이 미약하여 대단한 탁기(濁氣)를 구성하고 있으니 숙명적인 운로가 심히 불안하기 그지없다.

따라서 본 장 자식복이 없는 사주격국에 적용하여 그 성질을 인용하여 보면

● **일간이 신약하고 관성과 일주가 형, 충, 파, 해가 되면 비록 자식이 있더라도 부모에게 덕이 되지 못한다.!**

● **일간이 신약함이 극심하고 관성이 기신(忌神)이 될 때 자식복이 없다.!**

● **일간이 신강, 신약을 불문하고 정관 편관이 혼잡(混雜)되면 자식이 질병, 불효, 혹은 난치병으로 요사(夭死)하는 수가 있다.!**

● **일간이 신강, 신약을 불문하고 시지가 형, 충, 파, 해가 되면 자녀와 이별이나 별거하는 수가 있다.!**

● **신약하여 시주에 편관이 있을 경우 자식의 성질이 횡폭하고 부모에게 불효한다.!**

라며 자식복이 없는 사주격국을 순차별로 나열시키면서 그 실체를 대단히 자세하게 기술하고 있음을 엿볼 수가 있다.

따라서 사주주인공인 전 모씨는 이상의 성질에 완전히 적용되어 있음을 엿볼 수가 있겠는데 그것은 사주일간 戊土가 신약함이 극심하고 사주내 자식을 표시하고 있는 관성 木氣가 무리를 이루고 있는 중에 격국(格局)이 **"신약정관격(身弱正官格)"** 및 **"제살태과격(制**

殺太過格)"을 성격(成格)하고 있으니 완전히 자식으로 인하여 고통을 받는 운명임을 곧 바로 알 수가 있다.

이와 같은 현상은 사주일간 戊土를 기준하여 시상에 甲木 편관이 아들이며 자식으로 대변되고 있는데 이렇게 甲-戊 상충으로 파극하고 있고 다시 사주 시지 寅木 편관마저 사주일지 申金 식신이 寅-申 상충으로 파극을 양쪽으로 모두 하고 있음은 더욱 더 이상의 성질에 일치하고 있다해도 과언이 아니다.

더구나 사주일주 戊申을 기점하여 시지 寅木과 월지 卯木 정관 그리고 년지 寅木 편관까지 모두 공망살(空亡殺)이 되고 있으니 어떡해 보면 년, 월, 시가 모두 공망이 되는 것은 오히려 전화위복이 되어 길하다고 판단할 수가 있을 것이다.

그러나 이와 같은 현상은 사실상 일간 戊土가 신약함에 따라 관성 木氣가 대단히 상극하면서 공망이 된다는 현상은 자식으로 인하여 흉폭성을 모면하기 앞서 오히려 자식이 없는 것과 같은 식으로 판단할 수가 있으니 더욱 더 자식복이 없는 이치로 귀착되고 있다.

사주주인공인 전 모씨는 이미 선천성인 사주명조에 관살혼잡(官殺混雜)이 되고 있으니 중년에 본인의 처에게 유산을 여러번 시켰으며 이것은 사주명조가 관살혼잡(官殺混雜)하여 탁기(濁氣)를 남기고 있을 경우 자식이 불우, 암등으로 요사(夭死)할 수 있다는 성질에도 일치하고 있으니 완전히 부합하고도 남음이 있다할 것이다.

결국 이상의 부분을 판단하여 본 결과 전 모씨의 자식은 그 성질이 불량하고 흉폭성이 대단하다는 것을 알 수가 있는데 이것은 편관을 형, 충하면 그 성정이 더욱 더 강력하게 흉함으로 돌출하는 점을 단적으로 보여주는 대목이 됨에 따라 완전히 자식으로 인한 패가망신(敗家亡身)을 모면할 수가 없다고 사주원국은 무언중에 암시를 하고 있다해도 과언이 아니다.

***. 격국(格局)에 대한 대운흐름,!**

이상으로 본 사주팔자에 대한 격국에 대한 자식복이 없는 성질에 준하여 그실체를 자세하게 판별하여 보았는데 이와 같은 현상은 선천성인 사주명조가 청탁(淸濁)의 부분에 대단한 탁기(濁氣)를 남기고 있으므로 어쩌면 당연한 현상이 되고 있다해도 과언이 아닐 것이다.

따라서 사주주인공인 전 모씨가 과연 어떡해 자식을 두어 자식으로 인하여 고통을 받았는지는 후천성인 대운의 흐름을 판별하여야만이 비로소 그 부분을 파악할 수가 있으니 대운의 흐름을 사주추명학에 비추어 자세히 간명하기로 하겠다.

우선 초년대운인 7세 庚辰대운은 대단히 고통과 번민으로 살아왔다는 것을 알 수가 있겠는데 이것은 대운천간 庚金이 일간 戊土에 대한 식신의 운로로서 일면 사주내 강력한 관성 木氣를 金剋木하여 식신제살(食神制殺)을 하게 되므로 길한 일면을 생각할 수가 있겠지만 전자에도 언급하였듯이 이미 사주명조가 극심한 신약을 유지하고 있으므로 오히려 식신 庚金은 불리하게 된다.

더구나 대운지지 辰土가 비록 일간 戊土에 대한 비견이 되어 길하게 볼 수가 있지만 이것 역시 이미 선천성인 사주월지 卯木과 년지 및 시지 寅木이 동시에 寅-卯-辰 방합 木局으로 관성의 木氣로 돌변하는 처사는 왕성한 관성의 기운을 더욱 더 강력하게 만들기 때문에 그 불리함이 하늘을 찌르고도 남음이 있다할 것이다.

실제로 사주주인공인 전 모씨는 이 때 교통사고로 인하여 한쪽다리를 저는 불구자가 되고 말았는데 이것은 사실상 극단적인 죽음을 생각할 정도로 강력한 기운이 되겠으나 그나마 대운천간 庚金이 木氣를 金剋木으로 억제할 수 있는 대운간의 개두법(蓋頭法)에 적용되어 구사일생이 되었다고 보는 것이 타당하다.

그후 17세 辛巳대운부터 37세 癸未대운까지는 대운의 흐름이 남방 巳-午-未 火局으로 치달리고 있으니 신약한 일간 戊土를 火生土로 생조하는 현상이 되어 대단히 길함을 엿볼 수가 있겠으나 이미 사주얼굴이 못생겼기 때문에 미스코리아로 나갈 수가 없음에 따라 조금의 복록을 유지할 정도라는 것을 본 저자는 상기시켜 두고 싶다.

***. 본 장에 불효자식이 부친을 구타해 존속상해로 구속된 대운 접목,!**

대운이 흘러 47세 甲申대운이 지배되자 이 때 대운천간 甲木이 신약한 일간 戊土에 대한 편관의 기운이 되어 이미 사주상에 강력한 관성 木氣가 많아 **"제살태과격(制殺太過格)"**이 성격(成格)되는 사주에 이렇게 중첩하여 대운에서 편관의 기운이 들어옴에 따라 그 흉폭함이 하늘을 찌르고도 남음이 있는 성질이다.

이와 같은 부분을 적용하여 사주추명학적으로 상당히 집중력을 요구하고 있으므로 이 때 47세의 甲申대운과 세운인 1998년 戊寅년을 나타내고 있는 사주도표를 보면서 그 실체를 자세하게 간명하여 보기로 한다.

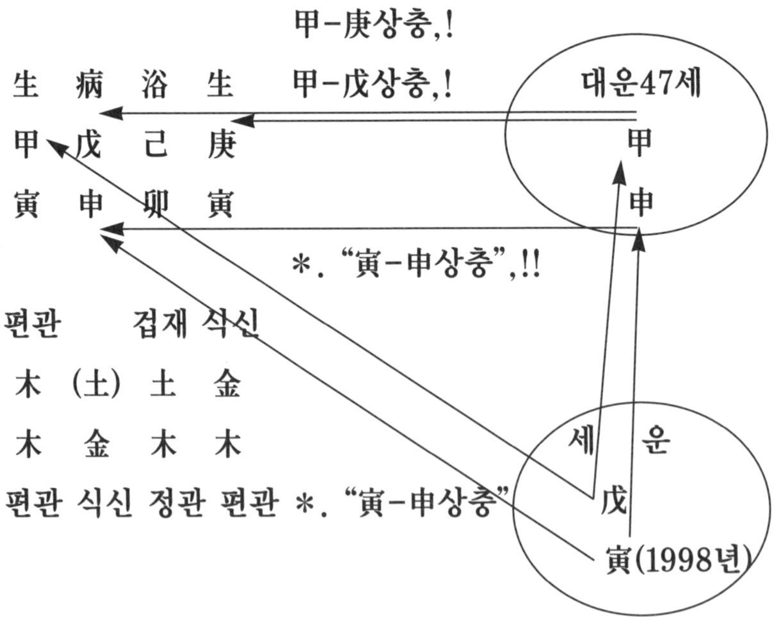

이상과 같이 도표에서 나타나고 있듯이 이 때 47세 甲申대운이 나타나고 있는데 사실상 대운천간이 일간에 대한 편관의 기운이 되면서 대운지지 申金이 사주지지 년지 및 시지 寅木 편관을 寅-申 상

충으로 파극하고 있으니 이것은 곧 단편적으로 보아도 편관 木氣가 발동하는 처사임을 모면할 수가 없다.

***. 사건이 발생된 1998년 戊寅세운을 접목,!**

이렇게 사주주인공인 전 모씨는 47세 甲申대운이 대단히 흉물스러운 기운임은 두말할 이유가 없겠는데 이 때 47세 甲申대운이 지배되는 시점에서 1998년 戊寅년이 되자 세운천간 戊土가 비록 일간 戊土에 대한 비견이 되어 신약한 일간을 생조하게 되어 길함을 모색할 수가 있다고 볼 수가 있다.

그러나 세운천간 戊土가 이미 시상에 투출되어 있는 甲木이 일간 戊土를 甲-戊 상충으로 파극하고 있는 중에 이렇게 재차 세운천간 戊土가 시상 甲木을 중첩하여 甲-戊 상충으로 상극하는 처사는 완전히 편관 甲木이 발동하여 그에 대한 소용돌이가 매우 강력하게 발생하는 것을 알 수가 있다.

상황이 이럴진데 세운천간 戊土가 대운천간 甲木을 甲-戊 상충으로 상극하고 다시 세운지지 寅木이 사주일지 申金 식신을 寅-申 상충으로 파극하면서 역시 대운지지 申金까지 寅-申 상충이 되고 있으니 이것은 후천성인 운을 지배하는 두 마리 용이 다투는 형상이 되어 완전한 전극(戰剋)의 법칙이 성립되고 있다.

이와 같은 현상은 보통 사주원국의 일간이 중화(中和)의 기점에 안정되어 있는 사주라 할 지라도 이렇게 대운과 세운의 충돌이 발생하게 되면 그 소용돌이가 대단히 강력하게 사주명조에 영향력을 미치게 되어 상당히 분주다사함을 면치 못하는 것은 기정사실이다.

하지만 이것이 외격(外格)의 종격(從格)이 되어 왕신(旺神)을 반발하거나 혹은 사주명조가 일간이 오행상 균등을 이루지 못하고 편중(偏重)이 되는 중에 사주상의 탁기(濁氣)를 남기면서 너무 신강이나 신약으로 치달리고 있을 경우 십중구사의 운명도 될 수가 있는 점을 감안한다면 그 흉물은 극단적으로 받을 수가 있음을 미루어 짐작하고도 남음이 있다.

이 때에 사주주인공인 전 모씨는 아들자식이라고 있는 것이 그 성질이 불량하여 흉폭하니 부모에게 삿대질과 불효를 행사하다 급기야는 1998년 음력 4월에 아버지에게 용돈을 주지 않는다며 술을 먹고 아버지를 구타하여 이것을 보다못한 주민들이 경찰에 신고함에 따라 아들이 존속폭행으로 구속되어 이것이 메스컴을 타고 세상에 알려져 천지가 놀라는 형상이 되고 말았다.

결국 본 장에 자식복이 없는 사주에 사주주인공인 전 모씨가 해당되고 있다는 자체만으로도 본인에게는 대단히 슬픈 일이 아닐 수가 없겠으나 이렇게 사주명조가 일간이 신약하고 편관과 정관이 혼잡(混雜)되어 있는 중에 시주의 甲寅이 일주 戊申을 甲-戊 상충, 寅-申 상충을 하고 있으므로 참으로 자식을 낳아도 불효만 할 수 있는 자식이 될 수밖에 없으니 아마도 무자식(無子息)이 상팔자라는 생각이 본 저자는 문득 들고 있다.

(3). 남자가 무자식(無子息)인 사주

- 일간이 신약이 극심하고 재성이나 혹은 관성이 태왕(太旺)하면 무자식(無子息)이다.!

- 일간이 신약하여 인성이 용신이 되는데 재성이 인성을 파극하면서 관성이 왕성하면 무자식(無子息)이거나 만약 자식이 있더라도 부모에게 불효한다.!

- 신약하여 인성이 있으나 식상과 관성이 있는 중에 비겁이 없으면 아들이 없다.!

- 신약하여 인성이 쇠약하고 식상이 왕성하면 아들이 없을 수도 있다.!

※ 참고로 이 경우 식상은 남자사주에서 자식을 대변하고 있는 관성을 파극하기 때문이다.!

- 재다신약격(財多身弱格)으로 인성이 용신인데 재성이 인성을 완전히 파극하면 아들, 딸 불문하고 자식이 없다.!

- 진상관격(眞傷官格)으로 식상이 무리를 이루고 있는 중에 인성이 없으면 아들이 없다.!

- 외격(外格)의 종아격(從兒格)이 되지 않고 식상이 태왕(太旺)할 경우 남, 녀를 불문하고 무자식(無子息)이다.!

● **일간이 중화(中和)의 기점을 훨씬 넘어 신왕이 태왕하고 관성이 공망되고 다시 상관과 겁재가 있을 경우 고독하고 무자식(無子息)이다.!**

※ 참고로 여기서 남자사주에서 무자식(無子息)에 대한 격국을 나열한 중에 일부 여식(女息)이 있고 아들이 없는 경우를 기술하고 있는데 이와 같은 점은 사실은 대를 이을 아들을 중점으로 판단하는 이유가 되기 때문이고 아울러 여식은 가문을 계승하지 못하는 이유도 성립하므로 무자식(無子息)의 격국에 포함되고 있음을 참고 바란다.

＊. 본 장 무자식(無子息)팔자에 적용되어 평생 자식을 보지 못하고 급기야는 1998년 戊寅년에 객사(客死)죽음을 당한 실제인물의 장 모씨의 사주팔자이다.!

(예1). 남자, 장 모씨(경기 수원) 1940년 음력 3월 4일 未 시

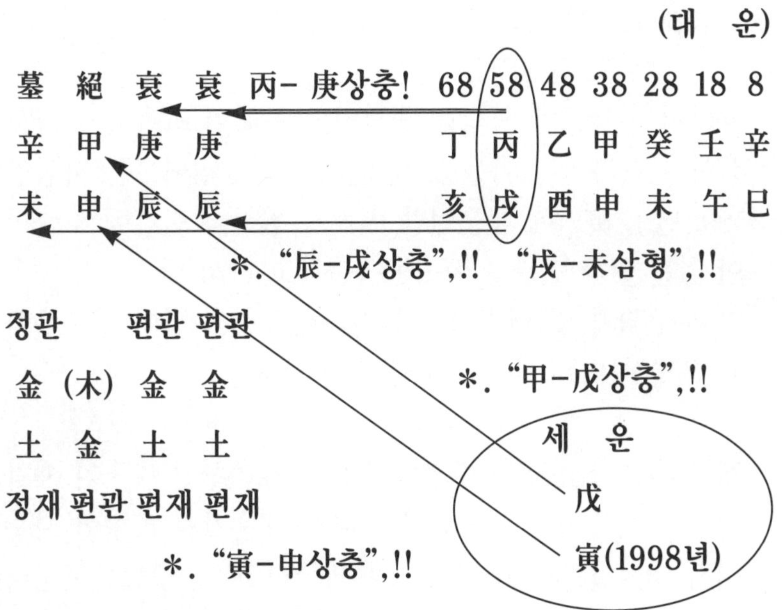

●일간 甲木이 극심한 신약을 구성하여 "관살혼잡격(官殺混雜格)"과 "재다신약격(財多身弱格)"을 성격(成格)하고 있으니 마땅히 일간이 너무 쇠약한 중에 일간을 생조할 수 있는 인성 水氣가 암장되어 제대로 그 역할을 할 수가 없

게 되어 있다.!

상황이 이럴진데 비록 일간이 너무 신약하더라도 강력한 재성과 관성을 연결할 수 있는 식상 火氣마저 없으니 재성과 관성의 기운이 극도로 일간 甲木을 치고 들어오는 현상을 모면할 수가 없으므로 이것은 곧 자식의 기운이 나를 상극하는 현상이 되어 단편적으로 판단해도 자식이 없는 무자식(無子息)의 사주명조라는 것을 사주원국이 무언중에 암시를 하고 있다해도 과언이 아니다.

따라서 평생동안 자식을 생산하지 못하여 고독한 운명을 살아 가다가 급기야는 58세 丙戌대운이 접어드는 시점인 1998년 戊寅년에 대운천간 丙火가 월상과 년간에 투출되어 있는 庚金 편관을 丙-庚 상충하고 다시 대운지지 戌土가 사주월지 및 년지 辰土를 辰-戌상충을 하여 십중구사의 운명이 되는 것을 모면할 수가 없다.

결국 세운이 1998년 戊寅년이 되자 세운천간 戊土가 재차 일간 甲木을 甲-戊 상충하고 다시 세운지지 寅木이 사주일지 申金을 寅-申 상충으로 파극하고 있으므로 완전히 기신(忌神)의 성질이 대운 및 세운이 중첩 상극하니 슬픈 운명이 되고 말았다.

***. 일간의 왕쇠(旺衰),!**

甲일간 辰월에 출생하여 실령(失令)하였으며 사주원국 월지 辰土 편재를 중심으로 해서 지지에 전부 재성과 편관으로 짜여져 있는 중에 그 세력에 뿌리를 둔 십이운성 건록지와 제왕지에 앉은 년, 월간 및 시상의 庚, 辛 金氣가 투출되어 일간 甲木을 강력하게 극루(剋漏)하고 있으므로 대단히 신약이다.

이렇게 일간 甲木이 신약이 극심하면 마땅히 왕신(旺神)의 성질을 따르게 되는 외격(外格)의 종격(從格)이나 가종격(假從格)으로 돌아가기 쉽게 되는데 그렇다면 시급히 일간 甲木을 인성 水氣와 비겁 木氣로서 생조하여야 만이 대길하게 될 것이다.

따라서 사주격국을 면밀히 관찰하여 보니 비록 사주가 재성 土氣와 관성 金氣로 짜여져 있으나 사주월지 및 년지 辰土 편재의 지장간 중기(中氣)와 여기(餘氣)에 癸水 및 乙木이 존재하여 있는 중에 다시 일지 申金 편관의 지장간 중기(中氣)에 壬水가 자리잡고 있다.

더하여 이와 같은 현상은 사주시지 未土 정재의 지장간 중기(中氣)에 乙木 겁재가 재차 존재하여 있으므로 일간 甲木이 사주지지 전부 여기(餘氣)나 중기(中氣)에 뿌리를 두면서 의지하고 있음을 엿볼 수가 있다.

그렇다면 아무리 사주내 관성 金氣와 재성 土氣가 모두 존재해 그 세력이 강력해 있다손 치더라도 이렇게 일간이 의지하고 있을 경우 왕성한 관성과 재성의 기운을 따라갈 수 없는 절대적 요인으로 작용하면서 또한 이것은 결코 외격(外格)의 종격(從格)이나 가종격(假從格)으로 돌아가지 못하고 내격(內格)의 억부법이나 조후법상 용신이 선정되는 것이 마땅하다.

하지만 근본적으로 사주일간 甲木이 신약함이 너무 심화되고 아울러 일간을 생조하는 인성 水氣나 비겁 木氣의 기운이 사주상에 정오행이 없음에 따라 이렇게 지지의 지장간에 암장되어 있는 기운으로서는 그 역할이 미약하기 짝이 없고 이것은 곧 일간이 비록 힘을 두고 있으나 역시 극심한 신약을 모면할 수가 없기 때문에 숙명적인 운명이 불길하다는 점을 단적으로 보여주고 있다.

*. 격국(格局)과 용신,!

본 사주팔자에 대한 격국(格局)과 용신을 판별하여 보면 우선 일간 甲木이 극심한 신약함을 나타내고 있는 중에 사주월지 및 년지 辰土 편재가 자리잡고 다시 시지 未土 정재까지 있으므로 원칙적인 **"신약편재격(身弱偏財格)"** 또는 **"재다신약격(財多身弱格)"**이라 볼 수가 있다.

더하여 사주일지 申金 편관이 자리를 잡고 그 세력에 십이운성 건록지와 제왕지에 앉은 년, 월간 庚金과 시상 辛金이 투출되어 있으므로 **"관살혼잡격(官殺混雜格)"**을 같이 성격(成格)한다.

고로 용신은 **"살중용인격(殺重用印格)"** 과 **"재중용비격(財重用比格)"**을 같이 선택하는 것은 마땅하며 이것은 곧 인성 水氣와 비겁 木氣를 같이 용신으로 삼는 점은 시급히 일간을 생조하는 기운이 만날 수가 있기 때문에 제일 좋은 것이다.

이렇게 사주상의 용신의 기운을 선정하여 놓고 사주격국을 면밀히 관찰하여 보니 일간 甲木에 대한 용신의 기운이 지지에 전부 여기(餘氣)나 중기(中氣)에 암장되어 있으니 용신의 성질이 미약함을 단적으로 보여주는 것이 되어 참으로 좋지 못한 점이라 하겠다.

그렇다면 이러한 현상은 선천적인 사주명조에 용신의 기운이 무력함을 나타내고 있음에 따라 곧 가신(假神)의 성질이 되고 있으니 시급히 운로인 대운이나 세운에서 용신의 기운인 水, 木을 보아야 그나마 길함을 얻을 수 있는 절대적인 현상마져 들고 있다해도 과언이 아니다.

따라서 본 사주팔자의 주인공은 이렇게 용신의 기운이 미약하고 아울러 강력한 관성 金氣와 재성 土氣가 함께 집단적으로 일간 甲木을 상극하여 옴에 따라 극루교가(剋漏交加)의 현상이 되고 있는데 설상가상으로 년간 및 월상 庚金 편관이 일간 甲木을 甲-庚 상충까지 하고 있으므로 더욱 더 나쁘게 작용하고 있다해도 과언이 아니다.

***. 격국(格局)에 대한 청탁(淸濁)판별,!**

본 사주팔자에 대한 격국(格局)에 대한 청탁(淸濁)판별을 하여 보면 사실상 청탁(淸濁)의 부분을 거론할 수가 없음을 엿볼 수가 있겠는데 이것은 근본적으로 사주일간 甲木이 극심한 신약을 나타내고 있는 중에 관성 金氣와 재성 土氣가 무리를 이루어 일간을 강력히 극루(剋漏)하고 있으므로 숙명적인 운기가 대단히 좋지 못한 점을 알 수가 있다.

따라서 본 장에 준한 청탁(淸濁)의 부분을 판단하면 용신이 지지에 암장되어 있어 제대로 그 역할을 충분히 할 수가 없으며 한편으로 볼 때 다행으로 사주일지 申金과 년지 및 월지 辰土가 申-辰合水를 하여 일간 甲木을 구제할 수 있는 인성 水氣를 만들고 있으므로 대단히 좋게 작용한다고 생각할 수가 있다.

하지만 삼합(三合)으로 변화되는 성질이 근본적으로 사왕지지(子, 午, 卯, 酉)인 子水가 빠진 상태에서 반합(半合)의 기운은 비록 水氣의 기운을 약간 보충시키는 역할에 불과할 뿐이니 일간 甲木으로서는 대단히 목이 마른 현상을 모면할 수가 없다.

이와 같은 현상은 완전한 삼합의 기운이 되지 못하는 점을 놓고 그만큼 일간을 생조하는 능력이 미미하게 작용한다는 것으로 판단하는 점이 타당하고 이것은 곧 무언중에 합으로 인한 水氣를 미약하게 충족시키는 결과에 불과하다는 것으로 귀착하는 점이 마땅하다.

더구나 일간의 신약함이 극도로 쇠약하고 있는 중에 사주천간에 일간 甲木을 기준하여 천간전부가 庚, 辛 金氣로 되어 관성으로 짜여져 있음에 따라 월상, 년간 庚金이 일간 甲木을 甲-庚 상충으로 파극하고 있으며 지지에는 비록 申-辰合水가 있다고 하나 역시 재성 土氣의 기운이 일간을 상극하는 것을 모면할 수가 없으니 생식불식(生息不息)에 대단한 탁기(濁氣)를 구성하고 있다해도 과언이 아니다.

결국 본 사주팔자는 본 장 청탁(淸濁)의 판별에서 대단한 탁기(濁氣)를 구성하고 있음을 단적으로 알 수가 있겠는데 이것은 사주주인공의 운명 전반에 걸쳐 지대한 영향력을 미치는 절대적인 요인이 되고 있음에 따라 참으로 불행한 운명을 살아간다는 것을 사주원국은 무언중에 암시를 하고 있다해도 과언이 아닐 것이다.

***. 본 장 무자식(無子息)팔자에 준한 간명,!**

본 사주주인공은 장 모씨로서 남자사주인데 지금까지 사주격국에 대한 일간의 왕쇠(旺衰) 및 용신과 청탁(淸濁)의 성질에 부합시켜 간명하여 본 결과 용신이 미약하고 탁기(濁氣)를 남기는 현상이 되어 숙명적인 운로가 대단히 불길함을 단적으로 보여주는 것을 알 수가 있다.

따라서 본 장에 언급하는 무자식(無子息)의 격국에 준하여 그 실체를 인용하여 보면,

● "일간이 신약이 극심하고 재성이나 혹은 관성이 태왕(太旺)하면 무자식(無子息)이다".!

라며 무자식(無子息)의 격국을 자세하게 기술하고 있음을 엿볼 수가 있다.

그렇다면 사실상 본 사주주인공인 장 모씨는 이상의 성질에 완전히 적용되어 있음을 알 수가 있겠으며 그것은 일단 사주일간 甲木이

대단히 신약하고 있는데 상대적인 관성 金氣와 재성 土氣가 무리를 이루어 강력하게 일간을 상극하고 있으니 이렇게 관성의 태왕(太旺)함이 재성의 생조와 함께 한 집단을 구성하고 있으므로 완전히 부합하고 있다.

더구나 일주 甲申을 주동하여 사주시주 辛未가 공망이 되고 있으니 이것을 육친별로 통변을 하면 시주의 기운은 남자이던 여자이던 간을 불문하고 자식을 나타내고 있으며 공망을 맞았다는 점은 자식이 없는 것과 일치하고 있으니 이것 역시 부합하는데 다시 사주시주의 기운이 십이운성 묘지에 앉아 있으므로 무덤 속에 있는 자식이라 더 이상 볼 이유도 없음이다.

실제로 사주주인공인 장 모씨는 비록 초년 18세 壬午대운에서 일찍이 결혼을 하였으나 가정상 생활환경이 어려운 탓에 몇차례 처가 임신을 하여도 계속하여 자연유산이 된 것을 알 수가 있는데 이것은 시주가 십이운성의 묘지에 해당하고 있으니 죽은 자식이 있다는 점으로 판단하는 것이 원칙이다.

하지만 그 후 자식을 생산하지 못하고 생업에 종사하다가 나중에 나이가 들고 보니 그때서야 부랴부랴 자식을 얻을려고 백방으로 좋다는 약과 병원을 찾아보았으나 별다른 효과가 없었고 이것은 숙명적으로 자식을 얻지 못한다는 선천성인 사주명조에 나타나고 있음을 엿볼 수가 있겠다.

***. 격국(格局)에 대한 대운흐름,!**

지금까지 사주주인공인 장 모씨의 본 장에 준하여 무자식(無子息)의 팔자에 대한 성질을 사주추명학에 비추어 그 실체를 적나라하게 파 헤쳐보았는데 사실상 격국이 대단히 탁기(濁氣)를 남기고 있는 중에 용신까지 미약하고 있으니 더 이상 무슨 말을 할 수가 없게 되었다해도 과언이 아니다.

더구나 사주상에 용신의 기운은 비록 육친의 통변법상 남자는 정관이나 편관을 나타내고 있겠으나 이렇게 사주내 관성 木氣가 재성 土氣에 생조받아 태왕(太旺)하여 있으니 관성이 태왕(太旺)하다는 것은 단편적으로 판단하면 자식이 많을 것으로 간명하기 쉬울 것이다.

하지만 사주일간이 태약(太弱)이 될 경우 반대로 자식이 없다는 무자식(無子息)의 팔자로 돌변하는 것이니 이와 같은 현상은 간명법상 일간에 대한 관성은 기신(忌神)이 됨에 따라 상당한 극루(剋漏)함을 가지고 일간을 강력히 상극하므로 완전히 자식을 볼 수가 없다고 간명하여야 된다.

***. 본 저자의 경험상 발견된 중요한 성질,!**

그리고 여기서 한가지 중요한 부분이 있겠는데 그것은 남자이던 여자이던 불문하고 일간의 기운이 얼마나 중화(中和)의 기점에 안정된 성질이 되고 있는가,를 먼저 판별하여야 되며 이것은 곧 아무리 육친의 성질인 식상이나 관성이 없다고 해도 사주상 안정된 기운이 있을 경우 비록 아들이나 딸을 구분하기 앞서 자식이 있는 것이 통례이다.

더하여 사주상의 용신의 기운을 자식으로 판단할 수가 있겠는데 용신이 강력하게 존재하여 있다면 자식의 기운이 왕성하다고 곧 바로 단정지워도 무방한 이유가 방금 본 저자가 언급한 일간의 기운이 중화(中和)의 기점에 안정되는 성질에도 일치하고 있으니 완전히 부합하고 있다해도 과언이 아니다.

이렇게 사주주인공인 장 모씨는 방금 본 저자가 설명한 성질에 적용시켜본 결과 모두 일치하고 있음을 알 수가 있겠는데 우선 단적으로 보아도 용신의 기운이 사주지지에 지장간에 암장되어 있는 기운을 제외하고는 사주상의 정오행이 존재하여 있지 않고 또한 일간의 기운이 완전히 중화(中和)의 기점에 멀어져 가는 극심한 신약을 보이고 있기 때문에 역시 무자식(無子息)이 되는 성질이라 할 수가 있다.

각설하고 대운의 흐름을 판별하여 보니 초년 8세부터 28세 癸未 대운까지는 남방 巳-午-未 火局으로 치달리고 있으며 38세부터 48세까지는 서방 申-酉-戌 金局으로 흐르고 있는데 이것은 사실상 대운의 흐름이 일간을 상극하는 식상 火운과 관성 金운으로 맞이하고 있는 점은 그만큼 용신을 상극하는 기운이 됨에 따라 숙명적인 삶의 어려움이 극심하였다는 것을 단적으로 보여주는 계기라 하겠다.

그렇다면 사주주인공인 장 모씨가 사주상 일간이 태약(太弱)하고 있는데 이렇게 대운의 흐름이 중중(重重)으로 기신(忌神)의 성질로 맞이하고 있으나 극단적인 죽음을 당하지 않고 살아왔다는 점을 중시 볼 필요가 있겠다.

따라서 그와 같은 현상은 사실상 대운의 천간이 전부 壬, 癸水 인성의 기운과 甲, 乙 木氣의 비겁의 기운으로 자리를 잡고 있기 때문에 운간(運干)의 도움을 필수적으로 받아왔음에 따라 그나마 사주주인공인 정 모씨의 목숨을 부지할 수 있는 절대적인 성질이 되는 점을 면밀히 파악할 필요가 있다.

*. 사주주인공인 장 모씨가 죽음을 맞이한 58세 丙戌대운 접목,!

하지만 사주주인공인 장 모씨가 58세 丙戌대운이 접어드는 시점인 1998년 戊寅년에 교통사고로 절명을 하였는데 이것은 대운천간 丙火가 신약한 일간 甲木에 대한 식신의 기운이 되어 기신(忌神)의 역할을 하고 있다.

이와 같은 현상은 설상가상으로 대운천간 丙火가 사주일지 申金 편관의 십이운성 건록지에 앉아 편관의 기운을 대표하고 있는 년, 월상에 투출되어 있는 庚金 편관을 동시 丙-庚 상충으로 파극하고 있으니 강력한 편관 庚金이 발동하는 것을 알 수가 있다.

이러한 성질은 더 나아가서 대운지지 戌土가 일간 甲木에 대한 편재의 기운이 되어 역시 기신(忌神)의 세력을 한층 더 발휘하면서 왕성한 관성 金氣를 생조하고 있는 사주월지 및 년지 辰土 편재를 辰-戌 상충으로 파극하고 있는 중에 다시 시지 未土 정재까지 戌-

未 삼형으로 대접하는 것은 더 이상 생명을 부지할 수가 없는 극단적인 죽음으로 내몰고 있음을 판단하여야 된다.

***. 1998년 戊寅세운을 접목,!**

이상의 성질은 여기에서만 끝나는 것이 아니고 세운이 1998년 戊寅년이 되자 이번에는 세운천간 戊土가 일간 甲木을 甲-戊 상충으로 파극하고 다시 세운지지 寅木이 비록 사주일간 甲木에 대한 비견이 되어 일면 한편으로 생각할때 일간 甲木이 힘을 얻을 수가 있을 것이다.

그러나 이와 같은 현상은 아무리 용신의 성질을 가지고 들어오는 성질이라 하더라도 사실상 일지 申金 편관을 寅-申 상충으로 파극함에 따라 이것은 대운과 세운이 전부 일치하여 상충 및 삼형의 소용돌이 속에 벗어날 수가 없으니 극단적인 죽음을 당할 수 있는 필연성이 부여된다.

결국 사주주인공인 장 모씨는 1998년 戊寅년 음력 4월에 교통사고로 절명을 하였는데 월운 4월은 巳월이 되고 있기에 완전히 寅-巳-申 삼형으로 동반하니 운명과 일치하고 있으며 이상과 같이 장 모씨의 사주격국을 바라보고 있을 때 살아생전 힘든 삶에 대한 애착은 고사하고 자식하나 두지 못한 중에 말년을 넘어가는 시점에서 흉사(凶死)의 운명을 당하고 말았으니 참으로 애석하기 그지없는 사주라 진실로 마음이 착잡한 사주를 우리는 보고 있는 것이다.

(4). 여자가 자식복이 있는 사주

●일간이 신왕한데 인성이 없고 식상이 왕성하여 재성을 생조하는 식상생재격(食傷生財格)이 되면 자식이 많고 부귀(富貴)한다.!

●일간이 신왕하여 식상이 왕성한 중에 재성과 인성이 없을 때,!

●일간이 신왕하여 식상은 미약한 중에 인성이 있으나 재성이 왕성하여 용신이 되면 자식이 부귀(富貴)하며 본인은 부자가 된다.!

●일간이 비겁에 의하여 신왕하고 시주에 관성이 용신이면 자식이 관록이며 부귀(富貴)한다.!

※ 참고로 여자사주에서는 식상이 자식으로 표시하고 있지만 시주는 자식궁이 되므로 육친과 상관없이 시주에 용신이 있을 경우 자식이 부귀한다.!

●일간이 신왕하고 식상과 관살이 없어도 재성이 왕성하면 자식이 많고 재주가 뛰어나다,!

※ 참고로 이 경우 사주상에 자식을 대변하는 식상이 없을 때 용신을 자식으로 보고 판단하기 때문이다.!

●일간이 신약하고 식상이 왕성해도 재성이 없는 중에 일간을 생조하는 인성이 있을 때 아들이 있다.!

●일간이 신약하고 식상이 쇠약해도 재성이 없을 경우 아들이 있다.!

●일간이 관성이 많아 신약한데 인성이 살인상생(殺印相生)이 되고 재성이 경미하면 자식이 있다.!

※ 참고로 지금까지 여자사주에서 자식복이 있는 사주격국을 모두 나열하여 보았는데 비록 이렇게 자식복이 있는 격국이 성립되더라도 반드시 초년과 중년 대운이 필수적으로 용신이나 희신으로 치달리고 있어야 만이 자식을 생산할 수가 있다.

이것은 이상의 격국이 된다 손치더라도 대운의 흐름이 용신을 상극하는 기신(忌神)의 기운으로 치달리고 있을 때 자식이 늦게 생산되던지 그렇지 않으면 유산등의 산액을 당할 수가 있는 소지를 다분히 안고 있기 때문이다.

또한 사주격국이 이상과 같은 짜임새가 되고 있는데 이것이 오행상 균등을 가지고 주류무체(周流無滯)등으로 생화불식(生化不息)이 되어 생조의 법칙으로 흐르고 있다면 더욱 더 길한 격국이라 판단하는 것이 타당하고 아울러 이 경우에는 한등급 더 높이 취급하여야 됨은 두말할 필요가 없다.

＊. 본 장에 준해 외무행정고시에 합격하여 서기관이 된 외무부 국장과 사법고시에 합격하여 모 처 고등법원부장판사의 아들들을 두어 자식복(子息福)이 많은 실제인물인 김 모씨의 사주팔자이다.!

(예1). 여자, 김 모씨(서울 강남) 1933년 음력 10월 16일 寅 시

									(대	운)	
浴	生	旺	病	"木生火",!!	61	51	41	31	21	11	1
甲	癸	癸	癸		庚	己	戊	丁	丙	乙	甲
寅	卯	亥	酉		午	巳	辰	卯	寅	丑	子

＊. "寅-亥合木",!!!

상관		비견	비견
木	(水)	水	水
木	木	水	金
상관	식신	겁재	편인

● 일간 癸水가 신왕하여 있으니 관성 土氣를 용신으로 삼는 "겁중용관격(劫重用官格)"이 되겠으나 제일로 계절이 亥월에 출생하여 조후법상 재성 火氣를 용신으로 선택하고 식상 木氣를 희신으로 삼는 격국이 되고 있다.!

따라서 사주격국을 살펴보니 비록 조후법상 재성 火氣가 시지寅木 지장간에 암장되어 있으나 사실상 식상 木氣가 시주를 甲寅 상관으로 차지하고 있는 중에 일지 卯木 식신까지 존재하여 있으니 식상 木氣의 기운이 강력하게 자리를 잡고 있는 점은 오히려 재성 火氣가 없다해도 운에서 재성 火氣를 보면 대발복을 하게 되는 것을 알 수가 있다.!

본 장에 준하여 여자사주로서 시주에 길신이 자리를 잡고 있는 중에 "식상생재격(食傷生財格)"을 성격(成格)하고 있으니 시주는 자식궁을 의미하고 있으므로 완전히 자식복(子息福)이 많은 사주격국임을 알 수가 있는데 월지 亥水를 주동하여 시상 甲木이 월덕귀인(月德貴人)에 해당하고 있음에 따라 부귀공명을 가지는 자식이 있음을 사주원국이 무언중에 암시를 하고있다.!

대운의 흐름을 판별하여 보니 초년 조금 곤고하였으나 21세 丙寅대운으로부터 첩첩히 동방 寅-卯-辰 木局과 남방 巳-午-未火局이 되어 치달리고 있으므로 사주주인공인 본인은 말할 것도 없고 자식까지 승승장구 및 수명장수를 누리는 점을 간명하고 있다.!

실제로 사주주인공인 김 모씨는 21세 丙寅대운에 결혼하면서 지금의 외무고시를 합격하여 외무부 국장인 장남의 아들과 사법고시에 합격하여 모 처 고등법원 부장판사의 차남을 두게 되었으니 정말 하늘이 놀라는 형상임을 다시

한번 되새겨보는 사주이다.!

*. 일간의 왕쇠(旺衰),!

癸일간 亥월에 출생하여 득령(得令)하였으며 사주원국 월지 亥水 겁재를 중심으로 해서 년지 酉金 편인과 그 세력에 뿌리를 두고 년간과 월상에 癸水비견이 투출되어 일간 癸水를 생조하고 있으므로 상당히 신왕하다.

이렇게 일간 癸水가 신왕함이 강력하게 될 경우 별도의 외격(外格)의 종격(從格)이나 가종격(加從格)을 생각할 수가 있지만 일간의 기운을 적절히 억제하면서 그 힘을 자연스럽게 누출시키는 일지 식신 卯木이 자리를 잡고 시주에 甲寅 상관까지 있음에 따라 일간의 힘이 내격(內格)의 억부법이나 조후법에 준하여 용신이 선정되는 것이 마땅하다.

한편으로 볼 때 이러한 성질은 사주일지 卯木 식신이 월지 亥水 겁재와 亥-卯合木을 도모하고 다시 시지 寅木 상관이 역시 월지 亥水 겁재와 寅-亥合木을 한 중에 사주시상 甲木이 투출되어 상관인 木의 기운을 대변하고 있으므로 식상 木氣가 대단히 왕성함을 자랑하고 있다.

더하여 사주일간 癸水가 태어난 계절이 추운 겨울인 亥월에 출생하여 있으므로 일간과 만물이 모두 꽁꽁 얼어붙어 있게 되어 시급히 내격(內格)의 조후법상 얼은 癸水의 기운을 녹여주어야 대길하게 될 수가 있겠다.

따라서 사주원국을 면밀히 살펴보니 조후를 충족할 수 있는 재성 火氣가 사주시지 寅중의 지장간 중기(中氣)에 丙火 정재가 있으나 암장된 기운은 그 세력이 미미하여 제대로 그 역할을 할 수가 없어 대단히 답답할 수 있는 소지를 가지고 있다.

그러나 천만다행으로 이렇게 식상 木氣의 성질이 사주일지 卯木과 시주 甲寅등 식상의 기운이 모두 왕성하니 조후를 충족시키는 역할을 충분히 할 수가 있게 되어 다시 운로인 대운이나 세운에서 재성 火氣를 거듭 본다면 대 발복을 할 수가 있는 성질이라 판단한다.

***. 일부학자들의 의문,!**

여기서 일부학자들 중에서 방금 본 저자가 설명한 지지에 寅-亥合木이나 亥-卯合木의 기운에 대하여 한가지 의문을 가지면서 질문을 하고 있다.

그것은 "운정선생은 본 사주팔자의 지지합을 거론하는 중에 사주일지 卯木 식신이 월지 亥水 겁재와 亥-卯合木을 한다고 명시하고 있는데 사실상 사주년지 酉金 편인이 일지 卯木 식신을 卯-酉 상충이 되어 파극하고 있음에 따라 합의 성질이 원천적으로 방해를 받아 분산되지 않겠느냐",!

"또한 다른 합으로 언급하고 있는 사주시지 寅木 상관이 역

시 사주월지 亥水 겁재와 寅-亥合木을 한다며 언급하고 있는데 이것도 사주일지 卯木 식신이 가로막고 있으니 원격(遠隔)한 합은 제대로 강력하게 결합을 할 수가 없는 단점이 있다",!

"그런데도 불구하고 더 나아가서는 이미 卯木 식신이 월지 亥水 겁재와 亥-卯합을 구성하고 있음에 따라 양자의 합의 기운을 쟁탈하는 쟁합(爭合)의 기운이니 더욱 더 합의 기운이 멀어져 가는 현상으로 보아야 하는 것이 타당할 것이다",!

"따라서 상황이 이럴진데 운정선생은 본 사주격국을 간명하는 자리에 구체적인 언급을 회피한 채 막연히 합의 기운을 취용하여 설명하는 것은 사주추명학을 연구하는 저희 학자들로서는 대단히 의문이 가지 않을 수가 없으므로 이부분에 대하여 자세하게 답변을 하여 달라",! 라며 세밀한 대답을 요구하고 있다.

***. 일부학자들의 의문에 대한 본 저자판단,!**

이와 같은 일부학자들의 의문에 대하여 본 저자는 일부학자들의 견해는 지극히 타당한 부분으로서 일면 학자들의 말이 틀리는 것은 아니라고 판단하지만 그러나 합의 성질에 대하여 좀 더 구체적으로 판단할 필요가 있다.

그렇다면 여기에도 한가지 중요한 부분을 생각하지 않을 수가 없겠는데 그것은 지금 본 사주팔자의 지지의 寅-亥合木 및 亥-卯合木

의 기운이 각각 육합의 기운과 준삼합의 성질이 같이 합을 쟁탈(爭奪)하는 현상이 되고 있으나 이것은 동질성인 합의 기운이 육합이나 삼합의 기운이 일치되고 있을 때 하나의 기운으로 돌아갈 수 있는 성질을 먼저 생각하여야 된다.

따라서 이 보다 앞서 사주일지 卯木 식신이 월지 亥水와 제일 근접하여 亥-卯合木을 구성하고 있으니 상대적인 시지 寅木은 원격(遠隔)한 합으로 인하여 제대로 합의 성질로 귀착할 수가 없다는 논리가 타당할 수가 있지만 이미 木의 기운을 대표하고 있는 시상 甲木 상관이 투출되어 있으므로 더욱 더 합의 기운을 강력하게 결합을 유도하고 있다해도 과언이 아니다.

하지만 이와 같은 합의 성질이 비록 시상에 甲木 상관이 투출되어 있으니 합의 중심이 모아져서 합의 기운으로 취용할 수가 있겠으나 이와 반대로 강력하게 합의 기운으로 귀착할 수가 없음도 알아야 된다.

그 이유는 보통 합의 성질을 놓고 비교 분석하면 육합의 기운이나 준삼합의 기운이 모두 두 개의 오행으로 구성하고 있고 따라서 자연히 3개의 오행으로 구성되고 있는 상대적인 삼합이나 방합에 그 세력이 밀려나는 현상이 됨에 따라 완벽한 합의 기운이 되지 못하고 잔여기운을 남기는 합이라고 판단하는 것이 정석이다.

또한 사주년지 酉金 편인이 일지 卯木 식신의 기운을 卯-酉 상충을 하여 합의 기운을 방해한다고 판단하는 일부학자들의 견해 역시도 사실상 사주월지 亥水 겁재가 가로막아 먼저 오행상생의 법칙에 준하여 酉金이 亥水에게 金生水로 생조하고 있음에 따라 다시 亥水는 사주일지 卯木과 亥-卯合木을 구성하는 절차가 순조롭게 이루어진다고 보아야 될 것이다.

결국 일부학자들의 언급하는 寅-亥合木이나 亥-卯合木은 하나의 합을 구성하는 木의 기운이 시상에 甲木 상관으로 투출되어 있으니 木의 세력으로 강력하게 존재하는 성질을 본 저자는 판단하고 있는 것이며 그렇다고 사주월지 亥水 겁재의 기운인 30%가 전부 木의 기운으로 돌아가는 점은 아니고 잔여기운인 木氣를 돌출해내는 역할에 불과하다고 간명한다.

***. 격국(格局)과 용신,!**

본 사주팔자에 대한 격국(格局)과 용신을 판별하여 본다면 우선 일간 癸水가 신왕한 중에 사주월지 亥水 겁재가 자리를 잡고 그 세력에 십이운성 제왕지에 앉은 년, 월상 癸水 비견이 투출되어 있으므로 원칙적인 **"신왕월지겁재격(身旺月支劫財格)"**이 성격(成格)된다.

또한 사주일간 癸水를 주동하여 사주일지 卯木 식신이 천을귀인(天乙貴人)에 해당하고 있으므로 命理秘典 下권인 특수내격(特殊內格)에 적용되는 **"일귀격(日貴格)"**이 같이 성격(成格)되고 있음도 알 수가 있다.

고로 용신은 **"비중용관격(比重用官格)"**으로 왕성한 비겁 水氣

의 기운을 土剋水하여 억제시킬 수 있는 관성 土氣를 용신으로 삼아야 되겠지만 제일로 본 사주명조는 계절이 亥월에 출생해서 일간 癸水가 시급히 재성 火氣를 보아야 대길하게 됨에 따라 **"식상생재격(食傷生財格)"**이니 재성 火氣를 주된 용신으로 삼고 재성 火氣를 생조하는 식상 木氣는 희신으로 삼는 것이 타당하다.

또한 관성 土氣의 기운은 水氣를 머금고 있는 辰, 丑, 土氣는 습토라서 왕성한 일간 癸水의 기운에 동조하는 일면이 있음에 따라 그다지 길하지 못하겠으나 하지만 火氣의 기운을 가지고 있는 未, 戌, 土氣인 조토는 대길하게 작용할 수가 있으니 조토는 길신으로 선택한다.

이렇게 사주상의 용신의 기운을 선택하여 놓고 사주명조를 면밀히 관찰하여 보니 일간 癸水에 대한 용신의 기운으로 자리매김하는 재성 火氣가 비록 시지 寅木 지장간 중기(中氣)에 丙火 정재가 암장되어 있지만 이렇게 암장된 기운으로서는 그 역할을 충분히 할 수가 없음이니 조금 부족한 일면이 있다.

하지만 사주일지와 시주가 모두 상관과 식신 木氣로 구성되어 차지하고 있는 점은 희신의 기운이 왕성함을 나타내고 있는 절대적인 이유가 성립되니 비록 진용신(眞用神)으로 선택되고 있는 재성 火氣가 없어도 그 역할을 대신 충분히 충족시키고 있음으로 매우 길한 것이라 판단한다.

그렇다면 이러한 현상을 놓고 보통 사주팔자에서 용신의 기운이 암장되던지 혹은 정오행이 없을 경우 용신이 제대로 그 역할을 할 수가 없다고 생각하여 가신(假神)의 성질로 분류하여 상당히 복록의 깊이가 낮은 점으로 판단하는 것이 정석이지만 본 사주팔자는 그러한 성질의 예외가 될 수가 있다.

무슨말인지 좀 더 구체적으로 기술하자면 이렇게 용신의 기운이 암장되던지 혹은 정오행이 없다해도 용신의 기운을 생조할 수 있는 식상 木氣의 성질이 대단히 왕성해져 있다면 용신을 대신 충족할 수 있는 성질이 되므로 비록 진신(眞神)의 기운인 丙火가 미미하다 손치더라도 운로인 대운이나 세운에서 재차 丙, 丁 火氣등의 재성의 기운을 보게 되면 무조건 대길하게 되어 대발복을 하게 된다.

이상의 성질에 대하여 사주추명학의 비조인 고서(古書)나 원서에 적고 있기를 **"사주상에 일간이 신왕하고 식상이 유기(有氣)하다면 승재관(勝財官)이다",!** 라며 상세히 기술하고 있다.

결국 이상의 부분은 일간이 신왕한 중에 식상의 기운이 유기(有氣)하다면 재성과 관성이 사주상에 길신의 역할을 하는 것보다 복록의 깊이가 앞선다고 기술하는 성질이 됨에 따라 방금 본 저자가 간명한 견해가 완전히 일치하는 것을 엿볼 수가 있다.

*. 격국(格局)에 대한 청탁(淸濁)판별,!

본 사주팔자에 대한 격국(格局)의 청탁(淸濁)판별을 하여 본다면 사실상 일간 癸水가 신왕하고 있는데 이것이 년주 癸酉와 월주 癸亥를 합쳐서 사주강약도표에 준하여 그 힘을 판별하여 보았을 때 상당히 중화(中和)의 기점에 안정되어 있는 신왕이라는 점을 알 수가 있다.

이와 같은 현상은 단편적으로 판단할 경우 일간 癸水의 기운에 오행의 비겁이나 겁재의 기운이 모여 편으로 편중(偏重)되어 있음에 따라 대단히 생식불식(生息不息)에 막힘이 많은 사주팔자라고 간명하기 쉬울 것이지만 자세히 사주명조를 관찰하여 본다면 그렇게 볼 수가 없게 되는 사주이다.

그 이유로 전자에 언급하였듯이 일간 癸水가 신왕함이 중화(中和)의 기점을 넘어 비록 왕성하다해도 일지에 卯木 식신이 일간에 유정(有情)하게 자리를 잡고 있는 중에 다시 시주 甲寅 상관이 모여 집단적인 체제로 힘을 모우고 있는 것은 일간과 왕성한 비겁 水氣의 기운을 동시에 자연스럽게 수기(秀氣)유행을 도모하고 있으니 대단히 좋은 현상으로 발휘되고 있음을 판단하여야 된다.

그런데 여기서 한가지 중요한 성질이 발견되고 있는데 그것은 본 사주팔자의 일간 癸水가 신왕하고 있는 중에 사주년지 酉金 편인이 일간과 그리고 년간 및 월주 癸亥 비겁을 金生水로 생조하고 있고 다시 일간과 비겁 水氣는 사주일지 卯木과 시주 甲寅 상관에게 水生木으로 연결하고 있음을 엿볼 수가 있다.

이와 같은 현상은 비록 오행상 火, 土가 정오행이 없어 편중(偏重)으로 되니 생식불식(生息不息)에 막힘이 많다고 판단할 지 모르지만 사실상 이렇게 오행이 물결이 흘러가듯 연결되고 있을 경우 주류무체(周流無滯)라 하여 대단히 좋은 격국(格局)으로 판단하는 것이 정석이다.

결국 본 사주팔자는 식상이 유기(有氣)하여 승재관(勝財官)이라고 고서(古書)나 원서에 기술하고 있듯이 그 성질에 완전히 부합하는 현상을 나타내고 있음에 따라 대단히 청기(清氣)를 갖추고 있는 것을 알 수가 있겠으며 더구나 대운의 흐름을 판별하여 보니 초년 11세 乙丑대운까지 조금 고통이 있었지만 그 후에 대단히 발전할 수 있는 명조가 되고 있으므로 정말 절묘한 배합과 대운을 고루 갖춘 길격(吉格)이 됨은 두말할 이유가 없다.

***. 사주주인공의 성격,!**

본 사주팔자주인공은 김 모씨로서 여자사주인데 본인에 대한 성격을 판별하여 보면 일간 癸水가 사주내 비겁 水氣가 많아 신왕한 중에 사주일지 卯木 식신이 일간과 유정(有情)하여 자리를 잡고 있으며 다시 시주 甲寅 상관이 재차 일간의 기운에 수기(秀氣)유행을 도모하고 있으므로 대단히 좋게 작용하고 있다.

따라서 사주일지에 卯木 식신이 희신의 성질로서 자리를 잡고 있는 것이 되는데 이렇게 일지에 식신이 길신으로 제역할을 다하고 있어 그 성격이 낙천적이며 도량이 크고 성실 원만한 인품을 가지고 있음을 알 수가 있겠고 이것은 더 나아가서 일지에 식신이 길신으로 선택되고 있으니 음식솜씨가 일품이다.

또한 사주일간 癸水를 주동하여 일지 卯木이 식신이 되어 문창성

(文昌星)이 되고 다시 사주시지 寅木 상관이 금여살(金輿殺)이 되고 있으므로 이것은 세인들에게 존경과 문학적, 예술적인 소질이 탁월하면서 인간 덕이 많은 사람이라는 것을 알 수가 있다.

더구나 사주주인공인 김 모씨는 신체가 풍만하고 모든 일을 처리함에 있어 자기보다 남을 먼저 생각하는 고귀(高貴)한 인품이라고 판단하는데 이것은 사주일주가 癸卯는 **"일귀격(日貴格)"**인 천을귀인(天乙貴人)에 해당하고 있으므로 더욱 더 완전히 부합하고 있다해도 과언이 아니다.

무슨말인지 이 부분을 좀 더 구체적으로 언급하자면 사주일간 癸水를 주동하여 사주일지 卯木 식신이 천을귀인(天乙貴人)에 해당하고 있을 경우 命理秘典 下권인 특수내격(特殊內格)의 일귀격(日貴格)이 성격(成格)되는데 일귀격(日貴格)에 해당하는 일주는 丁酉, 丁亥, 癸卯, 癸巳로 모두 4개의 격국으로 짜여져 있음을 알 수가 있다.

따라서 사주주인공인 김 모씨는 사주일지 卯木 식신이 천을귀인에 해당하고 있는데 천을귀인(天乙貴人)이 십이운성 장생지에 해당하고 있으므로 사주주인공의 성품이 온화하며 용모가 청수(淸秀)한 자태를 가지고 있음을 판단할 수가 있다.

결국 본 사주팔자는 이상의 부분에 적용해서 간명하여 볼 때 더욱 더 천을귀인(天乙貴人)이 있는 卯木 식신이 사주월지 亥水 겁재와 亥-卯합까지 구성하고 있으므로 더욱 더 귀인(貴人)의 풍채를 나타내고 있는 이유가 여기에 있다해도 과언이 아니다.

＊. 본 장에 준하여 자식복(子息福)을 가지는 격국(格局)에 준한 판단,!

본 장에 준하여 여자사주로서 자식복(子息福)을 가지는 격국에 적용시켜 그 실체를 인용하여 보면,!

●일간이 신왕한데 인성이 없고 식상이 왕성하여 재성을 생조하는 식상생재격(食傷生財格)이 되면 자식이 많고 부귀(富貴)한다.!

라며 여자사주에 자식복(子息福)이 있는 격국을 구체적으로 자세하게 기술하고 있음을 엿볼 수가 있다.

따라서 사주주인공인 김 모씨는 이상의 성질에 완전히 일치하는 것을 판단할 수가 있겠는데 그것은 본 사주일간 癸水가 신왕한 중에 비록 편인 酉金이 있으나 년지에 원격(遠隔)해서 식상의 기운을 파극하지 않으며 더 나아가서는 사주월지 亥水 겁재에게 金生水로 생조하니 편인의 기운이 사실상 식상 木氣를 생조하는 현상으로 귀착되고 있다.

더구나 사주가 오행상 비록 모자람이 있다해도 **"식상생재격(食傷生財格)"**을 성격(成格)하고 다시 오행상 주류무체(周流無滯)로 연결시켜 생화불식(生化不息)에 의존하는 격국이 되고 있으니 이것은 정말 절묘한 배합을 구성하고 있다해도 과언이 아니다.

또한 여자사주에서는 식상의 기운이 자식으로 대변되고 있는데 자식의 기운인 식신 卯木이 사주일지에 자리를 잡고 일간 癸水와 서로 유정(有情)한 중에 시주 甲寅까지 모두 사실상 희신의 성질이 되고 있음에 따라 시주는 말년을 나타내고 더하여 자식궁을 표시하고 있기 때문에 자식이 현명하고 관록(官祿)을 가지면서 부귀공명을 누리게 됨을 알 수가 있다.

이와 같은 현상은 더 나아가서 사주월지 亥水 겁재를 주동하여 시상에 투출되어 있는 甲木 상관이 월덕귀인(月德貴人)에 해당하고 있으니 더욱 더 자식이 번영 발달하는데 여자사주에서 식신은 딸을 의미하고 상관은 아들을 표시하고 있기 때문에 아들이 대단히 부귀공명을 누리게 되는 점으로 판단한다.

실제로 사주주인공인 김 모씨는 아들이 3명이고 딸이 2명이 되니 모두 5남매를 두었는데 그중에 장남은 국가에서 치루는 외무고등고시에 합격하여 현재 외무부 모 처 국장인 서기관으로 자리를 잡고 있으며 차남은 사법고시에 합격하여 모처 고등법원 부장판사로 근무하고 있으니 본 저자가 간명한 성질에 모두 일치하고 있음을 엿볼 수가 있다.

***. 격국(格局)에 대한 대운흐름,!**

지금까지 사주주인공인 김 모씨의 사주팔자에 대한 격국과 용신 및 청탁(淸濁)판별과 본 장에 언급하고 있는 자식복(子息福)의 실체를 사주추명학적으로 모두 간명하여 보았는데 사주격국이 순수하고 길신의 기운이 사주일지와 시주에 왕성하게 자리를 잡고 있으므로 대부귀 운명이 되고 있음을 엿볼 수 가 있다.

그렇다면 김 모씨가 언제 어느 시점에 결혼을 하여 지금과 같은 대 관록의 아들을 생산하였는지는 선천성인 사주명조에는 그렇게 판단하였다손 치더라도 운로의 흐름인 대운이나 세운을 판별하지 않고는 그 실체를 언급하기 곤란하기 때문에 본 장에 준하여 후천성인 대운의 흐름을 판별하기로 한다.

초년 1세 甲子대운과 11세 乙丑대운까지는 기신(忌神)의 운로인 북방 亥-子-丑 水局으로 치달리고 있으니 사실상 일간 癸水에 대한 용신의 기운인 재성 火氣를 상극하는 현상이 되므로 고통과 번민의 세월이었음을 판단할 수가 있다.

이와 같은 점은 본 사주팔자에 대한 일간 癸水가 태어난 출생월이 亥월이 되고 있는데 비록 조후법을 충족할 수 있는 식상 木氣가 왕성하게 존재하여 있다손 치더라도 근본적인 불의 기운인 재성 火氣가 사주시지 寅木 상관의 지장간 중기(中氣)에 丙火가 암장되어 있으니 암장된 기운은 미미하기 때문에 운로인 대운이나 세운에서 재성 火氣를 보아야 되는 현상이 나타나고 있다해도 과언이 아니다.

그런데 이렇게 대운의 흐름이 추운 겨울을 더욱 더 얼어붙게 만들 수가 있는 水氣의 기운으로 중첩하여 달리고 있음에 따라 그만큼 유년시절이 어려웠다는 점을 단적으로 보여주는 대목인데 하지만 그나마 운간(運干)의 甲, 乙木이 깔고 있으니 대흉함을 소흉으로 돌리는 일면도 나타나고 있다고 볼 수가 있다.

실제로 사주주인공인 김 모씨는 이 때의 대운에서 부친이 사업을 하다가 가산을 탕진하여 부도를 내고 도피생활을 함에 따라 가족이 전부 흩어지는 비운(悲運)을 당하였으며 급기야는 외할머니집에서 유년을 보냈다고 하니 그 고통은 상당히 강하게 들어왔다 해도 과언이 아닐 것이다.

다시 21세는 丙寅대운으로서 사주주인공인 김 모씨가 결혼을 하여 지금의 부귀한 남편을 맞이하였으며 또한 장남과 차남을 생산한 시기로 볼 수가 있겠다.

따라서 본 장에서 언급하는 가장 중요한 부분이 되고 있으므로 이와 같은 성질을 사주팔자와 후천성인 대운이 접목되고 있는 사주 도표를 보면서 그 실체를 자세하게 파 헤쳐보기로 한다.

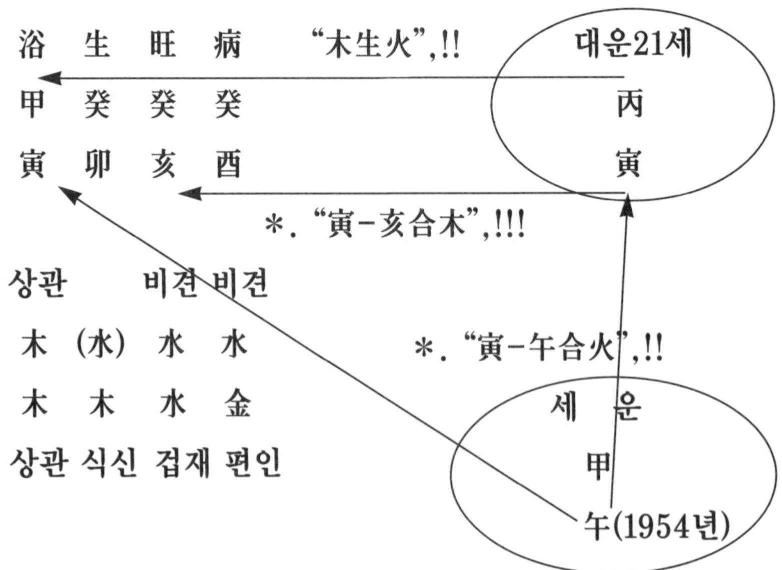

이상과 같이 도표에서 나타나고 있듯이 이 때 21세 대운 丙寅운로가 사주상에 영향력을 미치고 있음을 알 수가 있는데 대운천간 丙火가 본 사주팔자에 대한 조후용신의 기운인 정재의 기운이니 대단히 대발전을 이룩하는 것을 알 수가 있다.

또한 대운지지 寅木이 사주일간 癸水에 대한 상관의 기운이니 이것이 사주명조의 월지 亥水 겁재와 寅-亥合木으로 재차 식상 木氣의 기운을 나타내고 있음에 따라 완전히 결혼을 할 수 있는 성질에 부합하고 있겠다.

이와 같은 성질을 육친통변법으로 좀 더 자세하게 판별하여 보면 우선 여자 사주에서는 식상이 자식의 기운이 되는데 그 중에 식신은 딸을 의미하고 상관은 아들을 나타내고 있으므로 이러한 식상 木氣의 기운이 운로인 대운에서 들어와서 사주상 타오행과 합을 구성하여 재차 나오는 기운이 식상이나 용신의 기운이 된다면 여자사주에서는 식상운로나 식상과 합이 되는 대운, 세운에 결혼을 하는 법칙을 적용하게 된다.

*. 1954년 甲午세운을 접목하여 판단,!

그렇다면 일년군주로 자리매김하고 있는 세운을 간명하여 과연 몇 년도에 결혼을 하였는가를 면밀히 관찰하여야 되는데 이 때 21세 丙寅대운이 지배되는 시점에 1954년은 甲午세운이 되고 있으므로 사주주인공인 김 모씨의 나이가 만 21세가 되는 것을 알 수가 있다.

***. 命理秘典 下권인 간명비법(看命秘法)상 화합(和合)의 법칙에 접목,!**

따라서 이미 대운이 사주일간에 대한 용신의 기운을 업고 사주격국에 영향력을 미치고 있는데 재차 세운이 甲午년이 되고 있으므로 세운천간 甲木이 역시 여자사주에서 아들을 표시하고 있는 상관이 되는 중에 대운천간 丙火를 木生火로 생조하고 있으니 이것은 命理秘典 下권인 간명비법(看命秘法)인 화합(和合)의 법칙에 적용되어 불길의 세력을 더욱 더 왕성하게 만들고 있다.

또한 세운지지 午火가 태양과 같은 불길인 사왕지지(子, 午, 卯, 酉)로서 정히 일간 癸水에 대한 용신의 성질이 되고 있으니 이것 역시 절묘하게 대운지지 寅木이 세운지지 午火를 木生火로 재차 생조하고 있음을 엿볼 수가 있다.

이와 같은 현상은 더 나아가서는 완전히 대운천간지지와 세운천간지지 모두 한집단으로 서로간 생조하면서 불길을 더욱 더 왕성하게 만들고 있는 것이 되어 일약 하늘이 놀라는 현상으로 대박이 터지고 있음을 간명하여야 된다.

그렇다면 이상의 부분은 운(運)의 통변(通辯)을 간명하여야 되는 대단히 중요한 고난도의 성질이 나타나고 있으므로 운의 흐름이 나타나고 있는 도표를 보면서 그 실체를 언급하여 보면,!

세 운 대 운

*. "木生火",!!!

(천 간) 甲 ⟶ 丙

*. "寅-午合火",!!

(지 지) 午 ⇄ 寅

이상의 도표에서 나타나고 있듯이 대운천간지지와 세운천간지지 모두 생조의 법칙이 되면서 그 중에 지지는 寅-午合火로 합의 기운이 되어 더욱 더 왕성한 불길을 만들고 있으므로 이것은 정말 복록이 대단히 강력하게 들어오는 성질로 논할 수가 있다.

따라서 이것은 동일주의적 원칙에 입각하여 대운과 세운이 각각의 별도의 오행을 가지고 들어와서 합을 하거나 생조의 법칙이 되지 않는 독립적인 오행으로 사주원국에 영향력을 미치는 현상하고는 비교도 되지 않는 절대적인 강력한 힘으로 사주상에 세력을 행사하는 것으로 대단히 복록이 깊어지는 기운으로 판단하여야 된다.

상황이 이럴진데 세운지지 午火가 대운지지 寅木과 서로간 寅-午合火를 만들면서 다시 사주원국 시지 寅木 상관를 재차 寅-午합으로 이끌고 있는 성질은 불의 기운에 기름을 쏟아붙는 형상이 되고 있으므로 이것은 더 이상 무슨 말이 필요가 없고 이유가 없다.

실제로 사주주인공인 김 모씨는 이 때 21세 丙寅대운이 지배되는 시점인 1954년 甲午년에 이화여대를 다니다가 지금의 남편을 만나 결혼을 하였으며 그 당시 남편은 경찰고위공무원으로 근무하였는데 이것 역시 사주년지 酉金을 주동하여 일지 卯木 식신이 수옥살(囚獄殺)이 되고 있으니 남편이 경찰직에 종사하는 성질에 완전히 부합하고 있다.

결국 이와 같은 점은 더 나아가서 이미 사실상 혼전에 연애를 하여 지금의 장남을 잉태하면서 부랴부랴 결혼에 꼴인을 하였으니 좋은 남편과 좋은 자식을 한꺼번에 가지는 순간이 되므로 이런 천금같은 관록의 자식이 생산되는 줄은 그 때는 아마도 김 모씨는 몰랐을 것이다.

(5). 여자가 자식복이 없는 사주

●일간이 신왕하며 인성이 있고 재성이 없으면 자식이 적은데 이때 인성이 태왕할 경우 무자식(無子息)이다.!

●일간이 신왕하고 인성과 비겁이 중중(重重)한데 이를 억제시킬 관성이 없다면 자식을 생산하기 힘들다.!

※ 참고로 이 경우는 비록 관성이 자식을 표시하지 않겠으나 일간이 중화(中和)의 기점에 너무 멀어져 가는 신왕함이 태왕하게 되므로 식상이 아니더라도 관성의 기운이 일간을 억제하여야 자식을 생산할 수가 있기 때문이다.!

● 일간이 극심하게 신약이 되어 식신이나 상관이 기신(忌神)이 되면 자식으로 인하여 고통을 받거나 근심한다.!

● 일간이 신강, 신약을 불문하고 식상의 기운이 십이운성에 死, 墓, 絕, 病에 해당되고 있는 중에 식상의 기운을 형, 충, 파, 해하면 자식이 질병으로 고통받거나 발달하지 못한다.!

● 일간이 신강, 신약을 불문하고 식상의 기운을 편인이 파극하고 있는 중에 다시 괴강살(魁罡殺)이나 백호대살(白虎大殺) 및 양인살(羊刃殺)등에 해당하고 있을 경우 자식이 유산이나 교통사고의 위험이 있다.!

● 일간이 신강, 신약을 불문하고 시주를 천간과 지지에서 동시에 형, 충등으로 파극하고 있는 중에 십이운성에 死, 墓에 해당하고 있을 경우 유산이나 일찍 죽은 자식이 있다.!

● 일간이 신강, 신약을 불문하고 시주에 상관+겁재 혹은 상관+양인이 동주(同柱)한 중에 재차 자식을 표시하는 상관의 기운을 누출시키는 재성이 왕성할 경우 자식이 발달하지 못하거나 질병으로 고통받거나 혹은 죽은 자식도 있다.!

※ 참고로 지금까지 여자사주에서 자식복이 없는 격국을 나열시켜 보았는데 이상의 격국이외에도 일간이 너무 신약하여 식상의 기운을 견디어내지 못할 경우, 혹은 시주에 용신을 상극하는 기신

(忌神)이 존재하여 있을 때, 모두 자식으로 인한 고통과 근심을 가질 수가 있다고 판단하는 것이 정석이다.

또한 이상의 격국에 재차 시주의 기운이나 여자사주에서 자식을 대변하고 있는 식상의 기운을 십이운성 강약(强弱)이나 재차 각종 살성(殺星)등이 중첩하여 상극하고 있는지를 중점으로 간명하여야 되며 만약 이와 같은 현상이 되고 있을 경우는 더욱 더 흉이 가중된다고 간명한다.

*. 본 장에 준하여 자식복(子息福)이 없는 격국에 적용되어 평생을 자식으로 고통을 받고 있는 실제인물인 강 모씨의 사주팔자이다.!

(예1). 여자, 강 모씨(대구 반월동) 1949년 음력 9월 5일 丑 시

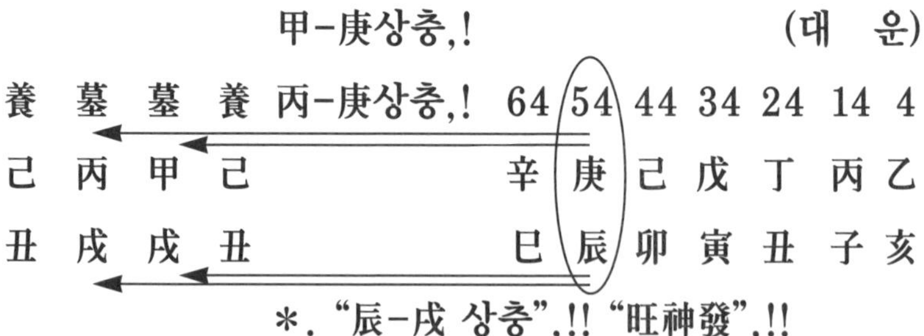

상관 편인 상관

土 (火) 木 土

土 土 土 土

상관 식신 식신 상관

●일간 丙火가 극도로 신약하여 "진상관용인격(眞傷官用印格)"을 성격(成格)하는 사주인데 용신으로 선택되고 있는 월상 甲木 편인이 년간 己土와 甲-己合土로 기반(羈絆)되어 용신으로 제대로 그 역할을 할 수가 없게 되니 대단히 답답하다.!

더구나 사주명조내 식상 土氣가 많아 일간 丙火가 극심한 신약을 나타내고 있으니 본 장에 준하여 여자사주에 식상의 기운은 자식을 의미하고 있음에 따라 벌써 첫눈에 자식으로 인한 고통과 고민이 많은 사주라는 것을 사주원국이 무언중에 암시를 하고 있다.!

또한 이러한 점은 사주일지를 주동하여 년지 및 월지, 그리고 시지가 모두 丑-戌 삼형으로 파극하고 있으므로 부모형제 덕이 없으며 아울러 자식까지 본인을 상극하여 불효를 저지른다는 것을 알 수가 있는데 오행상 식상의 기운이 편중(偏重)되어 있으니 더욱 더 고통이 가중된다고 볼 수가 있다.!

이상과 같은 맥락에 비추어 사주주인공인 강 모씨는 자식 덕이 없는 사주로서 앞으로 수명까지 얼마가지 못함을 알 수가 있겠는데 그것은 54세 庚辰대운을 놓고 볼 때 대운천간 庚金이 일간 丙火와 丙-庚 상충, 그리고 월상에 투출되어 있는 甲木 편인을 甲-庚 상충하고 있는 중에 지지에 辰-戌 상충까지 발생하고 있으므로 완전히 식상 土氣가 왕신발(旺神發)을 하고 있으니 참담한 운명을 면할 수가 없다.

*. 일간의 왕쇠(旺衰),!

丙일간 戌월에 출생하여 실령(失令)하였으며 사주원국 월지 戌土 식신을 중심으로 해서 지지에 丑, 戌 土氣가 식상으로 짜여져 있는 중에 그 세력에 중심을 둔 년간과 시상 己土 상관이 투출되어 일간 丙火를 강력하게 극루(剋漏)하고 있으므로 극심한 신약이다.

그렇다면 이렇게 일간 丙火가 극심한 신약을 유지하고 있을 경우 오히려 왕신(旺神)의 성질을 따르는 식상 土氣에 부응하는 외격(外格)의 종아격(從兒格)으로 귀착할 수 있는 성질이 되는데 이는 곧 사주내 시급히 일간을 생조하는 인성이나 비겁이 있어야 만이 일간의 힘이 종격(從格)으로 돌아가지 않을 것이다.

따라서 사주원국을 면밀히 관찰하여 볼 때 일간 丙火를 생조할 수 있는 인성이나 비겁이 사주월상에 甲木 편인이 있고 더하여 지지에 일지와 시지 식신의 지장간 중기(中氣)에 丁火 겁재가 존재하여 있으니 일간이 그곳에 뿌리를 두고 있음에 따라 결코 외격(外格)의 종격(從格)인 종아격(從兒格)으로 귀착 할 수가 없게 되어있다.

고로 위 사주는 일간이 극심한 신약을 보이고 있기는 하나 이렇게 일간이 의지할 수 있는 월지 및 일지 戌土 지장간 중기(中氣) 丁火 겁재와 월상 甲木이 투출되어 있으니 내격(內格)의 억부법이나 조후법에 준하여 용신을 선정하는 점이 마땅하다 할 것이다.

하지만 사주원국을 바라볼 때 근본적으로 일간 丙火의 기운이 중화(中和)의 기점에 멀어져 가는 극심한 신약을 보이고 있는 중에 설상가상으로 일간 丙火를 생조할 수 있는 월상 甲木 편인이 투출되어 있다하지만 이것이 년간 己土 상관과 甲-己合土로 돌변하여 기반(羈絆)이 되고 있으니 용신이 합을 탐한 나머지 기신(忌神)으로 변화되고 있음에 따라 일간이 의지하는 기운이 더욱 더 쇠약해지고 있다 해도 과언이 아니다.

결국 본 사주팔자는 일간의 왕쇠(旺衰)에 비추어 볼 때 상당히 신약함을 보이고 있고 더구나 식상 土氣가 강력하게 일간의 기운을 설기(泄氣)시키고 있으며 용신마져 기반(羈絆)되어 무용지물이 되고 있음으로 숙명적인 운로가 대단히 불안함을 모면할 수가 없다고 판단한다.

***. 일부학자들의 의문,!**

여기서 일부학자들 중에서 방금 본 저자가 설명한 일간의 왕쇠(旺衰)부분에서 일간 丙火가 지지의 월지 및 일지 戌土 식신의 지장간 중기(中氣)에 丁火 겁재에 뿌리를 둔다고 하는 성질을 놓고 대단히 의문을 표시하면서 질문을 하고 있다.

그것은 **"운정선생은 일간 丙火가 지지인 戌土 식신 지장간 중기(中氣)에 丁火 겁재가 있다고 해서 일간 丙火가 의지를 하니 왕성한 식상 土氣의 기운을 따르고 있는 종아격(從兒格)이 되지 않고 내격(內格)의 억부법이나 조후법에 준해서 용신을 선정한다고 하였다",!**

"하지만 이와 같은 현상은 월지에 戌土 식신이 년지 丑土 상관과丑-戌 삼형으로 파극하고 있으며 또한 일지 戌土 식신은 시지 丑土 상관이 재차 丑-戌 삼형으로 파극하고 있으니 지장간 중기에 뿌리를 둔 기운은 이렇게 삼형의 작용이 있음에 따라 그 세력이 무력하여 제대로 쓸 수가 없으므로 일간이 의지를 할 수가 없지 않겠느냐",!

"또한 월상에 투출된 甲木 편인은 일간의 중요한 의지처가 된다고 기술하고 있지만 이것 역시 년간의 己土 상관이 甲-己 合土로 돌변하여 용신이 기반(羈絆)되면서 甲木의 기운이 土氣로 따라갈 수가 있는 조건이 성립되고 있다",!

"그러므로 이러한 점을 종합적으로 비추어 판단한다면 일간 丙火의 기운이 완전히 의지를 할 수가 없는 성질이 되니 곧 외격(外格)의 종격(從格)인 종아격(從兒格)으로 귀착할 수가 있음은 자명하다",!

"이상과 같은 성질에도 불구하고 운정선생은 이와 같은 성질은 자세하게 언급하지 않고 막연히 일간 丙火가 戌중 丁火에 뿌리를 두면서 월상 甲木 편인까지 있으니 외격(外格)의 종아격(從兒格)으로 돌아가지 않고 내격(內格)의 억부법이나 조후법상 용신이 선정된다며 말하고 있다",!

"결국 지금까지 의문한 모든 사항은 사주추명학상 원리에 반하는 해석이라 아니할 수가 없으니 이 부분에 대하여 구체적으로 답변을 하여 달라",! 라며 자세한 해답을 요구하고 있다.

*. 일부학자들의 의문에 대한 본 저자판단,!

이와 같은 일부학자의 의문에 대하여 본 저자는 일부학자들의 견해가 단편적으로 판단할 경우 지극히 타당한 성질이 될 수가 있으나 그러나 본 사주팔자의 지지의 합, 충의 변화를 면밀히 관찰한 후 본 저자의 설명을 듣는다면 곧 이해를 할 수가 있을 것이다.

따라서 그 부분을 자세하게 조목조목 기술하여 보면 우선 일간 丙火가 월지 및 일지 戌土 식신의 기운을 년지와 시지 丑土 상관이 양쪽에서 동시에 丑-戌 삼형한다는 성질을 면밀히 관찰하여야 될 필요가 있다.

이것은 곧 일간의 강약도표에 준하여 그 힘을 측정하여 보면 월지나 일지 戌土의 기운이 각각 30%와 20%가 되고 그에 반하여 상극하는 기운인 년지 및 시지 丑土 상관의 힘은 각각 13% 및 15% 밖에 작용하고 있지 않으므로 상대적인 충격강도자체가 년지와 시지가 떨어지고 있음을 중시 볼 필요가 있다.

그렇다면 이상의 성질은 단편적으로 판단할 경우 막연히 丑-戌 삼형이 있다고 가정할때 지장간 여기(餘氣)나 중기(中氣)의 기운이 삼형의 작용으로 인해서 완벽하게 파극이 될 소지가 있다고 단정지울 수가 있겠다.

하지만 이렇게 힘의 강약분배를 통하여 측정해 볼 경우 힘의 기운이 월지와 일지의 기운이 상당히 강력하게 작용하고 있으므로 반대인 년지나 시지의 丑土의 기운이 아무리 丑-戌 삼형의 세력으로 가격한다손 치더라도 월지와 일지의 지장간 중기(中氣)의 丁火 겁재가 쉽사리 무너지지 않는다고 판단하여야 된다.

더구나 이상의 성질은 본 사주팔자가 사주원국에 완전한 丑-戌-未 정삼형이 존재해 있는 것이 아니고 未土가 빠진 두 개의 기운으로 이루어지는 丑-戌 삼형이 이루어지고 있으니 이것 역시 정삼형으로 구성되어 있는 3개의 성질로 충돌되는 성질하고 두 개의 성질로 삼형이 되는 힘하고는 충격의 정도가 차이가 나고 있다고 볼 수가 있다.

따라서 세 개의 기운으로 충돌하지 않고 두 개의 기운으로 파극하는 丑-戌 삼형은 정삼형보다 미약하게 작용하는 점이 방금 본 저자가 설명한 부분에 단적으로 나타나고 있는데 이것을 이유로 지장간 중기(中氣)인 丁火 겁재가 완벽하게 파극되지 않는 절대적인 조건이 여기에 있다해도 과언이 아니다.

결국 이상의 맥락에 비추어 일부학자들이 의문을 표시한 丑-戌 삼형의 기운이 있는 가운데 비록 월상 甲木 편인이 기반(羈絆)되어 무용지물이 될지라도 지장간 중기(中氣)인 丁火 겁재에 일간 丙火가 의지하는 성질을 놓고 내격(內格)의 용신법을 적용하는 성질은 이와 같은 부분에 적용한 것이며 아울러 일간 丙火가 음간(陰干)이 아니고 양간(陽干)이기 때문에 더욱 더 쉽사리 일간의 힘을 저버릴 수 없는 이유도 한몫을 차지하고 있는 것이다.

***. 격국(格局)과 용신,!**

본 사주팔자에 대한 격국(格局)과 용신을 판별하여 본다면 우선 일간 丙火가 극심한 신약을 나타내고 있는 중에 사주월지 및 일지에 戊土 식신이 자리를 잡고 사주지지 전부 일색(一色)인 식상 土氣로 구성되어 있으며 다시 그 세력에 뿌리를 두고 년, 시상 己土 상관이 투출되어 있으니 원칙적인 **"신약식신격(身弱食神格)"** 및 일면 **"진상관격(眞傷官格)"**이 성격(成格)된다.

고로 용신은 **"진상관용인격(眞傷官用印格)"**으로 강력한 식신, 상관 土氣를 木剋土로 억제하면서 아울러 신약한 일간 丙火를 생조하는 인성 木氣를 용신으로 삼고 더하여 신약한 일간의 세력을 부조하는 비겁 火氣는 길신으로 선택한다.

따라서 사주상의 용신을 선정하여 놓고 사주격국을 면밀히 관찰하여 볼 때 일간 丙火에 대한 용신으로 자리매김하고 있는 사주월상에 甲木 편인이 투출되어 있으므로 진용신(眞用神)이 자리를 잡고 있는 것이 되어 대단히 길하다고 판단할 수가 있다.

하지만 이렇게 일간에 대한 중요한 의지처인 월상 甲木 편인이 년간에 투출되어 있는 상관 己土와 甲-己合土로 변화되어 용신의 성질로 제대로 그 역할을 못한 채 합을 탐한 나머지 기반(羈絆)이 되고 있으므로 이것은 아주 좋지 못한 현상으로 발견되고 있다.

그렇다면 일간 丙火는 월지나 시지 戊土 지장간 중기(中氣)인 丁火 겁재에 의지할 수밖에 없는 현상이 되고 있음에 따라 더욱 더 일간 丙火의 힘이 쇠약해 지는 것은 두말할 이유가 없겠다.

이와 같은 성질을 면밀히 관찰하여 볼 경우 본 사주팔자는 일간의 기운이 중화(中和)의 기점에 훨씬 멀어져 가는 극심한 신약을 엿보이고 있으며 용신마저 기반(羈絆)되어 무용지물이 되고 있으므로 숙명적인 운기가 대단히 불길함을 모면할 수가 없다고 판단한다.

***. 격국(格局)에 대한 청탁(淸濁)판별,!**

위 사주팔자를 놓고 격국에 대한 청탁(淸濁)판별을 하여 보면 사실상 일간 丙火가 극심한 신약을 보이고 있는데 용신인 월상에 자리잡고 있는 甲木 편인까지 기반(羈絆)되어 있어 사실상 어느 하나라도 일간 丙火가 힘을 충분히 받을 수가 없으니 대단히 답답하다.

따라서 이와 같은 현상은 더 이상 볼 것도 없이 본 사주팔자를 청탁(淸濁)의 부분에 적용시켜 판별하여 볼 때 용신이 무력하고 일간이 극심한 신약함을 보이고 있으므로 사실상 대단한 탁기(濁氣)를 모면할 수가 없다고 단적으로 결론을 내리는 것이 타당할 것이다.

더구나 이상의 현상은 지지에 일색(一色)으로 되어 있는 식상 土氣가 전부 자리를 잡아 일간 丙火의 기운을 극심하게 누출시키고 있고 丑-戌 삼형까지 존재하여 식신과 상관이 밥그릇싸움을 하고 있으므로 이것 역시 생식불식(生息不息)에 상당한 탁기(濁氣)를 남기고 있는 절대적인 현상이 되고 있음을 엿볼 수가 있다.

결국 본 사주팔자는 본 장에 준하는 청탁(淸濁)의 법칙에 적용해서 용신이 무력하고 일간이 극심한 신약이며 더구나 일주가 丙戌로서 백호대살(白虎大殺)이 있는데 십이운성 묘지에 해당하고 다시 지지에 왕성한 식상 土氣끼리 丑-戌 삼형마져 존재하니 오행상 편중(偏重)이 되고 있음에 따라 대단한 탁기(濁氣)를 구성하여 대운이 木, 火의 기운으로 치달리고 있지 않는 이상 그 재화는 대단히 강력하게 받을 수밖에 없다.

＊. 본 장 자식복(子息福)이 없는 격국에 준한 판단,!

본 사주주인공은 강 모씨로서 여자사주인데 일간의 강약 및 용신을 판별하니 일간 丙火가 극심한 신약을 유지하고 있고 아울러 격국에 대한 청탁(淸濁)의 기준에 대단한 탁기(濁氣)를 남기고 있음을 엿볼 수가 있었다.

따라서 격국을 본 장에 기술하는 자식복(子息福)에 준해서 그 실체를 파악하여 언급해 보면,!

●일간이 극심하게 신약이 되어 식신이나 상관이 기신(忌神)이 되면 자식으로 인하여 고통을 받거나 근심한다.!

라며 여자사주에서 자식복(子息福)이 없는 격국을 자세히 기술하고 있음을 알 수가 있다.

그렇다면 사주주인공인 강 모씨는 방금 자식복(子息福)이 없는 격국에 완전히 일치하고 있는 것으로 판단하는데 그것은 우선 일간 丙火가 신약함이 극심한 것이 사주내 식신과 상관 土氣가 무리를 이루어 **"진상관용인격(眞傷官用印格)"**을 성격(成格)하고 있으니 모두 부합하고 있겠다.

이와 같은 성질을 육친통변법으로 적용하여 그 부분을 자세히 간명하자면 우선 여자사주에서 자식을 나타내는 육친이 식상의 기운으로 대변되고 있는데 이러한 식상의 기운이 사주상에 무리를 이루어 사주일간의 힘을 극도로 누출시키고 있을 경우 완전히 자식으로 인한 고통을 모면할 수가 없게 된다.

이것은 보통 여자의 사주원국에 식상의 기운이 많을 때 단편적으로 간명할 경우 자식이 많아 대길하다는 식으로 오류를 범하기 쉬우나 이렇게 식상이 무리를 이루어 일간을 강력하게 설기(泄氣)하고 있다면 자식이 많고 자식 덕을 보는 것이 아니라 오히려 자식이 없을 수도 있고 더하여 자식으로 인한 고통은 막심하게 되는 점으로 간명하여야 될 것이다.

실제로 사주주인공인 강 모씨는 초년 14세 丙子대운이 지배되는 만 20세에 일찍이 결혼을 하였으나 아들자식 하나를 낳고 남편이 교통사고로 사망하였다.

이것은 사주일주가 丙戌로서 백호대살(白虎大殺)이 되고 있는 중에 십이운성의 묘지에 해당하니 모두 일치하며 아울러 지지에 전부가 丑-戌삼형으로 중첩하여 일지를 파극하고 있으므로 일지는 여자사주에서 남편궁을 표시하고 있으므로 완전히 적중되고 있음을 알 수가 있다.

하지만 그 후 재차 결혼을 하여 또 다른 아들자식을 낳았는데 성씨(姓氏)가 다른 자식끼리 밤낮을 멀다하고 싸움을 하여 본인의 속을 썩이다가 급기야는 불량배로 전락하니 두 아들이 모두 교도소 출입을 멀다하여 드나들고 있으므로 자식을 둔 어머니의 심정은 이루 말 할 수가 없는 큰 고통이 아닐 수가 없다.

결국 사주주인공인 강 모씨는 본 장에 적용하여 자식복(子息福)이 없는 격국에 본인자체가 해당되었다는 것만으로도 대단히 슬픈 일이 아닐 수가 없으며 그러나 앞으로 다가오는 54세 庚辰대운에 죽음의 그림자가 엄습해오는 것을 간파하고 본 저자가 운명감정을 받으러온 강 모씨를 물끄러미 마냥 바라보면서 가슴아파 할수 밖에 없었으니 정말 애석한 일이 아닐 수가 없다.

(6). 여자가 무자식(無子息)인 사주

●일간이 인성으로 태왕(太旺)하여 있는 중에 재성이 없을 경우 무자식(無子息)이다.!

●일간의 신약함이 극심한 중에 식상이 태왕(太旺)한데 이것을 억제시킬 인성이 미약하면 무자식(無子息)이다.!

●일간이 재다신약격(財多身弱格)을 구성하여 재성이 대단히 강력하다면 인성이 있더라도 무자식(無子息)이다.!

●신약이 극심하고 인성이 없는 중에 관성이 태왕(太旺)하

면 무자식(無子息)이다.!

● 일간이 신강, 신약을 불문하고 사주가 과하게 과습(過濕)하거나 과하게 난조(暖操)해도 무자식(無子息)이다.!

● 사주가 "인성태왕(印星太旺)", "재성태왕(財星太旺)", "식상태왕(食傷太旺)", "관성태왕(官星太旺)"하거나 혹은 재성과 관성이 혼잡(混雜)되어 태왕(太旺)해도 무자식(無子息)이다.!

● 사주원국에 일간이 너무 심히 신약하거나 심히 신왕해도 무자식(無子息)이다.!

● 일간이 신강, 신약을 불문하고 식상의 기운이 衰, 病, 死, 墓, 絕의 십이운성에 임해있고 혹은 백호대살(白虎大殺), 양인살(羊刃殺), 괴강살(魁　殺)등이 동주(同柱)한 중에 다시 형, 충으로 파극하면 유산등으로 죽은 자식이 많고 무자식(無子息)이다.!

※ 참고로 지금까지 여자사주에서 무자식(無子息)의 팔자를 격국을 통하여 그 실체를 모두 파악하여 보았는데 한가지 눈에 띄게 나타나고 있는 점은 대다수 사주원국이 오행상 균등을 도모하지 않고 모두 편중(偏重)으로 치달리고 있음에 따라 탁기(濁氣)를 구성하는 점이 동일하다하겠다.

또한 사주격국이 오행상 조후법을 충족할 수 있는 성질에 부합하지 않고 극단적으로 치달리고 있는 현상과 더하여 여자사주에서 자식을 나타내고 있는 식상의 기운에 강력한 살성(殺星)을 동반하거나 십이운성의 쇠약한 기운이 해당되고 있는 것, 모두 근본적으로 자식을 가질 수가 없고 혹은 비록 있더라도 죽음으로 요사(夭死)할 수 있는 사주들이다.

이와 같은 현상은 더 나아가서는 이상의 살성이나 육친의 식상의 기운을 형, 충등으로 파극하고 있을 경우 더욱 더 그 흉의가 강력하게 작용하게 되므로 모두 극단적인 살성(殺星)이 동반되어 있는 점을 중요시 보아야 할 것이며 따라서 이 때는 더 이상 무엇을 간명할 필요가 없이 무자식(無子息)이라 곧 바로 판단해도 무방하다.

***. 본 장 무자식(無子息)에 적용되어 하나 있는 딸 자식이 일찍 유년에 죽고 난 뒤 자식을 생산하지 못하여 급기야는 시부모로부터 이혼까지 당하여 일생을 쓸쓸히 보내고 있는 실제인물인 정 모씨의 사주팔자이다.!**

(예1). 여자 정 모씨(부산 연산동) 1936년 음력 11월 15 일 丑 시

					(대			운)			
帶	絕	浴	浴	丙-庚상충!	67	57	47	37	27	17	7
乙	甲	庚	丙		癸	甲	乙	丙	丁	戊	己
丑	申	子	子		巳	午	未	申	酉	戌	亥

*. "申-子合水",!!!

겁재 편관 식신

木 (木) 金 火

土 金 水 水

정재 편관 인수 인수

●일간이 극히 신강하여 있는 중에 "인중용재격(印重用財格)"이 성격(成格)되나 계절이 子월에 출생하여 식상 火氣를 용신으로 선택하고 있는데 용신으로 자리매김하는 사주년간 丙火가 월상에 투출되어 있는 庚金 편관에게 丙-

庚 상충으로 파극당하여 무력함을 나타내고 있다.!

이와 같은 성질은 더 나아가서 사주원국의 전체 대부분이 金, 水의 기운으로 둘러 쌓여 식신 丙火가 완전히 파극당하고 있는데 시상에 乙木 겁재가 투출되어 있으나 너무 거리가 원격(遠隔)함에 따라 식신 丙火를 생조하고 있지 못하니 용신이 무용지물이 되었다.!

따라서 단편적으로 보아도 본 장에 준하여 인성 水氣와 관성 金氣가 태왕(太旺)하여 있는 중에 시급히 조후를 충족할 수 있는 식상 火氣가 무력하므로 인해 자식이 없는 무자식(無子息)의 팔자임을 단적으로 보여주고 있다.!

결국 사주주인공인 정 모씨는 17세 戊戌대운에서 조토의 기운을 만나 어린 나이에 일찍이 결혼을 하여 슬하에 하나의 딸을 두었으나 27세 丁酉대운에서 그 딸자식이 질병으로 사망하고 난 뒤 자식을 생산하지 못하다가 급기야는 37세 丙申대운에 이르러 시부모에게 강제로 이혼을 당하면서 지금까지 자식하나없이 말년을 홀로 쓸쓸히 지내오고 있다.!

＊. 일간의 왕쇠(旺衰),!

甲일간 子월에 출생하여 득령(得令)하였으며 사주원국 월지 인수 子水를 중심으로 해서 년지 子水 및 일지 申金 편관이 申-子合水를 하고 있는 중에 시상에 乙木 겁재까지 투출되어 일간 甲木을 생조하고 있으니 일간 甲木이 대단히 신강하다.

이렇게 일간 甲木이 신강하고 있으면 반드시 일간의 기운을 억제할 수 있는 오행이 필요한데 사주격국을 면밀히 관찰하여 보니 시지 丑土 정재가 자리를 잡고 월상 庚金 편관과 년간 丙火 식신이 투출되어 있음에 따라 일간을 억제하고 있으므로 내격(內格)의 억부법이나 조후법상 용신이 선정되는 것이 마땅하다.

한편으로 볼 때 일간 甲木이 태어난 계절이 子월에 출생해서 추운 겨울이 되고 있으니 만물이 모두 꽁꽁 얼어붙어 있으므로 이것은 곧 내격(內格)의 억부법보다 조후법에 적용해서 일간 甲木을 식상 火氣로 시급히 데워주어야 대길하게 될 수가 있음을 엿볼 수가 있다.

하지만 본 사주일간 甲木이 사주내에 조후법을 충족할 수 있는 식신 丙火가 비록 사주년간에 투출되어 있지만 월상 庚金 편관이 가로막아 丙-庚 상충으로 파극을 도모하면서 일간에 대한 조후를 충족시킬 수가 없겠금 만들고 있으니 이것은 대단히 좋지 못함을 알 수가 있다.

***. 격국(格局)과 용신,!**

본 사주팔자에 대한 격국(格局)과 용신을 판별하여 보면 우선 일간 甲木이 사주내 인성 水氣에 생조받아 신강한 중에 월지 및 년지

子水 인수가 자리를 잡고 있으니 원칙적인 **"신강월지인수격(身强月支印綬格)"**이 성격(成格)된다.

고로 용신은 **"인중용재격(印重用財格)"**으로서 일간 甲木을 생조하는 인성 水氣를 바로 억제하는 재성 土氣를 주된 용신으로 삼아야 되겠지만 제일로 본 사주일간이 子월에 출생하여 시급히 조후법을 충족시켜야 되는 절대적 현상이 나타나고 있으니 식상 火氣를 주된 용신으로 삼고 아울러 일간 甲木의 기운을 억제할 수 있는 재성 土氣는 길신으로 채택된다.

그러나 여기서 재성 土氣의 경우 水氣를 머금고 있는 辰, 丑 土氣는 습한 기운으로 오히려 조후법을 거슬리게 만들면서 왕성한 인성 水氣의 기운에 부합하니 별 길함이 없다고 판단하여야 되며 하지만 火氣의 성질을 가지고 있는 조토인 未, 戌 土氣는 인성 水氣의 기운을 완전히 土剋水하여 조후법상 충족시키는 역할을 할 수가 있음에 따라 조토는 대단히 길하게 작용할 수가 있다.

따라서 사주상에 대한 용신과 길신을 선정하여 놓고 본 사주격국을 면밀히 관찰하여 볼 때 일간 甲木에 대한 용신의 성질로 되어 있는 식신 丙火가 사주년간에 투출되어 있으니 단편적으로 판단하자면 진신(眞神)의 성질이 됨에 따라 대단히 길하게 될 수 있는 성질이라 간명하기 쉽다.

하지만 이렇게 일간에 대한 중요한 조후용신으로 자리를 잡고 있는 식신 丙火가 사주년지 인수 子水에 동주(同柱)하여 있으므로 이것은 용신이 살지(殺地)에 앉아 있는 것이 되고 더하여 사주년간에 존재하여 있다는 자체가 일간 甲木과 원격(遠隔)하여 일간 甲木이 충분히 조후의 덕을 볼 수가 없게 되었다해도 과언이 아니다.

상황이 이럴진데 사주년간 丙火 식신을 월상에 투출되어 있는 庚金 편관이 일간을 가로막아 丙-庚 상충으로 완전히 식신 丙火를 파극하고 있으니 용신이 완전히 무용지물이 되고 있는데 설상가상으로 사주시상에 있는 乙木 겁재가 비록 존재하여 년간에 丙火 식신과 정을 통할 수가 있다면 그나마 다행이라 할 것이다.

그러나 이것마저도 乙木 겁재와 년간 丙火 식신간의 거리는 너무 원격(遠隔)하고 있는 중에 오히려 乙木 겁재가 월상에 투출되어 있는 庚金 편관과 乙-庚合金으로 변화함에 따라 丙火 식신을 火剋金으로 되받아 상극하고 있으니 이것은 더 이상 용신의 역할을 할 수가 없다고 판단하는 것이 정석이다.

*. 격국(格局)에 대한 청탁(淸濁)판별,!

위 사주팔자를 놓고 격국(格局)에 대한 청탁(淸濁)판별을 하여 보면 사실상 일간 甲木이 대단히 신강하니 **"인중용재격(印重用財格)"**이 되고 있지만 계절이 추운 겨울인 子월에 태어나 내격(內格)의 조후법상 식상 火氣를 용신으로 선택하고 있음을 알 수가 있다.

하지만 이렇게 중요한 식상 火氣가 사주지지에 왕성한 인성 水氣와 월상에 투출되어 있는 편관 庚金에 의해 丙-庚 상충까지 되어 완전히 파극되고 있으므로 어느 하나라도 일간 甲木이 조후법을 충족하지 못해서 대단히 답답하게 되어 있다해도 과언이 아니다.

따라서 이와 같은 현상은 본 장에 언급하는 청탁(淸濁)의 성질에 비추어 볼때 사실상 아주 탁기(濁氣)를 남기는 현상이라고 단적으로 판단할 수가 있겠으며 이것은 용신인 식신 丙火가 지지에 뿌리를 두는 현상이 되지 못하고 더구나 시상 乙木 겁재가 투출되어 년간 丙火 식신을 木生火로 생조를 할 수가 있는데도 답답한 성질이 되니 설상가상이다.

그리하여 전자에도 언급하였듯이 시상과 년간은 너무 원격(遠隔)하고 더구나 월상에 투출되어 있는 庚金 편관과 乙木이 乙-庚合金으로 돌변하면서 오히려 식신 丙火를 火剋金으로 상극하고 있는 처사는 완전히 용신이 죽임을 당하는 이치라 생각하면 간명상 별 무리가 없다.

그렇다면 이상과 같은 맥락에 비추어 판단할 때 더 이상 볼 것도 없이 본 사주팔자는 청탁(淸濁)의 부분에 적용시켜 그 등급을 구분하자면 용신이 완전히 파극을 당해 무력하고 일간 甲木의 신강함이 인성 水氣가 너무 태왕(太旺)한 중에 용신에 대한 상충의 작용과 乙-庚합으로 인한 기반(羈絆)등으로 인하여 대단한 탁기(濁氣)를 모면할 수가 없다고 결론을 내리는 것이 타당하다.

결국 일간 甲木이 이렇게 子월에 출생하여 조후법을 충족할 수가 없고 아울러 용신이 파극되어 무용지물이 되고 있는 중에 사주격국이 완전히 金, 水의 집단으로 둘러 쌓여 과습함과 한냉함을 모면할 수가 없으므로 이것은 곧 바로 사주주인공의 숙명적인 운로가 대단히 불길하다는 점을 사주원국이 무언중에 암시를 하고 있다해도 과언이 아니다.

＊. 본 장에 무자식(無子息)이 되는 격국에 적용하여 판단,!

본 사주주인공은 정 모씨로서 여자사주인데 지금까지 격국에 대한 용신판별과 청탁(淸濁)의 기준에 부합시켜 그 성질을 판별하여 볼 때 사주상에 대단한 탁기(濁氣)를 구성하고 있는 중에 더하여 용신마져 파극되고 있으니 숙명적인 운기가 아주 불안함을 엿볼 수가 있겠다.

그렇다면 본 장 여자사주로서 무자식(無子息)에 대한 성질을 적용시켜 그 실체를 자세하게 언급하여 본다면,!

●일간이 신강, 신약을 불문하고 사주가 과하게 과습(過濕)하거나 과하게 난조(暖操)해도 무자식(無子息)이다.!

이상과 같이 여자사주에서 무자식(無子息)이 되는 격국을 자세하게 기술하고 있는데 따라서 사주주인공인 정 모씨는 지금 무자식(無子息)의 성질에 완전히 일치하고 있음을 알 수가 있다.

그 부분을 좀 더 구체적으로 적용시켜 판별하여 본다면 일간이 신강, 신약을 불문하고 본 사주팔자 자체가 지지에 대부분이 인성 水氣와 편관 金氣 및 정재 丑土로 구성되어 있는 중에 일지 申金 편관과 월지 및 년지 子水 인수가 申-子合水를 성립하면서 월상에 庚

金까지 투출되어 있음을 중시 볼 필요가 있다.

이와 같은 현상은 단편적으로 보아도 일간의 강약을 논하기 앞서 사주일간이 너무 한습하고 과습하기 짝이 없는 성질이 되고 있음을 알 수가 있는데 더구나 년간의 丙火 식신이 비록 진신(眞神)의 성질로서 자리를 잡고 있겠지만 식신 丙火가 월상 庚金 편관에 의해서 丙-庚 상충으로 완전히 파극을 당하니 사실상 용신이 무력해져서 절대적 조후를 충족하지 못하고 있음을 판단할 수가 있다.

이러한 성질은 육친통변법으로 판단하여 본다면 여자사주에서 식신이나 상관은 자식을 대변하고 있는데 본 사주팔자에서 식상 火氣는 본 사주에 대한 조후법을 충족할 수 있는 아주 중요한 용신의 기운이 되고 있음은 두말할 이유가 없다.

상황이 이럴진데 일간 甲木에 대한 중요한 용신의 성질인 식상 火氣가 왕성한 지지의 인성 水氣와 편관 庚金에 의해서 丙-庚 상충으로 파극을 당하고 있음에 따라 용신이 무용지물이 된다는 이치는 곧 자식이 죽음을 당한다는 원칙에 일치하고 있다.

본 장에 언급하는 무자식(無子息)의 팔자에 적용시켜 본 사주팔자를 간명하여 볼 때 사주주인공인 정 모씨는 청탁(淸濁)의 성질에 반하고 더구나 자식을 나타내고 있는 식신 丙火가 庚金과 지지에 인성 水氣에 의해서 파극이 되어 무용지물이 되고 있으니 자식의 기운이 없다는 것을 단적으로 보여주는 계기가 된다.

결국 본 사주주인공인 정 모씨는 이상의 선천성인 사주명조내 조후법을 충족시킬 수 있는 식상 火氣의 기운이 파극이 됨으로 인해서 초년17세 戊戌대운에 결혼을 하여 슬하에 딸자식을 하나 두었으나 애석하게도 27세 丁酉대운에서 딸자식이 질병으로 죽음을 당하면서 급기야는 37세 丙申대운에 시부모의 강제성으로 말미암아 이혼을 한 뒤 지금까지 자식하나도 보지 못한채 쓸쓸히 말년을 보내고 있는 서글픈 사주원국을 우리는 보고 있는 것이다.

제8장

부자(富者)의 사주

제8장
부자(富者)의 사주

1. 부자(富者)의 사주

인간이 살아가는데 있어서 세상 모든 사람들이 한결같이 바라는 희망은 오복(五福)을 모두 구비하여 살기를 원하며 또한 작금의 현실에도 생존경쟁이 치열하여 서로간에 부귀공명을 누릴려고 자기 나름대로의 열정과 노력을 다하고 있는 것이 사실이다.

그러나 현실적인 측면에 비추어 볼 때 사람이 태어나면서 인간의 오복(五福)을 구비하여 태어나기란 너무도 어려운 것이며 만약 이런 사람이 있다면 이는 곧 정말 하늘의 운(運)을 타고나야 만이 가능할 것이다.

따라서 인간이 가장 필요로 하는 이상의 오복(五福)중에서 어느하나 소홀히 취급할 수가 없을 것이나 그 중에서 꼬집어 따진다면 허망되이 금전을 으뜸으로 취급하고 있는 재복(財福)을 손꼽을 수가 있는데 이것은 고대의 사람이나 지금인 현실에서나 모두 최으뜸이니 인간이 소유하려는 점은 절대적인 것이다.

돈 때문에 사람을 죽이고 돈 때문에 병원문턱에서 병원비가 없어 수술을 받지 못하고 사망하며 돈 때문에 사랑을 잃고 부모형제가 원수가 되는 것이 작금의 현실인 것을 감안하여 볼 때 아마도 금전에 대한 욕심은 우리가 살아 가는데 있어 본능이자 필수적임을 더 이상 재론할 여지가 없다.

본 장에 언급하고자 하는 부자(富者)의 사주는 이상의 부분을 토대로 사주격국에 대한 청탁(淸濁) 및 전편인 命理秘典 下권인 간명비법(看命秘法)의 조건에 부합하는 성질을 참고하면서 사주추명학적으로 재복(財福)의 등급을 논하고 있다.

하지만 아무리 사주팔자가 좋더라도 사주격국에 대한 대운의 흐름이 뒷받침되지 않는다면 무용지물이 될 것이고 허송세월을 보내야 되니 이것은 일생을 인사불성으로 지낼 수밖에 없으니 아마도 역시 대운이 용신이나 희신의 운로로 치달려 주어야 하는 필연성을 지니고 있다해도 과언이 아니다.

더하여 오늘날 삼성그룹을 창시한 故 이 병철회장도 시상편재격(時上偏財格)을 구성하였지만 중년초반까지 대운이 용신이나 희신으로 뒷받침되지 않아 젊은 시절에는 거리에서 손수레까지 끌었든 것을 감안하여 볼 때 대운이 필수적으로 용신이나 희신을 뒷받침하여야 되는 절박한 이유가 충분히 되고도 남음이 있는 대목이다.

본 장에 기술하는 부자(富者)의 사주는 사주주인공에 대한 용신의 성질과 운로인 대운의 흐름을 접목시켜 실제상 얼마나 재복(財福)의 유무를 판가름하는 것인가를 본 장에서는 대단히 강조하고 있음을 알 수가 있다.

결국 그렇다면 사주주인공의 사주격국이 얼마나 짜임새가 아름답게 되어있는가, 그렇지 않으면 오행이 편중(偏重)되어 청탁(淸濁)의 판별에서 격국이 탁기(濁氣)를 남기고 있는가,에 따라 그에 대한 재복(財福)의 등급을 구분할 수 있는 간명상 고난도의 실력을 대단히 요구하고 있는 것이다.

(1). 부자(富者)의 격국

(가). 아래 사주팔자는 "재기통문(財氣通門)"이라 하여 전형적인 부자(富者)사주인데 대운이 필수적으로 "용신"이나 "희신"의 기운으로 치달리고 있어야 된다.!

- **일간이 신왕하고 "재성"이 왕성하며 "식상"이 재성을 생조할때,!**

- **일간이 신왕하고 "재성"이 용신인데 식상이 없으나 "관성"이 있을 때,!**

●일간이 신강하며 "인성" 또한 왕성한데 식상이 경미하나 "재성"이 있을 때,!

●일간이 "비겁"에 의하여 신왕하고 재성과 인성이 없고 "식상"만 있어 일간의 기운을 "수기(秀氣)"유행시킬 때,!

●신왕사주에 "인성"이 강하나 재성이 "월지"에 있거나 혹은 "식상"의 생조를 받아 왕성할 때,!

●일간이 비록 신약하나 중화(中和)의 기점에 육박하여 힘을 가지고 있는 중에 "관성" 및 "인성"이 사주에 없고 "비겁"만 있을 때,!

●일간이 비겁에 의하여 신왕한 중에 용신인 "재성"을 "비겁"이 파극하는 것을 "관성"이 가로막아 재성을 구조하고 있을 때,!

●일간이 인성에 의하여 신강하고 있는 것을 "재성"이 "인성"의 기운을 억제하고 있을 때,!

●일간이 신약하여 인성을 용신 및 희신으로 삼는 것을 "재성"이 "관살" 을 생조하여 "관성"이 다시 일간으로 연결시키고 있는 사주,! (참고로 이것은 사주원국이 木生火, 火生土, 土生金등으로 생화불식(生化不息)이 되는 격국을 말한다.)

●외격(外格)의 "종아격(從兒格)"을 성격하는 사주에 왕성한 "식상"의 기운을 "재성"이 유통시키고 있을 때,!

●일간이 신약하고 재성이 왕성(월지등에 있는 것)하나 "식상"이 적고 대운이 인성이나 비겁운으로 치달리고 있을 때,!

●일간이 신강, 신약을 불문하고 재성이 없으나 육합, 삼합하여 "재성국(財星局)"이 되고 대운이 용신이나 희신으로 치달리고 있을 때,!

●일간이 신왕하고 "재성"이 용신인데 사주천간에 노출된 중에 "식상"이 또한 노출되고 있을 때,!

※ 이상으로 부자(富者)의 사주팔자를 기술하였는데 그러나 그 중에 부자(富者)의 등급을 판가름하여야 얼마나 재복을 가지고 있는 것을 미루어 짐작할 수 있는 간명의 척도가 필요하다.

그에 대한 부분을 판단하여 보면 우선 사주일간이 신왕한 중에 용신이나 희신이 강령하고 대운이 필수적으로 용신 및 희신으로 치달리고 있어야 만이 일단 재복의 여부에 부합할 수가 있겠으며 그 후 주머니속의 재물이 얼마나 많이 가지고 있는 것을 판별하여야 될 것이다.

따라서 본 저자는 이상의 부분에 일치되고 오행이 생화불식(生化不息) 및 생생불식(生生不息)이 되어 있는 중에 격국이 청탁(淸濁)

의 조건을 만족시키면서 중화(中和) 및 전편인 命理秘典 下권인 간명비법(看命秘法)에 부합하는 사주 원국은 재복이 대단히 많을 것이며 만약 이상의 조건에 점차 멀어져 간다면 차등하여 주머니의 돈을 판가름하여야 될 것을 미리 밝혀두는 바이다.

*. 고서에 나오는 부자사주로서 본 장에 부합하고 있는 중국유수의 갑부로 알려진 한 중국인의 사주,!

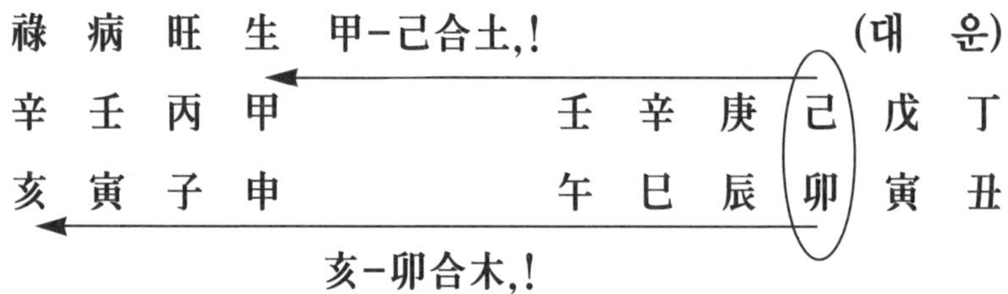

인수 편재 식신

金 (水) 火 木

水 木 水 金

비견 식신 겁재 편인

●일간이 신왕한중에 대운천간己土는 정관으로서 길신이되고 있는데 금상첨화로 사주년간 甲木 식신과 甲-己合土로 변화되어 용신인 월상에 투출되어 있는 丙火 편재를 왕성한 비겁 水氣로부터 보호를 하고 있으므로 승승장구하는 시기임을 알 수가 있다.!

더구나 대운지지 卯木이 신왕한 일간 壬水에 대한 상관이 되어 일간의 기운을 수기(秀氣)유행을 도모하면서 사주시지 亥水 비견과 亥-卯合木까지 되니 용신인 편재 丙火를 木生火로 생조하고 있으니 이 때에 사주주인공은 일약 갑부가 되었음을 미루어 짐작할 수가 있다.!

***. 일간의 왕쇠(旺衰),!**

壬일간 子월에 출생하여 득령(得領)하였으며 사주원국 월지 子水 비견 양인을 중심으로 해서 년지 申金 편인과 다시 그세력에 뿌리를 두고 시상에 申金 인수가 투출되어 일간 壬水를 생조하고 있으니 신왕하다.

더구나 사주일간 壬水를 주동하여 월지 子水는 양인(羊刃)이 되고 있는데 그렇다면 일간을 생조하는 인성이나 비견보다 더욱 더 일간 壬水를 생조하여 강력하다고 보아야 하는 것이 타당하며 년지 申金 편인과 申-子合水로 되어 비겁 水氣로 변화까지됨은 한층더 그 세력이 강력하게 작용한다고 보는 것이라 판단한다.

이렇게 일간 壬水가 신왕하게 되면 일간 壬水의 기운이 강력한 비겁 水氣를 따르는 외격(外格)의 종격(從格)이나 가종격(假從格)으로 돌아가지 않는 이상 마땅히 일간의 기운을 억제할 수 있는 오행이 있어야 만이 일간이 내격(內格)의 억부법이나 조후법의 용신을 선택할 수가 있다.

따라서 사주팔자를 자세하게 관찰하여 보니 신왕한 일간 壬水의 기운을 사주일지 寅木 식신이 자리를 잡고 자연스럽게 수기(秀氣)유행을 도모한 중에 다시 일지 寅木의 십이운성의 건록지에 자리를 잡은 년간 甲木 식신이 투출되어 있으니 대단히 식신 木氣가 왕성하여 일간 壬水의 기운을 빼고 있음을 알 수가 있다.

더구나 이상의 식신 木氣가 있어 대길한 것은 말할 것도 없는데 금상첨화로 사주월상에 투출되어 있는 丙火 편재가 자리를 잡고 일간 壬水와 유정(有情)하면서 끊임없이 식신 木氣를 木生火로 생조하고 있는 것은 일간이 대단히 그 기운을 억제하는 것이 되어 이것은 결코 일간이 외격(外格)의 종격(從格)이나 가종격(假從格)으로 돌아가지 못하고 내격(內格)의 억부법이나 조후법의 용신이 선택되어야 한다.

***. 격국(格局)과 용신,!**

위 사주팔자에 대한 격국(格局)과 용신을 판별하여 보면 우선 사주일간 壬水가 신왕한 중에 월지에 겁재인 子水가 양인이 되고 있으니 **"신왕월지양인격(身旺月支羊刃格)"**이 성격(成格)된다.

고로 용신은 **"겁중용관격(劫重用官格)"**으로 신왕한 일간 壬水를 바로 억제할 수 있는 관성 土氣를 용신으로 삼아야 하는 것이 마땅하나 제일로 본 사주는 계절이 子월에 출생하여 만물이 모두 추운 겨울에 얼어붙어 있으니 시급히 일간 壬水를 녹여줄 수가 있는 재성 火氣를 용신으로 삼는 것이 타당하다.

따라서 본 사주팔자는 **"식신생재격(食神生財格)"**이니 내격(內格)의 조후법을 충족할 수 있는 재성 火氣를 용신하고 재성 火氣를 생조하는 식상 木氣는 희신으로 삼는 것이 타당한데 일간 壬水가 인성 金氣보다 비겁 水氣가 강력하므로 재성 火氣를 왕성한 비겁 水氣로부터 보호할 수가 있는 관성 土氣는 길신으로 선택하는 것이 마땅하다.

여기서 한가지 중요한 부분이 있는데 이와 같은 관성 土氣가 사실상 용신의 성질로 대변되고 있는 재성 火氣를 왕성한 비겁 水氣로부터 보호할 수가 있는 장점이 되어 길신으로 작용하나 사실상 습토인 辰, 丑 土氣는 水氣를 업고 왕성한 비겁 水氣에 동조하므로 불리하며 그렇다면 火氣의 기운을 업은 未, 戌 土氣는 조토의 성질이 되니 조토는 길하게 작용하는 것도 구분지워야할 것이다.

이렇게 용신과 희신 및 길신을 선택하여 놓고 사주원국을 자세히 관찰하여보니 일간 壬水에 대한 희신의 작용을 하고 있는 寅木 식신이 사주일지에 자리를 잡고 유정(有情)한 중에 다시 년간에 재차 십이운성 건록지에 앉은 甲木 식신이 투출되어 월상의 丙火 편재를 木生火로 끊임없이 생조하고 있음을 엿볼 수가 있겠다.

이와 같은 현상은 본 사주팔자가 완전한 **"식신생재격(食神生財格)"**을 구성하면서 내격(內格)의 억부법이나 조후법에 일치하는 용신과 희신이 되고 있으므로 정히 진신(眞神)의 성질이 되어 대단히 길하여 복록이 깊은 것을 알 수가 있다.

더욱 더 사주팔자가 묘한 것은 일간 壬水에 대한 용신의 기운으로 자리를 잡고 있는 월상에 丙火 편재가 일위(一位)로서 조금 쇠약하다는 것을 단편적으로 판단할 수가 있겠으나 사주일지 寅木 식신이 시지 亥水 비견과 寅-亥合木을 구성하면서 그세력의 중심을 대표하고 있는 년간 甲木 식신이 투출되어 월상 丙火를 끊임없이 생조하고 있으니 이것은 정말로 용신의 기운이 대단히 왕성하게 되는 것으로 판단하여야 된다.

이상의 성질에 대하여 본 저자가 전편인 命理秘典 上권과 下권에 실제인물을 간명하는 자리에서 이미 자세하게 밝힌바가 있는 것으로 용신의 기운은 일위(一位)로 있는 것을 가장 최묘(最妙)하다고 볼 수가 있으며 만약 사주팔자내 용신의 기운이 한 개가 아닌 여러개가 있을 경우 용신의 기운이 한곳으로 집중되지 않아 복록이 흩어진다며 구체적으로 언급, 설명하였다.

결국 본 사주팔자는 용신의 기운이 월상에 丙火 편재가 일위(一位)로 존재하고 있는 중에 사주명조 타주에 거듭 정재나 편재를 보고 있지 않으므로 이는 정말로 용신이 하나로서 그 기운이 한곳에 집중되고 있음을 중시보아야 하며 따라서 이상의 부분에 모두 일치되므로 편재 丙火의 진가를 유감없이 발휘하는 것은 정말 부럽기 짝이없다.

***. 일부학자들의 의문,!**

여기서 일부학자들 중에서 한가지 의문을 가지면서 질문을 하고 있겠는데 그것은 **"운정선생은 본 사주팔자를 간명하면서 사주**

일지 寅木 식신이 시지 亥水 비견과 寅-亥合木을 구성하여 사주년간에 甲木 식신이 투출되어 용신을 생조하는 희신의 기운이 대단히 왕성하여 길하다고 설명하였다".!

"하지만 저희 학자들이 보는 견해는 약간 달리 판단하고 있는데 그것은 우선 본 사주원국 일지 寅木 식신이 시지 亥水 비견과 寅-亥合木을 구성하기 앞서 사주년지 申金 편인이 일지 寅木 식신을 寅-申 상충으로 파극하고 합을 방해하고 있으니 올바른 합이 되지 않는다고 저희학자들은 판단을 하고 있다".!

"그렇다면 이상의 부분을 생각하여 볼 경우 본 사주팔자가 합의 의미는 고사하고 어쩌면 각각의 오행으로 돌아갈 수가 있겠는데 어찌하여 운정선생은 이와 같은 상충의 원리를 접어두고 寅-亥合木만 취용하고 있는데 그 부분을 좀 더 구체적으로 기술하여 달라",! 라며 대단히 세밀한 답변을 요구하고 있다.

***. 일부학자들의 의문에 대한 본 저자판단,!**

이와 같은 일부학자들이 의문을 제기한 본 사주팔자의 寅-亥合木 부분에 대하여 일면 타당성이 있다고 판단하나 하지만 본 저자의 견해는 학자들과 조금 달리 생각하고 있는데 아마도 이러한 지지의 합의 성질을 놓고 세밀하게 분석하여 보면 곧 쉽게 이해가 갈것이라고 생각한다.

따라서 일부학자들이 의문을 제기한 본 사주팔자의 寅-亥合木을 사주년지 申金 편인이 일지 寅木 식신을 寅-申 상충으로 파극하여 寅-亥合木을 방해한다는 것을 세밀히 관찰하여 볼 경우 사주월지 子水 겁재인 양인이 년지 申金 편인을 먼저 申-子合水로 도모하여 寅-申 싱충이 발생하지 못하게 합으로 막고 있음을 엿볼 수가 있을 것이다.

이와 같은 성질은 전편인 命理秘典 上권인 지지의 합충편에 실제 인물을 간명하는 절차에서 대단히 자세하게 기술하고 있는데 이렇게 양쪽의 寅-亥合木이나 申-子合水가 결성이 되고 있다면 각각의 합의 성질로 귀착한다고 보는 것이 타당하다.

이러한 부분은 우리일상생활에 비추어 판단하여 보자면 두남자가 하나의 여자를 놓고 서로간 다투고 있을 경우 합의 세력이 방해하는 상충으로 인하여 제대로 남녀가 결합을 할 수가 없을 것인데 하지만 2남 2녀가 각각 짜여져 있다면 비록 두남자는 사이가 좋지 않아 있더라도 사랑을 먼저 나누기위해 싸움을 할 수가 없는 이치와도 일맥 상통하는 것이니 그렇게 생각하여 보면 쉽게 이해가 갈 것이라 생각된다.

결국 일부학자들이 의문을 제기한 본 사주팔자의 일지 寅木 식신과 시지 亥水 인수간에 寅-亥合木은 완전히 성립하는 것으로 귀착하며 아울러 사주월지 子水 겁재인 양인과 년지 申金 편인간에도 申-子合水가 성립되는 것으로 판단하여야 될 이유가 여기에 있다해도 과언이 아니다.

***. 격국(格局)에 대한 청탁(淸濁)판별,!**

다시 본 사주팔자에 대한 격국(格局)에 대한 청탁(淸濁)판별을 하여 보면 먼저 사주상의 격국에 대한 일간이 중화(中和)의 기점을 얼마나 육박하고 있는지, 더하여 용신의 강령함과 용신 및 사주내 상충이나 삼형의 작용이 얼마나 강력한지도 면밀히 검토를 하여야 된다.

더하여 또한 사주원국에 비록 상충이나 삼형의 기운이 있다해도 합이 되어 해극을 도모하고 있는지의 여부와 오행이 한쪽으로 치우쳐져 오행이 편중(偏重)이 되는지, 그리고 木生火, 火生土, 土生金등으로 주류무체(周流無滯)로 생화불식(生化不息)등을 복수적으로 간명하여 판단하는 것이 타당하다.

따라서 위 사주팔자를 면밀히 관찰하여 보면 우선 일간 壬水가 사주내 인성 金氣와 비겁 水氣에 의하여 신왕하고 있는 중에 용신과 희신의 기운으로 자리매김하고 있는 일지 寅木 식신이 시지 亥水 비견과 寅-亥合木을 구성하고 있으며 그 세력의 중심으로 자리잡은 년간에 투출되어 있는 甲木 식신이 재차 투출되어 있으니 이것은 곧 희신의 성질이 대단히 강력하여 있음을 의미하고 있다.

따라서 일간 壬水에 대한 용신의 기운인 월상에 투출되어 있는 丙火 편재가 비록 일위(一位)로서 하나가 되어 있어 쇠약하다고 판단할 수가 있으나 이렇게 강력한 희신인 식신 木氣를 木生火로 생조받고 있는 것은 용신의 기운이 하나로 집중되면서 왕성하게 되고 더구나 계절이 子월이므로 이는 곧 억부법이나 조후법에 일치하는 용신이니 복록이 대단히 깊은 것은 두말할 것도 없다.

일면 사주원국에 사주월지 子水 겁재인 양인이 가로막고 있다고 하나 일지 寅木 식신과 년지 申金 편인간 암합리에 寅-申 상충이 되는 것은 간접적인 상극의 작용은 모면할 수가 없다고 보는 것이 타당하나 절묘하게도 년지 申金 편인을 월지 子水 겁재가 또다시 申-子合水를 구성하고 있으니 상충의 작용이 합으로 완전히 해극되고 있음을 엿볼 수가 있다.

더하여 한편으로 볼 경우 월상에 투출되어 있는 丙火 편재는 일간 壬水에 대한 중요한 용신의 기운이 되고 있는데 이렇게 丙火 편재가 사주시상에 辛金 인수가 투출되어 있으니 무언중에 丙-辛合을 구성하여 용신이 합을 탐한 나머지 기반(羈絆)이 되므로 용신이 무용지물이 될 수가 있을 소지가 있음을 미루어 짐작할 수가 있다.

그러나 이것 역시 일간 壬水가 가로막고 합을 원격(遠隔)하게 만들고 있는 중에 재차 일간 壬水가 월상에 편재 丙火를 丙-壬 상충으로 완전히 합을 방해하고 있는 것은 이래도 저래도 본래의 용신의 기운으로 귀착하고 있으며 더하여 丙-壬 상충도 丙-辛합으로 곧 해극을 하고 있으니 정말 기묘한 배합을 이루고 있다해도 과언이 아니다.

결국 본 사주팔자는 이상의 부분을 적용시켜 판단하여 보자면 일간 壬水가 신왕하고 용신이 강령하며 다시 일간 壬水와 서로간 유정(有情)하여 용신이 일간을 적절히 단련시키고 있는 중에 희신의 역할인 식신 木氣가 용신과 재차 유정(有情)하여 끊임없이 木生火로 생조하고 있으니 정신기(精神氣)삼자가 만족하여 정말 어느하나 버릴 것이 없는 절묘한 사주명조가 되어 대단한 청기(淸氣)를 가진 것으로 판단한다.

***. 사주주인공의 성격,!**

다시 본 사주팔자 주인공은 고서(古書)에 나오는 중국인의 사주이나 사주추명학상 본인의 성격을 사주간명을 통하여 그 실체를 적나라하게 파악할 수가 있다.

또한 이미 죽은 고인(故人)의 사주를 판단하는 것은 별의미가 없을 것이지만 실제 간명상 이런 유형의 사주원국의 소유자들이 나타나게 된다면 이상의 부분을 적용하여 판단하게 될 때 대단한 적중률을 나타낼 수가 있으니 단편적으로 생각할 수가 없다.

따라서 일간 壬水가 신왕한 중에 사주일지에 寅木 식신이 자리를 잡고 일간의 기운을 자연스럽게 수기(秀氣)유행을 시키고 있는 것은 水生木으로 일간의 기운을 누출시키고 있으니 매사를 낙천적이며 신체가 풍만하고 도량이 넓은 사람이다.

이러한 부분은 고서(古書)나 원서에도 잘나타나고 있는데 고서(古書)나 원서에 칭하기를 **"식신이 유기(有氣)함은 승재관(勝財官)이라하여 식신이 유기(有氣)한 사주팔자는 재성과 관성이 아름다운 사주보다 앞선다",!** 며 기록하고 있다.

이상의 고서(古書)나 원서의 맥락에 비추어 본 사주팔자를 간명하여 볼 때 완전히 일치하는 현상을 볼 수가 있겠으며 사주월상에 투출되어 있는 丙火편재가 용신의 기운으로 자리를 잡고 있는 중에 시상 辛金 인수+편재가 나란히 있으니 가정이 원만하고 사업상 이익이 많을 것이다.

결국 이상과 같은 맥락에 비추어 사주격국이 재기통문(財氣通門)하니 사주주인공은 성실하고 낙천적인 성격의 소유자로 판단하여 볼 수가 있겠으며 이렇게 사주격국이 청수(淸秀)하고 용신마져 강력하므로 벌써 본 성품부터가 원만한 것은 사업상 수완을 발휘하여 재물복이 뛰어나 아주 대단한 재복을 가지었음을 미루어 짐작하고도 남음이 있겠다.

***. 본 장 부자(富者)의 팔자에 준한 판단,!**

본 장 부자(富者)의 팔자에 준하여 위 사주원국을 간명하여 보면 **"일간이 신왕하고 재성이 용신이 되어 왕성하거나 식상이 있는 경우와 또한 일간이 신왕하고 재성이 천간에 노출되고 식상 또한 천간에 노출되었을 때,!**라며 자세하게 기술하고 있다.

따라서 본 사주팔자도 이상의 부자(富者)의 사주원국에 적용되어 판단하는 것을 알 수가 있겠는데 이것은 일간 壬水가 신왕한 중에 월상에 편재가 비록 일위(一位)로서 하나이나 사주년간에 甲木 식신이 지지의 일지와 시지 寅-亥 合木을 구성한 중에 그 세력의 중심으로서 재성 火氣를 木生火로 생조하고 있기 때문에 완전히 부합하고 있다.

더하여 사주팔자가 전장에도 언급하였다시피 대단한 격국의 청기(淸氣)를 가지고 있는 중에 용신과 희신이 강력하여 재복이 아주 뛰어나니 이것은 곧 본장에 언급하는 부자(富者)팔자의 재기통문(財氣通門)에 적용되는 사주원국임을 알 수가 있음이니 두말할 필요도 없다.

***. 격국(格局)에 대한 대운흐름,!**

본 사주팔자의 주인공은 고서(古書)에 나오는 부자(富者)의 팔자에 언급되어 있는 한 중국인으로서 이상과 같은 맥락에 비추어 사주주인공의 재복은 대단히 많은 것을 알 수가 있었을 것이며 또한 대운의 흐름을 보니 초년부터 정히 동방 寅-卯-辰 木局과 남방 巳-午-未 火局이 되어 치달렸으므로 일생동안 대부(大富)의 운명을 누렸음을 미루어 짐작하고도 남음이 있다.

그 중에 사주주인공은 아마도 초년 己卯대운에서 가장 번창한 시기임을 예상할 수가 있겠는데 그부분을 좀 더 자세하게 파악하여 보자면,!

우선 대운천간 己土가 신왕한 사주일간 壬水에 대한 정관의 운로이니 왕성한 비겁 水氣로부터 용신인 丙火 편재가 보호를 받을 수 있는 장점이 있으므로 길신이 되고 있는데 금상첨화로 사주년간 甲木 식신과 甲-己合土로 변화되어 일간 壬水에게 더욱 더 영향력을 행사하고 있으니 아주 좋게되어 있다.

더하여 대운지지 卯木이 사왕지지(子, 午, 卯, 酉)로서 일간 壬水에 대한 상관이 되어 용신인 편재 丙火를 木生火로 생조하여 아주 좋은데 다시 사주시지 亥水 비견과 亥-卯合木으로 왕성한 식상 木氣로 둔갑하여 용신인 丙火 편재를 생조하니 용신의 세력이 더욱 더 강력해져 이것은 정말 하늘이 놀라는 재복을 가지는 것을 알 수가 있다.

그렇다면 사주주인공인 본 중국인은 이 때가 가장 전성시절임을 미루어 짐작하여 볼 수가 있겠는데 그러나 다음대운인 庚辰대운에서는 약간의 불운이 뒤따라오는 것을 모면할 수가 없음을 대운을 통하여 판단해볼 수가 있다.

결국 본 사주주인공은 부자(富者)의 팔자의 법칙에 언급되어 있는 사주팔자로 이렇게 격국이 좋고 청수(淸秀)한 중에 대운마져 정히 희신과 용신의 기운인 동남 木, 火운으로 치달리고 있었으니 과히 일생최대의 행운을 누렸던 부분을 알 수가 있는 것이다.

***. 고서(古書)에 본 사주팔자를 언급하기를,!**

위 사주팔자를 고서(古書)에 기술하고 있기를 **"壬水가 수왕지절에 출생하고 辛, 申金과 亥, 子水가 일주를 생조하여 신왕이다.!**

월간의 일점(一點)재성은 여러 비겁에 파극되어 부격(富格)의 사주가 못될듯 하나, 일지의 寅木이 亥와 육합하고 다시 천간에 甲木

이 있어 식상이 왕성하다.!

고로 식신생재격(食神生財格)으로 재기통문(財氣通門)하였다. 이로 인하여 중국유수의 갑부가 되었다. 이와 같이 재성은 많이 필요치 아니하며 생조되기만 하면 된다.라며 짧막하게 언급하고 있다.

(예2). 오늘날 삼성그룹 창업주이며 지금의 이 건희 회장 부친인 故 삼성그룹 창업주 이 병철씨 사주,!

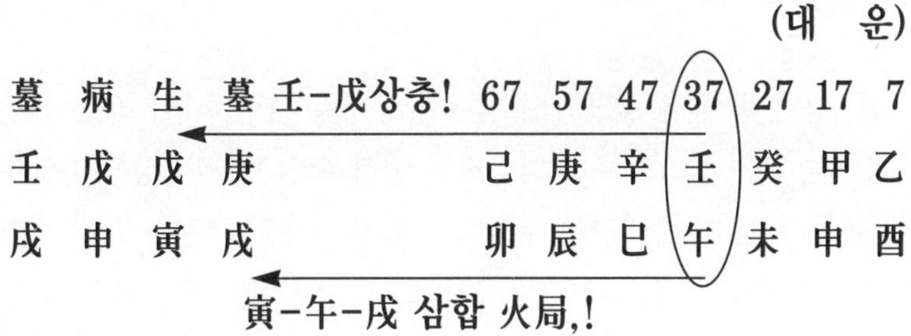

편재 비견 식신

水 (土) 土 金

土 金 木 土

비견 식신 편관 비견

● 대운천간 壬水가 편재가 되어 신약한 일간 戊土에 대한 기신(忌神)의 역할을 하는 중에 다시 월상과 일간 戊土를 壬-戊 상충으로 파극하니 그 흉의가 염려된다.!

하지만 대운지지 午火가 사왕 지지(子, 午, 卯, 酉)로서 태양과 같은 불길로서 사주내 월지 寅木 편관 및 년지와 시지 戊土 비견을 합세하여 寅-午-戌 삼합 火局을 결성하여 일간 戊土를 火生土하니 일약 하늘에서 돈벼락이 떨어져 벼락부자가 되었다.!

지금의 삼성그룹 창업주이며 이 건희회장 부친인 故 이병철회장의 사주팔자이다.!

***. 일간의 왕쇠(旺衰),!**

戊 일간 寅 월에 출생하여 실령하고 비록 사주지지에 식신과 편재인 金, 水가 많으므로 신약하지만 월지 寅木 편관의 장생지에 뿌리를 둔 월간 戊土 비견이 투출하여 있고 아울러 년지와 시지 비견 戊土가 자리잡고 있으나 중화(中和)의 기점에 약간 멀어져 가니 일간 戊土가 약간 신약이다.

하지만 일간 戊土가 중화(中和)의 기점에 육박하는 신약함을 유지하고 있는 중에 식상 金氣와 재성 水氣가 강력하지만 그나마 일간의 기운이 시지 戊土 비견에 득세(得勢)한 힘은 과히 재성과 식상의 기운에 견줄만 하다하겠다.

한편으로 볼 때 사주년지 및 시지 戊土 비견이 월지 寅木 편관과 寅-戌合火를 성립하려고 하나 寅-戌合火는 완전한 삼합의 기운이 아닌 준삼합의 기운인데다가 더구나 사왕지지(子, 午, 卯, 酉)가 빠진 반합(半合)인 것은 힘이 강력하게 합을 결합하지 못하고 있는중에 일지 申金 식신이 월지 寅木 편관을 寅-申 상충으로 파극하여 합을 방해하니 寅-戊합은 성립도 안되며 또한 상충의 작용도 퇴색되고 있음을 엿볼 수가 있다.

*. 격국(格局)과 용신,!

위 사주팔자에 대한 격국(格局)과 용신(用神)을 판별하여 보면 우선 일간 戊土가 신약하여 사주월지에 寅木 편관이 자리를 잡고 있으니 원칙적으로 **"신약편관격(身弱偏官格)"**을 성격(成格)한다.

고로 용신은 **"살중용인격(殺重用印格)"**이니 사주에 편관 木과 식신 金氣가 강하므로 일간을 부조하고 아울러 강력한 편관 木氣를 살인상생(殺印相生) 및 관인상생(官印相生)을 도모하면서 아울러 재성 水氣도 억제할 수 있는 인성 火氣를 용신하며 일간 戊土가 신약하니 일간 戊土를 부조하는 비겁 土氣를 길신으로 선택하는 것이 마땅하다.

더하여 한편으로 자세히 파악하여 볼 때 일간 戊土가 寅월에 출생하여 아직 추운기가 남아 있으므로 조후법상 인성 火氣는 억부법이나 조후법을 충족하는 중요한 기운이 되는 것을 알 수가 있겠는데 따라서 사주월령에 편관 寅木 중의 지장간에 丙火는 조후를 충족하는 중요한 기운이다.

이렇게 용신과 길신을 선택하여 놓고 사주팔자를 면밀히 관찰하여 보니 인성 火氣는 전자에도 언급하였다시피 사주월지 寅木 편관의 지장간 중기(中氣)에 丙火, 그리고 사주년지 및 시지 戊土 지장간 중기(中氣)에 丁火가 암장되어 있어 이렇게 지장간에 암장된 기운은 비록 조후법을 충족시킬 수는 있을지라도 용신으로 그 역할을 충분히 할 수가 없게 되었다.

하지만 근본적으로 일간 戊土가 신약함이 그리 쇠약하지 않고 기운이 있는 중에 용신의 성질이 억부법이나 조후법에 일치하는 인성 火氣를 선택하고 있으므로 이것은 곧 복록이 한곳으로 집중되는 것이 되니 천만다행이라 아니 할수가 없다.

***. 격국(格局)에 대한 판별,!**

한편으로는 지지에 월지와 일지간 寅-申 상충이 성립하여 사주상의 약간의 탁기(濁氣)를 남겼다고 하나 사주년지와 시지 戊土가 월지 寅木간 寅-戌合火로 곧 해극이 되니 합과 충이 모두 성립이 되지 못하는데 일간의 강약에서 조금 약하나 그래도 일간이 기운을 얻고 있으므로 사주원국이 거의 중화(中和)가 되어 생식불식에 막힘이 없다.

일면 사주원국을 보니 시상에 壬水 편재가 일위(一位)이고 일지 申金의 장생지에 있으며 사주의 타 주에 편재나 정재가 없으므로 시상편재일위귀격(時上偏財一位貴格)에 일치하는 현상도 엿볼 수가 있다.

더구나 일지와 년간에 申, 庚金 식신은 사주의 왕성한 비겁 土氣에 의해 시상에 투출된 편재 水가 壬-戊 상충이 되어 시상에 투출된 편재 壬水를 월상에 비견이 투출하여 편재 壬水를 쟁탈하고 있으니 재성길월겁(財星吉月劫)에 해당하여 매우 좋지 못하게 되고 있을 것은 자명한 일이다.

그러나 때 마침 사주년간에 식신 庚金이 투출되어 왕성한 비겁 土氣를 식신 庚金으로 흡수하여 힘을 받은 식신 庚金은 다시 시상에 있는 편재 壬水를 金生水가 되어 생조하므로 완전한 식신생재격(食神生財格)이 성립되고 있다.

따라서 년간에 투출된 庚金 식신은 재성과 비견간의 다툼을 화해시키고 더하여 다리를 연결하는 매우 중요한 기운인데 만약 년간 식신 庚金이 투출되지 않았으면 일지의 식신 申金으로서는 사주천간에 투출되어 있는 재성과 비견을 연결하기는 매우 힘들어지므로 사주가 묘하게 이러한 기운을 년간에 식신 庚金으로 투출시켜 양자를 소통시키니 매우 좋다.

***. 오행의 연결부분에 대한 중요한 성질,!**

여기서 한가지 중요한 부분이 있는데 사주원국에 천간에 투출되어 나오는 오행이 길신인 경우 그 길신을 상극 및 쟁탈하는 질투심이 있는 오행이 천간에 투출되어 서로간 전극(戰剋)이 형성된다면 이를 말리고 화해시키는 오행이 지지에 있어서는 화해 및 소통을 시키지 못하게 된다.

무슨말인지 좀 더 구체적으로 언급하자면 사주팔자에 용신이나 희신이 노출되어 있을 경우 용신이나 희신이 기신(忌神)에 의하여 쟁탈을 당하기 쉽기 때문에 이럴 경우 반드시 중간에 기신(忌神)과 용신 및 희신을 연결하는 오행이 존재하여 있어야 한다는 취지이다.

그렇다면 사주천간에 전극(戰剋)이 형성되면 역시 사주천간에 화해시키는 오행이 투출되어 있어야 양자간을 화해시킬 수 있을 것이며 더하여 지지에 만약 이런 기운이 상극이 되어 전극이 형성되고 있다면 역시 지지에 화해시키는 오행이 자리를 잡고 서로간 화해 및 소통을 시켜야 전극(戰剋)이 해소된다는 것을 학자는 기억해 둘 필요가 있는 것이다.

***. 일부학자들의 의문,!**

여기서 일부학자들 중에서 방금 본 저자가 설명한 부분중에서 한가지 의문을 가지면서 질문을 하고 있겠는데 그것은 **"운정선생은 지금 본 사주팔자의 주인공인 故 이 병철회장의 격국을 풀이하는 과정에서 시상편재일위귀격(時上偏財一位貴格)과 식신생재격(食神生財格)이 성립한다고 설명하고 있다".!**

"하지만 저희 일부학자들의 견해는 조금 달리 판단하고 싶은데 만약 이렇게 시상편재일위격(時上偏財一位格)이나 식신생재격(食神生財格)이 되면 마땅히 일간이 신왕하여 재성을 용신으로 삼는 격국(格局)으로 알고 있다".!

"그런데도 불구하고 운정선생은 전자에 살중용인격(殺重用印格)이라고도 말하고 또 여기서는 막연히 식신생재격(食神生財格) 및 시상편재일위귀격(時上偏財一位貴格)이라고도 기술하고 있는데 이 부분에 대하여 좀 더 구체적으로 기술하여달라",! 라며 상세한 답변을 요구하고 있다.

***. 일부학자들의 의문에 대하여 본 저자판단,!**

이렇게 일부학자들의 의견에 대하여 본 저자는 학자들의 견해는 지극히 타당한 것으로 틀리는 것이 아니며 하지만 본 사주팔자에 대한 격국의 설명에 대한 것이 조금의 생각차이를 보이고 있음을 지적하고 싶다.

무슨말인지 좀 더 구체적으로 언급하자면 학자들이 지적한데로 본 사주팔자가 일간 戊土가 신약하고 있기 때문에 원칙적인 재성을 용신으로 삼는 시상편재일위귀격(時上偏財一位貴格) 및 식신생재격(食神生財格)에 대한 격국으로서 재성을 용신으로 선택되는 장점을 발휘할 수가 없다.

그러나 여기서 중요한 대목이 있겠는데 그 부분을 약 2가지로 구별해서 기술하여 보자면,!

그 첫째로,!

본 사주원국이 일간 戊土가 비록 신약하나 중화(中和)의 기점인 약 40%에 근접하는 힘을 가지고 있음을 중시보아야 한다.

이 부분을 좀 더 자세하게 세별하여 판단하여 보자면 우선 사주 년지 및 시지 戊土 비견과 그세력에 뿌리를 두면서 월상에 투출되어 있는 戊土 비견의 기운을 전부 합산하여 볼 때 모두 37%를 가지고 있으니 이것은 그만큼 일간 戊土가 중화(中和)기점에 육박하는 현상이 되고 있음을 완전히 나타내고 있다.

따라서 이렇게 일간 戊土가 중화(中和)의 기점에 육박하는 기운을 가지고 있는 것은 반대적인 일간 戊土를 상극하는 식상, 재성, 관성 등의 기운과 서로간 대적할 수 있는 것으로 귀착하는 절대적인 이유가 성립되는 것이고 더하여 이것은 곧 자연스럽게 비록 운로인 대운이나 세운등에서 재성이나 관성, 식상등의 기운을 중첩하여 만날 경우 비록 기신(忌神)이나 그 흉의가 강력하게 발생되지 않는 이유도 여기에 있다해도 과언이 아니다.

이와 같은 현상은 만약 일간 戊土가 중화(中和)의 기점에 훨씬 멀어져가는 극심한 신약이 되고 있다면 오히려 반대적인 식상, 재성, 관성의 기운이 완전한 호랑이로 돌변하는 처사가 되어 다시 운로인 대운이나 세운에서 거듭 이상의 식상, 재성, 관성의 기운을 만나게 되면 완전히 그 재화는 극도로 치달릴 수가 있다.

그렇다면 사주명조의 주인공은 이상의 재화로 말미암아 그 흉의는 막심하겠고 더하여 이미 선천성인 사주명조가 재성이 강력한 기신(忌神)으로 돌변함에 따라 오히려 금전적인 부분이 흩어지게 되니 대부(大富)가 되지 못하는 것으로 판가름이 난다.

결국 본 사주팔자는 이상의 부분에 비추어 일간 戊土가 안정된 기운을 가지고 있는 것을 아주 중요시 판단할 이유가 여기에 있는 것이며 이것은 한편으로 볼 때 선천성인 사주명조가 중화(中和)의 기점에 훨씬 멀어져 가는 신약이 되고 있다면 재성의 기운을 감당할 수가 없기 때문에 비록 운로인 대운이나 세운에서 용신이나 희신인 火, 土의 기운을 만난다손 치더라도 그 발복 여부가 빙산의 일각이니 대부자로 되지 못하는 취지로 귀착한다.

다음 둘째로,!

본 사주팔자에 사주년지와 시지 戊土 비견과 월지 寅木 편관이 들어있다는 것을 중요하게 손꼽을 수가 있다.

이와 같은 부분은 본 사주팔자가 비록 일간 戊土가 중화(中和)의 기점에 육박하는 신약이나 그래도 신약이기 때문에 재성과 관성 및 식상을 용신으로 선택될 수 없는 중요한 현상이 되고 있겠는데 이렇게 선천성인 사주명조에 寅木과 戊土가 들어 있는 것은 다시 재차 후천성인 운로인 대운이나 세운에서 인수 午火를 만나게 될 때 언제든지 寅-午-戌 삼합 火局을 결성할 수 있는 성질이 된다.

따라서 지금은 본 사주원국이 寅-戌合火를 사주일지 申金 식신이 寅-申 상충을 하여 합을 방해하여 성립되지 못하고 있으나 이렇게 두가지 오행인 寅木과 戊土가 있는 것은 무언중에 그만큼 본 사주팔자가 언제든지 午火를 거듭 만나면 寅-午-戌 삼합 火局이 결성되기 때문에 운로인 대운 및 세운 그리고 조금의 월운 더 나아가서는 일운까지도 午火를 만날 경우 발복할 수 있는 성질을 우리 학자들은 무시할 수 없는 것을 면밀히 판단하여야 된다.

그렇다면 일부학자들이 언급한 식신생재격(食神生財格)과 시상편재일위귀격(時上偏財一位貴格)을 놓고 본 맥락에 비추어 본 사주팔자가 전자에도 언급하였다시피 일간 戊土가 중화(中和)의 기점에 육박하는 기운이 되고 있기 때문에 상대적인 재성의 기운을 감당할 수 있음은 더 이상 말할 것도 없다.

결국 본 사주팔자는 살중용인격(殺重用印格)으로서 용신은 인성 火氣를 선택하고 있으니 일간이 쇠약하지 않는 기운을 가지고 있기 때문에 식상생재격(食傷生財格) 및 시상편재일위귀격(時上偏財一位貴格)에 준한 복록을 거머쥘 수 있는 조건을 말하는 것이지 학자들이 의문을 표시한 재성을 용신으로 선택되는 이상의 격국을 본 사주팔자에 취용할 수는 없음을 본 저자는 강조하고 있는 것이다.

*. 본 장 부자(富者)의 팔자에 준하여 판단,!

본 장 부자(富者)의 팔자에 준하여 판단하여 볼 경우 본 사주팔자 주인공인 故 이 병철회장의 사주는 단편적으로 판단할 때 일면 보통 사람과 다름없는 격국이 되고 있음을 생각하기 쉽다.

그러나 위 사주원국이 전자에 본 저자가 언급하였다시피 비록 살중용인격(殺重用印格)으로 일간 戊土가 신약하나 일간이 중화(中和)의 기점에 육박하는 성질이 되고 있는 중에 시상에 편재가 일위(一位)에 존재하여 있으니 이것은 정말 최묘하는 것으로 판단하여야 될 것이다.

●고서(古書)나 원서에 기술하고 있는 병약설(病藥說)에 인용하여,!

이러한 부분은 하나의 원칙에 준하여 또 한번 재차 판단하여야 되겠는데 사주팔자에 병약설에 대하여 고서(古書)에 적기를,!

●사주에 병에 해당하는 기운이 강력하고 약의 기운을 얻었다면 대부, 대귀할 운명이 되고,!

●사주에 병에 해당하는 기운이 약하고 약의 기운을 얻었다면 소부, 소귀한 운명이라 할 것이며,!

●사주에 병에 해당하는 기운이 없고 따라서 약의 기운도 필요하지 않으면 평범한 운명이 된다.!

이렇게 고서(古書)에는 **"사주팔자에 병이 있어야 귀명(貴命)이 되고 병이 없다면 기명(寄命)이라 하여 평생 기복이 많을 것이며 따라서 병이 있는 사주가 병을 제거하는 약의 운로를 만날 때 대발(大發)을 할 것이다",!**라며 적고 있다.

그렇다면 본 사주팔자를 이상의 고서(古書)나 원서에 기록하고 있는 병약설(病藥說)에 적용하여 판단하여 보면 재성, 관성, 식상등이 많아 병(病)이 많아 있는 것도 볼 수가 있겠으며 하지만 일간의 신약함이 그리 쇠약하지 않는 중에 운로인 대운이나 세운에서 약신(藥神)인 인성 火氣를 만나게 될 경우 일발 대 발복을 할 수가 있는 성질이 되고 있음을 미루어 짐작할 수가 있겠다.

결국 이상의 맥락에 비추어 故 이 병철회장의 사주는 비록 일간이 신약하여 재성이 기신(忌神)이 되나 시상편재격(時上偏財格)의 장점을 가지면서 대운의 흐름이 정히 청년 27세부터 인성 火氣인 남방 巳-午-未 火局이 되어 치달리고 있으므로 본 장의 부자(富者) 팔자에 적용되어 일확천금을 손에 쥐게 되는 것을 판단해 볼 수가 있다.

***. 격국에 대한 대운흐름,!**

지금까지 오늘날 삼성그룹을 창시한 故 이 병철회장의 사주팔자의 격국과 용신 및 청탁의 판별, 그리고 본 장에 언급하고 있는 부자(富者)의 팔자에 접목하여 사실상 모든 간명을 하여보았다.

그러나 여기서 중요한 것은 이렇게 사주주인공인 故 이 병철회장의 사주원국에 후천성인 대운이 일간 戊土를 생조하는 인성 火氣로 치달리고 있지 않았다면 일생을 인사불성이나 평길로 삶을 이어갔을 것인데 절묘하게도 초 중년부터 대운이 용신의 기운이 되어 대단히 승승장구하였음을 중시 보아야 할 것이다.

따라서 사주주인공인 故 이 병철회장이 언제 어느 시점에 대 발복을 하였는가를 놓고 선천성인 사주명조와 후천성인 대운의 흐름을 면밀히 검토하는 것이 필요한데 그렇다면 故 이 병철회장의 사주팔자와 대운이 나타나고 있는 도표를 보면서 기술하기로 한다.

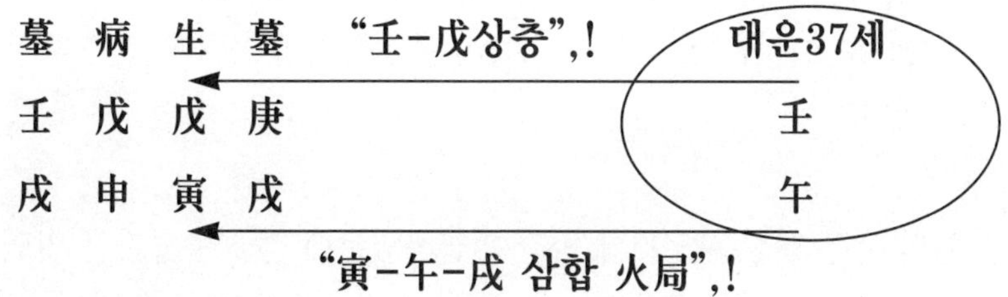

편재 비견 식신

水 (土) 土 金

土 金 木 土

비견 식신 편관 비견

이상의 도표에서 나타나고 있듯이 사주주인공인 故 이 병철회장의 사주명조와 후천성인 대운이 37세 壬午대운이 지배되고 있음을 엿볼 수가 있겠다.

따라서 이 때 대운천간 壬水는 사주일간 戊土에 대한 편재의 기운이 되어 기신(忌神)으로 그 힘을 행사한중에 설상가상으로 대운천간 壬水 편재가 사주일간 및 월상에 투출되어 있는 비견 戊土를 壬-戊 상충이 되어 파극하고 있으니 일면 흉의가 돌출되는 것은 모면할 수가 없다.

그런데 절묘하게도 대운지지 午火가 신약한 일간 戊土에 대한 용신의 기운인 인수로서 이것이 사왕지지(子, 午, 卯, 酉)이니 벌써 태양과 같은 불길이 되어 대운천간 壬水를 水剋火하여 전극(戰剋)을 일으켜 水氣를 말려버리고 다시 이미 존재하고 있는 사주년지 및 시지 戌土 비견과 월지 寅木 편관과 합세하여 寅-午-戌 삼합 火局을 결성하므로 이것은 정말 하늘이 놀라는 현상이 나타나고 있음을 알 수가 있다.

이와 같은 현상은 전자에 약간 언급하였는데 본 사주팔자는 일면 병약법(病藥法)에 적용되어 있는 격국이 운로에서 약신(藥神)을 만나면 대박이 터진다고 고서(古書)나 원서에 기술하고 있는 것만 보아도 이상의 부분에 완전히 부합하며 이것을 우리일상생활에 비추어 설명하면 평상시에는 목이 마르면 주위에 항상 물이 있기 때문에 물의 소중함을 알 수가 없다.

그러나 막상 태양이 뜨겁게 내려쬐는 사막에서 몇일간 물을 마시지 못하고 있다가 오아시스를 만나 물을 마시게 되면 그야말로 그에 대한 갈증이 해소되는 쾌감은 감히 상상도하지 못할 성질을 가미한다면 쉽게 이해가 될 것이라 생각된다.

결국 사주주인공인 故 이 병철회장은 그동안 여러번 사업을 하여 실패의 연속이었으나 이 때 37세 壬午대운에서 일약 대 발복을 하여 오늘날 삼성그룹을 창시하였으며 이것이 지금에 부친의 조업을 이어받아 이 건희회장까지 승계되고 있음을 우리는 보고 있는 것이다.

2. 재복(財福)과 처복(妻福)

사주팔자에 재물복을 거론하는 자리와 여자복을 판단하는데는 남녀를 불문하고 모두 재성인 즉, 편재나 정재의 기운이 일간에 대한 용신 및 희신여부에 대하여 그기준을 명확히 두면서 간명하는 것이 작금의 현실이다.

그러나 이상의 두가지 중에서 재복(財福)과 처복(妻福)을 한테 묶어 거론한다던지 그렇지 않고 하나의 기운이 재복(財福)만을 논하느냐, 그렇지 않으면 재복(財福)은 거론하지 않고 처복(妻福)의 실체를 따지고 든다면 대단히 고난도의 격국의 분석 및 일간에 대한 재성의 기운 유무등을 복합적으로 판단하여 사주청탁(四柱淸濁)에 비추어 간명하여야 되기 때문에 추명학상 어려움과 난이한 부분을 학자들이 호소하게 된다.

이와 같은 현상은 막연히 사주격국에 대하여 무조건 일간이 신왕하고 재성이 용신이 되어 있을 경우 더 이상 볼 필요도 없이 재복(財福)이나 처복(妻福)을 가진다고 간명하는 역학자들에게 완전한 반박의 소지를 다분히 가지는 것이니 단편적으로 생각할 경우 판단의 오류를 나타내게 되는 것은 자명한 일이다.

따라서 본 장에서 언급하는 재복(財福)과 처복(妻福)의 판단법은 사실상 하나의 재성의 기운을 놓고 그에 대한 성정을 면밀히 분석하여 하나의 통일된 기운을 판단하는 절차에 부합함이니 이것은 곧 사주추명학상 하나의 재성의 기운을 판단하는 새로운 전환점이 되는 것은 두말할 이유도 없다.

결국 이상의 재복(財福)과 처복(妻福)은 사주팔자의 격국에 대한 판단을 먼저하고 또한 일간이 신왕한가, 그렇지 않으면 신약인가,를 판단한 뒤 재성의 동태와 그 힘의 유무를 결정하여야 된다.

또한 사주일지는 처궁의 동태를 나타내고 있으므로 일지의 기운이 용신 및 길신으로 자리매김을 하고 있느냐,도 대단히 중요하게 판단하고 난 후 후천성인 대운의 흐름이 정히 용신 및 희신으로 치달리고 있는가, 그렇지 않으면 대운이 용신이나 희신을 상극하는 기신(忌神)의 운으로 치달리고 있는가,를 복수적으로 판단하여 결정을 내려야 될 것을 본 장에서 강조하고 있는 것이다.

(1). 재복(財福)만 있는 사주

- **일간이 신왕하고 재성이 용신인데 관성과 식상이 대립되어 재성이 관성과 식상을 연결하지 못할 때,!**

- **일간이 신왕하고 비겁이 많고 식상이 있어 재성을 연결시키고 있으나 만약 인성이 있어 재성을 파극하고 있을 때,!**

- **일간이 신왕하여 재성을 용신으로 선택하고 있는데 일지에 기신(忌神)이 자리잡아 형, 충이 되고 있을 때,!**

- **일간이 신강, 신약을 불문하고 대운이 용신 및 희신으로 치달리고 있으나 사주일지에 사흉성(겁재, 상관, 편관, 편인)이 자리를 잡고 형, 충 및 괴강살(魁罡殺)이나 백호대**

살(白虎大殺)이 되어 있을 때,!

●이상의 경우는 모두 일간에 대한 용신이나 희신이 재성을 삼고 있어도 처복(妻福)이 없고 재복(財福)만을 가지는 격국(格局)이다.

그러나 만약 이상의 격국에 적용되더라도 사주주인공이 전처와 이별하고 재혼 및 삼혼을 한 중에 재차 후천성인 대운이나 세운이 정히 용신 및 희신으로 치달리고 있다면 후처로 들어오는 여인이 아주 좋은 사람을 만나게 되는 것으로 판단하여야 되니 이 경우 반드시 대운의 흐름을 보고 간명하는 것이 타당하다.

더하여 시주에 용신이나 희신이 자리를 잡고 있는 것 가령 시상편재일위귀격(時上偏財一位貴格), 시상정재일위귀격(時上正財一位貴格), 시상정관격(時上正官格)등은 모두 시주에 용신이나 희신이 자리를 잡고 있을 경우로 초년 및 중년에 본 처와 사별 혹은 이별한 후 나중에 좋은 처를 만나게 되는 것이 되니 이 경우도 참고하여 판단의 중점을 두어야 함은 두말할 것도 없다.

(예1). 본 저자의 사주팔자이다.!
1958년 음력 11월 12일 辰 시생

					(대		운)			
養	病	祿	衰 丁-癸상충,!	65	55	45	35	25	15	5
丙	癸	甲	戊	辛	庚	己	戊	丁	丙	乙
辰	酉	子	戊	未	午	巳	辰	卯	寅	丑

卯-酉 상충,!

정재 상관 정관
火 (水) 木 土
土 金 水 土
정관 편인 비견 정관

●본 장에 준하여 이미 선천성인 사주명조에 재성이 용신으로 선택되고 있으나 년간에 정관과 월상에 甲木이 甲-戊 상충으로 파극하고 있는 것을 정재 丙火가 이를 연결시키지 못하고 있으니 비록 재복(財福)은 있으나 처복(妻福)이 없는 것을 알 수가 있다.!

더구나 사주일지에 酉金 편인이 사흉성으로서 일간에 대한 기신(忌神)으로 자리를 잡고 있는 중에 子-酉 파살(破殺)이 동반되어 있으니 더욱 더 이상의 부분을 뒷받침하고 있다.!

따라서 25세 丁卯대운에서 일간 癸水를 丁-癸 상충하고 사주일지 酉金을 卯-酉 상충을 하니 본 처와 이별하고 재혼팔자로 둔갑하였다.!

***. 일간의 왕쇠(旺衰),!**

癸일간 子월에 출생하여 득령(得領)하고 사주월령 子水 비견을 중심으로 십이운성의 건록지, 다시 일지 편인 酉金의 득지(得地)에 생조한 중에 시지 辰土 정관과 일지 酉金 편인간에 辰-酉合金 및 월령의 子水 비견과 子-辰合水하여 일간 癸水를 생조하고 있으니 신왕하다.

이렇게 일간 癸水가 신왕하고 있으면 이것이 외격(外格)의 종격(從格)이나 가종격(假從格)으로 돌아가지 않는 이상 마땅히 내격(內格)의 억부법이나 조후법에 준하여 용신이 선정되어야 할 것이다.

따라서 사주팔자를 살펴보니 월지 비견 子水가 자리를 잡고 있는 중에 子水의 기운을 흡수하는 월상 甲木 상관이 십이운성 건록지에 앉아 일간 癸水의 힘을 누출시키고 아울러 년주 戊戌 정관이 일간의 기운을 억제하고 있으니 결코 외격(外格)의 종격(從格)이나 가종격(假從格)으로 돌아가지 못하고 내격(內格)에 준하는 용신법이 선택된다.

***. 격국에 대한 분석,!**

그러나 사주원국이 추운겨울인 子월에 출생하였으므로 천지만물이 모두 꽁꽁 얼어붙어 있으니 시급히 조후법상 火氣로서 얼은 癸水를 녹여줘야 팔자가 대길할 것인데 사주를 살펴볼 때 금상첨화로 시상에 丙火 정재가 월상에 甲木 상관의 힘을 받으면서 조후법을 충족하고 있으므로 아주 길하게 작용한다 할 것이다.

하지만 이렇게 시상에 丙火 정재는 억부법이나 조후법에 일치하는 용신인 것은 두말할 여지가 없지만 한편으로 판단할 경우 丙火 정재를 생조하는 월상 甲木 상관이 있으니 배부른 정재 丙火가 그 힘을 누출시켜야 만이 좋을 것이다.

때 마침 시지 정관 辰土가 조후용신인 정재 丙火의 기운을 자연스럽게 누출시킬 수 있을 것이라 생각하지만 이미 시지 辰土 정관은 일지 酉金 편인과 辰-酉合金으로 인성 金氣로 둔갑하여 오히려 정재 丙火를 火剋金으로 상극하는 현상이 벌어지고 있으므로 이것은 생식불식(生息不息)에 약간의 탁기를 남기는 것이 되어 아주 좋지 못하는 것을 알 수가 있다.

***. 격국(格局)과 용신,!**

따라서 본 사주팔자 격국과 용신을 판별하여 보면 우선 일간 癸水가 월지 子水 비견 및 일지 酉金 편인에 의하여 신왕하고 있는 중에 월지 십이운성 건록지에 앉아 있으므로 신왕월지건록격(身旺月支健祿格)이 성격(成格)된다.

또한 용신의 격을 잡으니 일간 癸水가 신왕한 중에 원칙적으로 비중용관격(比重用官格)이나 계절이 子월에 출생하여 일간 癸水의 기운이 꽁꽁 얼어붙어 있으므로 시급히 조후법상 재성 火를 용신하고 재성 火를 생조하는 식상 木氣는 희신으로 삼는다.

더하여 관성 土氣는 일간 癸水가 신왕하여 일간의 기운을 억제하고 아울러 재성 火를 보호하는 일면이 있으므로 관성 土氣는 길신으로 선택하겠으나 그 중에서 지지인 辰, 丑 土氣는 습토라서 水氣를 부채질하는 일면이 있으니 그다지 길하게 작용하지 못한다.

그러나 未, 戌 土氣는 조토이므로 사주원국에 대한 조후를 충족하면서 일간 癸水의 기운을 억제하니 대단히 길하게 작용한다고 판단한다.

이렇게 용신과 희신의 기운을 선택하고 사주팔자를 살펴볼 때 사주원국 시상에 丙火 정재가 투출되어 있으니 이것은 곧 진신(眞神)이 자리를 잡아 있는 것이되고 더하여 억부법이나 조후법에 일치하는 용신임을 알 수가 있으므로 아주 좋다고 볼 수가 있다.

그렇다면 용신의 격국을 선정하는 부분이 이렇게 시상에 丙火 정재가 타주에 거듭 정재나 편재의 기운이 없고 더구나 정재의 기운을 파극하는 비견이나 겁재가 사주천간에 투출되어 있지 않는 중에 정재가 일위(一位)에 존재하여 있으니 시상정재일위귀격(時上正財一位貴格)이 성격(成格)된다고도 보아야 되겠으며 원칙적인 식상생재격(食傷生財格)을 같이 구성한다.

***. 본 장에 재복(財福)만 가지는 팔자에 적용하여,!**

본 장에 준하여 재복(財福)만이 있는 부분에 기술하고 있기를, **"일간이 신왕하고 재성이 용신인데 관성과 식상이 대립되어 재성이 관성과 식상을 연결하지 못할 때,!**라며 구체적으로 언급하고 있다.

따라서 본 저자의 사주명조가 완전히 이상의 부분에 적용되어 있음을 엿볼 수가 있겠는데 비록 일간 癸水가 신왕하여 시상에 투출되어 있는 정재 丙火를 용신으로 삼고 있으나 월상에 투출되어 있는 상관 甲木이 년간에 있는 정관 戊土를 보고 甲-戊 상충으로 파극하고 있는 것을 정재 丙火가 양자의 가운데 사이를 연결시키지 못하고 그저 멍하게 바라보고만 있는 것을 알 수가 있다.

이것은 사길성(식신, 재성, 정관, 인수)인 정관이나 사흉성(겁재, 상관, 편관, 편인)인 상관이 충돌하는 처사는 모두 양자에게 전쟁터를 방불케하고도 남음이 있고 이와 같은 전극(戰剋)의 형성함을 정재 丙火가 비록 사주시상에 투출되어 있으나 올바르게 될 수가 있을려면 상관 甲木의 기운을 정재가 木生火하고 다시 정재 丙火는 정관에게 火生土로 돌려주어야 가장 바람직하게 될 것이다.

그런데 이와 같은 기대를 저버리면서 시상 정재 丙火가 양자의 기운을 화해 소통시키지 못하고 있으므로 비록 재복(財福)은 있겠으나 처복(妻福)이 없는 것에 완전히 부합하고 있겠으며 이러한 것은 본 저자의 사주팔자이기 때문에 더욱 더 확실하게 학자들에게 말해줄 수가 있는 것이다.

더구나 사주일지의 동태를 참조하여 간명하라고 하였으니 이것 또한 완전히 무시할 수가 없음을 알 수가 있는데 일지에 사흉성인 편인 酉金이 자리를 잡고 기신(忌神)으로 행사하고 있는 중에 사주 월지 子水 비견과 子-酉 파살(破殺)이 되고 있는 것은 더욱 더 완전히 처와 이별 및 재혼팔자로 둔갑하는 것을 모면할 수가 없다.

이상의 부분에 준하여 간명하여 본 결과 본 저자는 지나온 과거 25세 丁卯대운에서 본처와 이별하고 지금의 처를 만났는데 이 부분은 대운의 흐름을 판별하면서 25세 丁卯대운을 논할 때 더욱 더 자세하게 기술하기로 하겠다.

실제로 그당시 뼈아프고 쓰라린 과거사를 지금에서야 회고를 하니 정말 사람 사는 것이 허공에 뜬구름이 머물다 가는 것과 같고 한 평생이 일장춘몽이라 세월이 너무 빨리 흘러갔는가 싶다.

*. 격국(格局)에 대한 대운흐름,!

다시 본 저자의 사주팔자를 놓고 이별과 재혼부분에 대하여 대운의 판별을 관찰하여 보는데 전자에도 언급하였지만 사주일지에 편인이 기신(忌神)이 되고 있는 중에 시상에 丙火 정재가 상관과 정관의 기운을 가로막지 못하여 양자간을 화해 연결을 도모하지 못하고 있으므로 완전히 본 장에 적용되고 있음을 알 수가 있었다.

따라서 사주팔자에 대한 대운을 적용시켜 본 처와 이별을 언제하였는가를 검토하여 보니 25세 丁卯대운에서 부부이별이 되었음을 사주원국은 무언중에 암시를 하고 있는데 이 부분을 본 저자의 사주팔자와 25세 丁卯대운과 세운이 접목되는 사주도표을 보면서 좀 더 육친통변법과 격국에 대한 종합판단을 하여 자세하게 기술하기로 한다.

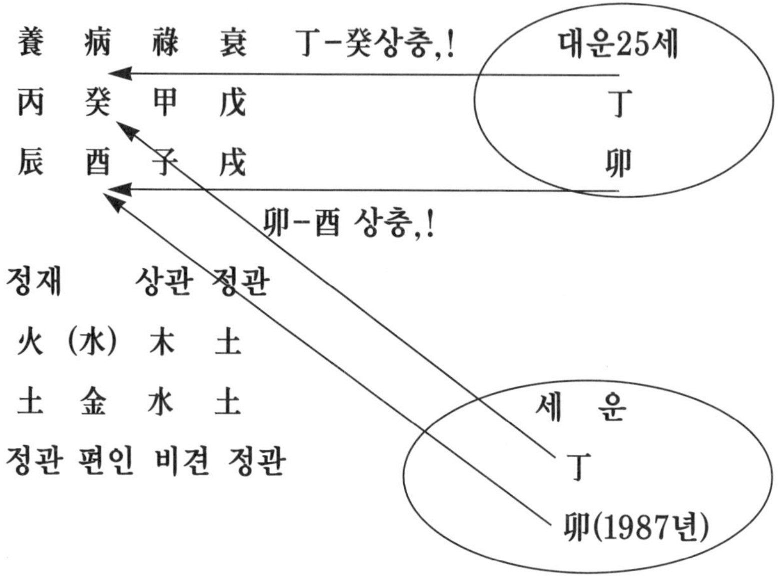

이상의 도표에서 나타나고 있듯이 25세 丁卯대운중에 대운천간 丁火는 일간 癸水에 대한 편재의 기운이 되어 벌써 금전과 여자의 기운이 되고 있음을 엿볼 수가 있으며 이는 곧 丁火가 일간 癸水를 丁-癸상충까지 하여 일간을 파극하고 있으므로 벌써 금전과 여자로 인한 재화가 발생되는 것을 모면할 수가 없게 되었다.

더구나 대운지지 卯木이 비록 일간 癸水에 대한 식신의 운로로서 본 사주팔자 일간 癸水가 조후법상 木, 火를 용신으로 선택하여 일면 길함을 득할 수가 있겠으나 이것 역시 사주일지 酉金 편인을 卯-酉 상충으로 파극하고 있으니 상충에 대한 대가로 그 흉함이 하늘을 찌르고도 남음이 있다.

이와 같은 성질은 비록 사주년지 戌土 정관이 자리를 잡고 대운지지 卯木 식신을 卯-戌合火로 잡아주면서 卯-酉 상충에 대한 급속적으로 들어오는 흉함을 일시적으로 완화시키는 일면은 있겠으나 이렇게 대운천간지지 모두 상충의 작용은 완전히 모면할 수가 없으므로 이 경우는 어떠한 이유가 있을 수가 없다.

＊. 1987년 丁卯세운에 들어가서,!

이상의 25세 丁卯대운이 지배되는 시점에 또다른 하나의 후천성인 세운이 지배되는 시점을 발견할 수가 있겠는데 이 때 丁卯대운이 지배되는 1987년 丁卯년은 본 저자 나이가 만29세가 되는 시점을 미루어 짐작할 수가 있겠다.

따라서 세운 丁卯년 역시 대운과 마찬가지로 똑같은 사주일간과 일지를 동시에 가격하고 있으니 이것은 흉함이 따블이 되어 완전히 일치하는 경향을 나타내고 있는데 아마도 하늘의 기운이 내리는 이와 같은 현상은 내가 벌써 이 세상에 태어난 후 이 시점에 처와 이별을 하라는 무언중에 숙명적인 운로가 되었음을 생각하니 정말 하늘의 기운에 놀라움을 감출 수가 없다.

하지만 만약 이렇게 운로인 25세 丁卯대운이나 세운이 사주일간에 대한 용신이나 희신의 기운이 되지 않고 비겁 水氣나 金氣를 업은 기신(忌神)의 기운이 돌출되면서 일간과 일지를 상충할 때 아무리 사주내 합의 기운이 있다 손치더라도 기신(忌神)이 충돌하는 처사는 그 흉의가 매우 강력하게 일어나는 것으로 극단적인 비운(悲運)을 감수하여야 될 것은 자명한 일이다.

그러나 다행스럽게 丁卯대운이나 1987년 丁卯세운이 용신과 희신의 기운을 업고 들어오는 것이 되어 그 흉함이 빙산의 일각에 그친다는 것을 알 수가 있겠으며 이것은 한편으로 볼 때 대운의 흐름도 정히 동방 寅-卯-辰 木局과 남방 巳-午-未 火局이 되어 치달리고 있었으니 직, 간접적인 대운 모두가 그 영향력을 십분 발휘하여 대 흉함을 줄일 수가 있었음을 미루어 짐작하여도 좋을 것이다.

이상과 같은 맥락에 비추어 본 저자는 25세 丁卯대운이 지배되는 29세 丁卯세운에서 본처와 불행한 이별을 한 후 인사불성으로 산중에서 나날을 보내다가 지금의 처를 만나 살아오고 있다.

결국 한편으로 볼 때 이렇게 내가 재혼을 하는 것은 어쩌면 숙명적인 운명을 겪어야하는 것을 사주추명학을 연구하면서 지금에서야 느끼고 있으며 그러나 사주시상에 丙火 정재가 용신으로 자리를 잡고 있기 때문에 그나마 시주는 말년을 나타내고 또한 대운이 중년부터 말년이 남방 巳-午-未 火局으로 치달리고 있으니 이것은 본 저자가 운을 알고 있는 역학자가 되므로 인하여 적잖은 위로가 되는 것을 숨길수가 없다. 그러나.....

※ 참고로 이상으로 재복(財福)만을 득하고 처복(妻福)이 없는 본 저

자의 사주팔자를 놓고 간명을 하였는데 사실상 이것 이외에도 무릇 모든 사주팔자를 간명할 때 단순히 일간이 신왕하여 재성을 용신이나 희신으로 삼는 격국(格局)이 된다면 처복(妻福)과 재복(財福)양자를 구비한다고 판단할 경우 간명상 오류가 생기는 것을 본 장에서 대단히 강조하고 있다.

따라서 이와 같은 성질이 당면될 때 처복(妻福)과 재복(財福)을 동시에 가질 수가 있는 사주팔자는 일간이 신왕하고 재성이 용신이 될 때 재성을 생조하는 식상의 기운과 재성의 기운을 자연스럽게 누출시키는 관성이 서로간 유정(有情)하여 있을 경우는 처복(妻福)과 재복(財福) 양자를 모두 가진다고 판단하면 별 오차가 없다.

더하여 이상의 부분이 식상과 재성이 서로 근접하여 공존하고 다시 관성이 재성의 기운을 수기(秀氣)유행을 시키고 있을 때 사주원국에 존재하여 있는 오행이 木生火, 火生土, 土生金등으로 주류무체(周流無滯) 및 생화불식(生化不息)이 되어 흐르고 있다면 더욱 더 절묘하다고 판단한다.

그러나 아무리 일간이 신왕하고 재성을 용신으로 선택한다손 치더라도 전자에 본 저자의 사주팔자와 같이 재성이 식상과 관성에게 동떨어져 있어 식상과 관성이 충돌을 하고 있거나, 또한 재성이 용신 및 희신이라도 사주일지가 형, 충, 파, 해 및 공망이 되고 십이운성의 사, 묘, 절 및 백호대살(白虎大殺)이나 혹은 괴강살(魁罡殺)에 해당된다면 비록 부귀를 갖출지라도 처복(妻福)은 없다고 판단하는 것이 타당하다.

(2). 처복(妻福)만 있는 사주

● **일간이 신왕하고 관성의 기운을 인성이 누출시켜 쇠약하게 하고 재성이 관성을 생조하나 식상이 없을 때,!**

● **일간이 신약하고 사주일지에 인수나 비견이 자리를 잡고 일간과 서로 유정(有情)할 때,!** (참고로 일간이 신약하다면 인수와 비견을 용신을 선택하고 있는데 일지가 일간을 木生火나 木-木등으로 생조하는 경우 단, 이 때는 일지를 형, 충등으로 파극당하지 않아야 함)

● **일간이 신왕하고 일지에 식신과 정관이 길신이 되고 있는데 비록 재성이 없더라도 사흉성(식신은 편인, 정관은 상관)이 파극하지 않고 형, 충되지 않을 때,!**

※ 참고로 이상의 격국은 모두 재복(財福)보다 처복(妻福)이 뛰어난 것으로 처의 내조와 처덕으로 인한 재산을 가질 수가 있는 팔자로 분류한다.

일면 이상의 격국에 대하여 일부학자들간 약간의 의견이 분분한 것을 보고 있는데 그것은 처복(妻福)과 재복(財福)을 가질 수 있는 점이 처를 잘만나서 재물을 가질 수가 있는 정도도 일면 부합하고 있으므로 모두 재복(財福)과 처복(妻福) 양자를 모두 가질 수 있는 격국에 포함시키자는 의견도 있었으나 이것은 잘못된 것이다.

왜냐하면 궁극적인 사주주인공이 사회에 활동을 하여 재물을 모으면서 아름다운 처를 동시에 가질 수 있는 점하고 처에 의지하여 처가 벌어다주는 재물을 내돈인양 생색내는 사주팔자하고는 엄밀히 따져야 되는 것이니 이것을 양자의 재복(財福)과 처복(妻福) 모두 가질 수 있는 격국에 포함되지 않는 것은 지극히 타당하다하겠다.

우리 속담에 저 남자는 여자하나 잘만나서 일약 부자로 소리듣는다(?)라는 옛말이 있는 것도 모두 이상의 부분에 적용되어 판단하여야 될 문제이므로 사주격국에 대한 판단을 단순즉흥식으로 분류할 수가 없는 이유가 여기에 있다해도 과언이 아니다.

(예1). 남자 한 모씨(경남 밀양) 1950년 음력 6월 14일 巳 시

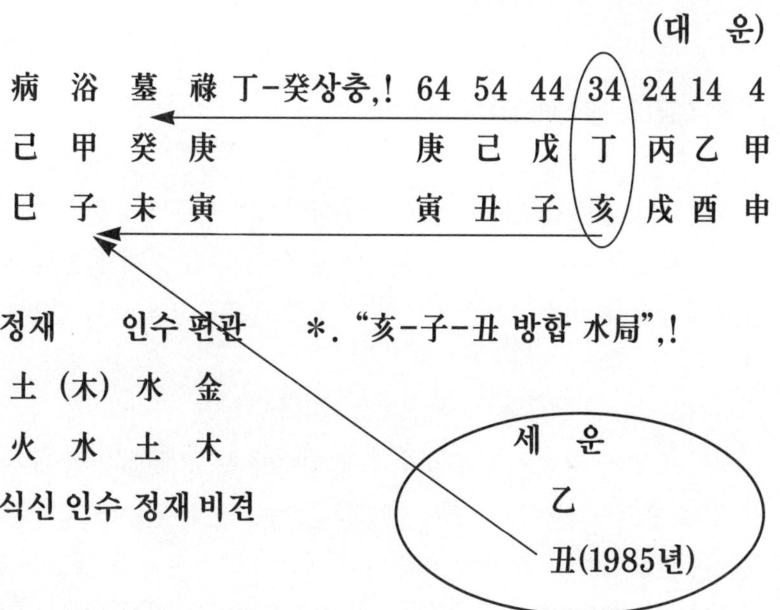

●일간 甲木이 신약하여 일지 子水 인수가 용신이 되어 일간을 올라오면서 생조하니 본 장에 준하여 처복(妻福)이 있는 사주이다.!

따라서 대운천간 丁火가 비록 신약한 일간 甲木에 대한 상관의 운로이며 더구나 사주월상에 투출되어 있는 인수 癸水를 丁-癸 상충하니 흉함이 날 수가 있다.!

그러나 대운지지 亥水가 일간을 생조하는 편인으로서 세운이 乙丑년이 되니 세운지지 丑土가 정재이며 이것이 일지 子水와 대운지지 亥水간에 모두 亥-子-丑 방합 水局이 성립되어 늦게까지 총각행사를 하다가 연상의 여인을 만나 일약 대발복을 하였다......!!!????

＊. 일간의 왕쇠(旺衰),!

甲일간 未월에 출생하여 실령(失令)하였으며 사주원국 월지 未土 정재를 중심으로 하여 시지 巳火 식신과 다시 천간 정재와 편관 庚金이 투출되어 일간 甲木을 강력하게 극루(剋漏)하고 있으니 신약이다.

하지만 일간 甲木은 사주일지 子水 인수에 득지(得地)한 중에 다시 일지 子水의 십이운성 건록지에 앉은 월상 癸水 인수가 재차 투출되어 있고 또한 년지 寅木 비견이 존재하여 일간 甲木을 생조하고 있으니 일간 甲木이 중화(中和)의 기점에 육박하는 것이 되므로 강력한 재성 土氣와 식상 火氣 그리고 관성 金氣에 서로간 대적할만한 기운을 가지는 것이라 하겠다.

따라서 일간 甲木이 이렇게 신약하면 이것이 외격(外格)의 종격(從格)이나 가종격(假從格)으로 돌아가지 않는 이상 마땅히 일간 甲木을 생조하는 기운이 용신이나 희신의 성질이 되는 것은 두말할 것도 없다.

*. 격국(格局)과 용신,!

위 사주팔자에 대한 격국(格局)과 용신을 판별하여 보면 우선 사주일간 甲木이 신약한 중에 월지 未土 정재가 자리를 잡고 있으며 다시 월지 未土의 세력에 십이운성 관대지에 앉은 시상 己土 정재가 재차 투출되어 있으므로 **"신약정재격(身弱正財格)"**이며 일명 **"재다신약격(財多身弱格)"**으로도 볼 수가 있다.

고로 용신은 **"재중용비격(財重用比格)"**으로 왕성한 재성 土氣를 木剋土하여 억제하면서 아울러 신약한 일간 甲木을 부조하는 비겁 木氣를 용신하고 비겁 木氣를 생조하는 인성 水氣는 희신으로 삼을 것 같다.

하지만 사주일간 甲木이 계절이 未월에 출생하여 과하게 건조한데 설상가상으로 시지 巳火 및 년지 寅木 비견까지 있는 것은 단편적으로 보아도 더운 기운이 사주전체를 압도하고도 남음이 있으며 그렇다면 오히려 본 사주팔자는 억부법이나 조후법상 일치되는 인성 水氣가 주된 용신이 되니 복록은 비겁 木氣보다 인성 水氣가 앞선다고 판단하는 것이 타당하다.

따라서 본 사주팔자는 인성 水氣가 주된 용신이며 아울러 비겁 木氣는 뒷전에 밀려나는 길신으로 선택되는 것이 마땅한데 그러나 인성 水氣를 생조하는 관성 金氣는 왕성한 쇠로서 신약한 일간 甲木을 金剋木하여 불리할 것 같다.

그러나 본 사주일간 갑목이 월상에 투출되어 있는 癸水 인수가 있으니 일면 조후법에 충족하면서 월상에 癸水와 일지에 子水가 일간 甲木과 완전히 근접하여 관성 金氣를 인성 水氣에게 살인상생(殺印相生) 및 관인상생(官印相生)의 법칙을 도모하므로 그다지 불리하게 작용하지 않는 것은 곧 평길이 될 수가 있다.

여기서 한가지 중요한 부분이 있겠는데 그것은 방금 본 저자가 설명한 관성 金氣가 본 사주팔자에 대한 평길이 된다고 기술하였지만 만약 운로인 대운이나 세운에서 들어오는 기운이 천간인 경우 庚金은 일간 甲木과 甲-庚 상충이 되어 불리하게 판단하여야 된다.

이것은 아무리 일간 甲木에 근접하여 월상에 癸水 인수가 있다고 하나 상충을 동반하면서 편관 庚金이 들어오게 될 때 甲-庚 상충이 대단히 강력하게 발생하므로 상충의 소용돌이로 인한 흉을 모면할 수가 없다고 판단하는 것이 정석이며 그러나 지지에서 들어오는 酉金이나 申金은 상충을 동반하지 않으니 괜찮을 것이다.

이 경우 酉金과 申金중에서 오히려 申金인 경우는 비록 사주일간

甲木에 대한 편관이 되어 강력한 金氣로 인한 불리함이 연출되겠으나 절묘하게도 사주 일지 子水와 申-子合水로 변화되는 것은 곧 용신의 성질이 되므로 아주 길하게 작용한다.

이렇게 사주상의 용신과 길신의 기운을 선택하여 놓고 사주원국을 면밀히 관찰하여 보니 일간 甲木에 대한 용신의 기운으로 자리매김하고 있는 일지 子水 인수가 일간 甲木과 근접하여 유정(有情)한 중에 다시 월상에 투출되어있는 癸水 인수가 년간 庚金 편관이 金生水로 생조하고 있으므로 용신이 관성의 힘을 받아 정히 기운을 얻을 수가 있으니 금상첨화이다.

이와 같은 현상은 전편인 命理秘典 下권인 간명비법상 유정무정(有情無情)의 법칙에 완전히 부합하면서 내격(內格)의 억부법이나 조후법상 용신이 일치하고 있으며 또한 용신이 지장간에 암장되거나 쇠약하지 않으니 정히 진신(眞神)의 성질에 부합하고 있으므로 복록이 깊은 것이 된다.

***. 격국(格局)에 대한 청탁(淸濁)판별,!**

다시 본 사주팔자에 대한 격국(格局)에 대한 청탁(淸濁)부분을 판별하여 보면 우선 사주내 용신의 기운을 비교분석하고 그 힘에 대한 강령 및 쇠약함과 삼형이나 상충의 작용이 많아 오행상 전극(戰剋)이 형성되어 있는지, 그리고 오행이 균등하지 않고 편중(偏重)으로 되어 있는지,등을 중요하게 보아야 한다.

따라서 본 사주원국을 자세히 관찰하여 볼 때 일간 甲木이 비록 신약하여 년간에 庚金 편관과 일간간에 甲-庚 상충이 되어 있겠으나 절묘하게도 시상에 투출되어 있는 己土 정재와 일간 甲木간에 甲-己合土로 해극하고 있으니 제대로 상충의 작용이 발생되지 않는다.

더구나 이러한 것은 사주월상에 투출되어 있는 癸水 인수가 일간 甲木과 년간 庚金 편관을 가로막아 년간 庚金 편관의 기운을 다시 金生水로 흡수하여 다시 일간 甲木에게 水生木으로 연결하는 주류무체(周流無滯)가 되어 오행상 다리역할을 하고 있으니 이것은 무엇보다도 절묘한 배합을 구성하고 있음을 엿볼 수가 있다.

또한 사주년지 寅木 비견과 시지 巳火 식신간 寅-巳 삼형이 있으나 전편인 命理秘典 上권에 준하여 기술하였듯이 寅-巳 삼형은 오행별로 木生火의 조건을 갖추고 있는 중에 사주년지와 시지간의 거리가 너무도 원격(遠隔)하여 제대로 상극의 작용을 발생시키지 못하는 것으로 판단한다.

그렇다면 사주상의 상충이나 상극으로 인한 탁기는 없다고 보는 것이 타당하며 아울러 본 사주팔자가 무엇보다도 일간 甲木의 기운이 안정을 도모할 수 있는 중화(中和)의 기점에 육박하는 현상이 되고 있으므로 이것이 정말 좋은 것이 된다.

고로 위 사주팔자는 중급정도의 청기(淸氣)를 가지는 것으로 판단하며 일간 甲木에 대한 중요한 용신의 기운으로 자리매김할 수 있는 일지 인수 子水가 일간과 유정(有情)하여 근접하여 있기 때문에 정히 진신(眞神)의 역할과 함께 정말 절묘한 자리매김임을 알 수가 있다.

*. 사주주인공의 육친판단,!

본 사주팔자에 대한 육친의 운명판단을 하여 보자면 일간 甲木이 신약하여 **"신약정재격(身弱正財格)"**을 구성하고 있는 중에 사주 월상에 인수 癸水가 일간 甲木에 대한 중요한 용신의 기운이 되므로 부모덕을 받을 수가 있음을 알 수가 있다.

더하여 사주년주가 일간 甲木을 기준하여 십이운성의 건록지에 앉아 있는 중에 년간 庚金 편관과 월상에 투출되어 있는 癸水 인수가 서로 金生水가 되어 상생이 되고 있으니 조부님께서 관록을 쥐었던 어른이었음을 미루어 짐작할 수가 있겠으며 아울러 조상의 선산묘지도 대체로 좋은 편에 속해 있다고 판단한다.

또한 월상에 투출되어 있는 癸水 인수가 십이운성의 묘지에 앉아 있으므로 어머니가 불심이 대단한 독실한 종교인이라는 것을 알 수가 있겠는데 그것은 인수가 십이운성의 묘지에 있을 경우 독실한 불교나 기독교 및 종교가임으로 바로 판단하여도 무방하다.

실제로 사주주인공인 한 모씨는 경남 밀양사람으로서 본인의 모친이 절에 암자를 가지고 있던 분이니 본 저자가 진주에서 철학원을 하고 있을 때 사주주인공인 한 모씨를 만났던 것으로 이러한 부분을 간명하여 주니 이상의 부분에 모두 부합하고 있음을 본 저자는 판단할 수가 있었다.

***. 사주주인공의 성격,!**

다시 본 사주주인공에 대한 본인의 성격을 판단하여 보자면 일간 甲木이 신약정재격(身弱正財格)을 구성하여 인수 子水를 용신으로 선택하고 있으니 본인의 성격이 독실 단정하고 매사를 성실 원만하게 처리하는 것을 알 수가 있다.

하지만 사주주인공인 한 모씨는 금전적으로 아끼는 절약가이기는 하나 모을줄만 알고 쓸 줄을 모르는 것이 하나의 단점으로 노출되어 나타나고 있는데 이것은 본 저자가 집필한 命理秘典 上권인 정재의 육친통변법에 자세하게 밝혀내고 있다.

***. 命理秘典 上권인 정재의 육친통변법에 인용하여,!**

이와 같은 부분은 전편인 命理秘典 上권인 정재의 육친통변법에 인용하여 기술한다면 **"사주월지에 정재가 자리를 잡고 있을 경우 사주주인공의 성격이 독실 단정하여 모든 사람에게 인망이 있으며 그리고 매사를 성실 원만하게 처리하나 하지만 정재가 십이운성의 묘지에 해당하고 있다면 근검절약하나 인색하여 수전노 및 노랭이가 되기 쉽다",!**라며 구체적으로 설명하고 있다.

따라서 사주주인공인 한 모씨는 이상의 부분에 모두 일치하는 현상을 엿볼 수가 있겠는데 사주월지에 자리를 잡고 있는 未土 정재가 일간 甲木을 기준하여 십이운성의 묘지에 해당하고 있기 때문에 이상의 정재의 육친통변법상 모두 일치하고 있음을 알 수가 있다.

더하여 월지 未土 정재는 辰, 戌, 丑, 未라는 고(庫)중에 들어있는 것이며 이렇게 재성의 기운이 고(庫)에 해당되고 있을 경우 창고에 갇힌다 등을 의미하고 있는 것이 되어 더욱 더 이상의 부분에 강력하게 작용하는 성질이 되므로 완전히 부합하고 있다.

실제로 사주주인공인 한 모씨는 비록 그 천성이 착하고 부지런한 일면과 불의와 타협을 하지 않는 정도의 사람이기는 하나 재물적인 인색함으로 인하여 받는 것만 좋아할 뿐 돈을 쓰기를 노랭이나 수전노와 같이하는 단점이 나타나고 있음을 미루어 짐작할 수 있겠다.

하지만 천성은 착한 성품이며 또한 학문적인 성과가 대단하니 이것은 곧 문학적, 예술적 두각을 나타내는 것을 알 수가 있겠는데 이것은 사주일간 甲木이 신약하여 일지에 子水 인수가 水生木으로 일간과 상생이 되고 있는 중에 인수를 용신으로 선택하고 있기 때문이다.

***. 본 장에 준하여 처복(妻福)에 대한 판단,!**

본 장에 준하여 처복(妻福)을 가지는 팔자에 인용하여 보자면 **"일간이 신약하고 사주일지에 인수나 비견이 자리를 잡고 일간과 서로 유정(有情)할 때,!**(참고로 일간이 신약하다면 인수와 비견을 용신으로 선택하고 있는데 일지가 일간을 木生火나 木-木등으로 생조하는 경우 단, 이 때는 일지를 형, 충등으로 파극당하지 않아야 함), 라며 구체적으로 기술하고 있다.

그렇다면 본 사주주인공인 한 모씨는 이상의 부분에 완전히 적용되는 것을 알 수가 있겠는데 일간 甲木이 신약정재격(身弱正財格)을 구성하여 사주일지 子水 인수가 용신이 되고 있는 중에 子水 인수가 일간 甲木을 올라오면서 水生木으로 생조하니 일간과 서로 유정(有情)함을 엿볼 수가 있다.

따라서 이와 같은 부분은 비록 본 사주팔자가 처를 나타내는 정재 土氣가 사주월지 未土 그리고 시상에 己土 더하여 년지 寅중의 지장간 여기(餘氣)에 戊土 및 시지 巳火의 지장간 여기(餘氣)에 각각 戊土가 있으니 벌써 단편적으로 판단해도 여자의 기운인 재성이 많은 것을 알 수가 있다.

이것은 곧 사주주인공인 한 모씨가 재혼 및 여자관계가 복잡하다는 것을 단적으로 나타내는 것이며 이는 곧 여자로 인하여 재화나 근심이 많은 것은 기정사실이겠지만 사주일지는 남자사주에서는 처궁을 나타내고 있으므로 일지에 子水 인수가 용신의 기운이 되고 있는 것은 본 장에 처복(妻福)이 있는 사주팔자에 일치되고 있으니 완전히 부합하고 있는 것이다.

여기서 한가지 중요한 성질이 있겠는데 보통 사주간명을 할 경우 이상과 같은 사주팔자가 일간이 신약하고 재성의 기운이 기신(忌神)이 되고 있는데 재성의 기운이 많다면 완전히 여자와 금전으로 인한 재화를 당면한다고 판단하는 것이 정석이다.

그러나 그렇게 되더라도 하나의 예외가 있는데 그것은 본 사주팔자와 같이 비록 재성 土氣가 신약한 일간 甲木에 대한 기신(忌神)의 역할을 하고 있어도 일간이 중화(中和)의 기점에 육박하는 안정된 기운을 가지고 있는 중에 이렇게 사주일지에 용신이나 희신의 기운이 자리를 잡고 일간과 서로 유정(有情)하고 있을 경우 전자의 설명과 달리 오히려 여자로 인하여 치부(致富)와 여복을 가진다고 판단하는 것이 타당하다.

하지만 이 경우 비록 여자복이 있다해도 사주원국이 여자의 기운인 재성이 많다는 것은 그만큼 살아오는 과정에서 여자와 금전으로 인한 이별 및 재혼과 고통을 당할 수가 있다는 것은 모면할 수가 없으며 더하여 일간의 기운이 너무 신약으로 극심하게 치달리고 있느냐, 그렇지 않으면 중화(中和)의 기점에 육박하는 성질이 되느냐,도 중요하게 판단하여야 간명상 차질이 없게 된다.

위 사주팔자는 일간 甲木의 기운이 비록 신약하더라도 중화(中和)의 기점에 육박하는 현상을 중시 볼 필요가 있으니 이것은 비록 재성이 기신(忌神)이라도 재성과 일간이 견줄 수 있는 기운이 됨에 따라 상대적인 재화가 많지 않은 것으로 판단하며 더구나 일지에 용신인 인수 子水가 자리를 잡고 용신을 상극하는 삼형이나 상충이 없으므로 일지 子水 인수가 건전하여 완전한 처복(妻福)을 가진다고 보는 것이다.

실제로 사주주인공인 한 모씨는 그동안 젊은 시절에 수많은 여자들과 동거 및 이별을 하였으며 심지어는 임신까지 시켜 낙태를 하였으니 사주내 재성이 많았다는 것에 부합하였고 그러나 결혼을 하지 않고 총각으로 행사하였는데 그 후 만 35세인 1985년 乙丑년에 자신보다 5살위인 남편을 사별한 연상의 여인을 만나 결혼하였다.

그런데 절묘하게도 이 여자가 전 남편이 죽은 후 상속재산을 받았으니 그 재산정도가 수십억이 넘은 복부인으로서 일약 여자하나 잘만나 재벌행세를 하였던 것이므로 사주주인공인 한 모씨는 완전히 처복(妻福)을 가지는 부분에 일치하고 있었던 것이다.

***. 격국(格局)에 대한 대운흐름,!**

이상으로 사주주인공인 한 모씨의 격국에 대한 용신 및 청탁(淸濁)의 판별을 모두 간명하여 보았는데 본 장에 언급하는 처복(妻福)의 부분에 부합하는 사주격국임을 사주간명을 통하여 알 수가 있었다.

그렇다면 본 사주주인공인 한 모씨가 과연 어느시점에서 여자를 만나 일약 치부(致富)를 하였는지를 놓고 사주추명학상에 근접하여 좀 더 세심한 간명을 하여 봄이 마땅한데 이러한 것은 본인인 한 모씨의 사주팔자와 대운의 흐름을 면밀히 판단하여 그 실체를 풀어야 되는 것은 두말할 것도 없다.

따라서 사주주인공인 한 모씨는 초 중년의 시점인 만 35세인 1985년 乙丑세운에 지금의 여자를 만나 결혼을 하였는데 이러한 부분은 대운이 34세 丁亥 대운이 접목되어 있음을 엿볼 수가 있으며 이러한 부분을 선천성인 사주원국과 대운 및 세운이 접목되는 사주 도표를 보면서 더욱 더 자세하게 기술하기로 하겠다.

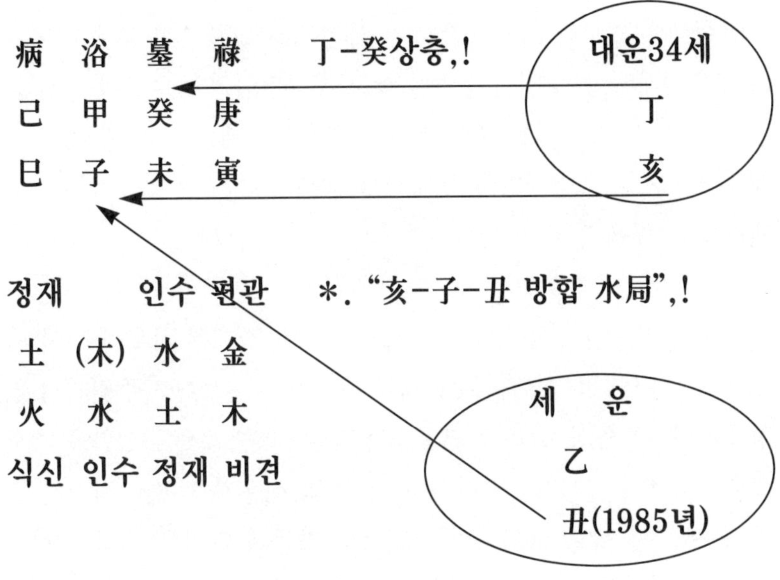

도표에서 나타나고 있듯이 이 때 세운인 1985년은 乙丑세운으로서 대운이 35세 丁亥대운이 접목되고 있음을 알 수가 있다.

따라서 대운천간 丁火는 일간 甲木에 대한 상관의 운로로서 신약한 일간에게는 그다지 좋지 않는데 설상가상으로 사주월상에 투출되어 일간에 대한 용신의 기운으로 자리잡고 있는 癸水 인수를 丁-癸 상충으로 파극하고 있으니 그 흉함이 돌출되는 것을 모면할 수가 없게 되었다.

하지만 사실상 본 사주팔자 일간 甲木이 중화(中和)의 기점에 육박하는 성질이 되고 있으니 일간이 기운을 가지고 있는 중에 사주내 오행이 전부 木, 火, 土, 金, 水를 가지고 있으므로 그 흉함이 대단하게 돌출되지 않는다고 판단하는 것이 타당하다.

그런데 무엇보다도 중요한 것은 대운지지와 세운이 문제가 되는데 대운지지 亥水가 일간 甲木을 생조하는 편인의 운로로서 정히 용신의 기운이 되고 있는 중에 이 때 절묘하게 세운이 乙丑세운으로 세운천간 乙木이 겁재가 된중에 세운지지 丑土가 여자의 기운인 정재가 되는 것을 알 수가 있다.

더구나 사주일지 子水와 세운지지 丑土가 정재의 기운이 되어 서로간 子-丑合土로 변화되는데 재차 대운지지 亥水가 사주월지 未土 정재와 亥-卯合木, 그리고 년지 寅木과 寅-亥合木을 구성함을 앞서 대운지지 亥水, 그리고 일지 子水 인수 및 세운지지 丑土 정재간 모두 亥-子-丑 방합 水局이 성립되므로 가뭄에 단비를 내리는 것이 되어 일약 대발복을 하고 있으니 이것은 곧 하늘이 놀라는 형상이 되고 있다.

이와 같은 부분을 육친통변법에 준하여 좀 더 자세하게 기술하여 보면 사주 일지 子水 인수와 子-丑합이 되는 것은 내가 여자의 기운과 몸이 합방하는 것이 되니 곧 결혼을 의미하고 있는데 비록 子-丑合土가 되는 것은 일간 甲木에게는 기신(忌神)이 되겠으나 이것이 대운과 세운이 모두 합세하여 亥-子-丑 방합 水局이 성립하므로 절묘하게 용신의 기운으로 둔갑하고 있음을 나타낸다.

***. 일부학자들의 의문,!**

여기서 일부학자들 중에서 한가지 의문을 가지면서 질문을 하고 있겠는데 그것은 **"보통 사주원국에 처복(妻福)을 거론하는 자리에서 궁합이나 결혼에 대한 택일을 간명할 경우 남자사주를 보고 결혼하는 시기가 상대방의 여자가 과연 좋은 여자를 배필로 맞이하겠는가, 그렇지 않고 불행한 여자를 만나 결혼을 하더라도 후일 이혼하여 재가팔자가 되겠는가,를 놓고 학자들이 상당한 고심을 하고 있다".!**

"따라서 이 부분에 대하여 운정선생께서 본 장 처복(妻福)에 준한 설명은 자세히 기술하고 있겠으나 좀 더 구체적인 운로인 대운이나 세운에서 결혼시기와 선천성인 처복(妻福)에 준한 팔자를 부합시켜 자세하게 설명하여달라",! 라며 상세한 답변을 요구하고 있다.

***. 일부학자들의 의문에 대한 본 저자판단,!**

이와 같은 일부학자들의 의문에 대하여 본 저자는 지극히 당연하고 또한 이상의 처복(妻福)을 언급하는 자리에서 그렇지 않아도 좀 더 구체적인 설명을 하려고 생각하였는데 학자들이 의문을 구하고 있으니 그동안 경험상 터득한 간명상 비법(秘法)을 실제인물에 적용하여 발견되었던 부분을 모두 기술하기로 하겠다.

*. 본 저자가 약 23년동안 경험상 터득한 비법(秘法),!

보통 사주원국을 간명하는 절차에서 여자의 기운이 들어와서 결혼을 생각하게 될 경우 이러한 여자를 놓고 앞으로 여자복을 가질 수가 있으며 또한 행복한 결혼생활이 되겠는가, 그렇지 않으면 지금의 여자가 좋지 못하여 결혼 한 그 시점부터 불행한 삶을 살아가며 여자복이 없겠는가,를 판단하게 될 시점을 놓고 학자들이 염려하였다시피 초심의 학자들은 고심을 하게 된다.

이러한 부분에 적용하여 그동안 본 저자는 수많은 사주팔자를 간명하는 절차에서 여러 가지 중요한 부분을 발견하게 되었는데 이와 같은 성질을 약 4가지로 구분하여 기술하기로 한다.

그 첫째로,!

제일먼저 선천성인 사주명조에 여자복을 가질 수 있는 처복(妻福)이 있어야 되는데 그렇다면 일간이 신왕하고 재성을 용신으로 삼는 격국이 되는가를 먼저 판별하여야 된다.

이것은 곧 일간이 신왕하다면 원칙적으로 식상, 재성, 관성등이 용신의 성질이 되는 것은 두말할 것도 없으며 이렇게 될 경우 재성이 길신이 되고 있으므로 극단적인 재성을 삼형이나 상충의 작용으로 파극하지 않는 이상 자연스럽게 재복(財福)이나 처복(妻福)을 논할 수가 있기 때문이다.

그런데 방금 설명한 재성을 상충이나 삼형으로 파극한다는 부분에 대하여 무슨말인지 좀 더 구체적으로 언급하자면 일간이 신왕할 경우 재성은 곧 길신이 되는 것은 자명한 것이고 이러한 재성의 기운이 비록 길신이 되더라도 이미 재성의 기운이 상충이나 삼형의 작용으로 파극당한다면 나의 중요한 재물이나 처가 손상을 입기 때문에 곧 재복(財福)이나 처복(妻福)을 논할 수가 없다는 취지로 귀착하기 때문이다.

다음 둘째로,!

사주팔자에 일간이 신약하여 재성이 기신(忌神)이 되더라도 일간의 기운이 본 사주팔자와 같이 중화(中和)의 기점에 육박하고 일지에 용신이나 희신이 자리잡아 있는 중에 삼형이나 상충으로 파극당하지 않게 되었을 경우 결혼할 수 있는 여자는 좋은 여자를 만난다고 판단하는 것이 타당하다.

단, 이 경우 비록 사주팔자에 본 사주명조와 같이 재성이 군데군데 나타나 있거나 혹은 지장간등에 암장되어 있는 기운이 많을 경우 일시 청년시절에 수많은 여자를 거쳐간다는 것을 간명하여야 될 것이며 더하여 재혼팔자도 있음을 미루어 짐작하여야 된다.

하지만 궁극적으로 끝에 가서는 좋은 여자와 인연을 맺어 결혼한다는 점이 되기 때문에 지금은 일시 곤고하고 여자문제로 고통과 번민이 있겠으나 결국에서는 좋은 여자를 만난다고 판단하는 것이 타당하다.

셋째로,!

지금 설명하는 이 부분이 가장 중요한데 선천성인 사주팔자에 격국의 동태를 파악한 후 후천성인 대운의 흐름을 면밀히 관찰하여야 될 것이며 이것은 비록 사주격국이 전자에 2가지 이상 조건에 부합하더라도 대운의 흐름이 용신이나 희신으로 치달리고 있지 않을 경우 반드시 중년부터 처궁이 기신(忌神)에 의한 상극을 할 때는 필연코 부부풍파가 다가오니 잘못하면 지금의 좋은 여자와 이별을 할 수도 있기 때문이다.

이상의 성질은 대단히 중요한 부분으로서 보통 이렇게 사주상에 여자의 기운이 들어와서 이것이 결혼으로 성립할 경우 방금 언급한 이상의 조건을 일치시키고 난 후 당사자에게 궁합이나 여자의 기운이 얼마나 길이나 흉함이 있겠는가를 판단하여야 되는데 이 경우 대운의 흐름이 필수적으로 뒷받침되어야 하는 강조성이 요구된다.

다음 넷째로,!

지금에 결혼할 수 있는 여자가 나에게 영원한 동반자가 되겠는가, 그렇지 않으면 덕이 없는 여자가 되는가,도 이상의 조건에 부합시켜 판단할 수도 있겠지만 그보다 지금의 세운이나 대운이 접목되는 시점에서 이것이 기신(忌神)의 운로에서 여자와 결혼이나 내연의 관계가 되는가,를 엄밀히 검토하여야 된다.

또한 방금 설명한 것과 반대로 용신이나 희신의 기운에 결혼이나 내연의 관계가 되는 것을 파악한 후 만약 전자에 언급한 3가지 이상의 조건에 일치되더라도 지금의 대운이 접목되는 시점과 세운이 동시에 기신(忌神)이라면 지금의 여자와 결혼이나 내연의 관계가 되더라도 훗날 이별하고 그 후에 다시 좋은 여자가 들어온다고 판단하는 것도 첨언하여야 된다.

이상 사주주인공에 대한 처복(妻福)을 논하는 것은 방금 언급한 4가지 조건이 모두 부합하여야 올바른 처복을 가질 수가 있다고 결론을 내리는 신중함이 필요한데 이와 같은 부분은 본 저자가 약 23년동안 실제인물을 통하여 경험상 얻어진 비법(秘法)으로서 그동안 고서(古書)나 원서에 일부 불확실하게 된 것을 완전히 실존의 인물을 통하여 하나의 궁합법에 준해 체계를 잡아 본 것이다.

따라서 이러한 부분은 대단히 중요한 것은 두말할 것도 없는 것이며 만약 지금의 학자들이 사주추명학적으로 이와 같은 맥락에 적용되는 실제인물이 당면될 때 이상의 조건에 부합시켜 간명할 경우 대단한 적중률을 나타내고 있음을 감히 본 저자는 확신하는 바이다.

실제로 사주주인공인 한 모씨는 이 때 34세 丁亥대운이 접목되는 시점인 1985년 乙丑세운에서 지금에 연상의 여인을 만나 결혼을 하였으니 지금까지 본 사주팔자를 놓고 간명한 것에 완전히 일치를 하고 있음을 엿볼 수가 있었다.

결국 그 연상의 여인이 유복한 전남편이 사별하고 난 후 재산상속을 받아 복부인이 되므로 인하여 사주주인공인 한 모씨는 장장 만 35세까지 총각으로 행사하다가 급기야는 일약 치부를 하게 되었으니 한동네에 소문에 소문이 꼬리를 물고 구설이 분분하였으나 실제 본인은 들은척도 하지 않은채 마냥 싱글벙글하였다.....!!!???

(3). 처복(妻福)과 재복(財福) 양자를 구비한 사주

전자에 기술하였던 (1)과 (2)는 재복(財福)이나 처복(妻福)중에서 하나를 가지는 사주팔자로 분류하여 기술하여보았는데 지금까지 사주격국을 통하여 간명하였던 것은 막연히 일간이 신왕하고 재성을 용신이나 희신으로 선택하고 있어도 격국(格局)의 변화에 따라서 양자를 가지지 못하고 하나만을 소유할 수가 있었음을 판단하였다.

본 장 (3)에 언급하는 처복(妻福)과 재복(財福)양자를 모두 가질 수 있는 사주는 전장의 기술하였는 격국(格局)에 하나의 동일적인 측면에 일치하는 경향이 있겠으나 사실상 사주팔자의 일간의 왕쇠(旺衰) 및 격국에 대한 청탁(淸濁) 유무를 따져 엄밀한 내면적인 부분을 총괄적으로 간명하여야 만이 그 실체를 완전히 파악할 수 있는 어려움이 있다해도 과언이 아니다.

따라서 본 장에 언급하는 처복(妻福)과 재복(財福)양자를 모두 구비하는 사주는 격국에 대한 청탁(淸濁)부분에 조금더 나아가 청기(淸氣)를 가질 수가 있는 사주팔자로 분류하여 그 실체를 따지는 것이 타당하고 그렇다면 격국에 대한 오행상 유통됨과 용신 및 청기(淸氣)를 판별한다는 것은 대단히 고난도의 집중력과 이해력이 요구되는 것은 기정사실이다.

결국 본 장에 언급하는 재복(財福)과 처복(妻福)양자를 구비하는 사주팔자는 여자와 재물을 나타내는 재성의 기운을 참조하여 일지의 동태를 파악한 뒤에 다시 사주상 용신이 강령하고 청기(淸氣)를 갖추어야 함을 기본적으로 갖추어야 되겠으며 그 후 후천성인 대운이나 세운의 흐름을 종합판단하여야 하는 복잡다단한 것을 요구하고 있으니 이상의 부분을 모두 복수적으로 간명하여 결론을 내려야 할 것이다.

*. 재복(財福)과 처복(妻福)양자를 갖춘 사주

● **일간이 신왕하고 재성이 용신이 되며 오행이 모두 갖추어진 중에 생화불식(生化不息)으로 되는 사주,!** (참고로 생화불식이라 함은 사주내 오행이 木, 火, 土, 金, 水가 골고루 갖추어진 중에 木生火, 火生土, 土生金등으로 오행이 서로 유통됨을 말함)

● **일간이 신왕하고 식상이 왕성하여 재성을 생조하고 재성이 다시 관성으로 생조하는 사주,!**

● **일간이 신약하나 중화(中和)의 기점에 육박하면서 일지에 인수나 비견이 자리를 잡고 생화불식(生化不息)으로 유통된 중에 일지가 형, 충이 되지 않는 사주,!** (이 경우 후천성인 대운이 정히 용신 및 희신의 운로로 치달려야 된다)

※ 참고로 이상의 사주격국은 모두 재복(財福)과 처복(妻福)양자를 모두 가지는 사주팔자인데 이상의 경우 용신으로 자리잡고 있는 주(柱)를 형, 충으로 파극하고 있을 때 양자의 처재(妻財)의 복록을 못가질 수가 있는 점도 유념하여야 된다.

또한 이상의 격국은 사주상 청탁(淸濁)의 부분에 부합하는 대단한 청기(淸氣)를 가지는 팔자임은 두말할 것도 없는데 그러나 필수적으로 후천성인 대운의 흐름이 용신 및 희신으로 치달리고 있어야 만이 이상의 복록을 유지할 수 있음은 두말할 것도 없다.

(예1). 남자, 박 모씨(전북 군산) 1958년 음력 7월 19일 卯 시

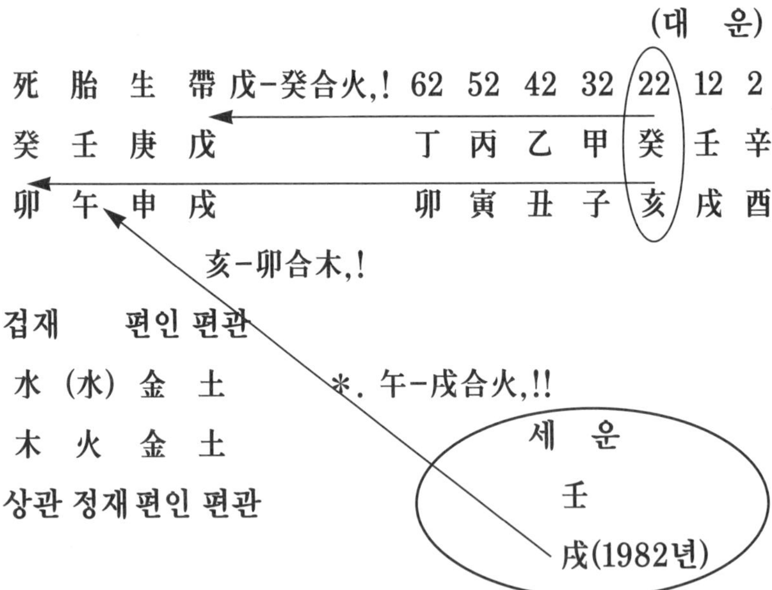

●본 사주원국이 년간 戊土 편관을 기준하여 土生金, 金生水, 水生木, 木生火등으로 생화불식(生化不息)이 되고 있는 중에 대운천간 癸水가 사주년간 戊土 편관과 戊-癸合火로 변화되니 재성 火氣는 여자의 기운이 된다.!

또한 대운지지 亥水가 비록 일간 壬水에 대한 비견이나 사주시지 卯木과 亥-卯合木이 되어 용신을 생조하는 희신으로 변화되고 있는 중에 만 24세가 되자 세운이 壬戌년으로서 세운지지 戌土가 이미 사주에 午-戌이 있는 중에 중첩하여 午-戌合火로 변화되니 재복(財福)과 처복(妻福)이 동시에 들어온다.!

이것은 일지 午火와 세운지지 戌土가 午-戌合火로 변화하는 것은 일지가 내몸이며 합방이고 또한 변화되어 나오는 합의 기운이 재성 火氣이니 완전히 여자와 결혼을 의미하는 것이므로 명문집 규수와 장가간다.!!!

*. 일간의 왕쇠(旺衰),!

壬일간 申월에 출생하여 득령(得領)하였으며 사주원국 월지 申金 편인을 중심으로 하여 십이운성의 건록지에 앉은 월상 庚金 편인이 자리를 잡고 있는 중에 시상에 癸水 겁재가 끊임없이 일간 壬水를 생조하고 있으므로 신강하다.

이렇게 일간 壬水가 편인 金氣와 겁재 癸水에 의해 생조되어 신강하여 있을 경우 일간 壬水의 기운이 외격(外格)의 종격(從格)이나 가종격(假從格)으로 돌아가지 않는 이상 마땅히 일간의 기운을 억제할 수 있어야만이 대길하게 될 것이다.

따라서 사주원국을 자세히 관찰하여 보니 일간의 기운을 자연스럽게 수기(秀氣)유행을 도모하는 시지 卯木 상관이 일간의 기운을 빼고 다시 일지 午火 정재가 자리를 잡고 있는 중에 년주가 戊戌 편관이 되어 일간 壬水를 적절히 단련시키고 있음을 엿볼 수가 있겠다.

그렇다면 신강한 일간 壬水의 기운을 사주내 억제할 수 있는 성질이 되고 있으니 이것은 결코 외격(外格)의 종격(從格)이나 가종격(假從格)으로 돌아가지 못하고 내격(內格)의 억부법이나 조후법의 용신이 선정되는 것을 알 수가 있다.

***. 격국(格局)과 용신,!**

본 사주팔자에 대한 격국(格局)과 용신을 판별하여 보면 우선 일간 壬水가 사주월지 申金 편인에 의하여 신강하고 있는 중에 십이운성의 건록지에 앉은 월상 庚金 편인이 재차 투출되어 있으므로 **"신강월지편인격(身强月支偏印格)"**이 성격(成格)된다.

고로 용신은 **"인중용재격(印重用財格)"**으로서 왕성한 편인 庚金을 억제하면서 아울러 비겁 水氣의 기운도 다스릴 수가 있는 재성 火氣를 용신하고 재성 火氣를 생조하는 식상 木氣는 희신으로 삼는데 관성 土氣의 경우는 원칙적으로 편인 金氣가 강력하여 그 힘이 누출되겠으나 왕성한 비겁 水氣로부터 재성 火氣를 土剋水하여 보호할 수가 있는 장점이 있으니 평길이 될 것이다.

하지만 이 중에 습토인 辰, 丑 土氣는 水氣를 안고 신강한 일간 壬

水를 동조하니 불리하며 그렇지만 조토인 未, 戌 土氣는 火氣를 안고 일간을 억제하면서 용신인 재성 火氣를 보호할 수가 있으니 조토는 정히 길신으로 작용하는 것으로 판단한다.

이렇게 사주일간에 대한 용신과 희신을 선택하여 놓고 사주격국을 면밀히 관찰하여 보니 절묘하게 사주일지 午火 정재가 자리를 잡고 정히 진신(眞神)으로 행사하고 있는 중에 다시 시지 卯木 상관이 근접하여 끊임없이 午火 정재를 木生火로 생조하고 있으니 용신의 기운이 왕성하여져서 아주 대길하게 되었다.

더하여 사주일지 午火 정재는 년지 戌土 편관과 午-戌합으로 한층 더 火氣를 이끌어내고 있으니 좋은데 비록 월지 申金 편인이 년지 戌土 편관과 일지 午火 정재간을 가로막고 있겠으나 이렇게 유정(有情)의 합을 돌출해내는 것은 대단히 좋은 것은 두말할 필요가 없는 것이다.

*. 격국(格局)에 대한 청탁(淸濁)판별,!

본 사주팔자에 대한 격국(格局)의 청탁(淸濁)판별을 하여 보면 사주상의 오행이 균등을 갖추고 있는가, 그리고 용신의 왕쇠(旺衰)를 구분해서 일간과 서로 유정(有情)한가,를 따진 뒤 사주내 합의 기운과 형, 충, 파, 해 및 각종 살성(殺星)의 유무를 종합판단하여 격국(格局)에 대한 청탁(淸濁)판별을 결정하여야 된다.

따라서 위 사주원국은 우선 일간 壬水가 사주내 편인 金氣와 겁재 癸水에 의하여 신강하며 용신의 기운으로 자리매김하는 일지 午火 정재가 일간 壬水간 서로 유정(有情)한 중에 시지 卯木 상관이 역시 근접하여 끊임없이 木生火로 생조하고 있으므로 벌써 첫눈에 보아도 용신이 강령함을 엿볼 수가 있다.

더구나 사주일지 午火 정재는 일간 壬水와 근접하여 적소 적절히 용신의 사명감을 다하고 있는데 시지 식상 卯木이 木生火로 생조한 중에 년지 戌土 편관의 기운을 일지 午火 정재가 午-戌合火로 변화시켜 정히 용신의 기운으로 이끌고 있으니 이것 또한 절묘한 것을 알 수가 있다.

한편으로 볼 때 년간 戊土 편관이 일간 壬水를 壬-戊 상충으로 파극하려고 하나 시상에 투출되어 있는 癸水 겁재가 년간 戊土와 戊-癸합으로서 상충의 작용을 해극시키고 있는 중에 월상에 투출되어 있는 庚金 편인이 년간 戊土 편관의 기운을 土生金으로 흡수하여 庚金 편인은 다시 일간 壬水에게 金生水로 생조하고 있으니 올바른 상충이 될 수가 없고 오히려 일간은 년간 戊土의 기운을 흡수받고 있는 셈이 되었다.

또한 지지에는 이렇다할 삼형이나 상충의 작용이 보이지 않고 있는데 일간 壬水를 주동하여 시지 卯木 상관이 천을귀인(天乙貴人)이 되니 아주 좋으며 무엇보다도 년주 戊戌 편관을 중심으로 하여 월주 庚申 편인을 土生金, 다시 월주 庚申 편인은 일간 壬水에게 金生水로 연결하고 있음을 엿볼 수가 있다.

그리고 이렇게 월주 庚申 편인의 기운을 金生水로 흡수받은 일간

壬水와 시상에 투출되어 있는 癸水 겁재는 시지 卯木 상관을 水生木, 그리고 마지막 시지 상관 卯木은 용신인 일지 午火 정재를 木生火로 생조하고 있으니 이것은 어느 한 곳이라도 사주팔자가 흠을 잡을 데가 없다.

이와 같은 성질은 오행이 균등을 갖추고 있는 중에 물결이 높은 데서 낮은데로 자연스럽게 흘러가는 이치로 주류무체(周流無滯)라고 하며 이것은 곧 생화불식(生化不息) 및 생식불식(生息不息)에 의존하는 사주원국이 되고 있으니 일청도저유정신(一淸到底有精神)이므로 정말 어느 하나 버릴 것이 없는 절묘한 배합을 구성하고 있다.

고로 위 사주원국은 청탁(淸濁)의 판단에서 대단한 청기(淸氣)를 가지는 것을 알 수가 있으며 한가지 욕심을 부려본다면 대운흐름이 22세 癸亥대운부터 42세 乙丑대운까지 북방 亥-子-丑 水局이 되어 치달리고 있었으므로 그나마 복록이 조금 감퇴되었다는 것에 대하여 약간의 아쉬운 감이 없지 않다.

그러나 그러한 바램도 감지덕지한 것이며 이렇게 좋은 사주팔자는 비록 용신을 상극하는 기신(忌神)운을 운로인 대운이나 세운에서 맞이하였다손 치더라도 그 흉함이 생화불식(生化不息)에 의존하여 오행상 연결로 말미암아 평운으로 전환될 수가 있으니 이 얼마나 좋은 사주인가,?

***. 본인에 대한 육친의 운명,!**

위 사주팔자 주인공은 박 모씨로서 본인의 사주상 육친의 운명을 판별하여 본다면 부모궁은 사주월주를 보고 판단하여 육친별로는 편재는 부친을 나타내고 인수는 모친을 의미하고 있는데 월주의 십이운성 강약 및 각종 살성(殺星)을 육친과 복수적으로 부합시켜 판단하는 것이 타당하다.

따라서 사주월주에 庚申인 편인이 자리를 잡고 있는 중에 십이운성 장생지에 앉아 있으니 부모님의 기운이 아주 좋은 것을 알 수가 있으며 더하여 월주 庚申이 년간 戊戌 편관의 기운을 土生金으로 생조를 받아 왕성한 중에 다시 일간 壬水를 金生水로 생조하고 있으니 부모님의 덕을 대단히 받을 수가 있음을 알 수가 있다.

***. 여기서 일부학자들의 의문,!**

여기서 일부학자들 중에서 방금 본 저자가 설명한 월주에 庚申 편인의 기운을 놓고 한가지 의문을 제기하면서 질문을 하고 있겠는데 그것은 **"운정선생은 본 사주팔자에 대한 부모님의 운명을 간명하는 절차에서 사주주인공인 박 모씨가 월주에 庚申 편인이 자리를 잡고 일간 壬水와 서로 유정(有情)하고 있으니 부모덕을 볼 수가 있다며 기술하고 있다".!**

"그러나 저희 학자들의 견해로서는 보통 사주원국에 월주에 일간을 상극하는 살성(殺星)인 형, 충, 파, 해가 있거나 일간에 대한 기신(忌神)이 존재하여 있을 경우 오히려 부모덕을 받지 못하는 것으로 판단하는 것이 정석이며 이것은 또 운정선생이

집필한 전편인 命理秘典 上, 下권에 실제인물에 준하여 상세히 기술하고 있다".!

"그런데도 불구하고 본 사주원국은 일간 壬水에 대한 기신(忌神)의 역할을 하고 있는 월주가 모두 庚申인 편인으로 짜여져 있으니 일간에 대한 흉신의 역할을 하고 있는 것은 분명한데 어찌하여 운정선생은 본 사주팔자를 막연히 일간 壬水와 생조의 기운으로 유정(有情)하다고 하여 부모덕을 볼 수가 있는지 상당한 의문을 제기하지 않을 수가 없으므로 이 부분에 대하여 명확한 답변을 하여달라,"! 라며 구체적인 질문을 제기하고 있다.

＊. 일부학자들의 의문에 대한 본 저자판단,!

이와 같은 일부학자들의 질문에 대하여 본 저자의 견해는 학자들의 말이 틀리는 것은 아니며 또한 본 저자가 편찬한 전편 命理秘典 上권과 下권에 실제 인물을 해석하고 간명하는 절차에 월주에 기신(忌神)이나 형, 충, 파, 해 및 괴강살(魁罡殺)이나 백호대살(白虎大殺)등의 살성이 존재하여 십이운성의 사, 묘, 절에 있을 경우 부모덕을 받을 수가 없다고 분명히 명시하고 있다.

그러나 그와 같은 판단의 부분이 소수적으로 예외가 있다는 것을 첨언하고 싶은데 이 부분은 그동안 본 저자가 고서(古書)나 원서에 기술하였던 부분이 불투명하게 언급되었던 것을 실제인물에 적용하여 약 23년동안 경험상 터득한 비법(秘法)으로서 간명상 육친의 성질을 체계적인 분석을 하여 하나의 결실로 체계화하여 그 성질을 약 2가지 이유를 들어 좀 더 자세하게 기술하기로 하겠다.

***. 본 저자가 약 23년동안 경험상 터득한 비법(秘法),!**

그 첫째로,!

사주일간에 대한 월주가 기신(忌神)의 오행으로 짜여져 있으나 선천성인 사주명조가 오행상 서로 균등을 가지고 주류무체(周流無滯)로 흘러 생화불식(生化不息) 및 생식불식(生息不息)이 되어 있다면 반대로 부모덕을 받을 수가 있게된다.

무슨말인지 좀 더 구체적으로 언급하자면 본 사주팔자와 같이 일간 壬水에 대한 월주가 庚申인 편인이 신강한 일간에 대한 비록 기신(忌神)의 역할을 하고 있어도 년주 戊戌 편관을 중심으로 하여 월주 庚申 편인으로 土生金하고 있는 것을 이미 알 수가 있었다.

그리고 다시 월주 庚申 편인은 일간 壬水에 그리고 일간과 시상에 투출되어 있는 癸水 겁재는 시지 卯木 상관에게 水生木이 되어 완전히 오행상 한바퀴 돌아주게 되는 주류무체(周流無滯)인 생화불식(生化不息)이 되고 있다면 오행상 상생의 법칙에 준하여 부모덕을 받을 수가 있다는 취지이다.

이와 같은 성질은 지금까지 사주팔자인 일간에 대한 기신(忌神)이 월주에 자리를 잡고 있을 경우 완전히 부모덕이나 형제덕을 받을 수가 없다는 부분에 정면으로 배척되는 부분으로서 막연히 이렇게 일간에 대한 기신(忌神)이 있다해도 오행상 균등을 가지고 생화불식(生化不息)이 되고 있다면 예외의 성질이 있는 것을 알 수가 있는 대목이다.

이상의 부분은 일반적인 성질에 준하여 보통의 내격(內格)의 억부법이나 조후법상 적용되는 사주원국을 놓고 일간에 대한 월주가 기신(忌神)이 되고 있다면 해당되는 사주원국은 부모덕이 없는 것으로 판단하는 것이 정석으로 취용되었다.

그러나 이렇게 본 사주팔자와 같이 오행상 균등을 가지고 생화불식(生化不息)이 되고 있다면 극단적인 백호대살(白虎大殺)이나 괴강살(魁罡殺) 및 십이운성의 쇠약한 사, 묘, 절지에 앉아 중첩하여 형, 충으로 파극되지 않는 이상 부모님이 무사하게 되므로 오행 서로 상생의 작용으로 인하여 부모덕을 볼 수가 있다고 판단하여야 된다.

다음 둘째로,!

사주월주의 기운이 비록 일간에 대한 기신(忌神)의 역할을 하고 있어도 월주의 기운이 삼합, 준삼합, 육합등으로 합을 하여 나오는 오행이 일간에 대한 용신이나 희신의 성질로 둔갑하고 있을 때는 오히려 반대로 부모덕을 볼 수 가 있게된다.

이 부분에 대하여 좀 더 구체적으로 언급하여 보자면 우선 일간에 대한 기신(忌神)이 월지에 자리를 잡고 있을 경우 예를 들면 甲木

일간이 신왕하여 있을 경우 수기(秀氣)유행상 甲木 일간을 자연스럽게 그 힘을 누출시킬 수가 있는 식상 丙火를 용신으로 선택하는 것이 마땅하다.

그런데 사주월지에 비견인 寅木이 자리를 잡고 일간 甲木에 대한 기신(忌神)의 역할이 되고 있다면 오히려 월지 寅木 비견은 일간을 더욱 더 생조하여 신왕을 부추기게 되니 일간 甲木에 대한 흉신(凶神)으로 자리를 잡게 되어 완전히 부모덕을 볼 수가 없게 된다.

하지만 이 때 일간 甲木에 대한 기신(忌神)의 역할을 하고 있는 월지 寅木이 절묘하게 일지나 년지에 존재하여 있는 午火가 있을 때 자연스럽게 寅-午合火로 둔갑하여 용신인 식상 火氣로 변화되어 그 역할이 일간에 대한 길신으로 변화되게 되는 이치로 이와 같이 비록 월지에 기신(忌神)이 자리를 잡고 있어도 합의 성질로 말미암아 기신(忌神)이 용신 및 희신의 역할로 된다면 완전히 반대로 부모덕을 볼 수가 있다는 취지이다.

이상의 부분은 그동안 본 저자가 선천성인 사주명조를 보고 부모덕을 파악하는 자리에서 고서(古書)나 원서에 불투명하게 언급하였던 성질을 실제인물에 준하여 약 23년동안 하나하나 꼬집어내어 경험상 터득한 비법(秘法)으로서 육친의 판단상 하나의 체계를 정립하였던 것이니 독보적인 간명상 하나의 새로운 기틀을 마련하였던 것을 첨언한다.

따라서 학자들은 실제인물이 사주간명을 의뢰할 때 그 사주팔자가 이상의 부분에 적용되어 있다면 방금 본 저자의 경험상 비법(秘

法)에 준해서 차근차근 설명할 경우 아마도 신(神)의 경지에 이런 절대적인 선생이라고 칭찬을 아끼지 않을 것임을 감히 확신하는 바이다.

결국 이상의 판단에 부합시켜 일부학자들이 본 사주팔자 일간 壬水에 대한 월주가 庚申인 편인이 자리를 잡고 있는 것에 대하여 월주가 일간에 대한 기신(忌神)의 역할을 하고 있으니 완전히 부모덕을 볼 수가 없다는 취지를 이상의 맥락에 부합시켜 간명한다면 오히려 반대의 현상이 되고 있으므로 판단의 기준을 신중히 하여야 되는 이유가 여기에 있다해도 과언이 아니다.

***. 사주주인공의 성격,!**

다시 사주주인공인 박 모씨의 선천성인 사주명조를 보고 본인의 성격을 판별하여 보자면 우선 일간 壬水를 주동하여 일간이 신강하고 용신이 강령한 중에 오행상 木, 火, 土, 金, 水를 모두 가지고 있는 중에 오행 서로간 土生金, 金生水, 水生木, 木生火로서 주류무체(周流無滯)가 되어 생식불식(生息不息)에 의존하고 있는 사주팔자임을 알 수가 있었다.

따라서 이와 같은 부분은 사주원국이 대단한 청기(淸氣)를 가지고 있는 명조라는 것을 알 수가 있겠는데 사주월주가 庚申인 편인이 동주(同柱)하고 있으니 일간 壬水와 금수쌍청(金水雙淸)이 되고 있으므로 지혜총명하고 모든 일에 대하여 빈틈이 없는 성격인데 일지에 정재 午火가 용신이 되고 있는 것은 매사를 성실 원만하고 정직한 인품이다.

일면 사주일간 壬水를 주동하여 일지 午火 정재가 비인살(飛刃殺)이 되고 있으니 무슨일에 열중하다가도 쉽게 싫증을 내는 것으로 판단할 수도 있겠으나 일지 午火가 용신으로 자리잡고 있는 중에 년지 戊土 편관과 午-戌합으로 해극을 도모하고 있으니 이상의 염려는 모두 없어진다고 판단하여야 된다.

또한 한편으로 볼 때 사주일간 壬水에 대한 기신(忌神)으로 자리매김하고 있는 월주 庚申인 편인이 하나로 동주(同柱)의 기운이 되어 그 세력을 대단히 강력하게 작용하고 있으므로 편인에 대한 흉폭성을 적나라하게 들어낼 수 있는 염려가 있겠다.

하지만 다행히 사주내 편인을 도식(倒食)으로 변화시킬 수 있는 식신이 없으니 편인이 기운 그대로 존재하게 되어 대단히 다행스럽게 생각하는 바이다.

그러나 무엇보다도 비록 편인의 흉폭성이 있다손 치더라도 이렇게 사주상 오행이 모두 갖추어지고 있는 중에 오행 서로간 土生金, 金生水등으로 주류무체(周流無滯)가 되어 물결이 높은데서 낮은데로 자연스럽게 순리를 따르는 형상이 되고 있으니 이것은 곧 생화불식(生化不息)에 의존하는 사주팔자가 되므로 더욱 더 편인의 흉폭성이 나타날 수가 없음이 여기에 있다해도 과언이 아니다.

결국 사주주인공인 박 모씨는 그 성격이 대단히 지혜총명하고 성실 원만하겠으며 정도를 걸어가는 군자의 도리를 다갖춘 인격자임을 본인의 사주명조를 통하여 판단할 수가 있을 것이다.

***. 재복(財福)과 처복(妻福)양자를 구비하는 본 장에 준한판단,!**

본 장에 준하여 재복(財福)과 처복(妻福)양자를 구비하는 사주팔자에 인용하여 본다면 **"일간이 신왕하고 재성이 용신이 되며 오행이 모두 갖추어진 중에 생화불식(生化不息)으로 되는 사주,!**(참고로 생화불식이라 함은 사주내 오행이 木, 火, 土, 金, 水가 골고루 갖추어진 중에 木生火, 火生土, 土生金등으로 오행이 서로 유통됨을 말함),라며 자세하게 기술하고 있다.

따라서 본 사주팔자는 이상의 부분에 완전히 적용되어 있음을 엿볼 수가 있겠는데 그것은 일간 壬水가 사주내 인성 金氣와 겁재 癸水에 의해 생조되어 신강하고 있는 중에 정재 午火를 용신으로 삼고 있으니 완전히 부합하고 있다.

더구나 일간 壬水는 용신의 기운으로 자리매김하고 있는 사주일지 午火 정재가 시지 卯木 상관에 의하여 木生火로 끊임없이 생조하고 있는 중에 용신인 午火 정재는 사주년지 戌土 편관과 午-戌合火까지 구성하여 무언중에 재성 火氣를 돌출하고 있으니 이것은 단편적으로 보아도 용신이 강령하고 있음은 두말할 이유가 없는 것이다.

그러나 이와 같은 부분보다도 더 중요한 것은 오행이 균등을 가지고 일간이 신강한 중에 오행상 년주 戊戌 편관을 주동하여 土生金, 金生水, 水生木, 木生火로 오행이 물결이 흘러가듯 주류무체(周流無滯)로 이어지는 생화불식(生化不息)이 되고 있으니 이와 같은 성질은 아무리 강조해도 지나치지 않는 것이다.

이러한 부분은 격국의 최상급을 의미하고 있는 것이니 일청도저유정신(一淸到底有精神)으로서 완전히 본 장에 부합하므로 재복(財福)과 처복(妻福)양자를 구비하는 것은 말할 것도 없거니와 부귀공명을 한몸에 받을 수 있는 절묘한 배합을 구성하고 있으니 더 이상 설명이 필요가 없음이다.

실제로 본 장에 언급하는 사주주인공인 박 모씨는 대학을 다닐 때 연애를 하여 경기도 모 처에 살고 있는 국가주요기관의 차관의 딸을 아내로 맞이하였으며 장인의 도움으로 일약 천금을 희롱하는 주인공으로 군림하였는데 본인 역시 국가에서 치루는 외무고시에 합격을 하여 당당히 재복(財福)과 처복(妻福) 및 더 나아가서 관권(官權)까지 거머쥐었으니 이 얼마나 하늘이 놀라는 일이 아니겠는가,?

***. 격국(格局)에 대한 대운흐름,!**

지금까지 사주주인공인 박 모씨의 선천성인 사주명조를 보고 본 장에 부합하는 재복(財福)과 처복(妻福) 양자를 구비하는 격국임을 판별할 수가 있었는데 그렇다면 과연 언제 어느 시점에 박 모씨가 지금의 처를 만나 결혼을 하였으며 또한 외무고등고시에 합격하여 일약 하늘이 놀라는 시점을 사주추명학에 비추어 간명하여 볼 필요가 있겠다.

따라서 사주주인공인 박 모씨의 처음인 초년대운부터 간명하는 것은 지면의 한정상 생략하기로 하고 일약 대발복을 하였던 22세

癸亥대운을 중점적으로 시작하여 대운과 세운이 접목되는 시기에 부합하여 사주명조를 같이 도표를 보면서 좀 더 자세히 기술하기로 한다.

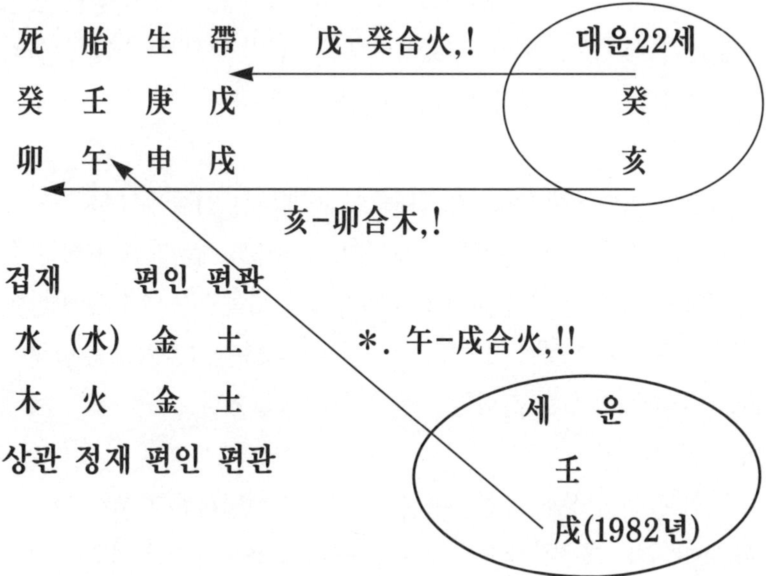

이상의 도표에서 나타나고 있듯이 사주주인공인 박 모씨의 사주팔자와 22세 癸亥대운이 지배되는 시점에서 1982년은 또 다른 후천성인 세운이 사주상에 영향력을 미치고 있음을 자세하게 보여주고 있다.

이 때 대운천간 癸水는 신왕한 일간 壬水에게 겁재가 되어 용신인 재성 火氣를 상극하는 水氣로서 파극하므로 불리하게 될 수가 있겠으나 절묘하게 사주년간에 투출되어 있는 戊土 편관과 戊-癸合火로 변화되어 용신인 재성 火氣로 나옴에 따라 대단히 길하게 작용하는 것을 알 수가 있다.

또한 대운지지 亥水가 일간 壬水에게는 비견이 되어 왕성한 水氣로서 신왕한 일간을 생조하므로 불리하나 이것 역시 사주팔자내 시지 卯木 상관과 亥-卯合木으로 식상 木氣로 둔갑하여 용신인 재성 火氣를 木生火로 생조하고 있으니 대운천간지지 모두 기신(忌神)의 성질이 길신으로 변화되고 있음을 엿볼 수가 있다.

상황이 이럴진데 22세 癸亥대운이 지배되는 시점에서 1982년이 되자 또 다른 후천성인 세운 壬戌년이 다가와서 세운천간 壬水는 일간 壬水에 대한 비견이 되어 불리하겠으나 세운지지 戌土가 일간에 대한 편관으로 이것이 사주일지 午火 정재와 午-戌合火로 둔갑하여 재성 火氣로 더욱 더 강력한 기운을 발휘하고 있다.

이와 같은 현상을 육친통변법으로 좀 더 세밀하게 자세히 판단하여 보면 우선 대운천간지지 모두 합을 하여 용신과 희신의 기운으로 변화되고 있는 중에 세운지지 戌土가 일지 午火와 午-戌合火로 합을 하는 것은 일지는 나의 몸을 나타내고 또한 처궁을 의미하고 있는데 이렇게 일지 午火와 午-戌合火로 합을 하여 재차 재성 火氣가 나옴에 따라 이것은 여자와 결혼을 의미하고 있는 것이다.

실제로 사주주인공인 박 모씨는 22세 癸亥대운이 지배되는 시점인 1982년 壬戌년 만 24세에 같은 대학에 다니면서 경기도 모 처의 국가 요직에 근무하는 차관의 딸과 연애를 하여 결혼에 성공하였으니 그의 처는 빼어난 미모와 장인의 재력과 권력은 이미 세상사람들이 다아는 형상이므로 일약 성공의 발판을 마련한 것이라 할 수가 있겠다.

하지만 그의 성공여부는 여기에서만 끝난 것이 아니고 4년이 지난 만 28세가 되는 시점인 1986년 丙寅년에 사주주인공인 박 모씨 자신도 외무고등고시를 패스하여 합격을 하였으니 주위 사람들이 깜짝 놀라는 형상이 벌어졌으며 이것은 정말 본 장에 언급하는 재복(財福)과 처복(妻福) 및 더 나아가서는 관권(官權)을 한주먹에 거머쥐었으므로 과히 천하를 진동시키고도 남음이 있는 형상이 아니라 할 수가 없다.

※ 참고로 이상의 사주주인공인 박 모씨 사주간명을 통하여 본 장에 언급하는 재복(財福)과 처복(妻福)양자를 구비하는 사주원국에 부합시켜 그 실체여부를 적나라하게 파 헤쳐보았는데 그 발복 여부가 과히 엄청난 것을 알 수가 있었다.

또한 만 28세인 세운 丙寅년에는 외무고등고시까지 합격을 하였는데 그것은 본 사주원국이 일지 午火 정재를 용신으로 선택하는 중에 대운과 세운이 모두 용신 및 희신의 성질이 왕성함은 두말할 것도 없으며 더구나 세운천간 丙火는 편재 火氣를 업고 들어왔고 다시 세운지지 寅木이 다시 寅-午-戌 삼합 火局이 결성되므로 완전히 부합하고 있음을 알 수가 있다.

제9장
빈자(貧者)의 사주

제9장 빈자(貧者)의 사주

1. 빈자(貧者)의 사주

사람은 태어나서 누구나 오복(五福)을 가지는 것을 최고의 바램으로 생각하고 있는데 이것은 고대의 옛날사람이나 과학이 고도로 발달한 지금의 현대사람들이나 모두 변함없는 욕망이며 또 이것을 성취하려고 안간힘을 쓴다.

이러한 오복(五福) 중에서 가장 필연적으로 가지고 싶은 복(福)은 재복(財福)이며 이것은 오복(五福)의 가운데 최고 으뜸으로 지배하고 있다해도 결코 지나친 과언이 아니다.

더구나 현대사회의 금전 만능주의적 사상이 팽배하는 작금에는 빈부(貧富)의 격차란 과히 하늘과 땅 차이를 논할 수가 있을 정도로 감히 이야기 할 수가 있겠으며 생존경쟁의 사회에 부자(富者)는 그 어느 곳에 가서도 최고의 대우를 받는 것은 두말할 것도 없다.

하지만 이러한 부자(富者)의 팔자가 있는 반면 그에 반하는 상대적인 빈자(貧者)가 있기 마련인데 따라서 본 장에서 언급하는 빈자(貧者)는 전자에 기술하였던 부자(富者)팔자와 완전히 상반되는 성질임을 알 수가 있다.

인간은 처음에 태어날 때는 누구나 빈손으로 태어나고 성장하는 과정에서 부모님의 재복(財福)을 받는 부귀명문가(富貴名文家)에 출생하였는가, 그렇지않고 홀로 자수성가를 하여 후일에 재복(財福)을 갖추는 선빈후부격(先貧後富格)이 되어 사람들의 부러움을 독차지 하는가 하는 차이를 논할 수가 있다.

물론 이 과정에 비록 부모님의 조업이 대 부자집 세도로 연결되어 유산을 물려받아 대대로 큰 재복(財福)을 이루어간다면 별 문제가 없겠지만 살아가는 과정에 사업에 실패를 하여 하루 아침에 알거지가 되면서 처참한 신세로 전락하는 선부후빈격(先富後貧格)이 현대사회에서 많이 나타나고 있음을 우리들 모두 많이 보고 있다.

사람은 누구나 오복(五福)을 성취하려고 힘쓰며 그 중에서 금권(金權)인 재복(財福)을 더 없이 소유하려고 하는 것은 누구나의 소망이며 본능인데 그렇다면 한사람이라도 거지로 살아가겠느냐,고 반문하였을 때 본 저자를 비롯하여 그 어느 누구 아무도 선 듯 나타나지 않을 것이다.

결국 본 장에 언급하는 빈자(貧者)의 사주는 선천성인 사주격국을 논한 뒤 그 격국에 대한 청탁(淸濁)판별 및 용신의 왕쇠(旺衰)등을 정하고 다시 후천성인 운로의 대운과 세운을 접목하여 같은 빈자(貧者)라도 그 빈자(貧者)의 등급에 의한 차등을 두면서 사주간명을 하여야 되는 점을 강조하고 있겠다.

(1). 빈자(貧者)의 격국

● 일간이 신약하고 재성이 왕성하여 재다신약격(財多身弱格)을 구성하는 중에 대운이 기신(忌神)으로 치달릴 때,!

● 일간이 신약하고 재성이 중첩하여 재다신약격(財多身弱格)을 구성하는 중에 식상이 미약하여 일간과 재성사이를 소통시키지 못할 때,!

● 일간이 신약하고 재성이 미약하나 관성이 중첩되어 일간을 심히 상극시킬 때,!

● 일간이 신약하고 인성이 용신이 되어 미약한데 식상이 왕성하여 인성을 파극시키고 있을 때,!

● 일간이 신약하여 비겁이 용신이 되어 미약한데 재성이 왕성하여 비겁을 상극시키고 있을 때,!

● 일간이 인성에 의해 신강(身强)하고 재성이 경미하여 인

성이 재성을 극파한 중에 식상 또한 경미하여 재성을 구조하지 못할때,!

● 일간이 비겁에 의해 신왕하고 재성이 미약하여 군비쟁재(群比爭財)된 중에 식상이 없을 때,!

● 일간이 신약하여 비겁이 용신인데 재성과 관성이 무리를 이루어 비겁을 파극할 때,!

● 일간이 신약하여 인성이 용신인데 재성이 강력하여 인성을 파극하고 있을 때,!

● 일간이 신왕하여 재성이 용신이나 재성이 합을 하여 타육신인 기신(忌神)으로 변화될 때,!

● 일간이 신약하고 인성이 용신이 되는데 비록 관성이 인성을 생조하는 것을 재성이 가로막아 인성을 파극하고 있을 때,!

※ 참고로 지금까지 기술한 것은 빈자(貧者)의 대표적인 사주팔자이며 **"재성부진(財星不眞)"**의 표본이 되는 격국이라 하겠는데 후천성인 대운의 흐름이 용신이나 희신의 운로로 흐르고 있는가, 그렇지 않고 기신(忌神)으로 치달리고 있는가 하는 점도 복수적으로 간명하는 것이 타당하다.

하지만 이상의 부분을 제쳐놓고도 빈자(貧者)의 사주팔자가 있는데 그것은 전편인 命理秘典 下권인 간명비법(看命秘法)상 중화(中和)법칙, 유정무정(有情無情)의 법칙에 상반되는 사주, 그리고 용신이 미약하여 있는 사주, 더하여 필수적으로 후천성인 대운이 기신(忌神)으로 치달리고 있는 것도 모두 빈자(貧者)의 팔자이다.

※ 참고로 고서(古書)나 원서에 적고 있기를 **"일간이 신왕하여 인성이 기신(忌神)인 경우 재성이 누출(漏出)되어 생관(生官)할 때",!** 를 빈자(貧者)의 대표적인 사주팔자라고 꼬집고 있으나 이것은 잘못된 것이다.

그것은 우선 일간이 신왕하다면 원칙적으로 식상, 재성, 관성등이 용신이나 길신이 되고 있는 것은 자명한데 **"재성이 누출(漏出)되어 생관(生官)을 한다는 것은 재성이 관성을 생조하는 현상을 말하는 성질이며"** 이는 곧 오히려 신왕사주에서는 재성이 관성을 생조하고 있을 경우 관록(官祿)등으로 직업을 잡으면서 대부귀운명이 된다.

물론 이와 같은 격국은 후천성인 대운의 흐름이 정히 용신이나 희신으로 치달리고 있어야 된다는 필연성을 가지고 있겠지만 아무리 격국을 판단하는 절차에서 막연히 일간이 신왕한데도 관성을 재성이 생조하는 아주 좋은 사주팔자를 막연히 빈자(貧者)의 팔자에 언급하는 처사는 도무지 납득이 되지 않는다.

일간이 신왕하고 있을 경우 반드시 외격(外格)의 종격(從格)이나 가종격(假從格)으로 돌아가지 않는 이상 필수적으로 내격(內格)에 기준하여 용신이 선정되는 것은 기정사실인데 비록 재성이 누출

(漏出)되어 관성을 생관(生官)할 지라도 오히려 이것은 관성이 힘을 얻음에 따라 대부귀(大富貴)가 되는 것은 자명한 것이다.

따라서 이와 같은 오류가 후학의 경험과 노력으로 하나씩 시정되어갈 때 역학의 발전이 있는 것이며 또한 그 연구의 성과들이 공개되고 토론되어지는 과정에서 역학의 미래가 있다할 것이다.

*. 고서(古書)인 연해자평(淵海子平)에 기술되어 있는 거지사주,!

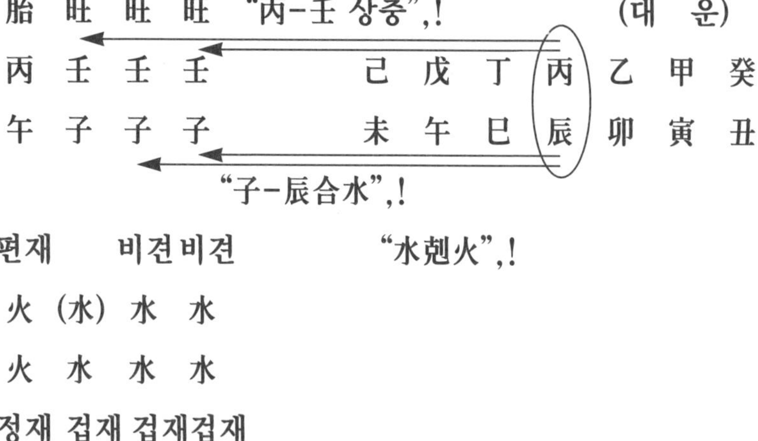

●고서(古書)인 연해자평(淵海子平)에 나오는 거지팔자로 이미 선천성인 사주명조가 水-火 상극으로 짜여져 군비쟁재(群比爭財)가 되니 강력한 비겁 水氣가 재성 火氣를 쟁탈하고 있다.!

대운을 보니 甲寅, 乙卯운에서 식상 木氣가 그나마 왕성한 비겁 水氣와 재성 火氣간을 木生火로 통관(通關)시켜주므로 조금은 기댈수가 있으니 그나마 다행인 것을 알 수가 있다.! 하지만 丙辰대운에 들어가면 대운천간 丙火가 편재의 기운인데 사주천간에 투출되어 있는 강력한 비견 水氣와 일간을 丙-壬상충으로 파극하고 다시 대운지지 辰土가 습토로서 사주 년지 및 월지 그리고 일지 子水겁재와 子-辰合水로 변화되니 더욱더 군비쟁재(群比爭財)가 성립되어 그저 아쉬울 뿐이다!

***. 일간의 왕쇠(旺衰),!**

壬일간 子월에 출생하여 득령(得令)하였으며 다시 사주원국 월지 子水 겁재인 양인을 중심으로 해서 일지 및 년지 子水와 그 세력에 뿌리를 둔 십이운성의 제왕지에 앉은 년, 월, 일간 壬水 비견이 투출되어 있으니 대단히 신왕하다.

이렇게 일간 壬水가 신왕하고 있을 경우 본 사주팔자가 강력한 水氣를 따르는 외격(外格)의 종격(從格)이나 가종격(假從格)으로 돌아가지 않는 이상 마땅히 일간과 일간의 동기인 비겁 水氣를 억제할 수 있는 오행이 있어야 만이 내격(內格)을 기준하여 용신이 선정 될 수가 있을 것이다.

따라서 사주팔자를 자세히 관찰하여 보니 일간 壬水와 사주내 왕성한 비겁 水氣를 억제할 수 있는 시지에 午火 정재가 자리를 잡고 있는 중에 그 세력에 뿌리를 둔 십이운성의 제왕지에 앉은 시상 丙火 편재가 투출되어 일간과 비겁 水氣의 기운을 억제하고 있으니 결코 비겁 水氣를 따르는 외격(外格)의 종격(從格)이나 가종격(假從格)으로 돌아가지 못하고 내격(內格)의 억부법이나 조후법의 용신이 선정되는 것을 알 수가 있다.

한편으로 볼 때 사주원국에 비록 일간 壬水와 일간의 동기인 비겁 水氣를 억제할 수 있는 재성 火氣가 시주에 丙午로 자리를 잡고 있는 것은 비록 내격(內格)에 기준하여 용신이 선정된다 손치더라도 이렇게 재성 火氣와 비겁 水氣간에 水剋火 상쟁이 되고 있으니 이것은 곧 비겁 水氣에게 재성 火氣가 서로 쟁탈이 되어 군비쟁재(群比爭財)의 법칙이 적용되는 것을 피할 수가 없다.

더하여 설상가상으로 이렇게 비겁 水氣와 재성 火氣간에 水剋火 상극이 되는 부분이 사주천간에 투출되어 있는 일간 및 년, 월간 壬水 비견과 시상에 투출되어 있는 丙火 편재간 丙-壬 상충이 되고 있고 다시 사주지지에는 년, 월, 일지 子水 겁재인 양인과 시지 午火 정재간 子-午 상충이 되고 있으니 그야말로 완전히 전쟁터를 방불케하고도 남음이 있다할 것이다.

만약 본 사주팔자에 왕성한 비겁 水氣와 재성 火氣간을 서로 연결 소통시킬 수 있는 식상 木氣가 존재하여 비겁 水氣와 재성 火氣간 양자를 水生木하고 다시 木生火로 화해 연결시킬 수만 있다면 사주격국이 얼마나 좋게 되는지는 하늘과 땅의 차이므로 대단히 안타깝기 그지없다.

***. 격국(格局)과 용신,!**

위 사주팔자에 대한 격국(格局)과 용신을 판별하여 보면 일간 壬水가 사주내 강력한 비겁 水氣에 의해서 신왕이 태왕하여 있는 중에 사주월지에 子水 겁재인 양인이 자리를 잡고 다시 사주천간에 십이운성 제왕지에 앉은 壬水 비견이 투출되어 있으니 **"신왕월지양인격(身旺月支羊刃格)"**이 성격(成格)된다.

고로 용신은 **"겁중용관격(劫重用官格)"**이 되어 왕성한 비겁 水氣를 土剋水하여 억제할 수 있는 관성 土氣를 용신으로 삼아야 되겠으나 우선 위 사주팔자가 계절이 子월에 출생하여 만물이 전부 꽁꽁 얼어붙어 있으므로 시급히 재성 火氣로서 얼어붙은 물을 녹여주어야 대길할 것이다.

따라서 겁중용재격(劫重用財格)으로서 왕성한 비겁 水氣를 억제하고 아울러 조후법에서도 충족할 수 있는 재성 火氣를 용신하고 재성 火氣를 생조하는 식상 木氣를 희신으로 삼는 것이 타당한데 하지만 사주원국을 자세히 관찰하여 보니 재성 火氣가 비록 용신의 기운이지만 그다지 복록이 들어오지 못함을 엿볼 수가 있다.

그 부분을 좀 더 자세하게 기술하여 보자면 본 사주원국이 비겁 水氣가 태왕하여 있는 중에 사주시주에 丙午 재성이 자리를 잡고 있는데 이렇게 왕성한 비겁이 태왕하여 재성 火氣를 水剋火로 쟁탈을 하고 있으니 이것은 곧 군비쟁재(群比爭財)의 법칙에 부합하고 있음을 알 수가 있다.

더구나 사주원국에 왕성한 비겁 水氣가 태왕하여 있는 중에 아무리 재성 火氣가 용신으로 선택되고 있으나 이미 사주명조내 강력한 비겁 水氣가 지지에는 子-午 상충이 되어 있고 사주천간에는 丙-壬 상충이 되어 양쪽 모두 상충으로 파극하고 있는 점이 극도로 불안하기 짝이 없다.

이와 같은 현상은 이미 사주원국에 재성 火氣와 비겁 水氣간에 전쟁터를 방불케하고도 남음이 있는데 그렇다면 다시 운로인 대운이나 세운에서 양쪽 어느 기운이던 간에 재성 火氣가 들어오면 천간에 丙火는 丙-壬 상충이 될 것이고 지지에서 들어오는 午火는 子-午 상충이 되고 있으니 더욱 더 군비쟁재(群比爭財)가 되는 것은 자명한 일이다.

결국 이 사주는 재성 火氣도 별 복록이 미미할 것으로 귀착하고 있는데 그렇다면 재성 火氣와 왕성한 비겁 水氣간을 화해 연결시킬 수 있는 식상 木氣가 가장 복록이 들어오는 것으로 판단하는 것이 정석이나 이렇게 선천성인 사주팔자 얼굴이 못나 있으니 비록 운로인 대운이나 세운에서 용신이나 희신의 기운이 들어온다손 치더라도 복록을 논할 수가 없는 이유가 여기에 있다해도 과언이 아니다.

***. 격국(格局)에 대한 청탁(淸濁)판별,!**

다시 본 사주팔자에 대한 격국(格局)에 대한 청탁(淸濁)판별을 하여보면 우선 사주일간 壬水가 사주내 왕성한 비겁 水氣에 의하여 신왕이 태왕하고 있는 중에 용신으로 선택되고 있는 재성 火氣가 시주에 丙午로 자리를 잡고 있음을 엿볼 수가 있다.

이와 같은 현상은 전자에도 언급하였듯이 비겁 水氣와 재성 火氣간에 군비쟁재(群比爭財)가 되는 것으로 이렇게 재성과 비겁간 양자를 화해 연결을 할 수 있는 식상 木氣가 존재하지 않음에 따라 더욱더 재성과 비겁이 전쟁터를 방불게 하고 있다.

더구나 사주천간에 일기(一氣)로 구성되어 있는 壬水 비견이 시상에 하나로 투출되어 있는 丙火 편재를 3:1이 되어 丙-壬 상충으로 파극하고 다시 사주지지에 일기(一氣)로 되어 있는 겁재인 양인 子水가 역시 시지 午火 정재를 3:1로 子-午 상충으로 파극하고 있으니 나의 금전인 재성 火氣는 모조리 쟁탈이 되는 것을 피할 수가 없다.

따라서 이것은 더 무엇을 논할 필요도 없이 쓸모없는 사주팔자로 전락하는 것을 모면할 수가 없으며 숙명적인 일생이 인사불성으로 지나가기 쉽고 곧바로 참담한 신세인 것을 미루어 짐작할 수가 있다.

결국 위 사주팔자는 청탁(淸濁)의 부분에 비추어 볼 때 대단한 탁기(濁氣)를 구성하는 것을 알 수가 있겠고 한가지 바램이 있다면 본 사주팔자에 식상 木氣가 존재하여 있을 경우 완전히 백배 내지는 천배의 좋은 격국으로 돌변할 수 있을 것인데 사주에 식상 木氣가 없으니 애석하기 그지없음을 한탄한다.

***. 본 장 빈자(貧者)의 팔자에 준하여 간명,!**

본 사주팔자는 이미 오래전에 고서(古書)인 연해자평(淵海子平)에 기술되어 있는 거지사주로서 본 장 빈자(貧者)의 팔자에 부합시켜 간명하여 보자면 **"일간이 비겁에 의해 신왕하고 재성이 미약하여 군비쟁재(群比爭財)된 중에 식상이 없을 때,!**라고 빈자(貧者)의 부분을 대단히 자세하게 언급하고 있다.

따라서 위 사주원국은 완전히 이상의 부분에 적용되어 있음을 엿볼 수가 있겠는데 그것은 이미 선천성인 사주원국 명조에 일간 壬水가 신왕한 중에 강력한 비겁 水氣가 하나의 기운인 재성 火氣를 水剋火하여 쟁탈하고 있으니 곧 군비쟁재(群比爭財)가 되어 빈자(貧者)의 사주로 탈바꿈하는 것을 엿볼 수가 있다.

이러한 부분은 사주원국에 식상 木氣가 만약 있었더라면 완전히 해소가 되어 대단히 좋은 사주팔자로 둔갑을 할 수가 있겠지만 아쉽게도 식상 木氣가 사주내 존재하지 않으니 재성 火氣와 비겁 水氣간에 군비쟁재(群比爭財)의 법칙이 실현되어 재성 火氣를 쟁탈하고 있으니 이것은 곧 본 장에 언급하는 거지팔자로 판단하는 것이 정석이다.

***. 격국(格局)에 대한 대운판단,!**

지금까지 본 장에 언급하는 빈자(貧者)의 사주에 위 사주팔자를 부합시켜 간명하여 보았던 결과 격국에 대해 대단한 탁기(濁氣)를 구성하여 빈자(貧者)의 대표적인 사주임을 엿볼 수가 있었다.

본 사주팔자는 고서(古書)인 연해자평(淵海子平)에 나오는 거지팔자로 기록하되 있으며 대운흐름을 판별하여 볼 때 초년 甲寅, 乙卯 대운까지는 식상 木氣로서 재성 火氣와 비겁 水氣간을 水生木, 木生火로 화해 연결시키고 있으므로 그나마 의식(衣食)은 장만할 수가 있었을 것이다.

그러나 다음대운인 丙辰대운에 들어가면 대운천간 丙火가 일간 壬水에 대한 편재로서 일간과 천간의 년, 월간 壬水 비견을 丙-壬 상충한 중에 다시 대운지지 辰土가 습토로서 사주지지에 일기(一氣)로 되어 있는 子水 겁재와 子-辰合水로 돌변하여 더욱 더 강력한 水氣로서 재성 火氣를 쟁탈하고 있으니 아마 굶어죽지 않으면 다행이라 할 것이다.

이렇게 숙명적인 본 장에 언급하는 빈자(貧者)의 팔자에 부합시켜 거지팔자를 간명하여 본결과 지금 우리들의 시절에도 과거에 언급하였던 한 중국인의 거지팔자처럼 빈자(貧者)의 사주원국이 종종 나타나고 있기 때문에 간명법상 하나의 활용법칙으로 삼아야 함은 두말할 필요도 없을 것이다.

***. 고서(古書)인 연해자평(淵海子平)에 본 거지팔자를 놓고 기술하기를,!**

년, 월, 일주의 壬子가 극히 왕성한데 반하여 재(財)인 丙午는 시주에 있을뿐 재를 생하는 식상이 사주에 없다.

군비(群比)가 丙火를 쟁탈(爭奪)하고 지지(地支)의 子水가 午火를 충거(沖去)하여 세 사람이 한 그릇의 밥에 매달인 지경이 되어 그 팔자가 거지 신세가 된 것이다.!라며 짤막하게 언급하고 있다.

*. 본 장 빈자(貧者)의 팔자에 적용되어 사업을 하다 실패하여 떠돌아다니던 중 굶어죽은 가련한 故 이 모씨,!

(예2). 남자, 故 이 모씨(서울 청량리)1948년 음력 11월 4일 巳시

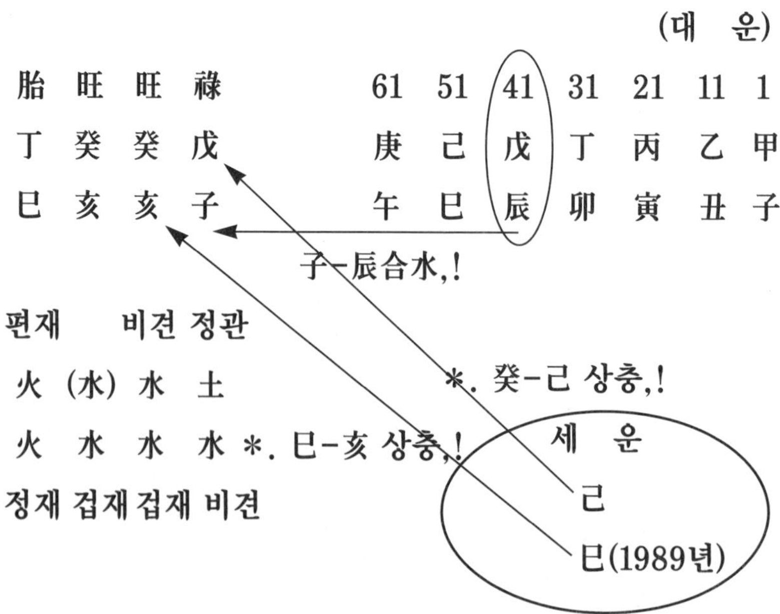

●본 사주팔자는 이미 선천성인 사주내 왕성한 비겁 水氣와 재성 火氣간을 연결시킬 식상 木氣가 없음에 따라 완전히 군비쟁재(群比爭財)가 성립되어 재성과 비겁간에 전쟁터가 방불케하고도 남음이 있다.!

31세 丁卯대운까지는 대운천간 丁火가 일간 및 월상 癸水 비견을 丁-癸 상충을 하여 그 흉의가 강력하겠으나 다행이 대운지지 卯木이 식신이니 水生木, 木生火하여 양자를 통관(通關)하게 되므로 그나마 사업이 왕성하여 조금의 복록은 유지하였다.!

그러나 1988년 戊辰년이 되자 세운지지 辰土가 사주년지 子水 비견과 子-辰合水를 결합하여 水剋火로 더욱 더 재성 火氣를 군비쟁재(群比爭財)하니 하루아침에 가내공업에 불이 나서 거지신세로 전락하고 말았다.!

그 후 1년 후인 만 41세가 되니 戊辰대운이 지배되는 시점에 대운천간 戊土가 그나마 사주일간과 월상에 癸水와 戊-癸合火가 되었으면 조금 나았을 수가 있을 것이다.!

하지만 세운이 1989년이 己巳년이 되어 세운천간 己土가 癸水를 癸-己 상충으로 파극하여 戊-癸合火를 깨어버리고 다시 세운지지 巳火가 월지 및 일지 亥水를 巳-亥 상충으로 파극한 중에 대운지지 辰土가 년지 子水와 재차 子-辰合水를 하여 水剋火와 이중 삼중 상충의 충돌속에 어려움을 면할 수가 없다.!

음력 11월이 되자 4일을 굶은 이 모씨가 정말 보기 애처로울 정도로 웅크린채 동사(凍死)한 것을 시청에서 거적을 덮어놓은 시신을 보고 큰형이 엎드린 채 대성통곡을 하면서 슬퍼하는데 "이놈아",!"그렇게 살다갈 것을 결혼생활 제대로 한번 못한 채 몽달귀신이 되어 구천을 떠도니 이 형에게 못을 박고 가면 속이 시원하느냐",!!!라며 부둥켜 안으며 허공에 외치자 길을 가던 사람들이 이 광경을 보고 모두 눈시울을 안 적시는 사람이 없었다.!!!!

사람의 인생이란게 눈부신 이가 있는가 하면 또 이렇게 가슴여미는 이가 있으니 그래서 세상엔 술이란게 있는가 보다!

***. 일간의 왕쇠(旺衰),!**

癸일간 亥월에 출생하여 득령(得令)하였으며 사주월지 亥水 겁재를 중심으로 해서 일지 亥水에 득지(得地), 그리고 년지 子水 비견에 생조된 중에 그 세력에 십이운성 제왕지와 건록지에 앉은 월상에 癸水 비견이 투출되어 있으니 대단히 신왕하다.

따라서 이렇게 일간 癸水가 신왕이 태왕하여 있을 경우 왕성한 水氣를 따르는 외격(外格)의 종격(從格)이나 가종격(假從格)을 고려해 볼 수가 있을 것이다.

사주격국을 면밀히 관찰하여 보니 사주내 왕성한 비겁 水氣의 기운을 사주시지에 巳火 정재가 자리를 잡고 다시 십이운성에 제왕지에 앉은 시상 丁火 편재가 투출되어 있는 것은 일간 癸水를 억제하는 기운이 강력하게 자리를 차지하고 있게 되어 결코 외격(外格)의 종격(從格)으로 돌아가지 못하고 있음을 알 수가 있다.

그렇다면 본 사주팔자는 이렇게 일간 癸水의 힘을 억제할 수 있는 성질이 존재하여 있음에 따라 곧 내격(內格)의 억부법이나 조후법에 준하여 용신이 선정되는 것을 알 수가 있는데 일면 일간 癸水가 한편으로 볼 때 추운겨울인 亥월에 태어나 만물이 모두 꽁꽁 얼어붙어 있으므로 시급히 조후법상 재성 火氣를 필요하는 격국임을 판단하여야 될 것이다.

***. 격국(格局)과 용신,!**

위 사주팔자에 대한 격국(格局)과 용신을 판별하여 보면 우선 일간 癸水가 신왕함이 태왕하여 있는 중에 사주월지에 亥水 겁재가 자리를 잡고 재차 월상에 십이운성의 제왕지에 앉은 癸水 비견이 투출되어 있으니 **"신왕월지겁재격(身旺月支劫財格)"**이 성격(成格)된다.

고로 용신은 **"겁중용관격(劫重用官格)"**이 되어 왕성한 비겁 水氣를 정면으로 억제할 수 있는 관성 土氣를 용신으로 삼아야 타당할 것이지만 제일로 시급히 계절이 亥월에 출생하여 얼은 물기운을 녹여주어야 될 필요성이 절박하니 **"비중용재격(比重用財格)"**으로 재성 火氣를 용신하고 재성 火氣를 생조하는 식상 木氣는 희신으로 삼는 것이 마땅하다.

관성 土氣의 경우 원칙적으로 일간 癸水의 기운을 억제할 수 있는 장점이 있어 길하겠지만 그 중에서 辰, 丑 土氣는 습토인 즉, 물의 기운을 머금고 있는 것은 불리하고 그렇다면 조토인 未, 戌 土氣는 따뜻한 온기(溫氣)를 가지면서 일간 癸水에 대한 조후법을 충족시킨 중에 강력한 비겁 水氣까지 土剋水의 역할을 하게 되므로 조토는 대단히 길하게 작용한다.

그런데 여기서 한가지 중요한 부분이 발견되고 있는데 그것은 본 사주팔자가 비록 용신인 재성 火氣를 선택하고 있다손 치더라도 그 복록의 발복여부가 불투명하게 되어 있고 오히려 때에 따라서는 왕성한 비겁 水氣와 水剋火로 쟁탈을 하는 군비쟁재(群比爭財)의 법칙이 적용되고 있기 때문에 복록은 커녕 오히려 재화가 들어올 수도 있다.

이와 같은 현상이 유발되는 절대적인 하나의 요인은 본 사주원국이 왕성한 비겁 水氣와 재성 火氣간을 연결 화해시키는 식상 木氣가 비록 사주월지 및 일지 亥중의 지장간 중기(中氣)에 甲木이 있다고 하나 지장간에 암장되어 있는 기운은 그 역할이 미미하기 짝이 없으니 제대로 그 역할을 수행할 수가 없게되었다.

그렇다면 사주내 식상 木氣가 정오행이 있어야 만이 제대로 완전한 비겁 水氣와 재성 火氣간을 소통시킬 수 있는 절박한 문제가 당면되고 있는 것인데 이러한 결점으로 인하여 재성 火氣가 아무리 본 사주팔자에 대한 중요한 용신의 기운이 되고 있겠으나 식상 木氣보다는 복록이 못하게 작용하는 이유가 모두 여기에 있다해도 과언이 아니다.

결국 위 사주팔자는 비록 재성 火氣가 사주시주에 丁巳로 자리를 잡고 있어 진신(眞神)이 되겠으나 이상과 같은 이유에서 식상 木氣가 사주팔자에 없으니 군비쟁재(群比爭財)의 법칙에 재성과 비겁간에 끊임없는 전쟁터로 말미암아 양자의 피해가 속출하는 것은 모면할 수가 없으며 이렇게 되다보니 운로인 대운이나 세운에서 보아야하는 가신(假神)인 식상 木氣가 오히려 더 낫게 작용하는 것을 면밀히 분석할 수가 있겠다.

*. 격국(格局)에 대한 청탁(淸濁),!

위 사주팔자에 대한 격국(格局)에 대한 청탁(淸濁)부분을 판별하여 보면 우선 일간 癸水가 신왕함이 태왕한 중에 비견과 겁재가 중중(重重)하니 마땅히 이것을 수기(秀氣)유행하여 자연스럽게 누출시킬 수 있는 식상 木氣가 사주내 보이지 않고 있다.

이와 같은 현상은 본 사주원국에 대한 가장 중요한 기운으로 자리매김하고 있는 용신인 재성 火氣를 완전히 水剋火로 파극하는 것을 모면할 수가 없겠으며 더하여 시상에 투출되어 있는 丁火 편재는 일간과 월상에 투출되어 있는 癸水 비견간에 丁-癸 상충으로 쟁탈을 하고 있음을 엿볼 수가 있다.

또한 사주시지에 존재하는 巳火 정재는 일지 및 월지 亥水 겁재가 무리를 이루면서 역시 巳-亥 상충으로 파극하고 있으니 하루라도 재성이 쟁탈당하는 현상은 끊이지를 않고 있겠으며 전자 (예1)에 언급한 한 중국인의 사주와 같이 시급히 식상 木氣를 운로인 대운이나 세운에서나마 보아야 하는 절박함마져 감돌고 있다할 것이다.

결국 본 사주팔자는 이렇게 오행이 편중(偏重)되어 신왕이 극심으로 치달리고 있는 중에 용신의 재성 火氣를 왕성한 비겁 水氣가 水剋火로 쟁탈(爭奪)를 당하고 있고 상충마져 성립되어 있으니 결코 복록을 논할 수가 없는 대단한 탁기(濁氣)를 구성하고 있으며 이것은 곧 일생동안 살아가는 과정이 인사불성의 삶을 모면할 수가 없다는 것을 사주원국은 무언중에 암시를 하고 있다해도 과언이 아니다.

＊. 사주주인공에 대한 육친의 운명,!

본 사주팔자에 대한 육친의 운명을 판별하여 보면 조부님과 직계비속인 자식운까지 지면관계상 일일이 기술할 수가 없고 그 중에 눈에 띄고 있는 부모님의 운명까지만 파악하여 보기로 한다.

따라서 부모님의 기운은 부친은 편재를 나타내고 인수는 모친을 의미하고 있는데 월주궁이 부모궁이며 형제궁이 되므로 월주의 각종 귀인(貴人)과 살성(殺星)과 십이운성의 왕쇠(旺衰)를 육친의 성정과 종합하여 접목한 뒤 판단를 내리는 것이 제일 정확하게 된다.

그런데 월주에 부친을 의미하고 있는 편재가 없고 시상에 丁火

편재가 있으므로 부친을 보면서 월주의 기운과 대조하면 비록 십이운성에 월주는 강력한 기운인 제왕지에 앉아 있겠으나 월주의 기운이 기신(忌神)인 비겁 水氣로 모두 자리를 잡고 그 영향력을 강력하게 행사하는 중에 식상 木氣가 없으니 반대의 기운인 편재를 쟁탈당하는 것은 모면할 수가 없다.

이와 같은 현상은 비록 사주시상에 투출되어 있는 丁火 편재를 생각하지 않아도 월주에 재성을 파극하는 기신(忌神)인 비겁이 무리를 이루고 재차 사주 타 주에 비겁 水氣가 강력하면 반대급부의 편재는 강력한 비겁에 의하여 파극을 당하는 것은 기정사실일 수밖에 없게 된다.

그런데도 불구하고 사주천간에 비견 癸水가 시상에 투출되어 있는 丁火 편재를 丁-癸 상충으로 파극하고 있는 중에 지지에도 시지 巳火 정재를 하나 놓고 월지와 일지 亥水 겁재가 각각 巳-亥 상충으로 파극하고 있으므로 육친에 대한 그 흉은 하늘을 찌르고도 남음이 있다할 것이다.

실제로 사주주인공인 故 이 모씨는 유년시기인 초년 1세 甲子대운이 지배되는 6세 子운에서 부친이 바다에서 배를 타다가 풍랑으로 객사죽음을 맞이하였으며 그 후 10세에는 모친마져 자궁암으로 별세해버리니 하루아침에 3남매가 고아신세로 둔갑하였던 것이다.

***. 여기서 일부학자들의 의문,!**

여기서 일부학자들 중에서 두가지 의문을 가지고 질문을 하고 있겠는데 그것은 첫째로,!

"운정선생은 방금 본 사주팔자를 설명하는 자리에서 편재의 기운이 사주내 유무(有無)를 불문하고 본 사주팔자와 같이 편재를 쟁탈(爭奪)하는 비겁의 기운이 중중(重重)할 때 반대의 편재는 비겁에 파극을 당하여 흉사의 운명이 된다,!라며 설명하고 있다.

"그런데 만약 이와 같은 편재의 기운이 사주원국에 정오행이 없을 경우 아무리 비겁의 기운이 강력하다해도 반대의 상극당하는 편재가 없음에 따라 편재가 파극을 당하지 않을 것인데 무슨 연유로 편재의 유무(有無)에 불문하고 비겁이 강력하게 작용하고 있을 때 비록 편재가 없더라도 편재가 흉사의 운명을 당할 수가 있는 것인지 이 부분을 좀 더 구체적으로 기술하여 달라",!

다음 둘 째로,!

"전자에 언급한 편재의 성질만도 그럴진데 지금 본 사주주인공의 모친까지 10세에 자궁암으로 별세하였다고 기술하고 있으며 이것은 곧 비겁에 의하여 편재의 기운이 상극을 당할 경우 부친이 위험하다는 것은 인정을 하겠으나 왜, 하등의 이유도 없는 모친까지 흉사의 운명으로 전환되는지 혹시 이것이 강력한 비겁과 무슨 관계가 연루되어 있는지,도 좀 더 자세하게 설명을 하여 달라",! 라며 구체적인 답변을 요구하고 있다.

***. 일부학자들의 의문에 대한 본 저자판단,!**

이와 같은 일부학자들의 의문에 대하여 학자들의 의견은 지극히 타당한 것으로 사주추명학상의 의문에 대한 질문을 대단히 잘하였다고 판단하고 있으나 이러한 성질은 실제 사주간명을 다년간 실존인물을 통하여 경험상 하나의 토대인 그 원칙에 부합하여야 되는 것을 강조할 필요가 있다.

그렇다면 본 저자는 이상의 부분을 그동안 사주추명학상 불확실한 성질을 수 많은 실제인물을 통하여 하나의 체계적으로 정립한 부분을 기술하여야 될 필요가 있으므로 지금부터 그 부분을 적나라하게 파 헤쳐보기로 하겠다.

***. 본 저자가 약 23년동안 실제인물에 준하여 경험상 터득한 비법(秘法),!**

우선 일부학자들이 의문을 표시하고 있는 첫 번째 문제에 대하여.!

무릇 사주원국내 일간이 신왕한 중에 일간을 생조하는 비겁이 태왕하여 있을 경우 비겁이 중중(重重)하여 편재를 완전하게 쟁탈을 할 수가 있겠으나 하지만 사주내 비겁이 파극하는 편재가 없을 때는 오히려 편재가 무사하지 않겠느냐,! 라는 생각의 판단은 대단히 위험천만한 발상이 아니할 수 없다.

그것은 사주팔자에 일간이 신왕하고 있는 것이 비겁에 의하여 주도되고 있는데 이렇게 강력한 왕신(旺神)의 성질을 가진 비겁은 사주원국내 식상이 존재하지 않는 한 반대의 상극오행인 재성을 파극시키게 되는 것은 자명한 일이다.

따라서 이 때에는 비록 학자들이 의문을 표시한 편재의 기운이 사주에 유무(有無)함을 불문하고 편재의 기운은 비겁에 의하여 파극되는 것은 기정사실이며 비록 편재가 사주내 없다고 하여 편재가 안심이 된다는 것은 완전히 정면으로 배척하는 성질이 될 것이고 아울러 이것은 곧 비겁에 의하여 파극당한 편재는 흉사의 운명으로 귀착할 수밖에 없음이 여기에 있다해도 과언이 아니다.

다음 학자들이 의문을 표시한 두 번째 항목에 대하여,!

일부학자들이 언급한 사주팔자에 비겁이 왕성하여 있는데 반대상극오행인 재성을 쟁탈하는 것은 기정사실이지만 그러나 그것 이외에도 육친인 인수가 절명하는 관계에 준하여 왕신(旺神)인 비겁과 무슨 작용이 있지 않겠느냐,! 라는 질문이다.

이 부분에 대하여 본 저자는 학자들이 염려한 인수가 흉사의 운명이 되는 것은 본 사주팔자가 왕성한 비겁의 기운이 태왕하여 있는데 비록 사주원국내 인수가 없더라도 인수가 강력한 비겁에 의하여 그 힘이 설기(泄氣)를 당하고 있으므로 이것 역시 모친이 흉사의 운명을 모면할 수가 없다.

이상의 부분에 대하여 무슨 말인지 좀 더 구체적으로 언급하자면 사주팔자내 일간의 기운이 비겁에 의하여 태왕하여 있을 경우 비록 사주내 인성이 없더라도 왕성한 비겁의 기운을 생조하는 인성은 그 힘이 대단히 소모가 되고 있으므로 육친통변법에 부수되는 인수 즉, 모친은 그 힘이 심하게 소모를 당하게 된다.

이와 같은 현상은 비록 사주팔자에 인성이 존재하여 있던지, 그렇지 않고 존재하여 있지 않을 경우를 불문하고 반대의 비겁의 기운에 대하여 인성은 그 힘이 대단히 누출될 수 있는 절대절명의 조건의 법칙이 성립되는 것을 말할 수가 있겠으며 이 때 인수를 보호하고 아울러 강력한 비겁의 기운을 억제할 수 있는 관성이 있을 때는 인수가 강력한 비겁으로 부터 보호를 받을 수가 있기 때문에 그 흉함을 모면할 수가 있다.

이상과 같은 맥락에 비추어 본 사주팔자를 지금까지 설명한 부분에 비추어 판단하여 볼 경우 완전히 일치를 하고 있겠는데 비록 사주원국에 인수가 없는 것이나 방금 설명한 부분에 적용되어 있으니 인수인 즉, 모친은 암으로 횡사의 운명을 모면할 수 없는 절대적 이유가 여기에 있다해도 과언이 아니다.

지금까지 설명한 부분은 대단히 중요한 간명비법의 한 부분이 될 것임을 강조하며 본 저자가 그동안 고서(古書)나 원서에 불투명한 성질을 실제인물에 준하여 수많은 세월과 시간을 거친 후 하나하나 실증 경험에 준한 간명상 하나의 비법(秘法)으로서 정리하였음을 자인하는 바이다.

따라서 지금의 학자들은 마땅히 이상의 부분에 적용되는 실제인물이 당면되거던 곧 바로 지금까지 기술한 바에 준하여 차근차근 간명을 하여 본다면 아마도 그 적중률이 대단한 것에 감탄을 아끼지 않음을 확신하는 바이며 또한 이러한 간명법은 나 하나만의 것으로 간직하지 말고 마땅히 후대의 학자들에게 되물림을 할 수 있는 작은 미덕을 가져야 할 것을 부탁하는 바이다.

＊. 본 장에 준한 빈자(貧者)의 팔자에 인용하여,!

다시 본 장에 언급하고 있는 빈자(貧者)의 팔자에 적용시켜 판단하여 볼 경우 **"일간이 비겁에 의해 신왕하고 재성이 미약하여 군비쟁재(群比爭財)된 중에 식상이 없을 때,!**라며 구체적으로 기술하고 있다.

따라서 본 사주원국은 이상의 부분에 완전히 일치하는 경향을 엿볼 수가 있겠는데 그것은 일간 癸水가 亥월에 출생하여 득령을 하고 있는 중에 사주내 비겁 水氣가 대부분을 차지하고 있으니 벌써 단편적으로 살펴보아도 비겁 水氣가 태왕함을 알 수가 있다.

그런 와중에 왕성한 비겁 水氣를 적절히 수기(秀氣)유행을 도모하면서 용신의 성질이 되어 있는 재성 火氣를 연결 화해시키는 식상 木氣가 사주내 보이지 않고 있으니 오히려 왕신(旺神)의 성질을 가지고 있는 비겁 水氣와 재성 火氣간에 水剋火 양상이 더욱 더 두드러지게 나타나고 있으므로 이것은 곧 군비쟁재(群比爭財)의 법칙에 부합되고 있는 사주격국이 되고 만다.

이러한 사실로 미루어 짐작하여 볼 때 사주명조가 더욱 더 좋지 않게 작용하고 있는 것은 식상 木氣가 없음이 대단히 나쁘게 되고 있는데 설상가상으로 군비쟁재(群比爭財)가 비겁 水氣와 재성 火氣간에 사주천간은 丁-癸 상충이 되어 있고 지지에는 巳-亥 상충이 되고 있으니 정말 하늘과 땅의 끝이 보이지 않을 만큼 물고 물리는 형국이 전쟁터를 방불케 하고 있으므로 이것은 곧 사주주인공의 숙명적인 운명에 대한 불길함을 모면할 수가 없게 된 것이다.

***. 격국(格局)에 대한 대운흐름,!**

이상으로 지금까지 사주주인공인 故 이 모씨의 사주명조를 통하여 격국과 용신 및 청탁(淸濁)의 부분에 부합시켜 모든 것을 판별하여 보았는데 비록 용신이 진신(眞神)이 되어 자리를 잡고 있겠으나 용신을 생조하는 식상 木氣가 없음에 따라 왕성한 비겁 水氣와 재성 火氣간에 서로간 파극하여 군비쟁재(群比爭財)가 발생하고 있으니 이것은 곧 숙명적인 불길함을 모면할 수 없어 일생을 인사불성으로 지나치기 쉽게 되었음을 알 수가 있었다.

사주주인공인 故 이 모씨는 불혹의 나이인 만 41세 때인 1989년에 사업에 파산하여 유랑생활을 하던중 사망하였던 애석한 사람중에 한사람이지만 숙명적인 사주운명이 본 장에 적용되는 빈자(貧者)의 대표적인 표본에 해당하여 그 사주추명학상의 원리를 증명하고 있는 실존인물이었던 것이다.

따라서 지금부터는 사주주인공인 故 이 모씨가 살아생전 얼마나 어려운 삶을 살아왔는가, 그리고 언제 가산을 탕진하여 파산하면서 죽음을 맞이하였는가, 를 놓고 대운흐름을 파악하면서 그 실체를 적나라하게 파헤쳐보기로 하겠다.

유년 1세는 甲子대운이다.

이 때 대운천간 甲木은 이미 사주원국에 식상 木氣가 없어 왕성한 비겁 水氣와 재성 火氣간에 군비쟁재(群比爭財)가 성립되어 있는 것을 대운천간에서 상관 甲木이 자연스럽게 들어오게 되니 水, 火 양자를 水生木, 木生火로 통관(通關)시키게 되므로 길하게 작용하는 것을 알 수가 있다.

하지만 대운지지 子水가 일간 癸水에 대한 비견으로서 신왕한 일간을 더욱 더 신왕하게 만들면서 설상가상으로 사왕지지(子, 午, 卯, 酉)가 되니 더욱 더 강력한 水氣를 가지고 재성 火氣를 쟁탈하는 현상은 그 흉함이 하늘을 찌르고도 남음이 있겠는데 그나마 다행스러운 것은 운간(運干)의 상관 甲木이 水生木으로 흡수를 도모하고 있으니 그 흉함이 다소 줄어주었는 것을 알 수가 있다.

실제로 전자에도 언급하였지만 이 때 대운이 지배되는 시점에 대운천간 甲木이 영향력을 행사했던 시절은 부모님의 가업도 좋았고 본인도 행복한 유년시절이었지만 대운지지 子水가 지배되는 6세에 부친이 바다에 고기잡이를 나가 풍랑으로 목숨을 잃었고 급기야는 10세에는 모친마저 자궁암으로 별세를 하였으니 정말 하루아침에 3남매가 고아신세로 전락하고 말았으므로 청천하늘에 날벼락도 유분수인 것이다.

다시 11세는 乙丑대운이다.

이 때도 대운천간 乙木은 신왕한 일간 癸水에 대한 식신의 운로이니 재성 火氣와 왕신(旺神)의 성질을 가지고 있는 비겁 水氣간을 식신 木氣가 통관(通關)을 하고 있으므로 대운천간이 지배되는 시절에는 길운이라는 것을 알 수가 있다.

하지만 대운지지 丑土가 비록 일간 癸水에 대한 편관이 되어 왕성한 水氣를 줄여주는 현상을 기대할 수가 있겠으나 근본적으로 丑土는 水氣를 머금은 습토인 점을 감안하여 볼 때 이것은 그다지 길운이 될 수가 없다.

상황이 이럴진데 대운지지 丑土 편관이 사주원국 일지와 월지 亥水 겁재와 년지 子水 비견과 亥-子-丑 방합 水局과 다시 용신의 성질로 자리를 잡고 있는 시지 巳火 정재를 巳-丑합金으로 기신(忌神)으로 돌변하니 그 흉함은 실로 막심한 피해를 돌출하고 있다해도 과언이 아니다.

실제로 사주주인공인 故 이 모씨는 이 시점에서 학업에 전념하다가 어느날 갑자기 나쁜 친구들과 어울려 도둑질을 하고 말았는데 이것이 관재와 연결되어 퇴학을 당한 후 소년 교도소에서 낙인이 찍혀버리고 말았으니 정말 되는 일이 없었던 것이다.

21세는 丙寅대운이다.

이 때 대운천간 丙火는 일간 癸水에 대한 정재로서 용신의 기운이 되고 있겠는데 이미 사주원국에 식상 木氣가 없어 비겁 水氣와 재성 火氣간에 군비쟁재(群比爭財)가 되고 있으니 대운에서 정재 丙火가 들어온다 해도 재차 군비쟁재(群比爭財)가 되므로 길하게 될 리가 만무하다.

하지만 대운지지 寅木이 일간 癸水에 대한 상관의 운로이니 천간의 丙火 정재와 사주상 비겁 水氣간을 水生木, 木生火하여 양자를 통관(通關)을 시키게 되는데 금상첨화로 사주월지와 일지 亥水 겁재와 寅-亥合木을 구성하여 더욱 더 식상 木氣를 왕성하게 만들고 있으니 정말 절묘한 부분에 적용되어 길신으로 그 역할을 다할 수가 있게 된다.

실제로 이 때 시점에 사주주인공인 故 이 모씨는 처를 만나 결혼을 하였으며 조그만 구두딱기 점포도 마련하여 안정된 생활을 유지하였으나 그 후 대운지지 寅木이 끝날 무렵에 본인의 처가 빈곤함을 못견디어 어느날 밤에 봇다리를 싸서 야반도주를 하였으니 아무리 용신과 희신의 기운을 중첩으로 받아도 그 복록을 감당할 수가 없는 이 모씨의 팔자인 것을 한탄할 수밖에 없는 것이다.

다시 31세는 丁卯대운이다.

이 때 대운천간 丁火도 역시 신왕한 일간 癸水에 대한 편재의 기운이 되어 용신이 되겠으나 전자에도 언급하였듯이 사주내 비겁 水氣가 왕성한 것은 아무리 용신의 기운이 중첩하여 들어온다고 해도 군비쟁재(群比爭財)가 이중, 삼중으로 발생되는 것을 피할 수가 없다.

그러나 이번에도 대운지지 卯木이 사왕지지(子, 午, 卯, 酉)로서 신왕한 일간 癸水에 대한 식신의 운로가 되어 대운천간 丁火와 사주 내 비겁 水氣간 연결, 화해시키는 통관(通關)의 작용을 하고 있는데 다시 중첩하여 사주원국 일지 및 월지 亥水 겁재와 亥-卯合木까지 둔갑하여 식상 木氣가 더욱 더 왕성하게 되니 적소적시에 그 길함을 행사할 수가 있었던 것이다.

실제로 이 때 丁卯대운에서 조그마한 가내공업을 일구어 착실하게 일했던 결과 그동안 적잖히 재물도 모았지만 하늘이 故 이 모씨를 시기를 하였는지는 몰라도 31세 丁卯대운이 끝날무렵 9수인 만 40세에 가내공장에서 불이나 화재로 인해 사업체와 재산이 모조리 화마로 잿더미로 변해버렸으니 아루아침에 거지신세로 돌변하였던 것이다.

그 때 세운을 판별하여 보니 만 40세로서 1988년 戊辰년으로서 세운천간 戊土가 사주일간과 월상에 투출되어 있는 癸水 비견과 戊-癸合火로 재성 火氣로 변화되는 중에 세운지지 辰土가 습토로 사주년지 子水 비견과 子-辰合水로 변화되어 있음을 미루어 짐작할 수가 있겠다.

하지만 세운천간 戊土가 사주일간과 월상 癸水와 戊-癸合火하여 합을 하여 나오는 火氣와 지지에서 子-辰合水하여 나오는 水氣간 水剋火로 서로간 전극(戰剋)이 발생되고 있는데 뒤 따라 들어오는 41세 戊辰대운이 재차 충돌질하여 그 영향력을 행사하고 있으므로 이것이 가망이 없는 것이 되는 것을 알 수가 있다.

다시 41세는 故 이 모씨가 한많은 인생의 삶을 마감한 戊辰대운이다.

이 부분을 사주추명학적으로 좀 더 면밀한 판단과 그 원리를 자세하게 파악하기 위해 사주주인공인 故 이 모씨의 사주원국과 대운이 지배되는 41세 戊 辰대운을 접목한 뒤 세운까지 나타내고 있는 己巳년을 중점하여 도표를 나열 시키면서 간명을 하여보기로 하겠다.

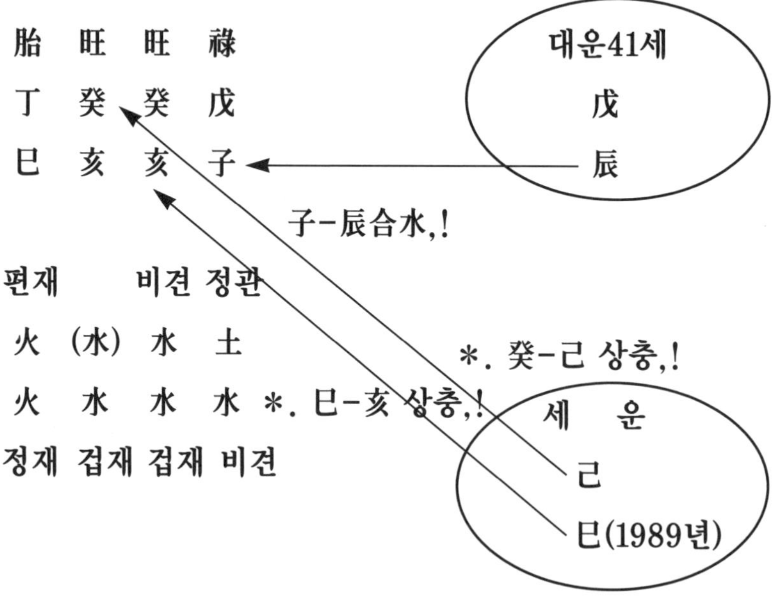

도표에서 나타나고 있듯이 이 때 대운천간 戊土는 신왕한 일간 癸水에 대한 정관으로서 양토가 되어 길하게 작용하고 있는데 금상첨화로 일간과 월상에 투출되어 있는 癸水 비견과 戊-癸合火로 변

화되어 용신인 재성 火氣로 그 영향력을 행사하고 있음을 엿볼 수가 있다.

그런데 대운지지 辰土가 비록 일간 癸水에 대한 정관으로 되어 길하나 辰土가 오행별 성질로 보면 습토이니 水氣를 머금은 상태가 되므로 이것은 결코 길함이 될 수가 없는데 설상가상으로 사주원국 년지에 자리를 잡은 子水 비견과 子-辰合水로 변화되어 왕성한 水氣로 돌변하니 더욱 더 재성 火氣를 水剋火하여 군비쟁재(群比爭財)가 발생하고 있음을 모면할 수가 없게 되었다.

그러자 41세 戊辰대운이 지배되는 시점에 또 다른 하나의 후천성인 세운이 1989년이 己巳세운으로서 완전히 그 영향력을 십분 발휘하기 시작하는데 세운천간 己土가 일간과 월상에 투출되어 있는 癸水 비견을 癸-己 상충으로 파극하고 있으니 그 흉함이 극도로 치달리고 있다.

그런중에 다시 세운지지 巳火가 정재로서 일지와 월지에 강력하게 왕신(旺神)의 성질로 자리매김하고 있는 亥水 겁재를 巳-亥 상충으로 재차 파극하고 있으니 이미 사주명조에 천간에는 丁-癸 상충, 지지에는 巳-亥 상충이 되고 있는 것을 이렇게 후천성에서 또다시 상충의 작용으로 파극하는 것은 그 흉의가 삼중, 사중으로 강력하게 들이닥치는 것을 도저히 피할 수가 없으니 이제 정말로 가망이 없다.

실제로 이 때 사주주인공인 故 이 모씨는 1988년 戊辰년에 본인이 전심으로 일으킨 조금한 가내공장이 화재로 참사를 당한 뒤 실의에 빠져 이동네 저동네 다니면서 문전걸식을 하다가 1989년 己巳년 음력 11월달즈음에 3일을 굶은 상태에 허기와 추위에 견디지 못하는 절박한 처지에 놓여지게 되었다.

굶주린 배를 감싸면서 우연히 서울 모처 시장 골목에서 국밥집에 들려 구걸을 청하였으나 매정한 주인 아주머니는 **"젊은 사람이 허우대는 멀쩡해가지고 일할 생각은 안하고 얻어먹으러 다닌다"** 고 핀찬을 준 뒤 사정없이 바가지에 있는 물을 故 이 모씨에게 퍼부었던 것이다.

시절이 음력 11월이니 매서운 추운바람이 쉼없이 몰아치는데 옛말에 동냥을 못주면 쪽박이라도 깨지 말라하였던가? 그 길로 물을 뒤집어쓴 故 이 모씨는 그 국밥집에서 얼마 떨어지지 않는 고가다리 난간 어슥한 곳에 웅크리고 있다가 밤에 온도가 영하로 떨어짐에 따라 속옷과 함께 웅크린채로 꽁꽁 얼어 그 길로 이승을 하직하고 말았으니 이 얼마나 참담한 일이 아닌가?

아침에 이르러 신고를 받고 출동한 시청공무원이 거적을 씌워 두었는데 신원 조사를 하여 연락을 받고 인천에서 큰형과 여동생이 황급히 달려와 보니 밤새 얼마나 세상을 한탄하며 얼마나 눈물을 흘렸던지 눈물마져 얼어붙어 있고 웅크린채 죽음을 당해 있는 故 이 모씨를 보자말자 망연자실하여 하늘을 보고 부둥켜 안은채 대성통곡을 하면서 슬퍼하기를

"어이고",!! "불쌍한 내동생아",!! "살아생전 그렇게도 살아갈려고 몸부림쳤고 결혼생활 제대로 한번 꾸려가지 못하면서

이렇게 몽달귀신이 되어 구천을 떠도니 이 큰형에게 대못을 박아놓고 이렇게 훌쩍 떠나가면 이제 정말 시원하느냐" "이놈아",!!

라며 슬피 울면서 통곡하자 이 말을 들은 주위 사람들이 지나가면서 눈물을 안훔친 사람이 없었으니 정말 애석하고 비운(悲運)의 한 빈자(貧者)의 팔자라 아니할 수가 없는 것이다.

제10장

관재(官災)를 받는 팔자

제10장

관재(官災)를 받는 팔자

1. 관재(官災)를 받는 팔자

인간은 누구나 자유롭게 생활하고 평등하게 자기권위를 가지면서 안락하게 살기를 모두 원한다.

만약 이와 같은 인간의 행복추구권에 대한 박탈로 하나를 꼽으라면 곧 관재(官災)로서 이것은 작게는 민사부터 크게는 검찰권의 행사를 받는 범죄를 탄핵하는 절차에서부터 교도소 출입을 하여야 되는 중죄인에 이르기까지 관재(官災)의 영향력은 대단히 광범위하게 작용하고 있다.

사람은 누구나 하나의 활동 반경속에 자유롭게 생활하기를 원하는데 어느 누군가 본인을 속박하고 구속하는 법망이 늘 그림자처럼 따라다니고 있다면 이 얼마나 상심할 것이며 근심스런 일이 될 것인가?

사람이 사회생활을 하는데 수많은 인간집단이 형성되어 있기 때문에 때로는 범죄로부터 보호받고 또 이것을 법(法)이라는 테두리속에 모두 헌법과 질서를 준수하는 것은 어쩌면 지극히 당연하고 상식적인 일이 아닐 수가 없다.

하지만 내 자신이 남에게 피해를 주지 않을려고 해도 이상하게 법망에 저촉되어 형벌을 받는 사람이 지금 우리 주위에도 많이 나타나고 있는 현실을 감안할 때 도대체 이러한 관재(官災)를 자주 받는 사람의 사주팔자는 어떡해 구성되어 살아가고 있는지가 한번쯤 궁금하였을 것이고 또 그 실체를 한번쯤 파악해 볼 필요가 있다.

본 장에 언급하는 관재(官災)를 자주 받는 팔자는 이상의 부분을 실존인물을 토대로 그 격국에 대한 청탁(淸濁)유무를 분류한 뒤 그 실체를 대단히 자세하게 파헤치고 있으며 **그 특성의 한례로서 대체로 격국이 사흉성(겁재, 상관, 편관, 편인)이 교집(交集)되어 오행이 편중(偏重)으로 치달리고 있는 사주,!**

그리고 사주내 형, 충, 파, 해가 많고 용신이 미약한 중에 대운이나 세운이 첩첩하여 용신을 상극하는 기신(忌神)의 운으로 치달리고 있는 사주등을 주요한 관재(官災)를 자주받는 사주팔자로 분류하고 있다.

결국 본 장 관재(官災)를 자주받는 사주는 사주팔자의 청탁(淸濁)

유무를 판가름한 뒤 격국에 대한 용신의 왕쇠(旺衰), 그리고 대운과 세운의 흐름이 기신(忌神)의 운으로 치달리고 있는 사주등을 눈여겨 보아야 하는 특성을 가지고 있겠다.

(1). 관재(官災)를 받을 격국(格局)

●일간의 강약을 불문하고 용신이나 희신이 타오행과 형, 충이 되는데 다시 세운이나 대운에서 중첩하여 형, 충을 할 때,!

●일간이 신약하고 인수가 용신이 되는데 재성이 인수를 파극하고 다시 세운이나 대운이 재성운을 만날 때,!

●일간이 신강, 신약을 불문하고 상관이 정관을 마주보고 파극이 되고 있는데 다시 세운이나 대운에서 상관이나 정관운을 만날 때,!

●일간이 신약하고 정관, 편관이 혼잡되어 관살혼잡격(官殺混雜格)을 구성하고 다시 세운이나 대운에서 정관이나 편관운을 만날 때,!

●일간이 신왕함이 태왕하고 있는 중에 세운이나 대운에서 왕신(王神)의 오행을 형, 충할 때,!

●사주에 일간의 강약을 불문하고 괴강살(魁罡殺)이나 양인

살(羊刃殺)이 많은데 다시 세운이나 대운에서 괴강이나 양인을 형, 충할 때,!

- **일간이 신왕한데 식상이 미약하여 재성과 군비쟁재(群比爭財)가 되고 다시 세운이나 대운에서 비겁을 만나 재성을 쟁탈할 때,!**

- **일간이 신강, 신약을 불문하고 오행이 편중(偏重)되면서 자형살(自刑殺)이 동반하여 있는데 다시 대운이나 세운에서 자형(自刑)을 만날 때,!(자형(自刑)은 辰-辰, 午-午, 酉-酉, 亥-亥,를 말함)**

※ 이상의 사주격국은 모두 관재(官災)를 종종받는 사주팔자로서 그 시기는 이미 이상의 격국이 되고 있는 중에 대운이나 세운에서 형, 충으로 파극한 시점, 그리고 일간이 신약하여 인수를 용신으로 삼는데 재성이 파극하고 있는 중에 다시 세운이나 대운에서 재성운이나 재성을 생조하는 식상운을 만날 때 관재(官災)가 강력하게 발생한다.

더하여 이미 사주에 상관과 정관이 마주보고 전극(戰剋)이 형성되어 있는데 다시 운로인 세운이나 대운에서 들어오는 것이 상관이던, 정관 및 편관이던 불문하고 모두 관재(官災)가 강력하게 발생한다.

*. 평생을 두고 관재(官災), 송사가 끊어지지 않는 송 모씨,!

(예1). 남자 송 모씨(서울 강남 개포동)1949년 음력 10월 9일辰 시

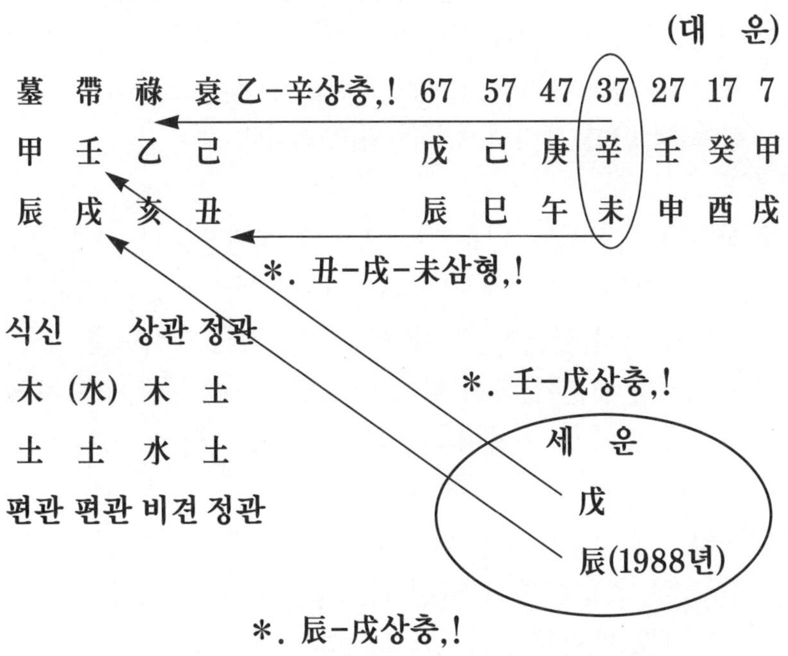

●이미 사주명조에 일간 壬水가 신약한 중에 관살혼잡(官殺混雜)이 되어 있으며 특히 년간과 월상에 투출되어 있는 정관과 상관이 마주보고 己-乙 상충이 되어 완전히 관재를 자주받는 사주팔자가 되어 있다.!

또한 사주지지에 丑-戌 삼형과 일지 戌土를 기준하여 시지 辰土 편관이 辰-戌 상충까지 되고 있으니 더욱 더 이상의 부분을 뒷받침하고 있음을 알 수가 있다.!

대운을 보니 중년까지 첩첩으로 서방 申-酉-戌 金局으로 치달렸으므로 크고 작은 관재를 수없이 당하였는데 그 중에 37세 辛未대운에 들어와서 대운천간 辛金이 사주월상에 투출되어 있는 乙木 상관을 乙-辛 상충으로 파극하니 관재(官災)가 강력하게 돌출되고 있다.!

상황이 이럴진데 대운지지 未土가 정관으로서 사주원국에 丑-戌-未 삼형으로 가격한 중에 세운이 戊辰년이 도래하자 다시 일간과 壬-戊 상충 시상 甲木과 甲-戊 상충, 세운지지 辰土가 다시 일지 戌土를 辰-戌 상충으로 파극하고 있으니 그 흉함이 하늘을 찌르고도 남음이 있다.!

따라서 사주주인공인 송 모씨는 1988년 戊辰년 음력 3월에 교통사고 간통죄 및 폭력, 그리고 부부이별등 4가지 조건으로 관재에 휩싸이게 되었다.

***. 일간의 왕쇠(旺衰),!**

壬일간 亥월에 출생하여 득령(得令)하였으며 그러나 사주원국 지지에 월지 亥水 비견을 제외한 전부 辰, 戌, 丑土등의 관성 土氣가 몰려 있는 중에 다시 그 세력에 뿌리를 두고 년간 己土 정관이 투출되면서 월상과 시상 甲, 乙 식상 木氣가 일간 壬水를 극루(剋漏)하고 있으므로 신약이다.

이렇게 일간 壬水가 신약하고 있을 경우 마땅히 일간 壬水의 기운이 외격(外格)의 종격(從格)이나 가종격(假從格)으로 돌아가지 않는 이상 일간을 생조하는 기운이 있어야 만이 대길할 것이다.

따라서 사주팔자를 자세히 관찰하여 보니 일간에 대한 십이운성 건록지에 앉은 월지 亥水 비견이 자리를 잡고 있으니 결코 일간 壬水가 강력한 관성 土氣를 따르는 종격(從格)이나 가종격(假從格)으로 돌아가지 못하고 내격(內格)의 억부법이나 조후법의 용신이 선정되는 것을 알 수가 있다.

한편으로 볼 때 사주팔자에 이렇게 관성 土氣가 일지와 시지 그리고 년지까지 자리를 잡고 있는 중에 그 세력에 뿌리를 둔 년간에 己土 정관이 투출되어 있으므로 그 세력이 과히 하늘을 찌르고도 남음이 있다할 것이다.

이렇게 사주내 관성 土氣가 강력하게 자리잡고 있을 경우 마땅히 인성 金氣로 강력한 관성 土氣의 기운을 살인상생(殺印相生) 및 관인상생(官印相生)의 법칙을 실현하여야 호랑이인 관성 土氣를 순화시킬 수가 있어 사주팔자가 길격이 될 수가 있을 것이다.

그러나 인성 金氣가 사주팔자내 정오행이 없고 비록 있더라도 지지의 戌土 편관에 암장된 辛金과 년지 丑중의 지장간 등에 암장되어 있으니 적절히 일간 壬水와 관성 土氣간을 연결할 수가 없으므로 더욱 더 극루교가(剋漏交加)의 현상이 발생되고 있음을 엿볼 수가 있겠다.

또한 일간 壬水가 태어난 계절이 亥월이 되고 있으므로 추운겨울에 만물이 전부 얼어붙어 있을 때 출생하였으니 시급히 조후법상 재성 火氣로 얼어붙은 물의 기운을 녹여주어야 대길할 것인데 조후법을 충족할 수 있는 재성 火氣가 사주일지 戌土의 지장간 중기(中氣) 丁火가 있을 뿐이다.

결국 이렇게 사주원국의 지지에 암장된 재성의 기운은 미미하기 짝이 없으니 적절히 그 역할을 할 수가 없고 더구나 사주시지 辰土 편관과 辰-戌 상충으로 파극되고 있으므로 시급히 조후법을 충족할 수가 없게 되어 더욱 더 사주원국이 불리하게 연출되는 것도 유념해 볼 필요가 있다.

＊. 격국(格局)과 용신,!

본 사주팔자에 대한 격국(格局)과 용신을 판별하여 보면 우선 일간 壬水가 신약한 중에 사주월지 亥水 비견이 자리를 잡고 그 세력이 십이운성 건록지에 앉아 있으므로 원칙적인 **"신약월지건록격(身弱月支建祿格)"**이라 하겠다.

그러나 또한 한편으로 볼 때 사주지지에 정관과 편관이 사주월지 亥水 비견을 제외한 전부를 차지하고 있는 중에 그 세력의 중심을 둔 년간에 己土 정관이 투출되어 있으니 **"관살혼잡격(官殺混雜**

格)" 및 **"제살태과격(制殺太過格)"**이 같이 성격(成格)된다.

고로 용신은 **"살중용인격(殺重用印格)"**으로서 신약한 일간 壬水를 생조하는 인성 金氣를 용신으로 삼아 신약한 일간을 부조하는 것이 마땅하겠으나 위 사주팔자는 제일로 계절이 亥월에 출생하여 만물이 전부 꽁꽁 얼어붙어 있으니 억부법보다 조후법을 먼저 따라서 재성 火氣를 용신하고 재성 火氣를 생조하는 식상 木氣는 희신으로 삼는 것이 마땅하다.

하지만 한편으로 볼 경우 사주팔자에 관성 土氣가 태왕하여 그 세력이 하늘을 찌르고도 남음이 있고 그나마 일간 壬水가 월지에 亥水 비견에 생조되어 십이운성 건록지에 앉아 있으니 일간이 어느정도 기운을 가지고 있음에 따라 **"살중용식상격(殺重用食傷格)"**으로 강력한 관성 土氣는 식상 木氣로 제살(制殺)의 법칙을 도모하는 식상 木氣를 용신으로 삼는 것이 마땅하다 하겠다.

이상과 같은 맥락에 비추어 볼 때 본 사주팔자에 대한 용신의 기운인 재성 火氣는 조후법에 앞서겠으나 일면 재성 火氣는 강력한 관성 土氣를 火生土로 생조를 할 수가 있어 더욱 더 호랑이에게 날개를 달아주는 형상이 돌발될 수 가 있으니 오히려 강력한 관성 土氣를 제살(制殺)할 수 있는 식상 木氣가 더욱 더 조후법을 충족하면서 양자의 조건을 만족할 수가 있으므로 이럴 때는 식상 木氣가 복록이 앞서게 되는 것을 파악할 필요가 있겠다.

이렇게 사주상 용신과 희신을 선택하여 놓고 사주격국을 면밀히 관찰하여 보니 일간 壬水에 대한 용신의 기운으로 자리매김할 수 있는 식상 木氣가 사주월지 亥水 비견에 뿌리를 두고 월상과 시상에 각각 乙, 甲木 상관과 식신이 투출되어 강력한 관성 土氣를 木剋土로 제살(制殺)을 하고 있음을 엿볼 수가 있겠다.

결국 식상 木氣는 본 사주팔자에 대한 용신의 기운이 제대로 자리를 잡고 있기 때문에 그나마 진신(眞神)의 성질이 되면서 관살혼잡(官殺混雜)으로 인한 불길한 사주명조를 다소 구조하고 있음을 알 수가 있고 이것은 곧 극단적인 대흉만은 모면할 수가 있으니 정말 천만다행이 아니할 수 없다.

***. 격국(格局)에 대한 청탁(淸濁),!**

다시 위 사주팔자에 대한 격국(格局)에 대한 청탁(淸濁)부분을 판별하여 보면 우선 일간 壬水가 신약하나 조후법를 충족하면서 관성 土氣가 태과하여 있음에 따라 식상 木氣를 용신으로 선택하고 있음을 알 수가 있었다.

이와 같은 현상은 그나마 비록 용신의 기운으로 자리매김하고 있는 식상 木氣가 사주월상과 시상에 투출되어 있으니 아쉬운데로 인성 金氣가 못다한 화살(化殺)의 법칙에 대한 대타로 강력한 관성 土氣를 木剋土하여 제살(制殺)의 법칙은 실현되고 있는 것을 알 수가 있다.

하지만 근본적으로 본 사주팔자가 사주일지 戌土 편관이 자리를 잡고 있는 중에 시지에 辰土 편관이 덩달아 辰-戌 상충으로 양자의 기운이 파극하고 있으며 더욱 더 좋지 않는 것은 일간이 신약한 중에 년지 丑土 정관이 일지 戌土 편관과 또한 丑-戌 삼형까지 되고 있으니 완전히 관살혼잡(官殺混雜)이 성립되어 그 흉폭성이 하늘을 찌르고도 남음이 있다할 것이다.

***. 命理秘典 上권인 관살혼잡(官殺混雜)편에 인용하여,!**

이러한 성질은 본 저자가 편찬한 命理秘典 上권인 육친 편관의 통변법에서 관살혼잡(官殺混雜)의 특성을 대단히 자세하게 기술하고 있겠는데 그 부분을 인용하여 보자면,!

"사주팔자에 정관이나 편관등이 모여 있는 것을 관살혼잡(官殺混雜)이라고 하며 만약 관살혼잡(官殺混雜)이 되면 사람됨이 잔꾀에 능하고 호색다음(好色多淫)하여 의외로 잔근심과 재화가 끊어지지 아니한다".!

"그러나 사주내 정관이나 편관중 정관을 합을 하는 "합관유살(合官有殺)"이나 편관을 합을 하는 "합살유관(合殺有官)"이 성립된다면 이상의 관살혼잡(官殺混雜)의 나쁜 특성은 모두 없어지고 길격(吉格)이 될 수가 있다".! 라며 구체적으로 자세히 기술하고 있다.

그렇다면 본 사주팔자를 방금 이상의 부분에 접목시켜 간명하여 본다면 완전히 일치를 하고 있겠는데 이렇게 정관이나 편관이 혼잡되어 있는 중에 마땅히 양쪽중에 하나를 합으로 제화(制和)가 되지 않고 모두 하나같이 잘난체 고개를 치켜들고 있으므로 더욱 더 관살(官殺)의 흉폭성이 두드러지게 나타나고 있음을 엿볼 수가 있다.

상황이 이럴진데 더구나 사주년간에 투출되어 있는 己土 정관은 지지의 관성을 대표하고 있는데 월상에 乙木 상관이 투출되어 己-乙 상충으로 파극하고 있으니 이것은 곧 정관과 상관이 마주쳐서 그 전극(戰剋)이 발생됨은 곧 전쟁터를 방불케하고도 남음이 있다하겠다.

더구나 사주지지에 일지 戌土 편관을 중심으로 하여 년지 丑土 정관과 丑-戌 삼형으로 파극하고 있으며 다시 사주시지 辰土 편관이 일지를 辰-戌 상충으로 파극하고 있으니 본 사주팔자는 완전히 천간과지지 모두 삼형과 상충의 작용을 벗어날 수가 없는 고로 대단히 사주상 탁기(濁氣)를 구성하고 있음에 따라 사주주인공은 일생의 숙명적인 불길함을 모면할 수가 없으므로 대단히 불안하기 짝이 없다.

***. 본인에 대한 성격판단,!**

본 사주팔자 주인공에 대하여 본인의 성격판단을 하여 본다면 우선 일간 壬水가 신약하고 사주내 정관과 편관이 대부분을 차지하고 있으니 관살혼잡(官殺混雜)의 특성을 배제할 수 없고 더하여 상관과 정관이 바로 마주보고 있는 것은 벌써 첫눈에 사람됨이 잔꾀에 능하고 호색다음(好色多淫)한 성격임을 알 수가 있다.

더구나 사주일간 壬水에 대한 월지에 비견 亥水가 십이운성의 건록지에 자리를 잡고 있는 중에 사주일지에 편관 戌土가 시지 辰土 편관과 辰-戌 상충이 되고 있으므로 그 성격이 대단히 성급, 횡폭하고 자존심, 고집스런 일면 때문에 타인과 종종 적을 사고 양보심이 없는 성격이다.

또한 사주일주 壬戌를 주동하여 년지 丑土 정관이 공망이 되고 있으니 년지를 공망하면서 정관이 공망되는 것은 초년부터 직업적으로 되는 것이 없고 직업이 이중 삼중으로 자주 변천이 발생한다는 부분도 미루어 짐작할 수가 있겠으며 이것은 한편으로 볼 때 초년에 이사, 이동수가 자주 있었다는 것을 알 수가 있다.

하지만 사주주인공은 사주년지 丑土 정관이 공망이 되고 월지와 일지에 戌, 亥가 들어 있으므로 戌, 亥는 천문성(天文星)이니 사색가, 문학가, 역술가, 의사등의 부분에 다재다능한 재주를 보이겠으며 신, 불을 숭상하는 대단한 신심을 가지는 것도 판단할 수 있다.

이상과 같은 맥락에 비추어 사주주인공은 비록 재주는 뛰어나나 관살혼잡(官殺混雜)에 대한 특성을 완전히 모면할 수가 없으니 재혼팔자가 될 것이며 더하여 그 성격이 성급하여 저돌하는 일면과 문학적, 예술적인 소질과 함께 종교적인 신심도 돗보이는 것으로 간명하여야 될 것이다.

***. 본인에 대한 처궁판단,!**

다시 본 사주주인공에 대한 처궁을 판단하여 보자면 우선 사주일지의 동태를 보고 십이운성의 왕쇠(旺衰), 그리고 각종 귀인(貴人)과 살성(殺星)을 종합적으로 판단한 뒤 육친의 성정인 정재나 편재의 기운을 복수적으로 판단하여 간명하는 것이 타당하다.

따라서 사주원국을 자세히 관찰하여 보니 일지가 壬戌로서 백호대살(白虎大殺)이 되고 있는 중에 비록 일주의 십이운성은 관대지에 해당한다고 하나 일지 戌土 편관을 시지 辰土가 辰-戌 상충으로 파극하고 있으니 사주주인공의 처는 흉사의 운명이 되는 것으로 판단한다.

더구나 사주일지 戌土가 시지 辰土간 辰-戌 상충이 되고 있는 중에 비록 원격(遠隔)한 작용이지만 사주년지 丑土 정관이 일지 戌土 편관을 丑-戌 삼형으로 가격하고 있으니 더욱 더 확실하게 작용하고 있는데 이렇게 상충과 삼형의 작용이 중복되고 있을 경우 해당하는 육친의 운명은 불길하기 짝이 없는 것이다.

***. 여기서 일부학자들의 의문,!**

여기서 일부학자들 중에서 방금 본 저자가 사주주인공의 처궁을 판단하는 절차에서 한가지 의문을 가지고 질문하고 있는데 그것은 **"운정선생은 본 사주팔자에 대한 처궁을 판단하는 절차에서 일주가 壬戌이 되어 백호대살(白虎大殺)에 임하고 있는 중에 사주일지 戌土를 시지 辰土가 辰-戌 상충으로 파극하고 있으니 처성이 흉사의 운명으로 판단한다",!** 라며 언급하고 있다.

"하지만 그 부분에 대하여 저희 일부학자들의 견해는 조금 달리하고 싶은데 그것은 우선 위 사주팔자가 비록 일주가 壬戌이 되어 백호대살(白虎大殺)에 임하고 있기는 하나 일주의 십이운성이 강령한 기운인 관대지에 해당하고 있음을 엿볼 수가 있다".!

"상황이 이럴진데 더구나 일지 戌土 편관은 남자사주에서는 처를 나타내는 재성에 해당되지 않고 있으며 막연히 일지 戌土를 시지 辰土 편관이 辰-戌 상충이 된다고 하여 처궁이 흉사의 운명으로 단정짓는 것은 조금 무리가 되지 않겠느냐",!

"그런데도 불구하고 이상의 부분을 정면으로 배척한 채 운정선생은 구태여 처궁이 흉사의 운명이라고 말하는지, 이상의 부분을 좀 더 자세하게 설명하여 달라,! 라며 구체적인 답변을 요구하고 있다.

***. 일부학자들의 의문에 대한 본 저자판단,!**

이와 같은 일부학자들의 의문에 대하여 본 저자는 학자들의 말이 지극히 타당하다고 볼 수가 있겠으나 그러나 사실상 사주원국의 일지의 동태를 좀 더 면밀하게 판단할 경우 곧 본 저자와 견해를 같이 할 수가 있을 것이다.

더하여 지금 학자들이 언급하는 부분은 대단히 고난도의 집중력이 요구되며 막연히 일지의 동태만 보고 상충이 된다하여 막연히 처궁이 흉사의 운명이라고 판단한 부분은 절대 아닌 것을 강조하고 싶고 그렇다면 지금까지 고서(古書)나 원서에 기록되어 있는 사주일지와 처궁을 판단하는 절차에서 그 원리를 자세하게 기술하지 않고 불투명하게 언급하고 있음을 감히 지적하고 싶다.

따라서 이상의 부분에 대하여 그동안 본 저자는 이상의 부분에 적용되어 있는 실존인물를 찾아 그 실체를 과거, 현재, 미래의 운로를 추적 검토하여 약 23년동안 실제 간명상 경험으로 이루어진 비법(秘法)을 적나라하게 파헤쳐 보기로 한다.

***. 본 저자가 약 23년동안 실존인물을 통하여 경험상 터득한 비법(秘法),!**

여기서 일부학자들이 언급한 부분에 대하여 약 몇가지 유형으로 분류하여 기술하여야 되겠는데 그 첫째로,!

일부학자들이 처궁을 판단하는 부분에서 **"운정선생은 본 사주팔자에 대한 처궁을 판단하는 절차에서 일주가 壬戌이 되어 백호대살(白虎大殺)에 임하고 있는 중에 사주일지 戌土를 시지 辰土가 辰-戌 상충으로 파극하고 있으니 처성이 흉사의 운명으로 판단한다".!**

"하지만 그 부분에 대하여 저희 일부학자들의 견해는 조금 달리하고 싶은데 그것은 우선 위 사주팔자가 비록 일주가 壬戌이 되어 백호대살(白虎大殺)에 임하고 있기는 하나 일주의

십이운성이 강령한 기운인 관대지에 해당하고 있음을 엿볼 수 가 있다".!

"더구나 일지 戌土 편관은 남자사주에서는 재성에 해당되지 않고 있으며 막연히 일지 戌土를 시지 辰土 편관이 辰-戌 상충한다고 하여 처궁을 흉사의 운명으로 단정짓는 것은 조금 무리가 되지 않겠느냐, 그런데도 불구하고 운정선생은 구태여 처궁이 흉사의 운명이라고 말하는지 의문이 가지 않을 수가 없다",! 라고 반박하고 있다.

이 부분에 대하여 본 저자는 일부학자들이 염려하는 일주가 壬戌로서 백호대살(白虎大殺)에 임하고 있는데 십이운성에 강령한 기운인 관대지에 해당하는 것에 대해 壬戌은 당연히 십이운성의 관대지에 해당하고 있으니 이것을 두고 막연히 십이운성만 가지고 육친의 흥망성쇠를 단정지울 수가 없다.

하지만 문제는 일지 戌土를 시지 辰土 편관이 辰-戌 상충으로 파극한다는 것을 중요시 볼 필요가 있겠는데 그것은 육친통변법상 비록 본 사주팔자에 대한 일지는 처궁을 나타내고 있겠으며 이러한 처궁을 담당하는 일지를 시지가 辰-戌 상충으로 파극하는 것은 그만큼 상충의 소용돌이는 강력하게 발생하는 것으로 보아야 된다.

더구나 상황이 이럴진데 비록 월지 亥水 비견이 가로막아 원격(遠隔)한 거리이지만 년지 丑土 정관이 재차 일지 戌土 편관을 丑-戌 삼형으로 파극하고 있으니 이미 상충의 작용으로 완전히 골병이 들어 있는 것을 이렇게 중첩하여 삼형까지 동반하는 처사는 죽음을 불사하고도 남음이 있는 강력한 성질이라는 것은 두말할 이유도 없는 것이다.

다음 둘째로,!

학자들이 의문을 표시한 일지 戌土는 편관이 되고 있는데 남자사주에는 편관은 정처를 나타내는 것이 아닌데 이것 역시 의문을 표시하고 있겠으나 방금 전자에도 언급하였듯이 일지는 남녀를 불문하고 처궁과 남편궁을 나타내고 있는 것을 감안한다면 완전히 이해를 할 수가 있을 것이다.

하지만 이와 같은 부분을 좀 더 구체적으로 자세하게 기술하자면 일지 戌土 편관과 시지 辰土 편관이 辰-戌 상충이 동반되는 도표를 보면서 그 실체를 언급하는 것이 학자들의 이해를 돕는데 가장 빠를 것 같아 도표를 보면서 기술하기로 하겠다.

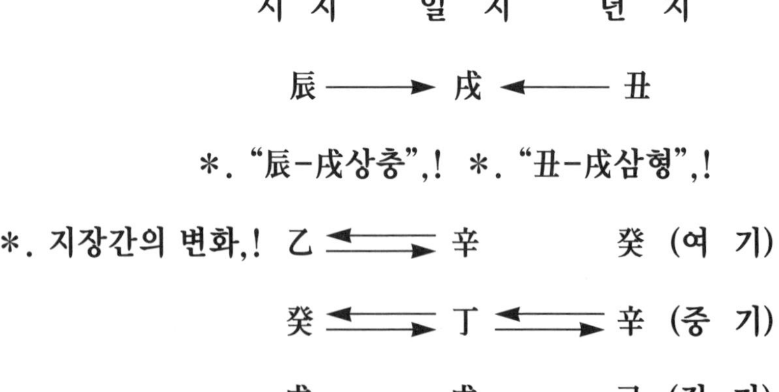

이상의 도표에서 나타나고 있듯이 사주일지 戊土의 지장간 중기(中氣)에 丁火 정재가 암장되어 있음을 엿볼 수가 있겠으며 남자사주에는 丁火는 처를 의미하고 있으므로 그렇다면 본 사주팔자에 대한 처를 나타내는 정재 丁火가 존재하여 있음을 아무도 부인할 수가 없다.

그런데 이렇게 사주시지 辰土 편관이 일지 戊土 편관을 辰-戌 상충으로 파극하고 있는 것은 이 때 각각의 지장간의 여기(餘氣)에 乙木과 辛金이 乙-辛 상충으로 파극되고 다시 각각의 지장간 중기(中氣)에 癸水와 丁火가 丁-癸 상충으로 파극되어 버렸음을 알 수가 있겠다.

이것은 곧 본 사주원국에 丁火는 남자사주에서 정처를 나타내는 정재가 되므로 이렇게 일지 戌土 편관과 시지 辰土 편관간에 辰-戌 상충이 성립되니 완전히 상충의 작용으로 말미암아 처궁이 극파당한 것을 알 수가 있다.

더구나 상황이 이럴진데 비록 월지 亥水 비견이 가로막고 원격(遠隔)한 거리겠으나 년지 丑土 정관이 재차 일지 戌土 편관을 丑-戌 삼형으로 파극하고 있는 것은 이미 상충의 작용으로 골병이 들어 있는 것을 중첩하여 삼형으로 두들기는 것이 되어 그 흉함이 두배에서 3배정도 강력하게 발생되는 것으로 보는 것이 마땅하다.

무슨말인지 좀 더 구체적으로 언급하자면 년지 丑土 정관의 지장간 중기(中氣)에 辛金이 다시 일지 戌土 지장간 중기(中氣)에 丁火 정재를 辛-丁 상충으로 파극하는 것은 하나도 아니요, 년지 丑土 정관까지 丑-戌 삼형이 되는 것은 하나의 辰-戌 상충으로 인한 흉의를 양쪽에서 중첩하여 받고 있음을 지장간의 도표를 통하여 적나라하게 드러나고 있음을 엿볼 수가 있겠다.

그렇다면 이상의 도표에 준하여 판시하고 있듯이 일부학자들이 언급하는 일지 戌土 편관이 육친특성상 정재가 되지 않음에 따라 그것을 배척 운운(云云)하는 처사는 일지 戌土 지장간 중기(中氣)에 丁火 정재가 들어있음으로 인하여 완전히 정면으로 뒤집어지는 결론을 알 수가 있는 것이며 이와 같은 맥락에 준하여 본 저자는 위 사주 주인공의 처성이 흉사의 운명으로 결론짓게 되는 동기가 여기에 있다해도 과언이 아니다.

결국 이상의 부분은 사주추명학상 고난도의 부분이며 대단히 중요하게 다루어야 할 성질로 그동안 고서(古書)나 원서에 이와 같은 성질을 불투명하게 언급하였으니 제대로 확인을 거치지 않는 중에 실존인물을 통하여 약 23년동안 경험상 터득한 비법(秘法)으로 그 실체를 검증하여 하나의 학술적인 부분에 부합시켰으니 정말 피눈물로 이루어진 결과라 해도 지나치지 않을 것이다.

따라서 후대의 학자들은 마땅히 이상의 부분에 적용되는 실제인물이 나타나거든 모두 이와 같은 맥락에 준하여 간명한다면 아마도 신(神)의 학문를 통달하는 역학자임을 감히 자부하며 먼훗날 본 저자가 피눈물를 흘리면서 그동안 고생하였던 시절을 조금이라도 생각하여주면 더 이상 바램이 없겠다.

***. 본 장 관재(官災)를 자주받는 격국에 대한 판단,!**

다시 본 장에 준하여 관재(官災)를 자주 받는 사주에 접목시켜 판단하여 보자면 **"일간이 신약하고 정관, 편관이 혼잡되어 관살혼잡격(官殺混雜格)을 구성하고 다시 세운이나 대운에서 정관이나 편관운을 만날 때",!** 라며 구체적으로 기술하고 있다.

따라서 본 사주팔자를 이상의 부분에 적용시켜 판단하여 볼 때 완전히 일치하는 부분을 엿볼 수가 있겠는데 그것은 사주일간 壬水가 신약한중에 **"관살혼잡격(官殺混雜格)"** 및 **"제살태과격(制殺太過格)"**을 성격(成格)하고 있으니 강력한 관성 土氣가 호랑이로 돌변하여 일간을 물고 들어오는 형국이니 그에 대한 재화가 하늘을 찌르고도 남음이 있다할 것이다.

상황이 이럴진데 더구나 사주월상에 투출되어 있는 乙木 상관이 년간에 투출되어 있는 己土 정관을 마주보고 己-乙 상충이 되어 파극하고 있으므로 이것은 곧 상관과 정관을 보고 있을 경우 재화가 백가지로 속출한다는 고서(古書)나 원서의 부분에도 완전히 일치를 하고 있다해도 과언이 아니다.

더구나 설상가상으로 더욱 더 사주팔자가 불길한 것은 이상의 부분에도 본 사주팔자가 적용되어 대단히 불리하게 연출되고 있는데 사주일지 戌土 편관을 중심으로 하여 시지 辰土 편관이 辰-戌 상충으로 파극하고 있는 중에 다시 년지 丑土 정관이 중첩하여 일지 戌土 편관을 丑-戌 삼형으로 상극하고 있는 것은 대단히 큰 흉함을 좌초하는 현상이 발생되고 있음이다.

이렇게 사주원국내 상충과 삼형이 중첩되어 이중, 삼중이 흉의를 동반하는 것은 정말 어느 누가 보더라도 호랑이가 무리를 이루어 일간을 물고 들어오는 것이 되니 이것은 무엇보다도 그 흉함이 강렬하게 작용하는 것을 피할 수 가 없는 것이다.

실제로 사주주인공인 송 모씨는 초년 7세부터 일간 壬水에 대한 기신(忌神)의 운로인 서방 申-酉-戌 金局으로 치달리고 있었으니 본 장에 언급하는 관재(官災)를 수없이 당하였고 급기야는 37세 辛未대운에서는 4가지의 죄를 지어 교도소 하옥신세까지 가는 극단적인 운명을 살아왔던 것을 알 수가 있었다.

***. 격국(格局)에 대한 대운흐름,!**

지금까지 사주주인공인 송 모씨의 격국(格局)과 용신 및 사주청탁을 부분부분 적용시켜 모두 간명하여 보았는데 사주팔자가 근본적으로 탁기(濁氣)를 구성하고 있으니 본 장에 언급하는 관재(官災)를 자주 당하는 팔자에 송 모씨가 해당되어 일생을 불길하게 삶을 살아가는 것을 알 수가 있다.

따라서 송 모씨가 언제 어느 시점에서 관재(官災)를 당하였는지, 그리고 일생동안 숙명적인 어떠한 삶을 살아갔는지를 놓고 본인에 대한 대운흐름을 적나라하게 파헤쳐 그 실체적인 근본원인을 사주추명학에 합하여 간명하여 보기로 하겠다.

초년 7세는 甲戌대운이다.

이 때 대운천간 甲木은 일간 壬水에 대한 식신의 운로로서 정히 희신의 기운이 되고 있겠는데 일면 사주년간에 투출되어 있는 己土 정관과 甲-己合土로 변화되어 관성의 기운이니 불리하겠으나 월상에 乙木 상관이 년간 己土를 방해하여 甲木 식신의 기운으로 그 영향력을 행사 할 수가 있으므로 천만다행이다.

또한 대운지지 戌土는 일간 壬水에 대한 편관의 운로이니 이미 사주내 많은 관성들이 차지하고 있는 관살혼잡(官殺混雜)이 되는 것은 아주 불리하게 연출되겠지만 戌土가 근본적으로 火氣를 업은 조토이고 또한 사주팔자가 亥월에 출생하여 추운겨울이 되고 있으므로 조후법을 충족할 수 있는 성질이 되어 평운으로 전환되는 것을 알 수가 있다.

실제로 이 운로에서 사주주인공인 송 모씨는 부모님의 가업도 좋았으며 또한 유년 별탈이 없이 성장하면서 학업에 종사하였는데 하지만 세운이 순간순간 들어오는 관성의 기운을 재차 맞이하였을 때는 약간의 신체상 부상을 당하였다며 회고를 하고 있는 것을 볼 때 이미 사주원국에 관성이 혼잡되어 이것이 세운에서 재차 관성운을 맞이할 경우 그 흉함이 약간씩 돌출되었던 것을 미루어 짐작할 수가 있겠다.

다시 17세는 癸酉대운이다.

따라서 대운천간 癸水는 일간 壬水에 대한 겁재가 되어 일면 신약한 일간을 부조하는 것이 되어 길운이라고 판단할지 모르지만 일간 壬水가 亥월에 출생하여 조후법상 용신을 木, 火를 선택하고 있는 마당에 결코 겁재 癸水는 본 사주팔자에 대해서 길하게 작용하지 못한다.

더구나 대운천간 癸水는 일간 壬水에 대한 겁재라는 기운이 되어 더욱 더 水氣를 부채질하는 현상은 더 강력하게 반대상극오행인 재성 火氣를 水剋火로 파극하는 일면이 나타나고 있으므로 비록 억부법의 원리에서는 일간에 힘을 주는 일면은 있겠으나 조후법상 상극하게 될 때는 흉으로 간주되는 것으로 판단하는 것이 원칙이다.

상황이 이럴진데 대운지지 酉金이 일간 壬水에 대한 인수의 운로이니 더욱 더 일간을 金生水로 생조하면서 조후법을 거슬리게 만들고 있으니 설상가상인데 더하여 사주년지 丑土 정관과 酉-丑合金, 그리고 시지 辰土 편관과 辰-酉合金으로 더 강력하게 金氣로 둔갑하여 조후법을 金生水로 생조하므로 그 흉함이 하늘을 찌르고도 남음이 있다할 것이다.

이 때 사주주인공인 송 모씨는 학업에 전념하는 시기가 될 것인데 학교에 다니다가 폭력써클에 가담하여 주먹을 휘둘다가 크고 작은 경찰서출입을 자주 하였고 급기야는 고등학교를 다니다가 퇴학처분을 받는 등 벌써 청소년기부터 관재(官災)의 부분에 계속 접하게 되었던 것이다.

그런데 여기서 같은 관재(官災)라도 여러종류가 있을 것인데 유독 주먹을 휘둘러 폭력적인 부분에 접목이 되는 것은 사주주인공인 송 모씨의 팔자오행을 육친통변법으로 간명하여 볼 때 그 실체가 자세하게 나타나고 있음을 엿볼 수가 있겠다.

***. 命理秘典 上권인 편관의 육친통변법에 인용하여,!**

이러한 부분은 본 저자가 편찬한 命理秘典 上권인 편관의 육친통변법에 대단히 자세하게 기술하고 있는데 그 부분을 인용한다면

● 편관은 격국이 나쁘면 흉을 불러일으키므로 일명 칠살(七殺)이라고도 하는데 편관은 육친별로 보면 남자에게는 자식을 나타내고 위로는 고조부, 외조모를 뜻하며 여자에게는 본 남편 외 외간 남자를 나타내고 또는 남편의 형을 의미한다.

편관의 성질은 권력과 고집, 시비, 쟁투와 성질이 매우 급하며 흉폭하고 더하여 심성이 고독한데 그 성정자체가 권모술수에 능하며 나에게 이익이 되는 일이라면 적과의 동침도 가능하고 모든 일을 시작하면 끝을 보아야 직성이 풀리는 타입이다.

과격한 행동으로 인해 사주격국이 순수하지 못하면 깡패, 건달, 사기꾼, 등 사회적 지탄을 받아 평생을 관재구설로서 일생을 마치기 쉬운데 만약 신왕사주에 격국이 순수하고 편관이 용신이 되면 오히려 전화위복이 되어 판, 검사 및 군인으로 대권을 장악하지 않으면 권력을 잡는 직업에 종사하게 된다.

사주원국에 식신이 있으면 식신재살격(食神制殺格)이라 하여 편관의 흉폭성이 억제되어 좋은 점만 오게 되나 편관의 기운이 억제되지 않고 편재가 사주에 있을 때는 그 특성이 호랑이에게 날개를 달아주는 것과 같이 편관의 흉폭성은 더욱 더 증가된다.

● 일간이 신강하여 편관이 용신이면 머리가 총명하고 결단성이 있으나 권력을 믿고 사람을 괴롭히기를 좋아하며 의협심이 있으나 일면 편굴한 점이 있고 삶과 죽음의 모험을 좋아하며 한편 목적을 위해서는 수단과 방법을 가리지 않고 저돌하는 특질을 가지고 있다.

더하여 일간이 신약하고 편관이 많으면 사람에게 의지할려고 하는 성질이 강하며 일간이 신강하고 편관도 왕성하여 그것을 제화하는 식상이 없으면 성질이 매우 급한데 만약 편관을 제화하는 식상이 있어 편관을 억제하면 인격과 위엄을 겸비한다.

일간이 신강하고 편관이 쇠약하면 모든 일에 대해 시작뿐이지 끝이 없으며 나태하고 게으르며 자만심만 강하다.

● 사주에 편관을 형, 충, 파, 해하면 성질이 난폭해지며 더하여 편관격에 상충이 되고 괴강이 있으면 성질이 극히 횡폭한 사람이다.

이상 육친의 편관의 특성을 적나라하게 파헤치고 있겠는데 사주주인공인 송 모씨는 사주일주가 壬戌이 되어 비록 괴강살(魁罡殺)은 되지 않으나 백호대살(白虎大殺)를 가지면서 일지 戌土가 편관이 되는 중에 사주시지 辰土 편관이 辰-戌 상충으로 파극하고 다시 년지 丑土 정관이 丑-戌 삼형이 되고 있으니 완전히 부합하고 있으며 또한 그 성격이 대단히 흉폭스러움을 단적으로 표시하고 있다해도 과언이 아니다.

이렇게 될 경우 실존인물이 사주감정을 의뢰하러 온 래객(來客)이라 한다면 적어도 주먹계통에 일시적으로 몸을 담던지 하여야 되겠고 더구나 시비나 싸움을 자주하는 사람이라고 판단하는 것이 정석인데 적어도 싸움이 발생되면 칼(?)이나 흉기를 들면서 흉폭한 사람으로 돌변하는 것을 본 저자는 많이 보고 있다.

다시 27세는 壬申대운이다.

이 때 대운천간 壬水는 일간 壬水에 대한 비견으로서 대단히 좋지 못하고 있는데 다시 대운지지 申金이 사주일간 壬水에 대한 편인의 운로이므로 더욱 더 水氣를 金生水로 생조하고 있으니 완전히 조후법을 거슬리게 되어 그 흉이 대단히 강력하게 발생하는 것을 모면할 수가 없다.

더구나 대운지지 申金이 사주원국 시지 辰土 편관과 申-辰合水로 구성하여 완전한 조후법을 상극시키는 비겁 水氣로 돌변하게 되는 것은 반대의 재성 火氣를 쟁탈하는 것이 되므로 곧 군비쟁재(群比爭財)의 법칙에도 부합하게 되니 단적으로 송 모씨의 금전적인 문제와 처의 생명이 위험하다.

따라서 이와 같은 부분을 좀 더 육친통변법으로 심도있게 다루어야 할 부분이 되니 사주주인공인 송 모씨의 사주명조와 27세 壬申대운이 접목되는 시점에 1976년 丙辰세운을 중점적으로 도표를 나열한 뒤 그 실체를 사주추명학적으로 판단하여 보기로 하겠다.

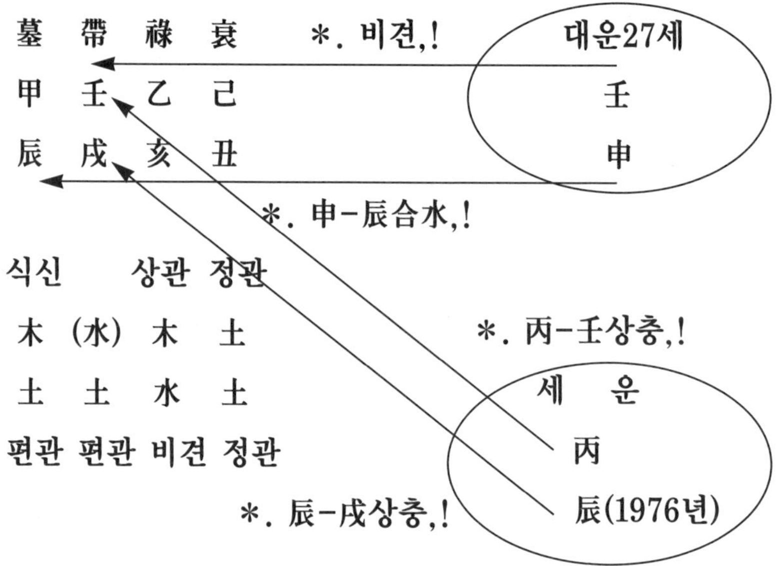

도표에서 나타나고 있듯이 27세는 壬申대운이 지배되고 있는데 사주주인공인 송 모씨는 만 27세는 1976년 丙辰세운이 접목되는 것으로 이미 대운천간지지 모두 일간 壬水에 대한 기신(忌神)의 역할을 하여 그 흉함이 하늘을 찌르고도 남음이 있다할 것이다.

그런데 설상가상으로 세운이 丙辰세운이 되니 이 때 세운천간 丙火가 일간 壬水에 대한 편재의 운로로서 일간 壬水를 丙-壬 상충으로 파극하고 다시 세운지지 辰土가 이미 사주명조내 시지 辰土 편관이 일지 戌土를 辰-戌 상충으로 파극하는 것을 중첩하여 辰-戌 상충이 되고 있다.

이것은 곧 전자에 지장간의 변화를 관찰하여 볼 때 송 모씨의 처인 丁火 정재가 완전히 파극을 당하고 있으니 극단적으로 송 모씨

처의 생명이 위험하다는 것을 단적으로 발견하게 된다.

결국 이 시점에서 사주주인공인 송 모씨의 처는 교통사고로 절명하였는데 이미 사주명조가 일주가 壬戌로서 백호대살(白虎大殺)에 임하였는 중에 중첩하여 시지 辰土 편관이 일지 戌土 편관을 辰-戌 상충하고 년지 丑土 정관마저 일지 戌土를 丑-戌 삼형으로 때리고 있으니 언제든지 대운이나 세운에서 戌土를 가격하게 될 때는 처의 생명이 위험하다는 것을 사주원국은 무언중에 암시를 하고 있다해도 과언이 아니니 정말 애석한 일이 아닐 수가 없다.

다시 37세는 송 모씨가 관재(官災)의 기운이 극도로 당면되었던 辛未대운이다.

따라서 그동안 사주주인공인 송 모씨는 처를 교통사고로 잃고 시름의 나날을 보내었으나 그 흉함이 여기에서만 끝나는 것이 아니고 본인의 선천성인 사주명조로 말미암아 계속하여 후천성인 대운이 본인을 가만히 내버려두지 않았으니 이것은 정말 전생에 업보를 금생에서 다받는 시련의 연속이라 할 수밖에 달리 생각되지 않는다.

세월이 흘러 그동안 약간의 사업을 하였다하여도 근본적인 기신(忌神)의 운로를 첩첩으로 받고 있었으니 복록을 달리 논할리도 없겠으며 무엇하나 되는 일이 없다는 것은 이미 사주추명학을 하는 학자들이 사주주인공인 송 모씨의 대운을 판별하여 볼 때 한결같이 느끼는 심정이라 아니할 수가 없다.

하지만 사주추명학은 냉정한 것이고 실존인물의 운로를 추적검토하자면 불운과 길운을 완벽하게 파악하여야 되는 사명감이 있으니 결코 좌시할 수가 없으므로 송 모씨의 사주명조와 일생동안 가장 흉의가 극심했던 37세 辛未대운을 중점해서 다시 戊辰세운이 접목되는 사주도표를 보면서 그 실체를 적나라하게 파 헤쳐보기로 하겠다.

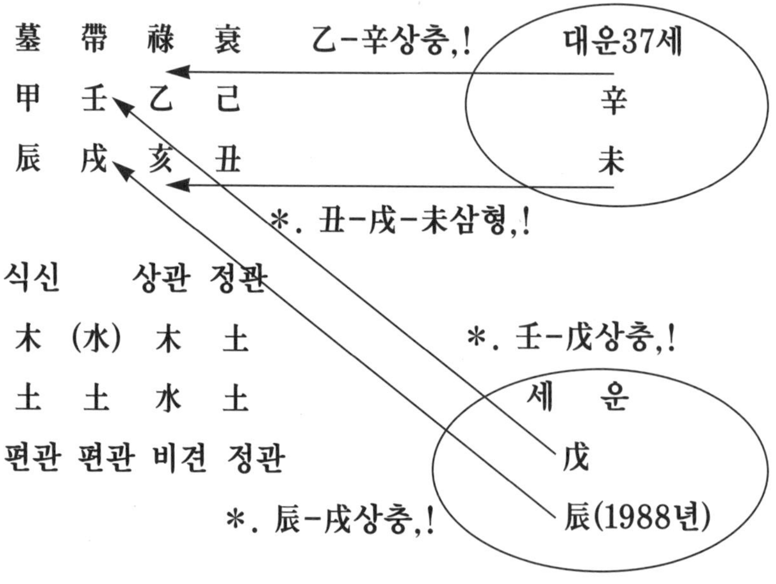

도표에서 나타나고 있듯이 이 때 37세대운은 辛未대운으로서 또 다른 후천성인 운로인 1988년은 戊辰세운이 지배되고 있음을 엿볼 수가 있다.

그런데 대운천간 辛金이 일간 壬水에 대한 인수의 운로이며 이것이 조후법상 火氣를 火剋金으로 상극하고 있으니 흉이 돌출되는 것은 기정사실인데 설상가상으로 사주월상에 투출되어 있는 乙木 상관을 乙-辛 상충으로 파극하고 있으니 상관을 충격하면 관재(官災)나 교통사고가 발생되는 것을 이미 사주원국이 무언중에 암시를 하고 있다.

이것은 한편으로 볼 때 이미 사주원국내 년간에 투출되어 있는 己土 정관이 월상에 투출되어 있는 乙木 상관을 바로 마주보고 己-乙 상충으로 가격하고 있으니 상관과 정관이 근접하여 상충까지 작용하고 있는 것은 더 이상 무엇을 논할 필요가 없는 것이다.

좀 더 자세하게 언급하자면 사흉성(겁재, 상관, 편관, 편인)과 사길성(식신, 정재, 정관, 인수)간은 숙적이요, 원수가 되고 있는데 이렇게 상관과 정관이 충돌하는 처사는 더 이상 말을 하지 않아도 양자간 하나가 죽음에 이르는 순간까지 전극(戰剋)이 발생하니 곧 전쟁터를 방불케 하고도 남음이 있으며 또다시 중첩하여 대운천간 辛金이 乙-辛 상충으로 상관을 파극하니 더욱 더 흉의가 강력하게 되는 이유가 여기에 있다해도 과언이 아니다.

더구나 상황은 여기에서 끝나는 것이 아니고 대운지지 未土가 일간 壬水에 대한 정관으로서 이미 사주원국에 관살혼잡(官殺混雜)이 되고 있는데 또다시 정관운이 되어 중첩 관살혼잡(官殺混雜)이 되면서 사주년지 丑土 정관과 이미 일지 戌土 편관간에 丑-戌 삼형이 되고 있는 것을 중첩하여 완전한 丑-戌-未 삼형으로 대접하고 있으니 이것은 무엇을 논하고 자시고할 필요가 없게 되었다.

1988년 戊辰년이 되자 이 때 사주주인공인 송 모씨는 만 39세가 되고 있는데 세운이 戊辰년은 역시 편관의 운로이며 다시 세운천간

戊土는 일간 壬水를 壬-戊 상충,! 그리고 시상에 투출되어 있는 甲木 식신을 甲-戊 상충,! 또다시 세운지지 辰土는 사주일지 戊土를 辰-戌 상충까지 되니 이렇게 대운과 세운이 거듭 합작하여 삼형과 상충으로 파극하는 것은 하늘이 무너지고도 남음이 있는 흉이 돌출된다 해도 과언이 아니다.

결국 사주주인공인 송 모씨는 이 때 戊辰세운이 지배되는 음력 3월에 남편이 있는 내연의 여자를 알고 지내다가 남편에게 발각된 후 그길로 자신의 승용차를 타고 도주를 하다가 교통사고를 내자 홧김에 뒤따라오던 여자의 남편을 흉기로 찔러 전치 10주의 중상을 입혔으니 교통사고와 간통 및 상해죄로 구속을 피할 수가 없게 되었다.

하지만 상황은 여기에만 끝난 것이 아니고 이렇게 사건이 발생되자 그길로 송 모씨에게 재혼한 여자는 이 사실을 알게 되어 간통죄와 함께 이혼소송을 하였고 본인은 역시 중첩하여 죄를 받고 교도소에 수감되었으니 정말 무엇을 논하여야 되는 사주팔자인지 참담한 송 모씨가 아닐 수가 없는 것이다.

● 이상으로 사주주인공인 송 모씨의 본 장에 언급하는 관재(官災)를 자주 받는 격국에 대하여 사주추명학적으로 그 실체를 적나라하게 파헤쳐 보았는데 이미 사주명조내 관성이 태왕하여 관살혼잡(官殺混雜)이 되고 있으니 다시 운로인 대운이나 세운에서 관살혼잡(官殺混雜)년을 만나거나, 상관을 충격하거나, 丑-戌-未 삼형을 동반하게 되면 모두 관재(官災)나 교통사고가 발생하게 되는 것을 알 수가 있었다.

더하여 사주주인공인 송 모씨가 1988년 戊辰년 음력 3월에 관재(官災)를 받았다는 것은 음력 3월은 辰월이 되고 있으니 이것 역시 월운까지 완전히 辰-戌 상충과 편관월운에 관재(官災)를 받는 것에 일치하고 있음을 엿볼 수가 있는 것이다.

***. 본 장에 관재(官災)를 받는 사주에 접목되어 남편이 공무원이나 본인이 낙찰계를 조직하여 사기를 친 뒤 사기죄로 구속된 후 남편마져 탄핵이 되어 패가망신한 사주주인공 정 모씨,!**

(예2). 여자 정 모씨(서울 잠실동) 1951년 음력 8월 18일 卯시

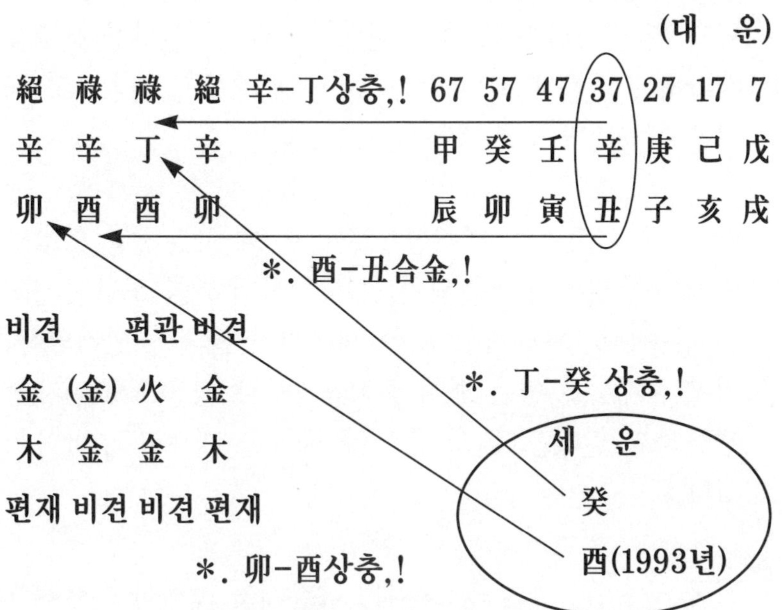

●본 사주팔자는 사주월상에 투출되어 있는 丁火가 용신이 되고 있는데 용신인 丁火 편관을 천간의 전부 辛金 비견이 辛-丁 상충으로 파극되어 용신이 무력하게 되어 있다.!

더구나 사주지지에 월지 및 일지 酉金이 동시에 년지와 시지 卯木 편재를 卯-酉 상충으로 극파하고 있으니 벌써 투기성 재물을 욕심내는 것을 알 수가 있겠고 그로 인한 관재(官災)를 자주 받는 사주팔자임을 알 수가 있다.!

따라서 그동안 자주 관재(官災)를 받아 벌금형을 선고받았으나 대운 37세 辛丑대운이 되자 대운천간 辛金이 비견으로서 사주월상에 투출되어 있는 丁火 편관을 辛-丁 상충으로 중첩 파극하면서 다시 대운지지 丑土가 일지 및 월지 酉金 비견과 酉-丑合金으로 더욱 더 신왕한 사주를 신왕하게 만들게 되니 반대오행인 편재를 金剋木으로 군비쟁재(群比爭災)를 발동시키고 있다.!

만 42세 癸酉년은 1993년으로서 이 때 세운천간 癸水가 역시 사주월상에 투출되어 있는 용신 丁火를 또다시 丁-癸 상충으로 파극하고 또한 세운지지 酉金이 년지와 시지에 존재하고 있는 편재 卯木을 卯-酉 상충으로 편재를 쟁탈하고 말았으니 그 흉함이 하늘을 찌르고도 남음이 있다.!

결국 사주주인공인 정 모씨는 낙찰계를 조직하여 금전으

로 인한 사기를 친 뒤 도주하였다가 지명수배에 걸려 구속되고 말았는데 급기야 이 일이 진전되어 남편이 공무원 직위까지 탄핵을 받아 하루아침에 거지신세가 되어 집안이 완전히 패가망신하였다....!!??

***. 일간의 왕쇠(旺衰),!**

辛일간 酉월에 출생하여 득령(得令)하였으며 사주월지 酉金 비견을 중심으로 해서 다시 일지 酉金 비견에 득지(得地), 그리고 그 세력에 뿌리를 둔 십이운성 건록지에 자리잡은 년간과 시상에 辛金 비견이 투출되어 일간 辛金을 강력하게 생조하고 있으니 대단히 신왕하다.

이렇게 일간 辛金이 대단히 신왕할 경우 일간의 기운이 외격(外格)의 종격(從格)이나 가종격(假從格)으로 돌아가지 않는 이상 마땅히 일간 辛金의 기운을 억제할 수 있는 오행이 사주내 존재하여야 만이 일간이 내격(內格)의 억부법이나 조후법의 용신을 선택할 수가 있다.

따라서 사주원국을 면밀히 관찰하여 보니 일간의 기운을 억제할 수 있는 사주년지 및 시지 卯木인 편재가 자리를 잡고 다시 월상에 투출되어 있는 丁火 편관을 木生火로 생조하고 있으므로 이것은 곧 일간 辛金의 기운을 억제할 수 있는 성질이 되고 있기에 결코 일간이 외격(外格)의 종격(從格)이나 가종격(假從格)으로 돌아가지 못하고 내격(內格)의 억부법이나 조후법의 용신이 선택되는 것이 마땅하다.

하지만 한편으로 볼 때 이렇게 일간을 억제할 수 있는 기운은 곧 용신이나 희신의 성질이 되는 것이 자명한데 사실상 사주월상에 투출되어 있는 丁火 편관을 년간과 일간 및 시간에 투출되어 있는 辛金 비견이 辛-丁 상충으로 파극하고 있음을 엿볼 수가 있다.

그런데도 불구하고 다시 지지에도 역시 강력한 비겁 金氣와 편재 卯木간에 卯-酉 상충이 되고 있으니 상충의 소용돌이 속에 온통 사주팔자가 혼탁하기 그지없으므로 그 소용돌이로 인한 전극(戰剋)은 극도로 사주가 불안한 감을 면할 수가 없음을 알 수가 있겠다.

***. 격국(格局)과 용신,!**

위 사주팔자에 대한 격국(格局)과 용신을 판별하여 보면 우선 일간 辛金이 신왕한 중에 사주월지에 酉金 비견이 자리를 잡고 다시 일지에도 酉金 비견이 있는 것이 십이운성의 건록지에 해당하고 있으니 원칙적으로 **"신왕월지건록격(身旺月支建祿格)"**이 성격(成格)된다.

고로 용신은 **"비중용관격(比重用官格)"**으로 사주내 비겁 金氣를 바로 억제할 수 있는 관성 火氣를 용신하고 관성 火氣를 생조하는 재성 木氣는 희신으로 삼는 것이 마땅하며 왕성한 비겁 金氣를 자연스럽게 수기(秀氣)유행을 도모 하면서 희신인 재성 木氣를 생조하는 식상 水氣는 길신으로 선택될 수 있다.

이렇게 본 사주팔자상 용신과 희신 및 길신을 선택하여 놓고 사주격국을 면밀히 관찰하여 보니 용신의 기운을 대변하고 있는 월상에 丁火 편관이 투출되면서 년지 및 시지 卯木 편재가 木生火로 생조하고 있으니 정히 진신(眞神)의 성질이 되어 그 역할을 다할 수가 있음을 알 수가 있다.

여기서 한가지 중요한 부분이 있는데 그것은 비록 재성 木氣가 관성 火氣를 생조한다고 하여 희신의 역할을 할 수가 있겠으나 일면 본 사주상에 비겁 金氣와 재성 木氣간에 서로 군비쟁재(群比爭財)가 형성됨에 따라 비록 아무리 운로인 대운이나 세운에서 재성 木氣의 기운을 받는다해도 그것은 결코 길함이 될 수가 없는 성질이 이상의 부분에 해당되기 때문이다.

더하여 이상의 부분을 좀 더 자세하게 언급하자면 사주원국이 거의 대부분이 비겁 金氣로 짜여져 신왕이 태왕하여 있는 중에 식상 水氣가 사주 어디에도 보이지 않아 비겁과 재성간에 식상이 연결을 할 수가 없음에 따라 곧 군비쟁재(群比爭財)가 성립되어 왕성한 비겁 金氣가 재성 木氣를 金剋木으로 파극하니 명조가 극도로 불안하게 되는 성질이 되어 재성 木氣가 희신의 역할을 할 수 없는 이유가 여기에 있다해도 과언이 아니다.

결국 이러한 상극의 원칙이 설상가상으로 월상에 투출되어 있는 편관 丁火를 사주천간 전부가 비견 辛金으로 짜여져 辛-丁 상충으로 세사람이 한사람을 몽둥이로 후려치는 결과로서 역시 용신의 기운을 비견 金氣가 파극하고 있으니 이것은 대단히 좋지 못한 것으로 판단한다.

***. 일부학자들의 의문,!**

여기서 일부학자들 중에서 한가지 의문을 가지면서 본 저자에게 질문을 하고 있는데 그것은 **"운정선생은 본 사주팔자에 대한 용신의 기운을 사주월상에 투출되어 있는 丁火 편관을 용신으로 선택하고 있으며 丁火 편관을 생조하는 재성 木氣를 희신으로 선택한다고 설명하고 있다".!**

"그런데 거기까지의 견해는 저희 학자들도 이해를 할 수가 있겠으나 식상 水氣의 경우는 이미 본 사주팔자에 대한 용신의 기운을 월상에 투출되어 있는 丁火 편관을 선택하고 있는데 아무리 일간 辛金의 기운을 누출시키는 현상이 되어 길하게 된다하여도 용신인 丁火가 水剋火로 파극당할 수 있는 단점이 노출되는 현상이 되지 않겠느냐",!

"그렇다면 이 때는 식상 水氣는 용신인 丁火 편관을 상극하는 현상으로 말미암아 용신이 무용지물이 될 수가 있으니 본 사주원국에 길신으로 선택될 수가 없지 않겠느냐",! 라며 구체적으로 반문을 하고 있다.

***. 일부학자들의 의문에 대한 본 저자판단,!**

이와 같은 일부학자들의 반문에 대하여 본 저자는 일부학자들의 견해가 일면 타당성이 있다고 생각할 수가 있겠지만 그러나 지금부터 설명하는 부분을 자세히 들었을 경우 곧 학자들의 생각이 틀렸음을 알 수가 있을 것이다.

이상의 부분에 대하여 본 저자는 본 사주팔자에 대한 식상 水氣에 대한 오행별 성질과 용신인 丁火 편관의 기운에 대한 위치적 선택 및 격국에 대한 성질을 좀 더 구체적으로 언급하여 기술하여보기로 하겠다.

따라서 본 사주팔자가 일부학자들이 염려하는 식상 水氣를 길신으로 선택할 수 있음은 다행히 사주천간에 식상 水氣가 투출되어 있지 않음에 따라 더하여 사주지지에도 지장간조차 식상 水氣가 없음을 지적할 수가 있다.

그것은 만약 본 사주원국의 천간에 식상 水氣가 노출되어 있지 않는 것은 월상에 투출되어 있는 용신으로 자리잡은 丁火 편관을 水剋火로 상극하지 않기 때문에 식상 水氣를 길신으로 선택하는 중요한 이유가 되는데 만약 식상 水氣가 용신인 丁火 편관에 근접하여 있을 경우 식상 水氣는 길신으로 선택되지 못할 것이다.

무슨말인지 좀 더 구체적으로 기술하자면 본 사주팔자에 대한 중요한 용신의 기운으로 사주월상에 투출되어 있는 丁火 편관을 선택하고 있는데 丁火 편관에 근접하거나 그렇지 않으면 동주(同柱)의 기운이 되어 水剋火로 파극시키고 있을 경우 일간에 대한 용신의 기운이 파극을 당해 무용지물이 될 수가 있는 이유에서 식상 水氣를 길신으로 선택하지 못하게 된다는 취지이다.

하지만 다행스럽게 위 사주원국에 식상 水氣가 사주천간이나 지지에도 어디에도 보이지 않고 있기 때문에 丁火 편관이 그나마 용신의 역할을 수행할 수가 있겠으며 이상과 같은 맥락에 비추어 본 저자는 식상 水氣를 본 사주팔자에 대한 길신으로 선택하는 이유가 여기에 있다해도 과언이 아니다.

그러나 여기서 한가지 중요한 성질이 있겠는데 그것은 무엇보다도 아쉬운 점은 비록 식상 水氣가 본 사주팔자에 없으니 월상 丁火 편관이 상극을 당하지 않아서 좋다고 설명하였지만 이것은 식상 水氣가 월상 丁火 편관과 근접하여 있는 것을 좋지 않다고 말하는 것이지 근본적으로 식상 水氣가 사주내 없다는 것은 결코 좋지 못함을 학자들은 착오가 없기를 바란다.

그 이유는 우선 위 사주원국에 재성 木氣를 희신으로 선택하고 있는데 희신의 역할을 하고 있는 재성 木氣를 왕성한 비겁 金氣가 식상 水氣가 연결을 하고 있지 못하고 있으므로 직접 비겁이 재성을 군비쟁재(群比爭財)로 파극하여 재성 木氣를 쟁탈하고 있으니 이것은 곧 생화불식(生化不息)의 조건에 부합하지 못하게 되어 결국은 대단히 좋지 못하고 있음을 간파하여야 된다.

더구나 이와 같은 재성 木氣와 비겁 金氣사이에 金剋木의 상극은 여기에만 끝나는 것이 아니고 이상의 비겁 金氣는 재성 木氣를 쟁탈하는 것도 모자라 다시 월상 丁火 편관을 년간 및 일간 그리고 시상에 투출되어 있는 辛金 비견이 3대1이 되어 火剋金으로 용신의 기운을 상극하고 있으니 용신의 기운이 쇠약하여져서 이것 역시 대단히 좋지 못하고 있는 것이다.

본 사주팔자에 식상 水氣가 그나마 존재하여 있다면 왕성한 비겁 金氣의 기운을 식상 水氣가 金生水로 받아들여 다시 식상 水氣는 재성 木氣로 水生木, 그리고 재성 木氣는 재차 관성 火氣로 木生火로 연결을 도모할 수가 있을 것이다.

결국 그렇게 된다면 본 사주팔자가 곧 생식불식(生息不息) 및 생화불식(生化不息)으로 오행상 서로 주류무체(周流無滯)가 될 수가 있으므로 이것은 대단히 격국이 좋아질텐데 식상 水氣가 사주에 없음에 따라 이 얼마나 격국에 대한 등급에 차이가 나는 것인가는 두말할 이유도 없다.

***. 격국(格局)에 대한 청탁(淸濁)판별,!**

다시 위 사주팔자에 대한 격국(格局)에 대한 청탁(淸濁)판별을 하여 보면 우선 일간 辛金이 사주내 비견 金氣가 많아 **"신왕월지건록격(身旺月支建祿格)"**을 구성하고 있는 중에 사주내 오행이 金, 木, 火뿐이 없으니 이것은 곧 단편적으로 판단해도 오행상 편중(偏重)이 되어 있음을 엿볼 수가 있겠다.

더구나 용신의 기운으로 자리를 잡고 있는 사주월상에 투출되어 있는 丁火 편관이 있는데 丁火 편관을 사주천간이 辛金 비견으로 구성하여 辛-丁 상충으로 파극하고 있으니 일간 辛金에 대한 중요한 용신의 기운이 무력하여져서 제대로 그 역할을 수행하지 못하고 있음을 알 수가 있다.

그런데도 불구하고 사주월상에 丁火 편관이 비록 이렇게 상충의 작용으로 파극을 당할지라도 그나마 뿌리를 두고 있는 지지에 卯木 편재가 건전히 존재하여 있다면 다행스럽게 용신이 안정을 되찾을 수가 있다는 한가지 바램이 나타나고 있다.

하지만 왕신(旺神)의 성질로 돌변하고 있는 사주월지 酉金 비견을 중심으로 하여 다시 일지 酉金이 중첩으로 년지와 시지에 자리를 잡고 있는 편재 卯木을 卯-酉 상충으로 파극함에 따라 용신을 생조하는 희신의 역할을 하고 있는 편재를 완전히 뿌리채 뽑아버리고 말았으니 이것은 더욱 더 대단히 좋지 못하는 것이 된다.

그러나 무엇보다 중요한 것은 비록 이상과 같이 용신인 편관 丁火와 희신의 기운인 卯木 편재가 강력한 비겁 金氣에 의하여 파극을 당한다손 치더라도 그나마 사주상 식상 水氣가 존재하여 있다면 이렇게 왕성한 비겁 金氣의 기운을 자연스럽게 그 힘의 수기(秀氣)유행을 도모시킬 수 있는 장점이 발휘될 것이다.

무슨말인지 좀 더 구체적으로 기술하자면 식상 水氣는 강력한 비겁 金氣와 편재 卯木의 사지를 연결시키면서 사주년지와 시지에 자리를 잡은 편재 卯木을 水生木으로 생조하고 다시 힘을 받은 卯木 편재는 용신인 丁火 편관을 木生火로 생조할 수가 있으니 식상 水氣가 존재하여 있는 성질의 사주원국하고 이렇게 식상 水氣가 없는 사주팔자하고는 그 격국의 등급이 수백배 아니 수천배의 차이가 날 수 있는 것을 판단할 수가 있겠다.

결국 본 사주팔자는 식상 水氣가 없는 중에 용신인 丁火 편관을 비견 辛金이 辛-丁 상충으로 파극하고 다시 지지에는 희신의 기운으로 자리 매김하고 있는 卯木 편재를 강력한 비견 酉金이 卯-酉 상충을 하여 이러저래 일간 辛金에 대한 중요한 길신이 모두 무용지물이 되고 있으니 격국(格局)에 대한 청탁(淸濁)판별에서 대단한 탁기(濁氣)를 가지고 있으므로 그에 대한 숙명적인 불길함을 모면할 수가 없게 되었다.

***. 사주주인공의 성격판단,!**

본 사주팔자 주인공에 대한 성격을 판단하여 보면 우선 일간 辛金이 사주내 비견 金氣가 왕성하여 신왕이 태왕한 중에 사주월지 酉金 비견이 십이운성의 건록지에 해당하고 있으므로 그 성격이 자존심, 고집이 타허추종을 불허하는 사람이다.

이와 같은 현상은 보통 사주격국을 판단하는 절차에서 남자보다 여자가 더욱 더 강력하게 발생하는 것을 엿볼 수가 있으며 더구나 여자사주에서는 일간이 약간 신약한 것이 좋은데 이렇게 비견이 왕성하여 일간의 힘이 대단히 신왕하게 되어 있을 경우 자존심, 고집으로 인한 부부간에 충돌이 한시라도 끊어 지지 않는 것으로 판단하여야 된다.

또한 여자사주에서 비견이나 겁재가 강력하게 존재하여 있을 때 그 일신이 고독하여 독신이나 첩지명이 되기 쉽고 그렇다면 사주주인공인 정 모씨는 항상 부부간에 갈등이 많을 것이며 본인은 재가팔자로 둔갑하니 지금의 남편은 재가하여 만난 사람이라는 것을 알 수가 있겠다.

그런데 무엇보다도 본인의 성격이 좋지 않는 것은 사주월지 및 일지에 酉金 비견이 자리를 잡고 있는 중에 년지 및 시지 卯木 편재를 중첩하여 卯-酉 상충이 되고 있으므로 이것은 곧 눈에 보이는 것만 생각하여 친인을 배반을 잘하며 그로 인하여 잔걱정이 끊이지 아니하며 평생동안 잔상경복이 많을 것이다.

더하여 사주월지와 일지 酉金이 비견으로서 중첩되어 두 개씩 자리를 잡고 있는 것은 酉-酉는 자형살(自刑殺)이 되고 있으므로 매사를 자주독립의 정신이 박약하여 남에게 의지하기를 좋아하니 이것은 곧 남을 이용을 잘한다는 것과 일치하고 있겠다.

또한 무슨 일에 대하여 열성을 가지고 시작한다하여도 나중에는 결실을 거두기 어렵게 될 것이고 한탕주의적 근성으로 남의 재물을 탐하다가 재화를 스스로 불러들이는 성격도 알 수가 있을 것이며 더하여 고집과 자존심이 강력하면서 변덕을 자주 부리니 남에게 적을 곧잘 사기도 하는 성격이다.

***. 命理秘典 上권인 상충편과 자형(自刑)편에 인용하여,!**

이와 같은 사주주인공인 정 모씨의 성격을 판별하는 절차에서 이상의 성격에 대한 부분을 본 저자가 편찬한 命理秘典 上권인 상충편과 자형(自刑)편에서 그 실체를 대단히 자세하게 기술하고 있는데 그 부분을 인용하여 보면,!

● 卯-酉 충은 은인을 배반하며 잔걱정이 끊이지 아니하고 간, 폐, 골격계 질환, 말초신경질환이 유발된다.

또한 자형(自刑)이 있으면 대개 모두 자주독립의 정신이 박약하고 남에게 의지하기를 좋아한다.

또한 무슨 일에 대해서 열성을 가지고 시작하였다손 치더라도 결국은 결실을 거두기 어렵고 반면 쓸데없이 고집과 자존심을 내세워 적을 사기도 잘한다.

성격도 변덕이 심하고 독한 마음을 가지고 있으며 십이운성에 사, 절이 동주하면 생각하는 것이 천박하고 심하면 불구자가 된다. 이 형이 시에 있으면 자손이 병약하고 일지에 있으면 처에게 남모를 질병이 있다.

● 자형이 있고 사주 내 비인과 육친의 편인이 있으면 더욱 더 자형의 작용이 강력하게 일어난다.

이 형이 있으면 모두 자주독립의 정신이 박약하고 남에게 의지하기를 좋아한다.

또한 무슨 일에 대해서 열성을 가지고 시작하였다손 치더라도 결국은 결실을 거두기 어렵고 반면 쓸데없이 고집과 자존심을 내세워 적을 사기도 잘한다.

성격도 변덕이 심하고 독한 마음을 가지고 있으며 십이운성에

사, 절이 동주하면 생각하는 것이 천박하고 심하면 불구자가 된다

이 형이 시에 있으면 자손이 병약하고 일지에 있으면 처에게 남모를 질병이 있다.

●자형이 있고 사주 내 비인과 육친의 편인이 있으면 더욱 더 자형의 작용이 강력하게 일어난다.

이상과 같이 命理秘典 上권인 지지의 상충편과 자형(自刑)에 구체적으로 기술하고 있는 것을 위 사주팔자 주인공인 정 모씨의 사주에 일치시켜 간명하여 보면 전자에 본 저자가 간명한 성격에 완전히 일치하고 있음을 엿볼 수가 있겠다.

결국 사주주인공은 그 성격이 변덕스럽고 고집과 자존심이 강대한 여자이며 더하여 그때그때 따라 눈에 보이는 것만 생각하여 친한 사람을 배반을 잘하므로 제대로 된 친구하나 없을 것이고 아울러 부부간에도 일생동안 다툼이 끊이지 않는다는 것을 미루어 짐작할 수가 있으니 일생동안이 파란만장할 것이다.

***. 사주주인공의 부친운명,!**

위 사주팔자 주인공인 정 모씨는 여자사주로서 본인에 대한 부모님의 운명을 판별하여 보면 우선 단편적으로 보아도 육친의 운명이 불길한 것을 미루어 간명하고도 남음이 있다.

그것은 본 사주격국이 비견 金氣가 태왕하여 일간 辛金이 신왕함이 극도로 치달리고 있는 중에 오행이 편중(偏重)으로 치우쳐지면서 오행상 火剋金, 金剋木하여 파극되어 있으므로 육친의 운명을 논할 수 없는 성질이 됨에 따라 불길함이 먼저 앞선다고 판단하고 있다.

따라서 사주팔자에 육친의 통변법상 부친은 편재를 나타내고 모친은 인수를 나타내고 있는데 월주가 부모궁이며 형제궁을 대변하고 있으니 월주의 십이운성 왕쇠(旺衰)와 각종 살성(殺星) 및 귀인(貴人)등을 육친과 복수적으로 대조한 뒤 그 운명을 판가름하여야 될 것은 두말할 여지가 없다.

그런데 본 사주원국을 자세히 관찰하여 볼 경우 이렇게 일간 辛金의 동기인 비견 金氣가 사주 천간지지 모두 왕성하여 있는 중에 비견 金氣를 재성 木氣로 연결시킬 수 있는 식상 水氣가 사주상 보이지 않고 있으므로 이것은 직접비견과 편재간 군비쟁재(群比爭財)로 이어져 육친의 운명이 불길한 것은 불을 보듯 뻔한 일이 아닐 수가 없게 되었다.

더구나 부친인 편재가 더욱 더 불길한 것은 부친을 대변하고 있는 사주년지 卯木 편재가 십이운성 쇠약한 기운인 절지에 해당하고 있는 중에 월지 및 일지 酉金 비견이 일간 辛金을 주동하여 십이운성에 건록지에 앉아 나란히 자리를 잡고 동시에 卯-酉 상충으로 파극하고 있으니 그 흉함이 하늘을 찌르고도 남음이 있는 것은 자명한 일이다.

만약 본 사주팔자에 이렇게 비록 비견 酉金과 편재 卯木간 卯-酉

상충이 성립되고 또한 십이운성의 쇠약한 기운인 절지에 해당하더라도 식상 水氣가 비견 酉金과 편재 卯木간을 가로막아 金氣가 金生水로 흡수하면서 다시 편재 卯木으로 水生木으로 연결하여 편재 卯木이 식상 水氣를 흡수받아 생조되고 있을 경우 극단적인 부친의 운명은 구사일생으로 그 흉함을 모면할 수도 있을 것이다.

하지만 이렇게 중요하게 작용하고 있는 식상 水氣가 사주 어디에도, 지장간에서도 조차 보이지 않고 있으니 부친의 운명을 구조할 수가 없음을 판단하는데 실제로 사주주인공인 정 모씨의 부친은 본인이 출생하자마자 교통사고로 객사죽음을 당하였음을 본인을 통하여 그 실체를 알 수가 있었다.

*. 사주주인공의 어머니운명,!

이와 같이 사주주인공인 정 모씨의 사주명조를 통하여 부친의 운명을 육친통변법에 준하여 그 실체를 자세히 파 헤쳐보았는데 여기서 사주원국을 유심히 관찰하다가 문득 본인에 대한 모친의 운명도 흉사의 운명으로 나타나고 있음을 미루어 짐작할 수가 있겠다.

그것은 비록 본 사주원국이 어머니를 나타내고 있는 인수가 사주팔자어디에도 보이지 않고 있겠으나 사주내 일간 辛金이 신왕함이 태왕하여 있는 중에 비겁 金氣가 강력하게 작용하고 있을 경우 관성 火氣로서 안아무인식인 비겁 金氣를 火剋金으로 상극하면서 인수를 또한 관성이 火生土등으로 생조를 하여야 만이 인수가 생조를 받아 기운을 얻게 되어야 하는 필연성을 본 사주는 지니고 있다해도 과언이 아니다.

하지만 사주에 이렇게 비겁 金氣가 강력하게 작용하고 있는 것을 관성 火氣가 지지의 지장간에서 조차 보이지 않고 있으니 아무리 인수가 사주에 비록 없다손 치더라도 왕성한 비겁 金氣에 의하여 인수 土氣가 그 힘이 누출되는 것을 피할 수가 없게 된다.

여기서 한가지 짚고 넘어가야 할 부분이 있겠는데 본 사주팔자에 어머니를 대변하는 인수가 없다고 하여 인수가 왕성한 비겁 金氣에 의해서 무사하게 되는 것은 아니다.

무슨말인지 좀 더 자세하게 언급하자면 오행의 성질로 대변하여 볼 경우 인수의 오행은 필수적으로 비겁을 생조하는 육신이고 아무리 사주팔자내 인수가 없다고 하여 비겁의 기운이 왕성하여 있는 중에 관성이 비겁을 억제하지 못하고 있으면 비록 인수가 사주에 없어도 인수의 기운이 왕성한 비겁에 의하여 강력하게 소진되는 것을 파악할 필요가 있다.

보통 이와 같은 현상 때문에 학자들마다 간명하는 절차상 원리가 각각 다르게 판단되는 것도 이상의 원리에 준한 함정 때문에 막연히 이렇게 사주내 비겁이 강력하여 강력한 비겁을 억제하는 관성이 없는데 인수가 사주에 없다고 하여 어머니가 무사하다는 등, 식으로 간명하는 것은 대단히 추명의 오류를 불러들이는 하나의 결과로 귀착하고 있음을 유념하여야 될 것이다.

사주팔자에 비겁이 강력하고 비겁을 억제하면서 인수를 생조하는 관성의 기운이 없을 때 필연적으로 인수가 사주내 있던 없던 불문하고 해당하는 인수의 기운은 소진되는 것으로 간명하는 것이 타당하며 이상의 부분은 유독 지금 본 사주팔자에 해당하는 인수의 기운만이 아니고 모든 육친에 적용하여 간명하여야 됨을 본 저자는 대단히 강조하고 있는 것이다.

이와 같은 맥락에 준하여 본 사주주인공인 정 모씨의 모친도 부친과 마찬가지로 흉사의 운명을 피할 수가 없는데 이것은 사주월주가 부모궁이 되고 있는데 부모궁을 나타내는 丁酉가 천간 丁火는 재차 사주천간에 투출되어 있는 辛金 비견에게 辛-丁 상충으로 파극하고 있음도 무시할 수가 없다.

그런데도 불구하고 설상가상으로 다시 강력한 왕신(旺神)의 성질로 자리매김하고 있는 월지 酉金 비견은 년지와 시지 卯木 편재와 각각 卯-酉 상충으로 파극하고 있으니 더욱 더 완전히 부친이나 모친이 가망이 없는 것을 사주원국이 무언중에 암시를 하고 있다해도 과언이 아니다.

결국 사주주인공인 정 모씨는 유년 10세 戊戌대운이 지배되는 시점에 어머니마져 위암으로 인한 흉사의 운명을 당하고 말았으니 어릴 때 모두 부모님을 잃은 고아로서 이모님의 슬하에 성장하였음을 회고하고 있으므로 그의 운명의 불길함을 새삼 논하지 않아도 미루어 짐작할 수 있는 대목이다.

***. 본 장에 관재(官災)를 받는 사주팔자에 준하여 판단,!**

본 장 관재(官災)를 자주받는 사주팔자에 준하여 그 원칙을 간명하여 보자면 **"일간이 신왕한데 식상이 미약하여 재성과 군비쟁재(群比爭財)가 되고 다시 세운이나 대운에서 비겁을 만나 재성을 쟁탈할 때,**!라며 구체적으로 기술하고 있다.

따라서 위 사주팔자를 지금 방금 설명한 부분에 적용시켜 판단하여 볼 때 완전히 일치하는 경향을 엿볼 수가 있겠는데 그것은 본 사주원국이 일간 辛金이 사주내 비겁 金氣에 의하여 신왕함이 태왕(太旺)하여 있는 중에 식상 水氣가 없으니 왕성한 비겁 金氣가 직접 편재 卯木을 金剋木으로 군비쟁재(群比爭財)의 법칙이 부합되고 있음을 엿볼 수가 있다.

더구나 이러한 재성을 쟁탈하는 성질이 사주월지와 일지 酉金 비견이 동시에 한테뭉쳐 사주년지와 시지 卯木 편재를 동시에 卯-酉 상충으로 파극하고 있으니 이것은 정말 한시라도 편재와 비견의 싸움이 끊어지지 않고 있으므로 완전히 편재가 상극을 당해 숙명적인 운로가 심히 불길하다.

이상과 같은 맥락에 비추어 간명하여 볼 때 사주주인공인 정 모씨는 이미 사주원국이 이렇게 재성과 비겁이 군비쟁재(群比爭財)의 법칙에 실현되어 사주내 식상 水氣가 없어 양자를 화해시키면서 전극(戰剋)에 대한 해극을 도모하지 못하고 있으므로 재물을 탐하다가 관재(官災)를 수없이 당한다는 것은 피할 수 없는 필연성을 가지는 것이라 단적으로 판단할 수가 있겠다.

실제로 사주주인공인 정 모씨는 여자로서 이미 전자에도 언급하였지만 유년부터 숙명적인 육친의 운명이 불길하여 모친과 부친을 사별하면서 어쩌면 본인의 사주운명이 그렇게 살아가는 팔자임을 미루어 짐작하고도 남음이 있고 또한 정말 본인의 신세를 한탄하는 운명이 되고 있으니 애석하기 그지없다.

*. 격국(格局)에 대한 대운흐름,!

지금까지 사주주인공인 정 모씨의 격국과 용신 및 사주상의 청탁(淸濁)부분에 비추어 그 실체를 완벽하게 파악하여 보았는데 본 장 관재(官災)를 자주당하는 운명에 본인이 적용되어 있다는 사실자체 만으로도 그의 살아가는 운명이 대단히 좋지 못하고 있음을 감히 지적할 수가 있다.

따라서 정 모씨의 삶에 대한 부분을 그동안 살아왔던 대운의 흐름을 추적 검토하여 사주추명학에 비추어 간명에 대한 운로를 적나라하게 파헤칠 필요가 있으므로 유년 7세 戊戌대운부터 판단하여 보기로 한다.

초년 7세는 戊戌대운이다.

이 때 대운천간 戊土는 사주일간 辛金에 대한 인수의 운로로서 이미 사주원국에 일간이 신왕한데 더욱 더 일간 辛金을 생조하고 있으므로 더욱 더 일간이 배가 불러 터질 지경이니 대흉을 돌출한다 해도 과언이 아니다.

따라서 대운천간 戊土를 육친통변법으로 간명할 때 戊土는 인수이니 어머니를 나타내고 이것이 사주원국의 천간에 월상 丁火 편관을 제외한 전부가 辛金 비견으로 구성되어 있으므로 신왕한 일간 辛金을 土生金으로 생조하는 것은 모친의 기운이 대단히 기진맥진할 수 있는 성질이 되고 있음을 미루어 짐작하고도 남음이 있다하겠다.

더하여 대운지지 戌土가 역시 인수의 운로로서 대운천간 戊土와 마찬가지로 일간 辛金을 생조하는 것으로 판단할 수 있으니 불행의 연속이 될 수밖에 없는 것은 자명한 일이 되었다.

실제로 사주주인공인 정 모씨는 유년 10세 때에 어머니가 지병인 위암으로 사망하였는데 이미 사주원국에 강력한 비견 金氣가 대부분을 차지하고 있는 중에 비견 金氣를 火剋金하는 관성이 없어 비견을 억제할 수가 없으므로 이미 무언중에 인수의 기운이 비록 사주에 없더라도 극심하게 비겁 金氣에 그 힘이 소진되기는 마찬가지이다.

상황이 이럴진데 대운이 戊戌로서 동시에 대운천간지지 모두 인수의 기운을 업고 사주상에 비견 金氣를 土生金으로 생조하고 있으니 숙명적인 모친의 기운이 일간 辛金을 생조하는 것은 사주당사자인 정 모씨도 나쁜 것은 기정사실이지만 그 반대의 오행인 어머니도 그 힘이 소진되는 것을 더욱 더 막을 수가 없게 되어 숙명적인 모친의 생명이 위험하게 되는 것으로 판단한다.

＊. 여기서 일부학자들의 질문,!

여기서 일부학자들 중에서 한가지 의문을 가지면서 본 저자에게 질문을 하고 있겠는데 그것은 **"운정선생은 본 사주주인공인 정모씨의 유년 7세 戊戌대운을 간명하는 절차에서 대운천간지지 모두 戊戌로서 인수의 기운을 업고 들어와 신왕한 일간 辛金을 土生金으로 생조하니 모친의 운명이 흉사의 운명으로 치달렸다고 기술하고 있다".!**

"하지만 저희 학자들의 견해는 조금 달리 판단하고 싶은데 그것은 지금 설명하는 7세 戊戌대운중 대운천간 戊土는 그렇게 된다손 치더라도 대운지지 戌土가 조토로서 그냥 인수로 사주명조에 영향력을 행사하고 있는 것이 아니라고 판단된다".!

"그에 대한 이유로서 사주원국 년지와 시지 卯木 편재와 卯-戌合火로 관성 火氣로 돌변하여 신왕한 일간 辛金을 火剋金으로 상극하면서 편재 卯木을 보호하고 있으니 길신의 역할이 분명할 수가 있지 않겠느냐",!

"그런데도 불구하고 이상의 부분에 대하여 운정선생은 한마디 언급도 하지않고 막연히 오행별로 戌土가 인수라는 정도로서 해설하고 모친의 생명이 위험하다고 기술하는 것은 설득력을 잃고 있으므로 그에 대하여 좀 더 구체적으로 해석을 하여 달라",! 라며 자세한 설명을 요구하고 있다.

***. 일부학자들의 질문에 대하여 본 저자판단,!**

이상의 일부학자들의 의문에 대하여 본 저자는 대단히 예리한 부분을 지적하는 것으로 사주추명학상 그 원리를 좀 더 구체적으로 제시하여야 되는 성질임을 판단할 수가 있겠으며 따라서 본 저자는 학자들의 요구에 대하여 숨김없이 그 실체를 낱낱이 설명하도록 하겠다.

따라서 일부학자들이 의문을 제시한 사주주인공인 정 모씨의 초년 7세 대운인 戊戌대운이 대운천간지지 모두 인수의 운로이니 모친이 흉사를 당하였다는 성질이 대운천간 戊土의 부분에 대해서는 학자들의 견해가 본 저자의 생각이 일치하고 있으니 그 부분을 생략하고 대운지지 戌土의 부분을 중점적으로 기술한다.

***. 본 저자가 약 23년동안 실제인물에 적용하여 경험상 터득한 비법(秘法),!**

이 때 대운지지 戌土는 학자들이 지적한데로 오행별 성질은 조토인데 이것이 어찌하여 사주원국 년지 및 시지 卯木 편재와 卯-戌合火로 합의 기운을 설명하지 않는 부분은 이미 선천성인 사주명조내 강력한 월지와 일지 酉金 비견이 역시 년지와 시지에 자리를 잡고 있는 편재 卯木을 卯-酉 상충으로 파극하고 있는 성질을 중시 볼 필요가 있다.

그렇다면 이미 선천성인 사주팔자내 월지나 일지에 존재하고 있는 비견 酉金은 그 힘의 기운이 사주강약도표에 준하여 30%와 20%로 대변하고 있는데 더하여 십이운성에 일간 辛金을 주동하여 건록지에 해당하고 있으니 이것은 단편적으로 보아도 대단히 강력한 기운임은 두말할 필요가 없는 것이다.

따라서 이렇게 강력한 두 개의 비견 酉金이 사주년지와 시지 卯木 편재를 동시에 卯-酉 상충으로 가격하고 있는 것은 아무리 대운의 힘이 강력한 오행이 들어온다손 치더라도 년지와 시지 卯木 편재를 卯-戌합을 하는 것은 역부족이 된다.

이와 같은 현상은 설령 대운의 힘이 강력하기 때문에 어쩔 수가 없이 사주년지 및 시지 卯木 편재와 卯-戌合火를 한다손 치더라도 근본적인 卯-酉 상충으로 파극하고 있는 이상 제대로 합의 기운으로 돌아갈 수가 없는 것은 자명한 것이며 그렇다면 戌土의 잔여기운을 가진 상태에서 사주명조에 그 영향력을 행사할 수 있는 필연성이 부여된다고 판단하여야 될 것이다.

더구나 대운지지 戌土가 비록 선천성인 사주명조안에서 년지와 시지 卯木을 卯-戌합으로 합을 하는 과정이 전자에 언급한 卯-酉 상충으로 합의 기운이 방해를 받고 있는 가운데 대운지지 戌土는 한 개의 오행이고 합을 하려는 卯木 편재는 두 개의 기운이 되고 있음을 엿볼 수가 있겠다.

그렇다면 이것은 또 다른 한편으로 볼 때 합을 적용하는 과정에서 하나의 합의 기운을 놓고 두 오행이 서로 다투는 쟁합(爭合)의 성질이 나타나고 있으므로 이것 역시 완벽한 합의 기운이 방해를 받는 원인제공을 하고 있다해도 과언이 아닐 것이다.

이상과 같은 맥락에 비추어 본 사주팔자에 대한 대운지지 戌土 인수의 기운을 놓고 사실상 본 저자는 합의 기운을 설명하지 않는 것이며 따라서 본 사주팔자에 대한 합의 기운으로 그 영향력을 행사할 수 있는 관성 火氣를 취용하지 않았다는 것을 학자들은 미루어 짐작하고도 남음이 있을 것이다.

지금까지 설명한 대운지지 戌土가 선천성인 사주명조내 년지와 시지 卯木 편재와 卯-戌합을 하는 성질을 대단히 구체적으로 기술하였는데 이러한 것은 고서(古書)나 원서에 아무리 뒤져보고 찾아보아도 그에 대한 상세한 원리가 기록되어있지 않았다.

따라서 그동안 본 저자는 이상의 부분을 대단히 번민하고 고통하다가 약 23년동안 지금 설명하였던 비슷한 실존인물사주를 삼천리 방방곡곡을 찾아다니면서 그의 인물을 방문하여 이러한 대운이나 세운에서 합의 기운이 들어올 때 과연 그에 대한 과거, 현재, 미래의 운이 어떡해 진전되고 있는지를 파악한 후 하나의 간명상 비법(秘法)으로 정리를 하였던 것이다.

따라서 지금부분을 체험한 학자들은 실제로 이상과 같은 맥락에 준한 실제 인물이 당면되고 있을 때 전부 이상과 같은 성질을 접목시켜 간명한다면 그 사주 추명학의 적중여부는 과히 신(神)의 경지에 해당하는 성질임을 감히 말할 수가 있겠고 더하여 이상의 부분을 간명한 독자들은 역(易)이라는 어려운 계단을 또 한걸음 오른것이라 여겨주길 바란다.

다시 17세는 己亥대운이다.

이 때 대운천간 己土는 일간 辛金에 대한 편인의 운로로서 역시 신왕한 일간을 土生金으로 생조하게 되어 불리하게 연출되는 것을 알 수가 있겠는데 천만 다행으로 대운지지 亥水가 일간 辛金에 대한 상관으로 왕성한 일간 辛金의 기운을 편재 卯木으로 金生水, 水生木이 되어 연결시키고 있음을 알 수가 있다.

그렇다면 대운천간 己土가 지배되는 시점에는 정신적인 번민과 약간의 소흉이 돌출되겠지만 대운지지 亥水가 지배되는 시점에는 길운이 될 것이다.

***. 일부학자들의 재차 반문,!**

여기서 일부학자들 중에 재차 방금 설명한 부분에 대하여 의문을 표시하면서 질문을 하고 있겠는데 그것은 **"운정선생은 방금 17세 己亥대운을 설명하면서 대운지지 亥水의 운로에서는 상관 亥水이기 때문에 본 사주팔자의 일간 辛金과 편재 卯木간 金生水, 水生木으로 연결하여 길운이 된다며 기술하고 있다".!**

"하지만 이번에도 저희 학자들의 견해는 조금 달리 판단하고 싶은데 그것은 비록 대운지지 亥水가 일간 辛金에 대한 상관의 운로로서 일면 그렇게도 볼 수가 있겠으나 사주원국 년지와 시지 卯木 편재와 亥-卯合木으로 변화되어 합의 성질인 木氣로 돌변하고 있음을 알 수가 있다".!

"이와 같은 현상은 본 사주팔자상 재성 木氣로 돌변하는 것

은 일면 희신의 기운이 되어 길함이 될 수가 있겠지만 이미 비견 金氣가 강력하여 군비쟁재(群比爭財)가 성립되어 있으니 역시 군비쟁재(群比爭財)가 중첩으로 되는 것은 더욱 더 불리하지 않겠느냐",! 라며 반문을 하고 있다.

***. 일부학자들의 재차반문에 대한 본 저자판단,!**

이와 같이 일부학자들이 재차 반문하는 것은 전자에 이미 설명하였는 부분이 중복될 수가 있겠는데 아마도 학자들의 생각이 대운과 사주팔자 오행상의 합, 충의 변화에 대하여 그 원리가 부족하여 이해에 대단히 혼란스러운 일면이 나타나는 것으로 본 저자는 판단할 수 가 있다!

따라서 그 부분을 좀 더 자세하게 사주추명학의 원리에 부합시켜 오행상 합과 충의 변화의 원리를 좀 더 구체적으로 언급하여 기술하기로 하겠다.

우선 방금 학자들이 지적한 17세 己亥대운중 대운지지 亥水가 사주원국 년지와 시지 卯木 편재와 亥-卯合木을 운운(云云)하는 성질에 대하여 전자의 7세 戊戌대운을 언급하여 그 원리자체를 자세하게 언급한바가 있겠는데 그렇다면 지금도 그 원칙에 변함이 없는 것으로 판단하여야 될 것이다.

그것은 전자에도 이미 언급하였다시피 본 사주원국 월지와 일지 酉金 비견이 두 개씩이나 자리를 잡고 그 세력이 일간 辛金을 주동하여 각각 십이운성 건록지에 해당하고 있는 중에 재차 년지나 시지 卯木 편재를 卯-酉 상충이 되어 파극하고 있으므로 제대로 합이 성립할 수가 없는 성질이 나타나고 있음을 유념하여야 될 것이다.

따라서 그동안 본 저자가 집필한 命理秘典 上권이나 下권에서 실제인물을 간명하는 절차에 이렇게 대운이 합의 기운을 업고 들어오는 성질을 두고 때로는 합으로 간주하였다가도 어쩔때는 합을 취용할 수가 없는 등등의 복잡한 양상을 기술하고 있는데 이것은 비록 상충의 작용이 있다해도 거대한 대운의 힘이 강력하게 발생하고 있으니 합의 기운으로 취용한 것을 알 수가 있다.

그렇다면 그러한 합의 기운이 얼마나 강력하게 결성되어 사주원국에 영향력을 미치느냐, 그렇지 않으면 본래의 자연스럽게 합의 성질로 귀착하여 영향력을 행사하느냐, 의 차이를 놓고 판단의 기로에 서게 되는데 이것은 더 이상 생각할 필요도 없이 합에 대한 영향력에 상충이나 삼형의 작용이 방해를 주게 되는 것으로 판단하여야 될 것이다.

이상의 맥락에 비추어 방금 일부학자들이 의문을 재차 표시한 부분은 사주월지와 일지 酉金 비견이 년지와 시지 卯木 편재를 卯-酉 상충으로 파극하고 있으니 대운에서 비록 亥水가 들어온다손 치더라도 亥-卯合木의 기운을 방해하는 것은 기정사실이 된다.

결국 학자들이 의문을 표시하는 亥-卯合木의 기운을 비록 대운의 힘이 강력하기 때문에 어쩔수 없이 합을 한다손 치더라도 제대로 합을 할 수 없는 성질이 될 것이며 그렇다면 亥水의 영향력이 존재하여 있으니 이것을 보고 본 저자는 亥水 상관의 영향력이 본 사주팔자에 미치는 성질을 놓고 길하다고 판단하는 이유가 여기에 있다 해도 과언이 아니다.

실제로 사주주인공인 정 모씨는 이 때 17세 己亥대운에서 대운천간 己土가 지배되는 시점에서는 학업적인 불운함으로 인하여 대단히 고통과 번민에 시달렸고 더하여 대학을 진학하는 과정이 재수를 거듭한 중에 천신만고 끝에 겨우 들어갔다하였다.

더하여 또한 대학을 다니는 과정에서 이모님이 학비를 주는 과정이 어려워 본인이 아르바이트를 하여 겨우 대학을 졸업하였으니 그 얼마나 고생을 하였는가는 미루어 짐작하고도 남음이 있다할 것이다.

하지만 대운지지 亥水가 간접적으로 그 영향력을 행사하는 성질이 되고 있으므로 이것은 정히 용신의 기운이 되고 있으니 대운천간 己土가 지배되는 시점에 그동안 몇차례 남자를 사귀었다가 그 중에 한 남자와 결혼까지 하였으나 세운과 사주명조의 숙명적인 운기가 불길함에 따라 이별로서 재혼팔자로 둔갑하였던 것이다.

그렇지만 지금 亥水대운에서 일약 지금의 남편을 만나 그나마 승승장구하였다고 본인은 회고를 하고 있는 것을 볼 때 완전히 본 저자가 간명한 대로 설사 亥-卯合木의 기운이 된다손 치더라도 亥水의 잔여기운을 가지면서 용신의 역할로 인한 그 영향력을 행사하였음을 알 수가 있다.

27세는 庚子대운이다.

이 때 대운천간 庚金은 일간 辛金에 대한 겁재로서 신왕한 일간을 더욱 더 신왕하게 만들고 있으니 대단한 불운이라는 것을 알 수가 있겠는데 더구나 이미 사주원국내 강력한 비견 金氣가 편재 卯木을 金剋木으로 군비쟁재(群比爭財)의 법칙이 실현되고 있는 중에 중첩하여 대운천간에 겁재인 庚金이 재차 들어옴에 따라 그 흉의가 하늘을 찌르고도 남음이 있다할 것이다.

이와 같은 현상을 육친통변법에 적용해서 좀 더 구체적으로 기술하자면 일간 辛金이 신왕한 중에 庚金 겁재는 일간을 더욱 더 왕성하게 만드는 처사는 곧 반대의 오행인 재성 木氣를 더욱 더 상극하는 것이 되고 따라서 사주내 편재 卯木이 더욱 더 金剋木으로 파극을 당하고 있으니 이것은 금전으로 인한 손재나 그로 인한 관재(官災)가 돌출되는 것을 막을 길이 없다.

실제로 이 때 27세 庚子대운이 지배되는 대운천간 庚金의 운로에서 낙찰계등으로 계주를 하다가 몇사람이 계돈을 타가고 난 뒤 도망가므로 인하여 그에 대한 손재를 고스란히 본인이 뒤짚어 쓰면서 그 돈을 회원들에게 갚아주지 못하자 경찰에 사기죄로 고소를 당하여 몇차례 벌금형을 받는 등 그 번민과 고통이 이루말 할 수가 없었던 것이다.

하지만 이러한 금전적인 손실과 관재(官災)로 인한 고통과 번민은 사실상 적은 것을 알 수가 있겠는데 그것은 대운지지 子水가 사왕지지(子, 午, 卯, 酉)로서 일간 辛金에 대한 식신의 운로이니 성히 사주상에 이미 강력한 비견 金氣와 재성 木氣간에 군비쟁재(群比爭財)가 되고 있는 것을 金生水, 水生木으로 서로 연결 화해시키고 있어 그 흉의를 다소나마 감소시켰는 것을 엿볼 수가 있다.

일면 한편으로 볼 때 대운지지 子水가 비록 식신의 운로이나 이것이 사주년지 및 시지 卯木 편재를 子-卯 형으로 다스리고 있으니 편재의 기운이 발동되어 흉을 동반할 수 있는 점을 일부학자들은 염려를 하고 있고 또 반론을 제기하고 있음을 본 저자는 알 수가 있겠다.

하지만 이 부분은 이미 전편인 命理秘典 上권이나 下권에서 실존인물을 간명하는 절차에서 수차 언급하였지만 子-卯 형은 오행별 성질로 보면 水生木의 현상이 나타나고 있으므로 오행상 상극으로 발생되는 寅-申 상충이나 丑-未 상충등과 비교할 수가 없고 오히려 때에 따라서는 서로간 유정(有情)하는 결과도 나타나고 있으니 상극으로 인한 흉함은 돌출되지 않는다고 판단하는 것이 타당하다.

실제로 이 때 27세 庚子대운중 대운천간 庚金이 지배하는 동안에는 금전적인 손실과 관재(官災)를 여러번 당하였지만 대운지지 子水운로에서는 평온한 시절이였으며 또한 가업이 번창하여 본인이 운영하는 유통사업에도 승승장구하였다며 지난 시절을 말하고 있다.

따라서 그와 같은 시절을 사주주인공인 당사자 정 모씨 본인이 설명을 하고 있는 것을 엿볼 수가 있을 때 대운지지 子水운로가 사주상에 강력한 비견 金氣와 재성 木氣양자를 金生水, 水生木등으로 화해 및 소통을 시켜 길운이 되는 것으로 판단할 수가 있겠다.

다시 37세는 辛丑대운으로 사주주인공인 정 모씨가 일생최대의 힘든 고비를 겪고 있으며 또한 본 장 관재(官災)을 당하는 사주원국에 완전히 일치하는 대운이다.

따라서 이와 같은 부분은 대운의 흐름을 판별할 때 좀 더 자세하고 세밀한 판단을 하여야 됨을 강조하고 싶어 사주주인공인 정 모씨의 사주명조와 37세 辛丑대운이 지배되는 시점에 그 흉함이 강력하게 돌출된 세운 1993년 癸酉년이 적용되는 사주원국과 운로가 접목되는 사주도표를 보면서 그 실체를 파헤쳐 보겠다.

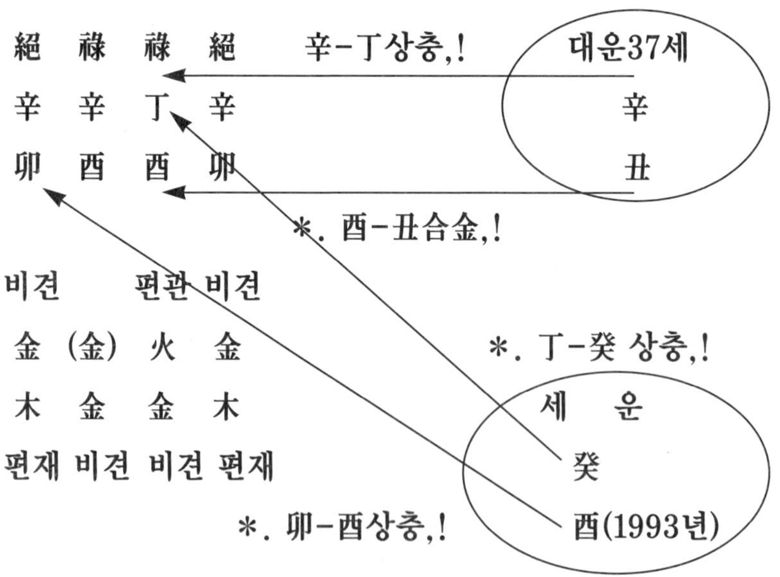

이상의 도표에서 그 실체가 자세하게 나타나고 있듯이 37세 辛丑대운은 대운천간 辛金이 사주일간 辛金에 대한 비견으로서 이미 신

왕한 일간을 더욱 더 신왕하게 만들고 있으니 대단히 불리한 것은 기정사실이다.

그런데 설상가상으로 그나마 쇠약하지만 일점 일간 辛金을 火剋金으로 단련 시키고 있는 사주월상에 투출되어 있는 丁火 편관을 辛-丁 상충으로 파극하고 있으니 육친의 성질로 볼 때 편관이 발동하면 그 흉함이 하늘을 찌르고도 남음이 있다할 것이다.

이와 같은 현상은 선천성인 사주명조에 이미 사주월상에 丁火 편관이 노출되어 있는데 사주월상 丁火를 제외한 전부 오행이 辛金 비견이 되어 삼중으로 辛-丁 상충이 되어 왕성한 비견 金氣에 의하여 편관 丁火가 완전히 파극을 당해 무용지물이 되고 있는 중에 대운천간에 辛金이 재차 들어와 사중으로 辛-丁 상충이 되고 있으니 이것은 더 이상 무엇을 논할 수 없는 극도로 흉함이 나타나는 것을 알 수가 있다.

더하여 대운지지 丑土가 일간 辛金에 대한 편인의 운로이니 이것 역시 신왕한 일간 辛金을 더욱 더 土生金으로 생조하는 것은 이미 배가 불러 있는 일간 辛金을 더욱 더 음식을 먹임으로서 배가 터져 죽는 현상을 유발시키고 있는 성질이 되고 있다.

상황이 이럴진데 대운지지 丑土가 오행별 성질로 보면 습토로서 이것이 사주원국에 강력한 왕신(旺神)의 성질로 자리매김하고 있는 酉金 비견과 酉-丑合金으로 돌변하고 있으니 이것은 비록 년지 및 시지 卯木 편재가 卯-酉 상충으로 합을 방해하는 것은 되지만 근본적으로 丑土가 土生金으로 일간을 생조하는 것은 그 흉의가 극도로 치달리는 현상은 모면할 수가 없는 것이다.

이상의 성질을 육친통변법으로 좀 더 구체적으로 기술하자면 우선 대운천간 辛金이 일간 辛金에 대한 비견으로서 기신(忌神)이 되고 있는데 사주월상에 투출되어 있는 丁火 편관을 이미 사주원국내 辛-丁 상충이 되어 삼중으로 파극하고 있는 것을 다시 재차 대운천간 辛金이 辛-丁 상충이 되고 있는 것을 간명할 수가 있다.

따라서 이것은 사주월상에 투출되어 있는 丁火 편관은 여자사주에서 남편을 나타내고 있겠으며 이러한 남편의 기운인 丁火 편관을 다시 중첩하여 대운천간 辛金이 辛-丁 상충으로 파극하고 있으니 이것은 벌써 남편이 강력한 비겁 金氣에 의하여 상극당하는 것은 형제 및 친구 그리고 금전적인 소용돌이로 인하여 탄핵, 교통사고 관재(官災)등을 암시하고 있음을 사주원국이 말해주고 있다.

더구나 대운지지 丑土가 오행별 성질로 습토로서 일간 辛金을 더욱 더 土生金으로 생조하는 것은 편인이 기신(忌神)이 되고 있으니 편인은 육친통변법상 문서를 나타내고 금전으로 인한 손재 및 불명예로 인한 오욕을 나타내고 있음에 따라 완전히 이 부분에 대하여 그 흉함이 하늘을 찌르고도 남음이 있는 것을 알 수가 있겠다.

***. 대운과 세운 및 월운을 접목하여 판단,!**

실제로 사주주인공인 정 모씨는 37세 辛丑대운이 지배하는 운로에서 낙찰계를 조직하여 수많은 계돈을 횡령한 뒤 도주하였는데 그 때 정 모씨의 나이가 만 42세가 되므로 이 때 또 다른 하나의 후천성인 세운이 1993년 癸酉년 음력 8월이었던 것이다.

그렇다면 대운의 흐름을 판별하고 난 후 세운인 1993년 癸酉년이 되고 보니 이미 대운이 辛丑으로서 일간 辛金에 대한 기신(忌神)의 역할을 하고 있는 중에 세운마져 세운천간 癸水가 재차 사주월상에 丁火 편관을 丁-癸 상충으로 파극하고 다시 세운지지 酉金이 역시 대운지지 丑土와 사주월지 및 일지 酉金 비견과 동시에 중첩하여 酉-丑合金으로 비겁 金氣로 돌변하면서 일간을 완전히 신왕이 태왕하게 만들고 있으므로 이제는 더 이상 가망이 없는 것을 알 수가 있겠다.

월운을 판별할 때 음력 8월은 역시 또한 酉월이 되므로 그동안 도피생활을 하다가 음력 8월에 불신검문 끝에 붙잡혀 구속이 되었는데 이미 사주원국에 酉-酉는 자형살(自刑殺)을 동반하고 있는 중에 재차 월운이 酉-酉를 만났으니 형살(刑殺)은 구속이 되는 것을 피할 수가 없음을 이미 사주원국은 예언을 하고 있다.

실제로 이와 같은 정 모씨의 횡령부분이 사회적으로 물의를 일으키자 본인 정 모씨가 경찰에 전국 수배자로 낙인이 찍혀 도피를 하다가 경찰에 덜미가 잡혀 구속되면서 이일이 남편에게 와전되어 하루아침에 공무원직책까지 관직삭탈로 이어져버렸으니 정말 일순간에 정 모씨의 모든 희망이 하루아침에 물거품이 되었다해도 과언이 아니다.

결국 본 장 관재(官災)를 받는 팔자에 준하여 사주주인공인 정 모씨의 사주격국과 용신 및 대운의 흐름을 판별하여 본 결과 사실상 숙명적인 운로가 이미 사주원국이 오행이 편중(偏重)으로 되어 있는 중에 왕성한 비견 金氣와 재성 木氣간에 군비쟁재(群比爭財)의 법칙이 성립되고 있으니 일생동안 삶의 기복이 다단하다는 것은 피할 수가 없는 정 모씨의 운명이라 생각되어 참으로 본 저자의 심정이 착찹하기 그지없는 사주명조이다.

명리대요(上)

2009년 9월 17일 초판 인쇄
2014년 4월 21일 초판 2쇄 발행

지은이 | 雲情 秋一鎬
펴낸곳 | 도서출판 청연

주소 | 서울시 금천구 시흥대로 484 (2F)
등록번호 | 제 18-75호
전화 | (02)851-8643 · 팩스 | (02)851-8644
E-mail | chungyoun@naver.com

ISBN 978-89-7569-369-4 93180